CARREIRA E FAMÍLIA

Claudia Goldin

CARREIRA E FAMÍLIA

A jornada de gerações de mulheres
rumo à equidade

TRADUÇÃO
Denise Bottmann

PORTFOLIO
PENGUIN

Copyright © 2021 by Claudia Goldin

Todos os direitos reservados. Nenhuma parte deste livro pode ser reproduzida ou transmitida em qualquer formato ou por qualquer meio, eletrônico ou mecânico, incluindo fotocópia, gravação ou qualquer sistema de armazenamento e recuperação de informações, sem permissão por escrito da editora.

A Portfolio-Penguin é uma divisão da Editora Schwarcz S.A.

PORTFOLIO and the pictorial representation of the javelin thrower are trademarks of Penguin Group (USA) Inc. and are used under license. PENGUIN is a trademark of Penguin Books Limited and is used under license.

Grafia atualizada segundo o Acordo Ortográfico da Língua Portuguesa de 1990, que entrou em vigor no Brasil em 2009.

TÍTULO ORIGINAL Career & Family: Women's Century-Long Journey Toward Equity
CAPA Thiago Lacaz
PREPARAÇÃO Erika Sá Da Silva
ÍNDICE REMISSIVO Gabriella Russano
REVISÃO Thaís Totino Richter e Clara Diament

Dados Internacionais de Catalogação na Publicação (CIP)
(Câmara Brasileira do Livro, SP, Brasil)

Goldin, Claudia
Carreira e família : A jornada de gerações de mulheres rumo à equidade / Claudia Goldin ; tradução Denise Bottmann. — 1ª ed. — São Paulo : Portfolio-Penguin, 2024.

Título original: Career & Family: Women's Century-Long Journey Toward Equity
Bibliografia.
ISBN 978-65-5424-032-1

1. Equiparação salarial – Estados Unidos 2. Famílias de casais que trabalham fora – Estados Unidos 3. Salários – Mulheres – Estados Unidos I. Título.

24-206938	CDD-331.421530973

Índice para catálogo sistemático:
1. Mulheres : Família e carreira : Estados Unidos : Economia
331.421530973

Cibele Maria Dias — Bibliotecária — CRB-8/9427

Todos os direitos desta edição reservados à
EDITORA SCHWARCZ S.A.
Rua Bandeira Paulista, 702, cj. 32
04532-002 — São Paulo — SP
Telefone: (11) 3707-3500
www.portfolio-penguin.com.br
atendimentoaoleitor@portfoliopenguin.com.br

SUMÁRIO

Relação de gráficos e tabela 7
Relação de gráficos, tabelas e fontes on-line 9

1. O novo problema sem nome 15
2. Passando o bastão 34
3. Uma bifurcação na estrada 65
4. O grupo-ponte 84
5. Na encruzilhada com Betty Friedan 108
6. A Revolução Silenciosa 137
7. A Revolução Assistida 165
8. Cuidado com o hiato 185
9. O caso da advogada e da farmacêutica 214
10. De prontidão 237

Epílogo: O fim da jornada — ampliado 266
Agradecimentos 286
Apêndice de gráficos e tabela: fontes e notas 291
Apêndice de fontes 301

Notas 309
Bibliografia 350
Índice remissivo 358

RELAÇÃO DE GRÁFICOS E TABELA

GRÁFICOS

1.1. Disparidade de gênero e desigualdade conjugal

2.1. Um século de cinco grupos de mulheres com graduação

2.2. Fração de mulheres graduadas que nunca se casaram, por grupo etário e ano de nascimento

2.3. Fração de mulheres graduadas sem filhos, por grupo etário e ano de nascimento

2.4. Taxas de participação na força de trabalho, por grupo etário e ano de nascimento: mulheres graduadas que se casaram

2.5. Índices de graduação na faculdade para homens e mulheres (aos trinta anos)

4.1. Casamento e filhos entre todas as graduadas e as graduadas notáveis

4.2. Barreiras ao casamento e à permanência no emprego para professoras de escolas públicas: de 1928 a 1951

5.1. Fração de homens ou mulheres (de todos os níveis de instrução) que concordam com a afirmativa: "Uma criança em idade pré-escolar, se a mãe trabalha, provavelmente sofre com isso"

CARREIRA E FAMÍLIA

6.1. Média de idade ao primeiro casamento para as mulheres graduadas na faculdade, por ano de nascimento: de 1925 a 1988

6.2. Expectativas de emprego e posicionamento de mulheres jovens, por idade e ano

6.3. Fração feminina entre os formados em especializações profissionais: medicina, direito, odontologia e MBA

6.4. Ocupações de mulheres graduadas na faculdade, de trinta a 34 anos: de 1940 a 2017

7.1. Sucesso na carreira e família para quatro grupos etários: de 1931 a 1965

7.2. Carreira e família por grau avançado, Harvard and Beyond, quinze anos depois da graduação

8.1. Razão entre remunerações anuais medianas femininas e masculinas, trabalhadores em tempo integral durante todo o ano: de 1960 a 2018

8.2. Remunerações anuais relativas de homens e mulheres com graduação: Grupo Cinco, nascidas de 1958 a 1983

8.3. Razão entre remunerações anuais de mulheres e homens com MBA por anos desde a obtenção do título

8.4. Razão das remunerações entre os gêneros para graduados universitários por setor ocupacional

9.1. Distribuição percentual das horas de trabalho para advogadas e advogados: cinco e quinze anos depois da obtenção do título

9.2. Distribuição percentual do local de trabalho para advogadas e advogados: cinco e quinze anos após a obtenção do título

9.3. Porcentagem feminina entre pessoas profissionais e formadas em farmácia e porcentagem trabalhando como autônomos entre os profissionais de farmácia

TABELA

2.1. Casamento, filhos e emprego remunerado em cinco grupos de mulheres com graduação

RELAÇÃO DE GRÁFICOS, TABELAS
E FONTES ON-LINE

Estes materiais podem ser encontrados no site do livro ou neste link: <https://assets.press.princeton.edu/releases/m30613.pdf>, *ambos em inglês.*

2. PASSANDO O BASTÃO [pp. 34-64]

Gráfico 1A (cap. 2): Fração de mulheres brancas sem faculdade que nunca se casaram, por idade e ano de nascimento

Gráfico 2A (cap. 2): Diferença na fração de não casadas entre mulheres brancas com e sem graduação

Gráfico 3A (cap. 2): Número médio de nascimentos entre mulheres com graduação

Gráfico 4A (cap. 2): Índices de graduação para homens e mulheres por raça (aos trinta anos de idade)

CARREIRA E FAMÍLIA

Gráfico 5A (cap. 2): Razão de homens para mulheres na faculdade por ano de curso na faculdade e por ano de nascimento

Gráfico 6A (cap. 2): Comparando casamentos e nascimentos entre graduadas de Radcliffe/Harvard e todos os graduados
Parte A: Fração de não casadas por grupo de idade e nascimento entre todas as mulheres graduadas e graduadas de Radcliffe/Harvard
Parte B: Fração de mulheres sem filhos por idade e grupo de nascimento entre todas as graduadas e graduadas de Radcliffe/Harvard

Tabela 1A (cap. 2): Fração de homens e mulheres estudantes de faculdade em instituições de ensino misto: de 1897 a 1980

3. UMA BIFURCAÇÃO NA ESTRADA [pp. 65-83]

Apêndice (cap. 3): Questionário de ex-alunas de Radcliffe de 1928: informações adicionais

Apêndice (cap. 3): Calculando a matriz "Sucesso" para o Grupo Um

4. O GRUPO-PONTE [pp. 84-107]

Tabela 1A (cap. 4): Fração de casadas entre professoras por idade, raça e região

5. NA ENCRUZILHADA COM BETTY FRIEDAN [pp. 108-36]

Tabela 1A (cap. 5): Fração de ex-alunas de Radcliffe com graus avançados por ano de graduação: de 1900 a 1969

Tabela 2A (cap. 5): Fração de graduadas em cursos universitários selecionados, por ano de conclusão

RELAÇÃO DE GRÁFICOS, TABELAS E FONTES ON-LINE

Tabela 3A (cap. 5): Características demográficas e econômicas selecionadas de mulheres graduadas: turma de junho de 1957, levantamento em janeiro de 1958 e 1964

Tabela 4A (cap. 5): Características demográficas e econômicas selecionadas de mulheres graduadas: turma de 1961, levantamento na primavera de 1961, 1962, 1963, 1964 e 1968

Gráfico 1A (cap. 5): Porcentagem de casadas com um homem graduado, por educação da mulher, para casadas nascidas entre 1912 e 1980
Parte A: Porcentagem de casadas com um homem graduado, para mulheres com graduação × mulheres com diploma do segundo grau
Parte B: Porcentagem de casadas com um homem graduado, para mulheres com graduação × mulheres com apenas três anos de faculdade

Apêndice (cap. 5): Levantamento do Women's Bureau de 1957 e relevantamento de 1964: informações adicionais

Apêndice (cap. 5): Dados Great Aspirations: informações adicionais

Apêndice (cap. 5): Levantamento do centenário da Faculdade Radcliffe, em 1977: informações adicionais

7. A REVOLUÇÃO ASSISTIDA [pp. 165-84]

Apêndice (cap. 7): Sucesso na carreira e família: informações adicionais

Apêndice (cap. 7): Projeto Harvard and Beyond: informações adicionais

CARREIRA E FAMÍLIA

8. CUIDADO COM O HIATO [pp. 185-213]

Apêndice (cap. 8): Ocupações pelo American Community Survey (ACS) e amostragem da O*NET

Tabela 1A (cap. 8): Agrupamentos de ocupações e indústrias pelo ACS

Tabela 2A (cap. 8): Razões de valores e remunerações por gênero da O*NET

Gráfico 1A (cap. 8): Desigualdade de remunerações e o hiato salarial de gênero

Gráfico 2A (cap. 8): Razão das remunerações anuais de mulheres com MBA para homens com MBA por volta dos treze anos (dez a dezesseis anos), desde a conclusão do curso

9. O CASO DA ADVOGADA E DA FARMACÊUTICA [pp. 214-36]

Apêndice (cap. 9): Conjunto de dados de pesquisa do levantamento de ex-alunos da Escola de Direito da Universidade de Michigan: informações adicionais

Apêndice (cap. 9): Pesquisas nacionais da força de trabalho farmacêutica: 2000, 2004, 2009: informações adicionais

Tabela 1A (cap. 9): Equações de remunerações para advogados: levantamento de ex-alunos da Escola de Direito da Universidade de Michigan, amostragem longitudinal

10. DE PRONTIDÃO [pp. 237-65]

Apêndice, Gráfico 1A (cap. 10): Horas médicas por especialidade, sexo e idade

RELAÇÃO DE GRÁFICOS, TABELAS E FONTES ON-LINE

Parte A: Médicos de até 45 anos
Parte B: Médicos com mais de 45 anos

Apêndice, Gráfico 2A (cap. 10): Fração veterinária feminina, em tempo parcial e clínica própria por grupo etário
Parte A: Fração feminina por grupo etário
Parte B: Fração em tempo parcial entre veterinários em clínicas particulares por grupo etário
Parte C: Fração de proprietários entre veterinários em clínicas particulares por grupo etário

Apêndice (cap. 10): Estudo de rastreamento comunitário (CTS, na sigla em inglês): informações adicionais

Tabela 1A (cap. 10): Profissionais de medicina e o hiato salarial entre os gêneros

Apêndice (cap. 10): Conjunto de dados da American Veterinary Medical Association (AVMA) para 2007 e 2009: informações adicionais

Tabela 2A (cap. 10): Profissionais de veterinária e o hiato salarial entre os gêneros

EPÍLOGO: O FIM DA JORNADA — AMPLIADO [pp. 266-85]

Apêndice, Gráfico 1A (Epílogo): Insatisfação de gênero: busca da expressão no *New York Times*, de 1960 a 2019

Apêndice, Gráfico 2A (Epílogo): Horas de assistência aos filhos de mães graduadas empregadas e com maridos graduados empregados, pela idade do filho mais novo do casal

1
O novo problema sem nome

AGORA, MAIS DO QUE NUNCA, casais de todos os tipos estão se empenhando em equilibrar emprego e família, vida profissional e vida doméstica. Como nação, estamos despertando coletivamente para a importância e o valor dos cuidados à família, para a geração atual e as futuras. Começamos a entender de modo pleno seu custo em termos de perda de renda, achatamento de carreiras e concessões entre casais (heterossexuais e homossexuais), além das demandas especialmente exigentes que recaem sobre mães e pais solo. Essas percepções já eram presentes antes da pandemia, mas, com ela, evidenciaram-se com mais clareza.

Em 1963, Betty Friedan escreveu sobre as mulheres que se graduavam na faculdade e se sentiam frustradas no papel de mães restritas ao lar, observando que o problema delas "não tem nome". Quase sessenta anos depois, grande parte das mulheres com graduação segue uma carreira, mas suas remunerações e promoções — comparadas às dos homens — continuam a dar a impressão de que elas têm sido atropeladas. Elas também têm um "problema sem nome".

Mas o problema delas atende por muitos nomes: discriminação sexual, viés de gênero, barreira invisível, *mommy track, leaning out** — é só escolher. E essa dificuldade parece ter soluções imediatas. Deveríamos ensinar às mulheres a serem mais competitivas e a treiná-las para negociarem melhor. Precisamos expor o viés implícito dos gestores. O governo deveria impor a paridade de gênero nos mandatos dos conselhos corporativos das empresas e aplicar a doutrina de mesmo salário pelo mesmo trabalho.

As mulheres nos Estados Unidos e em outros países estão clamando cada vez mais enfaticamente por uma resposta. Suas preocupações se espalham nas manchetes nacionais (e nas capas dos livros). Precisam de mais impulso? Precisam se envolver mais? Por que as mulheres não conseguem galgar os degraus da escada corporativa com a rapidez de seus análogos masculinos? Por que não são remuneradas no nível que merecem pela experiência e tempo de serviço?

Outras dúvidas mais privadas perseguem muitas mulheres, dúvidas que são confidenciadas a parceiros na intimidade ou relegadas a conversas pessoais com as amizades próximas. Será que namoro alguém cuja carreira consome tanto tempo quanto a minha? Será que desisto de formar família, mesmo tendo certeza de que quero uma? Será que congelo meus óvulos se aos 35 anos não estiver com ninguém? Estou disposta a deixar uma carreira ambiciosa (a qual venho construindo desde que fiz meu teste vocacional) para criar filhos? Se eu não me dispuser, quem vai preparar a merenda, pegar minha filha na natação, atender à ligação apavorante da professora da pré-escola?

As mulheres continuam a se sentir ludibriadas. Ficam para trás nas suas profissões, recebendo menos que o marido e os colegas homens. Dizem-lhes que são elas mesmas que criam seus problemas. Não com-

---

*   A expressão *"mommy track"* refere-se a uma carreira profissional que é moldada ou limitada pelas responsabilidades de maternidade. *"Leaning out"* contrasta com o conceito de *"leaning in"*, popularizado pela coo do Facebook, Sheryl Sandberg, em seu livro *Faça acontecer* (Portfolio-Penguin). Enquanto *"leaning in"* sugere que as mulheres devem se engajar e buscar oportunidades de ascensão no trabalho, *"leaning out"* refere-se ao ato de recuar ou optar por não se esforçar tanto no trabalho, muitas vezes em busca do equilíbrio entre vida profissional e pessoal. (N. E.)

petem com agressividade suficiente ou não negociam o bastante; não exigem um assento à mesa e, quando o fazem, não reivindicam de forma adequada. Mas também lhes dizem que *não* são elas que criam seus problemas e, inclusive, que são os problemas que as destroem. Aproveitam-se delas, as discriminam, perseguem e excluem do clube do bolinha.

Todos esses fatores são reais. Mas serão eles a raiz do problema? São eles que geram a grande diferença entre homens e mulheres, em relação a seus salários e carreiras? Se todos eles fossem milagrosamente corrigidos, o mundo das mulheres e dos homens, dos casais e genitores jovens, se configuraria de maneira diferente? São eles, coletivamente, o "novo problema sem nome"?

Embora um acalorado debate público e privado tenha trazido à luz essas questões importantes, muitas vezes erramos por desconsiderar a enorme escala e a longa história das disparidades de gênero. Uma leve advertência a uma empresa, mais uma mulher que consegue chegar ao conselho diretor, alguns líderes progressistas de equipes de tecnologia que saem de licença-paternidade — tais soluções são o equivalente econômico a jogar uma caixinha de Band-Aid para alguém com peste bubônica.

Essas respostas não serviram para anular as diferenças no hiato salarial entre os gêneros. E nunca fornecerão uma solução completa para essa desigualdade, pois tratam apenas dos sintomas. Nunca capacitarão as mulheres a se realizarem tanto na carreira quanto na família na mesma proporção que o fazem com os homens. Se quisermos erradicar ou mesmo apenas estreitar o hiato salarial, precisamos em primeiro lugar investigar mais fundo até a raiz desses obstáculos e dar ao problema um nome mais preciso: trabalho ganancioso.[1]

Minha esperança é que, quando você estiver lendo isto aqui, a pandemia — ainda grassando enquanto termino este capítulo — tenha diminuído e tenhamos aproveitado suas duras lições.[2] A pandemia ampliou algumas questões, acelerou outras e expôs ainda mais o que vinha supurando há muito tempo. Mas o cabo de guerra entre cuidar e trabalhar que estamos enfrentando é muitas décadas anterior a essa catástrofe global. Na verdade, a jornada para alcançar e então equilibrar carreira e família está em andamento há mais de um século.

CARREIRA E FAMÍLIA

Por grande parte do século xx, a discriminação contra as mulheres foi um grande obstáculo a suas possibilidades de carreira. Documentos históricos dos anos 1930 aos anos 1950 trazem sinais muito fáceis de discernir — provas concretas de preconceito e discriminação no emprego e nos salários. No fim dos anos 1930, gerentes de empresas disseram a agentes de pesquisas:[3] "O trabalho de corretagem não é adequado para moças", "As pessoas com esses empregos [venda de automóveis] estão em contato com o público... mulheres não seriam aceitáveis" e "Não poria uma mulher no trabalho de vendas [de ações]". Isso foi no fim da Grande Depressão. Mas, mesmo com o mercado de trabalho altamente aquecido do fim dos anos 1950, representantes das empresas afirmaram categoricamente:[4] "Mães de crianças pequenas não são contratadas", "Mulheres casadas que têm... bebês não são incentivadas a voltar ao trabalho" e "A gravidez é causa para demissão voluntária [mas] a empresa recebe de bom grado as mulheres de volta quando os filhos estão, talvez, no ensino fundamental".

As barreiras ao casamento — leis e políticas empresariais que restringiam o emprego de mulheres casadas — aumentaram desenfreadamente até os anos 1940. Transformaram-se em obstáculos à gravidez e em princípios de contratação que excluíam as mulheres com bebês e filhos pequenos. Instituições acadêmicas e alguns departamentos do governo tinham entraves à contratação de pessoas aparentadas por risco de nepotismo. Inúmeros empregos tinham restrições por sexo, por estado civil e, claro, por raça.

Hoje não vemos esses sinais flagrantes tão explicitamente. Os dados agora mostram que as verdadeiras discriminações de emprego e salário, embora sejam significativas, são um tanto pequenas. Isso não significa que muitas mulheres não enfrentem viés e discriminação, ou que o molestamento e o assédio sexual não existam no local de trabalho. Não foi à toa que vimos um movimento de abrangência nacional como o #MeToo. No fim dos anos 1990, Lilly Ledbetter abriu uma queixa de molestamento sexual na Equal Employment Opportunity Commission (eeoc, Comissão de Oportunidades Iguais de Emprego) contra a Goodyear Tire e ganhou o direito de processá-la. Foi uma verdadeira vitória para ela, mas Ledbetter retirou as acusações ao ser readmitida

O NOVO PROBLEMA SEM NOME

como supervisora. Isso se deu anos antes que entrasse com sua queixa, agora famosa, de discriminação salarial. Ela recebia notas baixas pelo desempenho e quase nenhum aumento salarial por causa da conduta discriminatória dos homens sob sua supervisão e por aqueles que estavam no comando, porém fechavam os olhos ao sexismo daqueles seus subordinados. No caso de Ledbetter, 100% da diferença entre seu salário e o de seus pares se devia à discriminação.

Então, por que as diferenças de renda persistem quando a paridade de gênero no trabalho enfim parece estar a nosso alcance, e numa época em que o número de profissões abertas às mulheres é maior do que nunca? As mulheres estão de fato recebendo salário menor por trabalho *igual*? De modo geral, agora nem tanto. A discriminação salarial em termos de remuneração desigual para o mesmo trabalho responde a uma pequena parcela do hiato salarial total. Hoje, o problema é outro.

Alguns atribuem o hiato salarial entre os gêneros a uma "segregação ocupacional" — a ideia de que mulheres e homens estão escolhendo ou sendo conduzidos a certas profissões que são estereotipadas por gênero (como enfermeira × médico, professora escolar × docente universitário), e que essas profissões escolhidas têm remunerações desiguais. Os dados contam uma história um pouco diferente. Nas quase quinhentas ocupações arroladas no censo americano, dois terços da divergência nos salários com base no gênero provêm de fatores *internos* de cada ocupação.[5] Mesmo que as ocupações das mulheres seguissem a distribuição masculina — se as mulheres fossem as médicas e os homens, os enfermeiros —,[6] isso eliminaria apenas, e no máximo, um terço da diferença salarial entre homens e mulheres. Assim, sabemos empiricamente que a parte do leão no hiato salarial se deve a outra coisa.

Os dados longitudinais — as informações que seguem a vida e a renda dos indivíduos — nos possibilitam ver que, logo após a graduação (ou pós-graduação), os salários para homens e mulheres são notavelmente análogos. Nos primeiros anos de emprego, o hiato salarial é pequeno para os recém-graduados e os recentes detentores de um mestrado, por exemplo, e se explica amplamente por diferenças entre as áreas de estudo e as escolhas ocupacionais masculinas e femininas.[7]

CARREIRA E FAMÍLIA

Homens e mulheres partem quase que em pé de igualdade. Têm oportunidades muito parecidas, mas fazem escolhas um tanto diferentes, gerando um leve hiato salarial inicial.

Apenas mais adiante, cerca de dez anos depois da graduação na faculdade, é que se patenteiam grandes divergências no pagamento para homens e mulheres. Trabalham em diversos setores do mercado de trabalho, para várias empresas. Essas mudanças — e isso não é de surpreender — começam tipicamente a aparecer um ou dois anos depois do nascimento de uma criança e quase sempre acarretam um efeito negativo na carreira das mulheres. Mas o hiato salarial também passa a se ampliar logo após o casamento.

O advento das carreiras das mulheres trouxe uma mudança fundamental na relação entre a família americana e a economia. Nunca chegaremos à raiz do hiato salarial entre os gêneros enquanto não entendermos a trajetória do problema muito mais amplo, do qual esse hiato é um sintoma. O hiato salarial entre os gêneros é decorrente do hiato de carreira; o hiato de carreira está na raiz da desigualdade do casal. Para captar de fato o significado disso, precisamos percorrer o papel das mulheres na economia americana e avaliar como ele se transformou ao longo do último século.

Aqui nos concentraremos sobretudo em mulheres graduadas na faculdade, pois são as que têm mais oportunidades de seguir uma carreira, e o número delas vem se expandindo há algum tempo. Em 2020, quase 45% das mulheres com 25 anos eram formadas ou logo se formariam num curso de graduação de quatro anos. O nível para os homens é de apenas 36%.[8] O número de mulheres com graduação, claro, nem sempre foi maior do que o de homens. Por longo tempo e por muitas razões, elas estiveram em grande desvantagem em cursar e se formar na faculdade. Em 1960, havia 1,6 homem para cada mulher se formando numa faculdade ou universidade americana. Mas, a partir do fim dos anos 1960 e começo dos anos 1970, as coisas começaram a mudar. Em 1980, a vantagem dos homens já se evaporara. Desde então, todos os anos formam-se mais mulheres que homens nos cursos de graduação.[9]

E elas não estão apenas se formando em faculdades e universidades em números recordes — estão com aspirações cada vez mais altas. Mais do que nunca, estão visando aos principais títulos de pós-graduação e posteriores carreiras desafiadoras. Logo antes da Grande Recessão, 23% das mulheres com graduação estavam recebendo algum dos mais altos títulos profissionais, com doutorados e MBAS ou como doutoras em medicina e em direito. Isso reflete um aumento mais do que quádruplo ao longo das quatro décadas anteriores. Para os homens, essa fração se manteve em torno de 30% durante o mesmo período de quarenta anos. As mulheres vêm cada vez mais planejando seguir carreiras de longo prazo, altamente remuneradas e nas quais se sintam realizadas — um empreendimento continuado que se incorpora como parte da identidade individual.

Um maior número delas também está tendo filhos — mais do que em qualquer época desde o fim da explosão demográfica conhecida como baby boom. Quase 80% das mulheres com graduação que hoje estão na segunda metade da casa dos quarenta anos deram à luz uma criança (acrescente-se 1,5 ponto percentual para incluir as que não deram à luz e adotaram). Quinze anos atrás, apenas 73% de todas as mulheres com graduação em meados dos quarenta tiveram pelo menos um bebê. Assim, as mulheres com graduação nascidas no começo dos anos 1970 têm uma taxa de natalidade consideravelmente maior que as mulheres com graduação nascidas em meados dos anos 1950.[10] Agora é maior que nunca o número de mulheres como Keisha Lance Bottoms, Liz Cheney, Tammy Duckworth, Samantha Power e Lori Trahan — todas elas com carreiras de sucesso e filhos, e que atualmente estão com cerca de cinquenta anos.

As mulheres com graduação já não aceitam inquestionavelmente ter carreira, mas não família. As que têm filhos já não se contentam de todo em ter família, mas não carreira. De modo geral, as mulheres com graduação querem sucesso nos dois campos. Mas, para isso, é preciso negociar uma imensidade de conflitos de tempo e fazer inúmeras escolhas difíceis.

O tempo é um grande equalizador. Todos temos a mesma quantidade de tempo e, para alocá-lo, precisamos fazer essas escolhas. O problema fundamental para as mulheres que tentam alcançar o equilíbrio entre uma carreira de sucesso e uma família feliz são os conflitos de tempo. Investir numa carreira significa muitas vezes dedicar a ela um tempo considerável desde cedo, precisamente durante os anos em que se "deveria" estar tendo filhos. Fruir a companhia da família também envolve dedicar um bom tempo a ela. Essas escolhas têm consequências dinâmicas, e é pequena nossa capacidade de corrigir as más decisões. Cinquenta anos atrás, quando aconselhava mulheres mais jovens sobre a carreira, uma executiva empresarial e mãe de três filhos disse: "É puxado — mas vão em frente".[11]

Estamos sempre fazendo escolhas, como farrear ou estudar, ir por um caminho árduo ou por um tranquilo. Algumas dessas escolhas, naturalmente, são mais importantes. Casar cedo; casar tarde. Fazer uma pós-graduação; arranjar já um emprego. Ter um filho agora; aproveitar uma grande oportunidade que não terá mais tarde. Dedicar tempo a um cliente; dedicar tempo a um filho. Essas escolhas grandes e importantes na alocação do tempo se iniciam, para as mulheres com graduação, logo que recebem o diploma da faculdade.

Não muito tempo atrás, as pessoas graduadas se casavam espantosamente cedo. Até por volta de 1970, a média de idade de uma mulher graduada no primeiro casamento era cerca de 23 anos.[12] O primeiro filho nascia logo depois. Casar cedo muitas vezes impedia que as mulheres prosseguissem nos estudos, pelo menos de imediato. Os recém-casados agiam mais em função da carreira e educação dos maridos do que das esposas. As mulheres nem sempre maximizavam suas perspectivas pessoais de uma futura carreira. Em vez disso, muitas vezes sacrificavam a carreira para otimizar o bem-estar da família.

Para as mulheres graduadas entre os anos 1940 e o fim dos anos 1960, casava-se cedo porque a demora em casar era um problema. Ganhar um broche, um colar e — o ponto alto — noivar logo depois de iniciar um relacionamento sério (e sexual) constituíam uma apólice de seguros importante contra uma gravidez pré-conjugal. Num mundo sem anticoncepcionais eficientes sob controle feminino, não havia muita escolha.

Em 1961, a pílula já havia sido inventada, aprovada pela FDA (Food and Drug Administration), e tinha grande procura entre as mulheres casadas. Mas as leis e as convenções sociais não permitiam sua disseminação entre mulheres jovens e solteiras. Essas restrições passaram a cair por volta de 1970 por várias razões, a maioria delas não relacionada à contracepção. A pílula trouxe para as mulheres graduadas uma possibilidade inédita de planejar a vida e afastar o primeiro dos obstáculos. Podiam se matricular em especializações e cursos de pós-graduação que consumiam tempo — na verdade, consumiam tudo. O casamento e os filhos podiam ser adiados, só pelo tempo suficiente para que a mulher lançasse as bases de uma carreira estável.

Foi aí que as coisas começaram a mudar, e radicalmente. A partir de 1970, a idade no primeiro casamento passou a aumentar, e continuou a subir ano após ano — de modo que a média de idade no primeiro casamento das mulheres com graduação está agora por volta dos 28 anos.[13]

Mas, mesmo resolvido o problema de limitação do tempo, surgiram outros. As graduadas passaram a ingressar mais tarde nos cursos de pós-graduação e a demorar mais para concluí-los. O tempo até a primeira promoção numa série de áreas, desde a acadêmica à medicina, ao direito, à contabilidade e à consultoria empresarial, foi aumentando cada vez mais. Os anos adicionais se somavam, resultando em outro conflito de tempo que precisava ser negociado.

Cerca de dez ou mais anos atrás, a primeira promoção se dava no começo da casa dos trinta anos. Mais recentemente, ela se dá de meados ao fim dessa faixa de idade. A questão cronológica não oferece mais a comodidade de dar à luz o primeiro filho depois da primeira promoção a associada, efetiva ou outro avanço profissional. Com frequência, o primeiro nascimento ocorre antes desses marcos na carreira. Os filhos muitas vezes subvertem a carreira. E as carreiras muitas vezes subvertem a capacidade das mulheres de terem filhos.

O tempo, a passagem dele, é brutal. Para mulheres que querem ter família, esperar até meados dos trinta para ter o primeiro filho é forçar a mão no que se refere à família e à maternidade. Mesmo assim, as mulheres com graduação têm conseguido derrotar as probabilidades em contrário por vários meios, inclusive com o uso de tecnologias de reprodução assistida. A fração de mulheres com filhos teve um aumento surpreendente entre as que completaram recentemente 45 anos.[14] A taxa de natalidade maior não diminui as frustrações, a tristeza e a dor física daquelas que tentaram e não conseguiram. Para as que conseguiram, não significa que consigam manter a carreira.

Mesmo com todas essas dificuldades, muitas coisas mudaram historicamente numa direção positiva, aproximando-nos mais de uma maior confiança das mulheres em sua capacidade e de uma maior igualdade de gênero. As mulheres têm um controle melhor de sua fertilidade. Casam mais tarde e o casamento, em decorrência disso, dura mais tempo. Agora elas são a fração esmagadora das pessoas com graduação. Legiões delas ingressam em programas de especialização e pós-graduação e se formam entre os primeiros lugares de suas turmas. Estão sendo contratadas pelas melhores empresas, organizações e departamentos acadêmicos. E aí o que acontece?

Se a carreira de uma mulher tem chance de prosperar e ela consegue ter filhos, surge o supremo conflito de tempo. Filhos tomam tempo. Carreiras tomam tempo. Mesmo os casais mais abastados não conseguem repassar todos os cuidados a terceiros. E por que trazer filhos ao mundo se não é para amá-los e criá-los?

A imposição fundamental colocada pelo tempo é negociar quem ficará de prontidão — isto é, quem deixará o escritório e estará em casa num momento de necessidade. Ambos poderiam. Essa paridade conjugal traria a suprema partilha meio a meio. Mas quanto isso custaria à família? Muito — uma realidade da qual os casais agora estão mais cientes do que nunca.

Com o aumento das aspirações tanto por uma carreira quanto por uma família, um aspecto importante da maioria das carreiras ficou visível, flagrante, central. O trabalho, para muitos que seguem carreira, é ganancioso. A pessoa que faz horas adicionais e trabalha também nos fins de semana ou à noite receberá muito mais — tão mais que, mesmo por hora de trabalho, estará recebendo mais.

O trabalho ganancioso

A ganância do trabalho significa que é bom haver um pouco de especialização nos casais com filhos ou com outras responsabilidades de cuidados. Essa especialização não significa voltar ao mundo da sitcom *Leave It to Beaver*. As mulheres ainda se manterão em carreiras desafiadoras. Mas um dos cônjuges estará de prontidão para atender ao lar, preparado para deixar o escritório ou o local de trabalho no mesmo instante em que for chamado. Essa pessoa terá um emprego de flexibilidade considerável e normalmente não terá de responder a um e-mail ou a uma ligação às dez da noite. Esse genitor não terá de cancelar sua presença num treino de futebol por causa de uma reunião de fusão e aquisição de empresas. O outro genitor, porém, ficará à disposição da empresa e fará exatamente o contrário, e os ganhos por isso serão evidentes.

O trabalho de gerentes e profissionais especializados sempre foi ganancioso. Profissionais do direito sempre trabalharam até muito tarde. Acadêmicos sempre foram avaliados pela produção intelectual e não se espera que desliguem os neurônios ao anoitecer. A maioria dos profissionais de medicina e veterinária costumava atender 24 horas por dia.

O valor dos empregos gananciosos subiu muito com a crescente desigualdade de renda, que tem aumentado desde o começo dos anos 1980. As remunerações no topo da distribuição de renda dispararam. A pessoa trabalhadora que salta mais alto recebe uma remuneração sempre maior. Os empregos com as maiores demandas de horário prolongado e a menor flexibilidade pagam desproporcionalmente mais, enquanto as remunerações em outros empregos estão estagnadas. Assim, as posições que, já de partida, as mulheres têm mais dificuldade de obter, como as da área financeira, são precisamente aquelas que têm tido os maiores aumentos de renda nas últimas décadas. O analista de fundos de investimentos que acompanha a negociação do começo ao fim, que fez a simulação complicada e compareceu a todas as reuniões e jantares tarde da noite terá chance máxima de receber um significativo adicional e a tão esperada promoção.

A disparidade crescente nas remunerações pode ser uma razão importante que explica por que o hiato salarial de gênero entre as pessoas com graduação não se alterou nas últimas décadas, apesar da melhoria nas credenciais e posições das mulheres. Pode ser por causa disso que esse hiato entre as pessoas com graduação aumentou mais do que aquele entre homens e mulheres em toda a população no fim dos anos

1980 e começo dos anos 1990. As mulheres vêm nadando contra a corrente, conseguindo manter sua posição, mas enfrentando uma forte correnteza de disparidade endêmica de renda.

O trabalho ganancioso também significa que a paridade conjugal tem sido abandonada em troca do aumento na renda familiar. E, quando se joga pela janela a paridade do casal, a igualdade de gêneros geralmente vai junto, exceto nas uniões homossexuais. As normas de gênero que herdamos são reforçadas de inúmeras maneiras para atribuir às mães uma maior parte da responsabilidade de cuidar dos filhos e às filhas crescidas, uma maior parte dos cuidados da família.

Considere-se um casal, Isabel e Lucas (seguindo o molde de um casal que conheci vários anos atrás). Os dois se formaram no mesmo curso de cências humanas e depois nos mesmos cursos avançados de Tecnologia da Informação (TI). Então, foram contratados pela mesma empresa, que chamaremos de InfoServices.

A InfoServices ofereceu a ambos a escolha entre duas posições. A primeira tem carga horária padrão e flexibilidade no horário para iniciar e terminar a jornada de trabalho. A segunda tem horas de trabalho imprevisíveis à noite e nos fins de semana, embora o número total de horas anuais não chegue necessariamente a aumentar muito. A segunda posição paga 20% a mais, a fim de atrair talentos dispostos a trabalhar em horas e dias incertos. E é também entre os ocupantes dessa posição que a InfoServices seleciona seus gerentes. É a posição "gananciosa", e de início ambos, Isabel e Lucas, optaram por ela. Igualmente capazes e isentos de obrigações externas, os dois passam alguns anos trabalhando no mesmo nível e com a mesma remuneração.

No segundo lustro da casa dos vinte anos, Isabel decidiu que precisava de mais espaço e flexibilidade em sua vida, para passar mais tempo com a mãe doente. Continuou na InfoServices, mas optou pela posição que, embora exigisse o mesmo número de horas, era mais flexível na determinação do horário de trabalho. Era menos gananciosa nas exigências e menos generosa no pagamento.

Podemos ver as trajetórias do casal no gráfico 1.1. O caminho onde os dois começaram e no qual Lucas continuou — o ganancioso e inflexível — é representado pela linha contínua e tem uma remuneração por hora

26

(implícita se a pessoa é assalariada e explícita se a pessoa recebe por hora) que aumenta com o número de horas ou, talvez, com a demanda de determinadas horas. Se ele trabalhar sessenta horas semanais, receberá *mais do que* uma vez e meia do que receberia se trabalhasse quarenta horas. O salário implícito por hora de Lucas aumenta com o número de horas trabalhadas (ou com a inflexibilidade das horas), o que significa que ele pode dobrar sua renda semanal mesmo que não trabalhe o dobro de horas por semana.

O novo papel de Isabel, a posição mais flexível, é representado pela linha pontilhada. Seu salário por hora é fixo e, assim, não interessa quantas nem em quais horas ela trabalha; o salário é o mesmo. Se trabalhar sessenta horas por semana, receberá 1,5 vez do que receberia trabalhando quarenta horas. Uma semana usual de trabalho coloca Lucas, em sua posição gananciosa, no losango. Uma semana usual de trabalho na nova posição de Isabel a coloca no ponto.

Quando o casal resolveu ter um filho, um deles precisava estar disponível a qualquer momento. Os dois não poderiam trabalhar na posição de Lucas, com suas horas inflexíveis e imprevisíveis. Nesse caso, nenhum dos dois estaria disponível caso a professora do pré-escolar ligasse ou a creche de repente fechasse no meio do dia. Se a posição exigisse que Isabel e Lucas estivessem no escritório às quintas-feiras às 11h em ponto, o máximo que eles poderiam fazer era torcer para que o filho não caísse do balanço ou que um membro idoso da família não tivesse uma consulta médica marcada naquele horário.

Ambos *poderiam* trabalhar na posição de Isabel. Mas, principalmente por estarem planejando formar família, não podiam se permitir tal decisão. Isso significaria que os dois teriam de passar sem aquela renda adicional semanal que Lucas trazia. Se quisessem dividir meio a meio os cuidados com a criança, precisariam pesar o quanto esse desejo lhes custaria. Poderia custar muito — a ponto de precisarem sacrificar a equidade conjugal a uma maior renda familiar.

Como ocorre com a maioria dos casais heterossexuais esperando um filho, Isabel se manteve na posição flexível e Lucas continuou na mais gananciosa. (Isso continuaria a valer mesmo se excluíssemos os primeiros meses após o parto e toda a primeira infância do filho deles.)

Gráfico 1.1. Disparidade de gênero e desigualdade conjugal

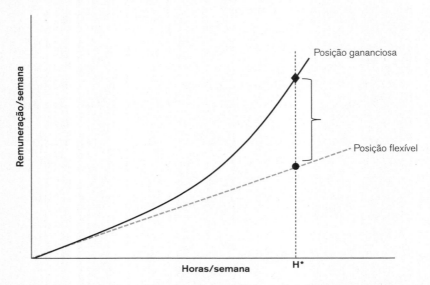

Notas: Considerem-se as duas posições oferecidas a Isabel e Lucas. Uma é flexível e, qualquer que seja a quantidade de horas que o empregado trabalha por semana, o pagamento por hora é o mesmo. A outra posição é menos flexível (ou "gananciosa") e quanto maior a quantidade de horas trabalhadas, maior é o salário por hora. O eixo horizontal apresenta as horas trabalhadas por semana (ou uma medida indicando as horas específicas que devem ser trabalhadas). O eixo vertical apresenta a remuneração total por semana. H* é uma quantidade usual de horas semanais, como quarenta ou 45. A diferença entre o losango (a posição gananciosa) e o ponto (a posição flexível) ilustra o montante de renda a que uma pessoa empregada renuncia semanalmente por não ocupar a posição gananciosa.

Lucas continuou a receber mais do que Isabel, e o hiato em suas remunerações aumentou ainda mais depois de terem filhos. Ele recebeu promoções; ela, não. Para outros casais em posições semelhantes, a diferença na remuneração podia aumentar de forma relevante antes de terem filhos, visto que os casais que planejam formar família muitas vezes se mudam para otimizar as possibilidades de emprego, principalmente as do marido. Esse é um aspecto muito importante da razão pela qual ainda é considerável o hiato salarial entre os gêneros.

Para casais homossexuais, não haverá uma disparidade salarial de gênero, mas a paridade conjugal, provavelmente, será deixada de lado pelas mesmíssimas razões que motivaram as decisões de Isabel e Lucas. Num mundo de empregos gananciosos, a paridade conjugal sai caro.

Se as mulheres não ficassem de prontidão para atender em casa, poderiam ter empregos com pagamento desproporcionalmente alto por longas horas de trabalho, horários imprevisíveis, noites à disposição e ocasionais fins de semana — e, na verdade, muitas mulheres têm. Para mulheres que acabam de sair da faculdade e para aquelas com menos responsabilidades em casa, tudo bem ter muitas horas puxadas de trabalho. Mas, quando chega um bebê, as prioridades mudam. Os cuidados primários tomam tempo, e de repente elas precisam estar em casa. Para ficar mais disponíveis para a família, elas devem estar menos disponíveis para empresas e clientes. Em decorrência disso, elas tendem a reduzir o número de horas ou se empregam em áreas do mercado que ofereçam mais flexibilidade — e recebem muito menos. Essas responsabilidades diminuem conforme os filhos crescem e se tornam mais independentes, e a remuneração das mulheres nessas épocas realmente aumenta em comparação à dos homens. Mas muitas vezes surgem outras demandas familiares um pouco mais tarde na vida, substituindo as demandas menores dos filhos.

A história de Isabel e Lucas não é incomum. Quando as mulheres graduadas encontram um companheiro de vida e passam a planejar uma família, apresenta-se a elas nos termos mais categóricos a escolha entre um casamento de iguais e um casamento com mais dinheiro.

Um casamento de iguais

Algum tempo atrás, perguntei ao grupo de estudantes em meu seminário na graduação o que queriam num casamento. Uma das estudantes respondeu no mesmo instante: "Quero um homem que queira o que eu quero". A resposta dela me pareceu uma manifestação muito objetiva de um desejo de igualdade. Desde então esse desejo tem sido expresso por muitas estudantes e amigas minhas, mas nunca de forma tão clara e concisa. O dilema que persiste, porém, é que, mesmo que se encontrasse esse par, seria custoso para a igualdade familiar que ambos tivessem carreiras desafiadoras, ou custoso para a renda familiar que ambos tivessem carreiras menos desafiadoras. Para maximizar a renda

CARREIRA E FAMÍLIA

potencial da família, um parceiro se dedica ao trabalho no escritório que consome tempo, enquanto o outro faz sacrifícios de carreira para assumir o trabalho em casa que consome tempo. Independente do gênero, este segundo receberá menos.

O gênero é um fator que não se pode ignorar, porque a pessoa que sacrifica a carreira para ficar em casa é — historicamente e ainda hoje — na maioria das vezes uma mulher. As mulheres não são preguiçosas nem menos talentosas, e elas começam em pé de igualdade com os homens. Em parte devido às normas de gênero entranhadas que estamos examinando, mesmo mulheres talentosas e ambiciosas sentem a necessidade de diminuir o ritmo da carreira em favor do bem maior da família. *Os homens são capazes de ter família e subir na carreira porque as mulheres recuam de sua carreira para dedicar mais tempo à família.* Ambos se privam: os homens abrem mão do tempo com a família; as mulheres abrem mão da carreira.

Para leitores modernos, a ideia de que as mulheres tenham uma carreira da qual recuem ou na qual avancem pode parecer tão normalizada que nem é digna de nota. As mulheres frequentam a escola, tal como os homens, e se dedicam ao ensino superior e a carreiras rentáveis, tal como eles. Mas vale a pena parar e pensar até que ponto essa situação é nova. Em 1900, pouquíssimas mulheres com graduação e filhos pequenos faziam parte da força de trabalho, e muito menos tinham qualquer coisa que se parecesse com uma carreira. As que se dedicavam ao trabalho geralmente não tinham filhos e muitas vezes não se casavam. Passado mais de um século, as mulheres não estão apenas trabalhando; têm carreiras significativas que muitas conseguem ou pretendem combinar com uma família num casamento equitativo. Em toda a história mundial, isso nunca aconteceu antes.

Quando se altera o papel econômico de mais da metade da população, isso marca uma mudança histórica assombrosa — que tem imensas ramificações. A vida das mulheres com graduação evoluiu de forma mais radical, mas os efeitos dessa profunda mudança reverberaram por toda a sociedade americana, afetando toda a organização social do trabalho, das escolas e das famílias. Quando as mulheres passaram do lar para o local de trabalho, não passaram apenas do trabalho não remu-

30

nerado para o trabalho remunerado. Passaram das responsabilidades domésticas para posições que exigiam um extenso nível educacional, tornavam-se parte integrante de sua identidade e muitas vezes se estendiam ao longo de toda a sua vida.

Cada geração feminina no século xx deu mais um passo nessa jornada, enquanto inúmeros progressos em casa, na empresa, na escola e na contracepção pavimentavam o caminho para esse avanço. Cada geração expandiu seus horizontes, aprendendo com os êxitos e fracassos da geração anterior e deixando lições para a próxima onda de mulheres. Cada geração passou o bastão de uma anterior para a próxima. A jornada nos levou da rígida escolha entre ter uma família *ou* uma carreira para a possibilidade de ter uma carreira *e* uma família. É também uma jornada para uma maior paridade salarial e uma maior paridade conjugal. É uma progressão complicada e multifacetada ainda em andamento.

Se essa mudança ao longo das décadas foi maciçamente positiva, por que ainda lutamos com amplas diferenças entre as remunerações, ocupações e posições de homens e mulheres, e com as escancaradas disparidades entre suas responsabilidades familiares?

As jovens modernas, sobretudo durante a atual crise provocada pela pandemia da covid-19, se sentem aflitas — e com razão. Apesar de percorrerem essa estrada que foi pavimentada por suas bisavós, avós e mães (a maioria delas também aflitas), ainda estão presas entre duas alternativas: se dedicar a uma carreira ou a uma família. Com avanços tecnológicos e melhorias no nível educacional, nas qualificações profissionais e nas oportunidades, muitas barreiras foram removidas e muitos obstáculos discriminatórios ao sucesso das mulheres, eliminados. Ao longo da jornada secular, como veremos, suprimiram-se muitas camadas de disparidades de gênero, derrubaram-se barreiras ao emprego de mulheres, removeram-se muitas limitações de tempo. Nuvens se dissiparam. E, sob uma maior luz, as razões para a diferença derradeira agora se fizeram evidentes.

Coletivamente, chegamos a um momento em que podemos perguntar como alterar o sistema a fim de trazer maior igualdade de gênero e maior paridade conjugal. Como podemos mudar o diagrama básico, o do emprego ganancioso de Lucas e do emprego flexível de Isabel, para alcançar ambas? A resposta, como veremos, é que precisamos mudar a forma como o trabalho é estruturado.

Temos de tornar as posições flexíveis mais numerosas e mais produtivas. Determinar se e como é possível fazê-lo: é a isso que essa jornada nos levará. Ela mostrará a necessidade de maior apoio para permitir que genitores e outros cuidadores sejam membros mais produtivos da economia. Esclarecerá a relação entre a produtividade da economia e o cuidado dos filhos em idade pré-escolar e escolar — o tema que de forma súbita e rápida se evidenciou e se tornou tão pertinente.

No momento em que poderíamos ver com mais clareza por que é tão difícil para as mulheres alcançarem êxito na carreira e família — e, assim, vislumbrar uma solução —, fomos engolfados por uma pandemia. Fomos varridos por um tsunami. Passamos da AEC (Antes da Era Corona) para a era DC (Durante o Corona); de um "velho normal" para circunstâncias que derrubaram famílias, adoeceram milhões de pessoas, mataram centenas de milhares nos Estados Unidos e anularam anos de crescimento econômico em nações do mundo. Podem ter também derrubado muitas mães jovens de seus precários degraus na carreira, enquanto tentavam elaborar arrazoados jurídicos, artigos acadêmicos e relatórios de consultoria e atender a clientes e pacientes, ao mesmo tempo que ensinavam soma e subtração aos filhos.

Agora estamos passando para uma era AC/DC ainda não mapeada — um mundo que é parcialmente Após o Corona (AC), no sentido de que muitas escolas e empresas voltaram a abrir, mas com muitas das restrições remanescentes do mundo DC. A mudança para um mundo AC/DC revelou outra falha na sociedade e economia americanas: a prestação de cuidados, tão crítica para os objetivos de carreira das mulheres e para a paridade conjugal, também é fundamental para a condução de toda a economia. As mulheres não podem ser trabalhadoras essenciais em dois lugares ao mesmo tempo. Algo precisa ceder.

Voltaremos — daqui a muitas páginas — a examinar o mundo AC/DC, mas, para entender plenamente como chegamos aqui e qual é a melhor maneira de usarmos essa oportunidade para reformular o trabalho ganancioso, precisamos voltar ao começo. O desejo das mulheres graduadas de ter carreira e família veio se formando ao longo de muito tempo. Essa aspiração foi fermentando, mudando, emergindo e tomando forma durante várias fases cruciais de nossa história.

No começo de nossa viagem, quando havia diferenças enormes entre a educação dos homens e a das mulheres e quando a administração de uma casa exigia muito mais tempo e trabalho, ninguém teria entendido quais seriam os obstáculos finais para se chegar a um patamar de igualdade: a estrutura do trabalho e nossas instituições de cuidados.

Embora tenhamos chegado a uma era inédita de paridade econômica entre homens e mulheres, em alguns aspectos ainda estamos vivendo na Idade Média. Nossas estruturas de trabalho e de cuidados são relíquias de um passado em que somente os homens tinham carreira e família. Nossa economia inteira está presa numa velha forma de funcionamento, estorvada por métodos primitivos de divisão das responsabilidades.

Com um número cada vez maior de mulheres aspirando a ter carreira, família e paridade conjugal e com um número cada vez maior de casais enfrentando demandas rivais de tempo, é imperativo entendermos o que o hiato econômico de gênero de fato revela sobre nossa economia e nossa sociedade — para que possamos trabalhar por soluções que cubram esse hiato e tornem o trabalho e a vida mais equitativos para todos. Os dados nos capítulos subsequentes apresentarão o progresso realizado em cada geração e mostrarão como as normas de gênero e as estruturas do local de trabalho evoluíram ao longo das décadas e como a jornada deve continuar.

Este livro conta a história de como as aspirações de carreira, família e paridade emergiram no século passado e como podem ser alcançadas no presente. Não existe uma solução simples, mas, finalmente entendendo o problema e tratando-o por seu nome correto, poderemos pavimentar um melhor caminho adiante.

2
Passando o bastão

JEANNETTE PICKERING RANKIN NASCEU EM 1880, no povoado de Hellgate,[1] território de Montana, e em 1902 formou-se na Universidade de Montana. Com seu objetivo inicial concentrado no trabalho social, ela se dedicou ao movimento sufragista feminino nas duas costas e, depois de voltar a Montana, tornou-se uma liderança no movimento nacional. Em 1916, conquistou um assento na Câmara dos Representantes e foi a primeira mulher eleita para uma posição federal. Era a única mulher habilitada a votar a favor da legislação pela qual trabalhara incansavelmente e a enviar aos estados a 19ª Emenda — sobre o sufrágio feminino — para ratificação.

Pacifista convicta, em 1917 Rankin foi um dos cinquenta votos contrários no Congresso à declaração de guerra à Alemanha. Mais tarde, não tentou a reeleição na Câmara e se candidatou, sem êxito, a um assento no Senado. Muitos anos depois, em 1940, ela reconquistou o assento na Câmara, bem em tempo de ser o único voto discordante dado em 8 de dezembro de 1941, quando os Estados Unidos declararam guerra ao Japão. Apesar da grande pressão, ela se negou a dar um voto que tornaria a aprovação unânime, frisando: "Como mulher, não posso ir para a guerra e me recuso a mandar qualquer outra pessoa".[2]

Embora tenha alcançado uma posição distinta e singular no campo político, ela era a típica mulher de formação universitária com carreira daquela época. Não teve filhos; nunca se casou. Entre as 23 mulheres de sua geração que foram eleitas deputadas, mais de 30% nunca tiveram filhos.[3] Por mais elevada que essa cifra possa parecer, é consideravelmente menor do que a fração de todas as mulheres graduadas daquela época que nunca tiveram (ou adotaram) um filho.

Saltemos para Tammy Duckworth, nascida em 1968 e formada na Universidade do Havaí em 1989. Ela foi eleita para a Câmara em 2012 e se tornou senadora por Illinois em 2016. Sua primeira filha nasceu em 2014, quando ela tinha 46 anos; a segunda filha nasceu em 2018.[4] A filha Maile foi o primeiro bebê na história americana a entrar no recinto sagrado de um Congresso em sessão. A senadora Duckworth foi uma pioneira em vários aspectos: era veterana condecorada, a primeira mulher com deficiência a ser eleita para o Congresso, a primeira ásio-americana eleita por Illinois. E, admiravelmente, manteve com sucesso uma carreira gratificante e uma família.

Não é a única no Congresso. A atual senadora por Nova York Kirsten Gillibrand, nascida em 1966, tem dois filhos.[5] O segundo nasceu em 2008, quando ela era membro da Câmara. A deputada Jaime Herrera Beutler, de Washington e nascida em 1978, teve três filhos desde 2013. Dez mulheres congressistas, nas duas bancadas, tiveram filhos durante o mandato. Afora Yvonne Brathwaite Burke, que em 1973 foi a primeira congressista a ter filho quando estava no cargo, todas as outras nove congressistas (na Câmara) que deram à luz pelo menos uma vez durante o mandato tiveram filhos desde 1995, com idade variando entre 34 e 46 anos.[6] Essas mulheres combinaram carreira e família, tal como os colegas masculinos no Congresso sempre tinham conseguido fazer.

Rankin e Duckworth representam as duas pontas de cinco grupos distintos de mulheres graduadas nascidas desde o fim do século XIX. Rankin faz parte do Grupo Um e Duckworth, do Grupo Cinco. As mulheres de cada grupo se assemelham mais entre si do que com as mulheres dos outros grupos.

Embora haja um ponto inicial para os grupos, não há — ainda — um ponto-final. Para os objetivos de nossa jornada, o ano de nascimento das mulheres do Grupo Cinco se encerra por volta de 1980, e assim podemos observar suas trajetórias no começo da casa dos quarenta anos, para entender melhor suas carreiras e histórias de família. Por conseguinte, uma mulher como a deputada Alexandria Ocasio-Cortez, nascida em 1989, não estará fatorada nos dados que vamos explorar.

Para termos uma ideia da jornada das mulheres, detenhamo-nos brevemente em cada grupo de mulheres, do Grupo Um ao Grupo Cinco.

As distinções entre os grupos se concentram em suas aspirações e nas escolhas que fizeram, foram incentivadas a fazer e estiveram capacitadas a fazer, nos âmbitos do emprego e da família. O grupo de graduadas de Jeannette Rankin quase sempre precisou escolher entre trabalho — às vezes uma carreira, mas com mais frequência um emprego — e família. Um século mais tarde, as pares de Duckworth querem e esperam alcançar ambos.

Ao longo de todo o século, as mulheres enfrentaram obstáculos nas duas áreas, trabalho e família. Havia restrições de contratação, como as proibições de empregar mulheres casadas como professoras, ou limitações em muitos serviços de escritório. Eram proibidas de fazer cursos avançados numa instituição. Algumas das melhores escolas de direito, administração e medicina eram fechadas a mulheres. As firmas ofereciam determinados empregos apenas a homens e outros apenas a mulheres. Muitos eram reservados apenas a pessoas brancas, de modo que as barreiras às mulheres não brancas eram ainda maiores. As normas sociais das comunidades e famílias ditavam regras menos oficiais, mas igualmente impositivas, de que as mães não deviam trabalhar enquanto os filhos fossem pequenos — ou nunca.

Essas barreiras das normas e dos costumes que antes restringiam a possibilidade de realização das mulheres foram, em grande parte, eliminadas. As normas sociais mudaram muito. Mas o sexismo, as panelinhas masculinas e o molestamento sexual permanecem. A jornada que tem como destino a carreira e a família tem sido árdua — um percurso longo e sinuoso com altos e baixos, bloqueios e pedágios. Embora as ambições femininas de ter carreira e família tenham começado muito antes, nossa aventura se iniciará pouco mais de cem anos atrás, quando as primeiras fontes fidedignas começaram a ser registradas, em especial no censo demográfico americano.[7]

Nenhuma definição de família ou carreira será perfeita para todos e tampouco será totalmente inclusiva. Mas, para termos um entendimento mais claro das mudanças nas escolhas, ambições e oportunidades das mulheres ao longo do século passado, é preciso traçar linhas nítidas e criar definições confiáveis.

Para nossa jornada pelo século das mulheres, define-se "família" como ter um filho — inclusive por adoção —, mas não necessariamente um cônjuge. As famílias são entidades bastante pessoais. Tenho um marido e um cachorro, e eles são minha família. Mas, segundo minha definição nas páginas subsequentes, eles não constituiriam uma família.

"Carreira", embora menos pessoal, também é um pouco complicada de definir. A palavra "carreira" vem de um termo em latim que significa correr uma corrida. Carreira é um "curso" ou progressão pela vida. Precisa prosseguir durante algum tempo. O termo "carreira" não significa apenas ter um emprego. Uma carreira geralmente envolve avanço e persistência. Envolve aprender, crescer, investir e colher os resultados. Para as mulheres que rastrearemos, uma carreira é definida como um emprego desejado e duradouro em que o tipo de trabalho — escritora, docente, médica, contabilista — muitas vezes molda a identidade da pessoa. A carreira não precisa começar logo após a obtenção do grau educacional mais alto; ela pode surgir mais tarde.

Os empregos, por outro lado, via de regra não se tornam parte da identidade ou do propósito de vida da pessoa. Muitas vezes são ocupados apenas para obter uma renda e em geral não têm um conjunto definido de marcos de progressão. Já "uma carreira", como observou uma integrante do Grupo Dois entrevistada nos anos 1970, "exige atenção integral — para construir e para avançar. Senão, não é uma carreira, é um emprego".[8]

Na prática, a carreira é um conceito de emprego do indivíduo no qual o pagamento pode não ter importância. Voluntárias e líderes comunitárias melhoram a vida de muita gente, mesmo que recebam pouco ou nada. Mas, apesar do papel importante de santas e salvadoras, é possível entender melhor o avanço das mulheres usando uma definição de carreira baseada no emprego e renda da pessoa ao longo de um determinado período de tempo. O Apêndice de fontes (cap. 7), "Sucesso na carreira e família", apresenta a definição de carreira que utilizo.

Sandra Day O'Connor trabalhou na revista de direito de sua turma na escola de direito de Stanford, em 1952 — no entanto, não conseguiu emprego em nenhum escritório de advocacia. Shirley Chisolm rompeu as fronteiras como a primeira mulher negra eleita para o Congresso, a primeira mulher a concorrer à indicação do Partido Democrata como candidata presidencial e a primeira pessoa negra a fazer isso. Foi casada duas vezes e não teve filhos. Virginia Apgar, a médica obstetra e anestesiologista que concebeu o método de avaliação de saúde dos recém-nascidos que agora leva seu nome, a Escala de Apgar, nasceu em 1909. Ela desistiu de se tornar cirurgiã depois que seu orientador desaconselhou que tentasse uma residência cirúrgica visto que, disse ele, o número de mulheres que tinham falhado era grande demais. Em vez disso, ele a incentivou a ingressar no novo campo da anestesiologia, que antes era uma especialidade da enfermagem. Apgar nunca se casou, comentando: "É que não encontrei um homem que soubesse cozinhar".[9]

O'Connor, Chisolm e Apgar foram contrariadas e desencorajadas de várias maneiras, mas todas elas perseveraram. Foram extraordinárias. Pouca gente faz curso de direito para não conseguir emprego depois de aprovada na ordem dos advogados. Ninguém quer que lhe digam que não pode seguir seus sonhos por causa do sexo. As mulheres, em sua maioria, não querem seguir uma carreira árdua se, para isso, tiverem de renunciar a filhos, ao casamento ou a um relacionamento estável e satisfatório. É incalculável o volume de talentos femininos, dos quais não temos notícia, que são subutilizados.

Diminuindo o número de mulheres afastadas de seus objetivos, a carreira e a família — que desde muito tempo se davam como pressupostos para a maioria dos homens com graduação — se tornaram aspirações gêmeas das mulheres com graduação. Essa notável convergência das ambições de homens e mulheres com graduação é importante porque praticamente todos se beneficiam com o alinhamento — e não só as mulheres que estão levando uma vida cada vez mais dotada de sentido e satisfação. A convergência significa muito, muito mais do que os meros ganhos individuais. O impacto vai muito além de uma maior confiança em suas capacidades pessoais.

Com a diminuição das barreiras se reduzem os custos de formação, aumenta a aceitação e se elimina a discriminação, e a alocação dos talentos por toda a economia melhora. Segundo uma estimativa recente, de 20% a 25% do crescimento econômico desde 1960 se deu por causa da redução de barreiras no emprego, no treinamento e na educação de mulheres e minorias nos Estados Unidos.[10] A mulher que, numa era anterior, se tornaria secretária num escritório de advocacia agora tem a oportunidade de ser advogada; aquela que se tornaria professora de ciências no ensino fundamental agora pode ser, ela mesma, física. As mulheres individuais ganham em termos pessoais. Mas o plano pessoal é benéfico para todos os membros da sociedade, devido à melhor alocação de recursos e ao maior crescimento econômico.

O caminho para uma exitosa combinação entre carreira e família para as mulheres com graduação começou a ser pavimentado quando foram eliminados os principais obstáculos ao emprego das mulheres. Ele se aplainou ainda mais com avanços significativos nas tecnologias domésticas e na concepção, bem como na contracepção moderna. As gerações posteriores se tornaram gradualmente conscientes de que, para alcançar carreira e família, era preciso buscar de maneira simultânea os dois objetivos. E, por fim, é cada vez maior o número de casais em décadas recentes que vieram a descobrir o valor de lutar por relacionamentos igualitários. Podemos entender melhor esses desenvolvimentos examinando os cinco grupos de mulheres com graduação, sendo que a trajetória de cada um deles foi alimentada pela do grupo anterior. Tomadas coletivamente, as vidas dessas mulheres compõem uma das evoluções mais importantes na história social econômica.

Um aspecto surpreendente é que as mulheres graduadas, nos últimos (mais de) cem anos, se dividem de forma clara em cinco grupos distintos (ver gráfico 2.1). Dentro de cada grupo, elas estão bastante unificadas pelas restrições enfrentadas e pelas aspirações formadas dentro (ou apesar) dessas restrições. A idade com que se casaram e tiveram o primeiro filho, bem como sua respectiva fração, também é similar dentro dos grupos, ao passo que se diferencia muito entre um grupo e outro.

Os grupos também diferem nas combinações entre carreira, emprego, casamento e família. Seria possível supor que essas divisões decorriam do grande aumento no número de mulheres frequentando e se formando na faculdade, ou de mudanças nos tipos dessas mulheres. Mas, na maioria dos casos, não foi isso. Como veremos ao longo do livro, as alterações em suas prioridades e realizações são sintomas de desenvolvimentos fundamentais na sociedade e na economia. As rupturas entre um grupo e o grupo seguinte decorreram sobretudo de forças que escapavam ao controle de agentes individuais e não eram específicas das mulheres, muito menos das graduadas.

Embora os grupos sejam distintos e estejam divididos, cada um passou um bastão importante para o grupo seguinte. O bastão traz as marcas deixadas por orientadoras, guias e conselheiras que alcançaram grandes progressos e ganhos significativos. As mulheres do Grupo Cinco, por exemplo, beneficiaram-se muito das mulheres pioneiras do Grupo Quatro, que ingressaram em grande número em várias profissões, como o direito, a administração, a academia e a medicina. Mas o bastão também servia como advertência, alertando para vários passos equivocados e sugerindo rotas alternativas para o grupo seguinte. As mulheres do Grupo Cinco aprenderam com as experiências do Grupo Quatro que o excessivo protelamento em ter filhos cobrava um preço. As mulheres no Grupo Quatro aprenderam com as experiências do Grupo Três que o reingresso no mercado de trabalho costuma ser difícil.

Os grupos são determinados por ano de nascimento. Os limites são de extensão desigual. O primeiro é de vinte anos; o segundo, de 26; o terceiro, de vinte; o quarto, só de catorze; e o quinto, de 21, considerando que as mulheres estão no mínimo no começo dos quarenta anos e ainda vivas. O mistério, solucionado dentro dessas páginas, é a razão pela qual essas mulheres se fundiram nesses cinco grupos relevantes, o que define os limites de cada um deles e o que o próximo grupo de mulheres pode tentar ajustar, com base nas escolhas e circunstâncias

Gráfico 2.1. Um século de cinco grupos de mulheres com graduação

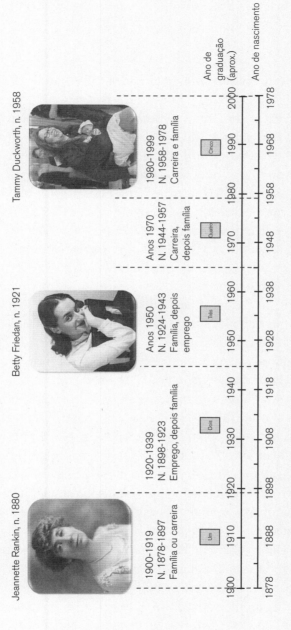

FONTES: imagem de Betty Friedan © Biblioteca Schlesinger, Instituto Radcliffe, Universidade Harvard; imagem de Tammy Duckworth © Chip Somodevilla/ Getty Images News.

CARREIRA E FAMÍLIA

das que percorreram essa estrada antes delas. Vejamos de forma breve cada um desses grupos.

Grupo Um: família ou carreira

As mulheres do Grupo Um nasceram entre *c*.1878 e 1897 e se formaram na faculdade por volta de 1900 a 1920. Elas compõem o grupo menos unificado em termos de realizações durante a vida. Uma metade nunca teve (ou adotou) uma criança; a outra metade, sim.[11] Entre as mulheres que não tiveram filhos, a grande maioria, provavelmente a quase totalidade delas, trabalhou em algum momento da vida. Na outra metade, a das que tiveram filhos, poucas chegaram a trabalhar em algum emprego. Quase um terço delas nunca se casou. Entre as 70% que se casaram, o casamento para muitas foi tardio.

Em termos amplos, esse grupo inaugural alcançou *uma família ou uma carreira*, embora muitas tivessem uma série de empregos (não carreiras). Apenas poucas seletas conseguiram ter um trabalho remunerado e ter uma família. Houve exceções, claro. E uma pequena parcela teve família e carreira.

Muitas graduadas dessa época tiveram carreira de sucesso, mas nunca se casaram nem tiveram filhos. A lista das que tiveram carreira de sucesso, em *Notable American Women* [Americanas Notáveis], inclui figuras renomadas como Edith Abbott, Grace Coyle, Helen Keller, Alice Paul e Jeannette Rankin. Entre elas também há várias grandes economistas (além de Edith Abbott), como Mary van Kleeck, Hazel Kyrk e Margaret Reid, economista pesquisadora na Universidade de Chicago (e a única economista sênior que conheci em minha carreira de pós-graduação).

O Grupo Um também inclui as que se casaram, mas nunca tiveram filhos, como Katharine Dexter McCormick, que, com a fortuna do finado marido no setor de máquinas agrícolas, veio a financiar a pesquisa que produziu a pílula contraceptiva. Katharine, muito mais do que uma herdeira rica que soube como usar sua fortuna, foi a primeira mulher na história do MIT a se formar em biologia.

42

PASSANDO O BASTÃO

Uma pequeníssima parcela desse grupo teve carreira bem-sucedida, casou-se e teve filhos. Essa lista, também de *Notable American Women*, é curta. Nela estão Mary Ritter Beard, que, com o marido Charles, escreveu *The Rise of American Civilization* [A ascensão da civilização americana]; Jesse Daniel Ames, a quem é creditada a criação do movimento contra os linchamentos no Sul dos Estados Unidos; Pearl Sydenstricker Buck, que em sua literatura deu vida a camponeses chineses; Katharine Sergeant Angell White, editora de ficção da *New Yorker* (e esposa de E.B. White, que encantou o mundo com *A teia de Charlotte*).

Nessa lista está também Sadie Mossell Alexander, a primeira mulher negra a obter um doutorado em economia. Ela não consta na lista das economistas de destaque acima mencionada porque não conseguiu obter uma posição acadêmica e então deixou a área. Casou-se, formou-se em direito, teve dois filhos, trabalhou boa parte da vida no escritório de advocacia do marido e então, quando ele se tornou o primeiro juiz negro nomeado para o Tribunal de Primeira Instância da Filadélfia, abriu escritório próprio.

Entre as 237 mulheres com graduação no Grupo Um, na compilação *Notable American Women*, menos de 30% tiveram filhos e apenas um pouco mais da metade chegou a se casar.[12] As mulheres que entraram na *Notable* são as que tiveram carreiras de extraordinário sucesso. No conjunto de todas as mulheres com graduação, tanto a porcentagem das que tiveram filhos quanto a porcentagem das que chegaram a se casar são um pouco mais altas. Mas ainda assim os números eram muito baixos.

A lista de notáveis teria sido colossalmente maior se tivesse sido possível que as mulheres do Grupo Um se casassem e tivessem família, mantendo ao mesmo tempo a intensidade de trabalho. Teriam enfrentado menos barreiras. Não precisariam ter feito as escolhas difíceis que muitas vezes lhes eram impostas e que realmente alteravam sua vida. Além disso, e talvez mais importante, a lista, se fosse mais extensa, teria incentivado outras mulheres a investirem em maior especialização e a seguir carreira, gerando níveis mais altos de talento nas gerações futuras.

Se assim tivesse sido, as mulheres que vieram depois, como as do Grupo Três, tendo um precedente mais numeroso com aspirações à

CARREIRA E FAMÍLIA

realização profissional, provavelmente não teriam ficado tão confinadas em casa. Teriam investido mais em sua educação e seguiriam uma especialização universitária que levaria a uma profissão. Os talentos seriam mais bem alocados na sociedade. A produtividade teria sido maior. Os potenciais desdobramentos são incontáveis.

Ao longo da história, muitas das mulheres que eram lésbicas, de maneira aberta ou não, não podiam se casar legalmente. Algumas delas, mesmo no começo do século XX, não escondiam seus relacionamentos, como no caso de Dorothy Wolff Douglas, a economista de Amherst. Dorothy fora casada com Paul Douglas, economista da Universidade de Chicago e senador por Illinois, mas, depois que se separaram, ela viveu com Katharine DuPre Lumpkin, socióloga e escritora. Muitas outras eram impedidas por normas sociais e pessoais de se expressar, mesmo que de forma privada. Rachel Carson, cujo livro *Primavera silenciosa* despertou os Estados Unidos para os perigos do DDT, teria sido lésbica, segundo creem seus biógrafos.

Vale notar que as graduadas com mais recursos familiares podiam se dar ao luxo de não casar, fossem lésbicas ou não. As de famílias menos abastadas muitas vezes tinham de se casar cedo para se sustentarem.

O Grupo Um estava diante de restrições que tornavam quase impossível compatibilizar emprego e família. Quando indagadas mais tarde por que não se casaram, muitas responderam que não precisaram. Mesmo as de famílias menos prósperas podiam se sustentar com a remuneração mais alta que recebiam como trabalhadoras instruídas. Muitas ficavam sem se casar não por causa de alguma vocação mais alta. Muitas vezes era porque procuravam independência para fugir às normas patriarcais da época.

Grupo Dois: emprego, depois família

O Grupo Dois, nascido entre 1898 e 1923 e formado na graduação entre 1920 e 1945, é um grupo de transição. As circunstâncias das ocupantes são, no começo, parecidas com as do Grupo Um, com baixos índices matrimoniais — mas, no fim, assemelham-se ao Grupo Três, com altos índices matrimoniais, bem jovens ao primeiro casamento e com muitos filhos.

Como a idade ao casamento das mulheres do Grupo Dois era relativamente alta (como para o Grupo Um), esse grupo de transição entra na categoria ampla de quem alcançou *um emprego e depois uma família*. A maioria das mulheres que acabaram se casando teve filhos e, embora a maior parte delas tivesse trabalhado durante algum tempo antes do casamento, por muito tempo depois não teve trabalho remunerado.

Muitas delas tinham aspirações maiores que foram sufocadas por forças externas, inclusive o início da Grande Depressão. Com a enorme desaceleração econômica veio a ampliação das políticas restritivas, incluindo as que impediam o emprego de mulheres casadas como funcionárias de escritório e estendiam barreiras ao casamento similares para empregos no setor público, como o magistério.

O Grupo Dois, em seu começo, inclui mulheres como Barbara McClintock, cujo trabalho em genética lhe valeu um prêmio Nobel, e Alice Kober, que ajudou a decifrar a escrita Linear B. Nenhuma das duas se casou. Também no começo do Grupo Dois estão Zora Neale Hurston, folclorista e escritora sobre a experiência negra nos Estados Unidos, e Grace Hopper, a pioneira cientista computacional e contra-almirante da Marinha americana. As duas se casaram, mas não tiveram filhos. Ada Comstock, outra integrante do Grupo Dois, casou-se aos 67 anos após longa e ilustre carreira como primeira reitora da Faculdade Radcliffe. Não são mulheres médias, mas são um símbolo da vida das mulheres do Grupo Dois em seu começo.

Bella Savitzky Abzug, a ardorosa congressista, Betty Friedan, a autora de *A mística feminina*, e Dinah Shore, a cantora e personalidade de TV, também integravam o Grupo Dois. Todas se casaram e tiveram filhos. Elas são características do coletivo que se metamorfoseou como Grupo Três. Entre as integrantes menos celebradas do Grupo Dois estão duas corajosas professoras de escola pública em St. Louis, no Missouri: Anita Landy e Mildred Basden, que contestaram judicialmente as leis que determinaram a demissão delas depois de se casarem. A ação, que veremos adiante, pôs fim à maioria das barreiras ao casamento para as professoras de escola pública.

CARREIRA E FAMÍLIA

Grupo Três: família, depois emprego

As mulheres do Grupo Três, nascidas entre 1924 e 1943, são mais semelhantes entre si do que as dos demais grupos. Expressavam aspirações e realizações similares, casavam-se jovens, apresentavam uma alta fração com filhos e tinham cursos e primeiros empregos parecidos. Se as mulheres no Grupo Um se dividiam em dois caminhos separados, um com família e o outro com emprego ou carreira, as do Grupo Três seguiam no mesmo passo.

A uniformidade do Grupo Três surgiu em parte porque várias barreiras de emprego haviam sido anuladas. Mas foi também porque esse grupo se formou na graduação entre 1946 e 1965, quando uma onda de mudanças demográficas estava levando todos os americanos a casamentos em idade mais jovem e a famílias maiores. Mais de 90% das graduadas no Grupo Três se casaram, e a maioria se casou jovem. E quase todas as casadas tiveram filhos. As mulheres do Grupo Três estavam em larga medida empregadas logo após a graduação e mesmo após o casamento. Mas, ao ter filhos e criá-los, grande parte delas deixava a força de trabalho

Muitas voltavam quando os filhos estavam mais crescidos, e algumas aproveitaram esse tempo para investir na carreira. Mas, devido às interrupções anteriores no emprego e às prioridades da família, a maioria teve dificuldades em reingressar num mercado de trabalho que mudara radicalmente após a saída delas. A muitas faltavam as qualificações exigidas. A mulher média do Grupo Três tinha *uma família e depois um emprego*.

No entanto, embora a vida no lar viesse em primeiro lugar, em termos de cronologia e importância, isso foi problemático para uma grande parcela desse grupo. Os índices de divórcio dispararam para as que se casaram nos anos 1960. Entre as casadas nos anos 1950, 12% das graduadas se divorciaram após vinte anos de casamento, ao passo que, entre as casadas nos anos 1960, o índice foi de quase 30%.[13] Algumas no Grupo Três devem ter sido apanhadas de surpresa quando os estados mudaram suas leis de divórcio para "unilaterais", significando que qualquer dos cônjuges podia dissolver o casamento. As mulheres que haviam se especializado no lar e dispunham de pouquíssima experiência de emprego teriam pouco poder de barganha em casa.

A maioria das mulheres no Grupo Três que haviam deixado a força de trabalho ao ter filhos voltou mais tarde em várias posições, principalmente como professoras escolares e funcionárias de escritório. Não são, na maioria, nomes familiares, mas algumas que por fim encontraram seu métier são conhecidas. Entre elas estão Erma Bombeck, Jeane Kirkpatrick, Grace Napolitano e, ironicamente, Phyllis Schlafly, que fez carreira tentando tolher as carreiras de outras mulheres.

Havia outras que, por necessidade ou vontade, nunca deixaram a força de trabalho. Algumas precisavam manter uma fonte de renda após um divórcio, em especial se tivessem filhos. A escritora Toni Morrison, agraciada com o prêmio Nobel de literatura, parece não ter feito nenhuma interrupção em seu trabalho. Depois do divórcio, tornou-se editora na Random House e criou seus dois meninos, escrevendo seus belos e pungentes romances de manhã cedo, antes de servir o desjejum aos filhos.

As aspirações das mulheres do Grupo Três se revelam nas imagens que projetavam sobre seu futuro, as quais estão presentes em vários e amplos levantamentos. Essas graduadas se casaram cedo e tiveram mais filhos do que as anteriores ou posteriores. Mas uma grande fração declarou que queria ter emprego enquanto estava casada, mesmo quando os filhos eram novos. As aspirações do Grupo Três estavam, para muitas, definidas no best-seller de Betty Friedan. Mas, como veremos, a realidade e a verdade eram muito diferentes. As oportunidades haviam aumentado. Os empregos para mulheres casadas após os anos 1940 eram mais numerosos com o fim das barreiras ao casamento. As aspirações tinham mudado.

Grupo Quatro: carreira, depois família

O Grupo Quatro, nascido entre 1944 e 1957, se graduou entre meados dos anos 1960 e fim dos anos 1970. Essas mulheres tinham visivelmente aprendido com as experiências de suas predecessoras. As guinadas

CARREIRA E FAMÍLIA

do Grupo Três para o Grupo Quatro em termos de casamento, filhos, ocupações e emprego são as mais acentuadas nessa sucessão histórica dos grupos.

As mulheres do Grupo Quatro chegaram à maioridade quando o movimento feminino amadurecia. Elas sabiam das restrições e frustrações sobre as quais Betty Friedan escrevera em *A mística feminina*. Mas, como veremos, o que influenciou suas escolhas de educação e carreira não foi tanto a revolução "ruidosa" dos anos 1960 e 1970, e sim uma revolução mais silenciosa. Isso não significa que o movimento clamoroso não fosse um catalisador. Mas, para o Grupo Quatro, o tratamento por "*Ms.*" teve provavelmente maior influência do que a fundadora da revista de mesmo nome (e uma líder do movimento), *Ms.* Gloria Steinem.*

Quando jovens, elas tinham visto as mães, tias e irmãs mais velhas do Grupo Três voltarem à força de trabalho depois que os filhos tinham deixado o ninho. Algumas chegaram a suas ocupações sem muita premeditação. Outras planejaram cuidadosamente uma vida sequencial de maternidade e então emprego. Mas os empregos que as mulheres do Grupo Três procuravam e obtinham não costumavam ser a carreira de toda uma vida à qual aspirava o Grupo Quatro. Muitas vezes, as mães viam uma outra rota para as filhas. "Aconselho minha filha a ter uma família e uma carreira. É o que agora se espera",[14] disse uma integrante do Grupo Três com alto grau de instrução, mas não integrada ao mercado de trabalho, sobre sua progênie do Grupo Quatro.

As mulheres do Grupo Quatro também podiam notar que muitas do Grupo Três se viam inesperadamente divorciadas e desatualizadas em suas qualificações para o mercado de trabalho. Aprendiam desde cedo que as qualificações de interesse para o mercado eram importantes não só para suas próprias carreiras, mas também para a subsistência pessoal e dos filhos. O casamento já não era mais para sempre, se é que algum dia foi. Suas mães do Grupo Dois ou Três também sabiam disso: "O pior

---

* Com o tratamento *Ms.* (*Missus*) cai a distinção entre *Miss* (srta.) e *Mrs.* (sra.), passando a não levar em conta o estado civil ou o status conjugal da mulher. (N. T.)

é ser deixada na meia-idade, viúva ou divorciada, sem uma identidade ou grande interesse próprio".[15]

Os índices de divórcio das mulheres do Grupo Quatro eram ainda mais altos do que os das mulheres da segunda parte do Grupo Três. Entre os casamentos realizados nos anos 1970, 37% dos casais não chegavam ao vigésimo aniversário das bodas. Entre os realizados nos anos 1960 (principalmente entre as mulheres do Grupo Três), esse percentual era de 29%.[16]

Mesmo com todas essas rupturas no Grupo Quatro, o elemento-surpresa não foi tão grande quanto tinha sido para o Grupo Três. O Grupo Quatro conhecia os sinais anunciados. Viu-os desde cedo. O bastão que o Grupo Três passou para o Grupo Quatro trazia um alerta sobre a estabilidade do casamento. Apontava os riscos de investir na carreira do marido, e não na carreira pessoal. Os índices de divórcio começaram a diminuir. Os referentes a casamentos realizados nos anos 1980 e mais além eram praticamente tão baixos quanto os das uniões dos anos 1960. As mulheres começaram a se casar mais tarde, e esses casamentos eram mais estáveis, apesar das leis de divórcio mais flexíveis.

As mulheres do Grupo Quatro pensavam que se sairiam melhor do que as mulheres do Grupo Três. Reconheciam que o Grupo Três, no geral, não dera prioridade à especialização e pós-graduação nem a carreiras de longo prazo. Devido a seu horizonte mais informado, as mulheres do Grupo Quatro se preparavam no segundo grau para fazer a faculdade; então escolhiam áreas de concentração na faculdade e cursos de especialização e pós-graduação tendo em mente objetivos de uma carreira duradoura.

A nova ideia do Grupo Quatro era tomar primeiro o caminho da carreira e depois o da família. Muitas supunham que, quando estivessem com a carreira assentada, não iriam descarrilar ao ter filhos. Formar família era a parte fácil — pelo menos assim parecia, a julgar pelas altas taxas de natalidade das mulheres do Grupo Três. As mulheres do Grupo Quatro também estavam equipadas com algo especial que faltara às mulheres das gerações anteriores quando eram jovens: a pílula.

Dispondo de melhor controle natal, elas podiam adiar o casamento e os filhos sem muitas consequências imediatas. A contracepção eficaz, conveniente, sob controle feminino, permitia que as mulheres do Grupo Quatro tivessem mais estudo e subissem na carreira escolhida sem abrir mão de uma vida social e sexual ativa ao longo do caminho. Mas muitas postergaram demais e cerca de 27% de todas as graduadas do Grupo Quatro nunca tiveram filhos. O grupo aspirava a ter *uma carreira e depois uma família*, mas as aspirações não são necessariamente realizações.

Entre as integrantes mais conhecidas do Grupo Quatro estão Hillary Clinton e Carol Mosley Braun, a primeira mulher negra eleita para o Senado americano. Ambas se casaram, uma com um homem famoso, e ambas têm filhos. Outras são Condoleezza Rice e Sonia Sotomayor, nenhuma com filhos.

As mulheres do Grupo Quatro foram as primeiras a aspirar em grande número às profissões de maior prestígio e remuneração, como a advocacia, a medicina e a administração. Queriam o que os colegas homens sempre procuraram: melhor situação financeira, o respeito dos colegas, o nível mais alto possível no campo de trabalho desejado. O número de homens nesse grupo almejando alcançar essas mesmas realizações também aumentou.[17] A família era importante para esse grupo, mas em grande medida vinha no banco de trás, enquanto a pós-graduação e o avanço na carreira vinham no banco da frente.

Grupo Cinco: carreira e família

O Grupo Cinco abrange as nascidas desde 1958, que se formariam na graduação a partir de 1980, aproximadamente. Para dar às integrantes tempo de terem filhos e observar suas escolhas depois disso, definirei os anos de nascimento do Grupo Cinco entre 1958 e 1978, embora o grupo ainda esteja em andamento. As mulheres nesse grupo observaram os erros de cálculo cometidos pelas mulheres do Grupo Quatro. Muitas vezes o que se adia nunca se realiza. O Grupo Cinco prometeu que a carreira não iria mais eclipsar o potencial de ter uma família.

Embora tenham mantido o padrão de adiar tanto o casamento quanto a geração de filhos, e tenham até estendido esse adiamento para ambos, as taxas de natalidade aumentaram muito para elas. Como as do Grupo Quatro, contaram com o apoio de diversas tecnologias reprodutivas, inclusive a fertilização in vitro. Nesse caso, o apoio se destinava a ajudar na concepção, não na contracepção. Esse último grupo aspirava em grande medida a *uma carreira e uma família*.

A questão dos limites

Agora podemos voltar ao mistério sobre esse encaixe tão perfeito dessas mulheres em cinco grupos distintos. O enigma pode ser solucionado explorando dados demográficos e econômicos sobre casamentos, nascimentos e emprego.

A idade ao casamento é um indicador importante de diferenciação entre os vários grupos (ver gráfico 2.2). Está provado que há uma relação entre a mulher que se casa (ou se junta) cedo, tarde ou nunca e seus planos de carreira e filhos. A primeira coisa que podemos notar no gráfico é a forma geral em U para a fração das mulheres graduadas que nunca se casaram, por idade, conforme passamos do Grupo Um para o Grupo Cinco. A fração mais baixa é a do Grupo Três, em que apenas cerca de 8% nunca se casaram e cerca de 20% ainda não tinham se casado no fim da casa dos vinte anos. Para o Grupo Cinco, cerca de metade ainda não se casara no fim da casa dos vinte.

O uso do casamento como indicador social hoje pode parecer ultrapassado. Agora, muitas pessoas têm uniões estáveis e dispensam totalmente a instituição matrimonial. Alguns casais moram juntos durante muitos anos antes de se casar, e o ano exato de casamento pode ter menos relevância. Mas, mesmo entre os grupos mais recentes de mulheres graduadas, mais de 90% estavam ou atualmente estão casadas ao alcançar o começo da casa dos cinquenta.

Como o censo demográfico de 1940 foi o primeiro nos Estados Unidos a incluir informações sobre o nível educacional e o estado civil, não há informações disponíveis para a integralidade dos primeiros grupos em todas as idades. Além disso, embora a história esteja repleta de relações entre pessoas do mesmo sexo, os dados sobre as uniões e

Gráfico 2.2. Fração de mulheres graduadas que nunca se casaram, por grupo etário e ano de nascimento

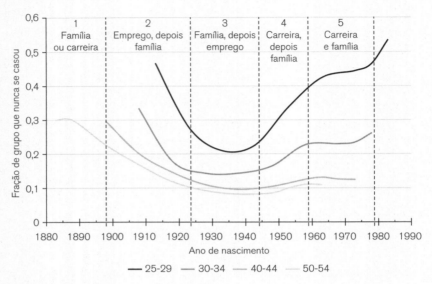

Ver Apêndice de gráficos e tabela.

casamentos homossexuais estão apenas começando a aparecer.[18] Por fim, em razão de diferenças no casamento por raça e porque preciso analisar uma população fechada, limito aqui os dados de casamento a mulheres brancas nascidas nos Estados Unidos, mas adiante tratarei das diferenças raciais. Cabe frisar que todos os outros dados incluem todos os grupos raciais.

As graduadas do Grupo Um tiveram índices de casamento baixos. Mesmo no início da casa dos cinquenta anos, apenas 70% haviam se casado. O Grupo Dois não é diferente do Grupo Um no começo, mas em seu fim apenas 10% das quinquagenárias nunca se casaram. A idade mais jovem ao casamento e a fração mais alta de casadas se encontram no Grupo Três, dentro do qual quase 80% já estavam casadas aos 25-29 anos de idade. Em quase todos os casos das mulheres que se casaram, o casamento foi antes dos trinta anos.

O Grupo Quatro adiou o casamento, e essa tendência prosseguiu no Grupo Cinco. Mas, ainda que o casamento para os Grupos Quatro e Cinco fosse adiado, a fração das que vieram a se casar ainda é muito alta. Os índices de casamento no fim da casa dos vinte e começo dos trinta anos podem ser parecidos com os das mulheres do Grupo Um, nascidas no fim do século XIX. Mas a comparação cessa por aí. As graduadas nascidas desde o começo dos anos 1940 adiaram o casamento, mas poucas se mantiveram solteiras até o fim.

Outra maneira de medir a cronologia do casamento é a idade com que um grupo se casou, isto é, a média de idade ao casamento.[19] Para as graduadas no Grupo Três, nascidas entre meados dos anos 1920 e o começo dos anos 1940, metade se casou com cerca de 23 anos. Mas em meros cinco anos no Grupo Quatro, para as nascidas de 1950 a 1955, a média de idade ao primeiro casamento subiu para 25 anos e continuou a aumentar. Para as graduadas em 1980, logo após o ponto de corte para o Grupo Cinco, a idade é acima de 27 anos.

O aumento de 23 para 27 anos na idade de casamento teve grandes consequências. Significava que as mulheres podiam fazer cursos de pós-graduação e treinamentos de carreira sem se preocupar com família nem se mudar geograficamente por causa dos estudos ou da ocupação do marido.

As mulheres que nunca fizeram faculdade têm índices de casamento diferentes dos das mulheres graduadas.[20] A fração das que frequentaram e que se formaram na faculdade aumenta consideravelmente ao longo dos grupos, e essa diferença importante logo será abordada. As mulheres sem faculdade se casaram novas e — para os grupos iniciais por data de nascimento — em maior número. O grupo sem faculdade não teve os altos índices de não casamento do Grupo Um. Mas, para os grupos com data de nascimento mais recente, as que não fizeram faculdade tiveram um recuo considerável no índice de casamentos. Entre essas diferenças, há uma exceção importante: o casamento se deu cedo na vida de todas as mulheres do fim dos anos 1940 ao começo dos anos 1960.

Os limites de grupo ficam claros nos dados de casamento. O Grupo Um tinha baixos índices de casamento, mesmo em idade mais avançada. O Grupo Três se casava cedo. Os Grupos Quatro e Cinco adiavam muito o casamento, mas acabavam se casando quase aos

CARREIRA E FAMÍLIA

mesmos índices do Grupo Três. A distinção entre o Grupo Quatro e o Grupo Cinco, como veremos, surge no que acontece após o casamento: filhos (ou falta deles).

As mulheres negras graduadas compartilham com as brancas alguns dos mesmos padrões de casamento, como podemos ver no gráfico 2.2. Os primeiros grupos tiveram baixos índices de casamento, o Grupo Três teve os índices mais altos, e houve um considerável adiamento para os Grupos Quatro e Cinco. A diferença para os dois grupos mais recentes é que o casamento para as graduadas negras não só é adiado, como ocorre com as graduadas brancas, mas também continua baixo em idade mais adiantada.[21]

Quando engravidam logo após a faculdade, as mulheres tendem menos a continuar os estudos. As carreiras podem ficar suspensas. Quando se pode adiar uma gravidez, ocorre o contrário. A íntima relação que existiu historicamente entre casamento e nascimento de um filho mudou em tempos recentes, mas a fração de graduadas sem marido e sem parceiro que dão à luz ainda é baixa.[22]

A fração das mulheres graduadas que nunca deram à luz é apresentada no gráfico 2.3. As linhas ondulantes no gráfico são parecidas com as que rastreiam a fração das mulheres que nunca se casaram. As linhas para os Grupos Quatro e Cinco têm dados de frequência mais altos e, por conseguinte, são mais acidentadas. O acréscimo de adoções aumenta a fração das mulheres com filhos em cerca de 1,6 ponto percentual.[23] (A diferença vertical entre as linhas mostra o grau de adiamento dos nascimentos.)

Embora existam similaridades entre os dados de casamento e os dados de natalidade, a diferença óbvia é que nem sempre um casamento gera um nascimento. Esta é a distinção fundamental entre os Grupos Quatro e Cinco. Esses dois grupos se casaram em idades parecidas e em índices parecidos, mas uma maior fração do Grupo Cinco teve filhos, ainda que tenham tido o primeiro filho em idade um pouco mais avançada.

Mais da metade das mulheres no Grupo Um nunca teve filhos.[24] O Grupo Dois, semelhante nos dados sobre o casamento, faz uma ponte entre os baixos níveis de fertilidade do Grupo Um e os níveis elevados de fertilidade do Grupo Três, que apresentam um quadro totalmente diferente. Mais de 90% das casadas tiveram filho — o índice mais alto

Gráfico 2.3. Fração de mulheres graduadas sem filhos, por grupo etário e ano de nascimento

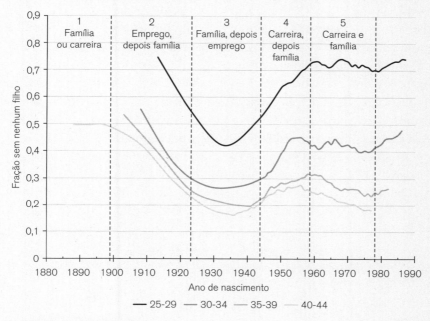

Ver Apêndice de gráficos e tabela.

entre os grupos considerados.[25] Ao fim de sua vida reprodutiva, apenas 17% delas nunca deram à luz. Entre as que tiveram filhos, o pico médio de fertilidade foi de 3,14 nascimentos por mulher.[26]

As mulheres do Grupo Quatro adiaram a gestação, e a parcela de mulheres que se tornaram mães despencou. No fim do Grupo Quatro, 45% tinham um filho aos 35 anos. Um adiamento de tal magnitude significava que a fração das que nunca dariam à luz subiu para cerca de 28%. Esses fatos se referem a todas as mulheres graduadas, não só às que seguiram pós-graduação ou se diplomaram numa instituição seletiva de nível superior.

O Grupo Cinco continuou a adiar o nascimento de filhos, mas intervenções médicas, como a fertilização in vitro, lhes permitiam compensar o que poderiam ter perdido. O número médio de nascimentos é 1,8, e o número das que nunca deram à luz é 2,2.[27]

As taxas de natalidade para as graduadas negras são muito similares às apresentadas para os totais, que incluem todas as raças. A similaridade na natalidade se mantém, muito embora o índice de casamentos seja muito diferente para os dois grupos mais recentes.

As taxas de participação na força de trabalho de mulheres graduadas que chegaram a se casar também ajudam a perceber diferenças entre os grupos.[28] (Os dados demográficos e econômicos para os cinco grupos estão sintetizados na tabela 2.1.) As taxas na força de trabalho, porém, não variam tanto quanto os índices de casamento e de natalidade entre os grupos. O emprego não sobe e desce como o nascimento de filhos, por exemplo, porque o emprego aumentou de maneira quase constante ao longo do tempo para as mulheres como um todo.[29] A única exceção, porém, é que as mulheres negras com graduação tiveram índices excepcionalmente altos de trabalho remunerado desde os primeiros dados em que podemos observar as ocupações e empregos.

Considerem-se os índices de emprego para os três grupos etários no gráfico 2.4 (p. 58), dos 25 aos 49 anos.[30] Os dados começam com o Grupo Dois porque o censo demográfico de 1940 foi o primeiro a fornecer dados sobre o grau de instrução e emprego. O primeiro limite está entre os Grupos Dois e Três. As mulheres do Grupo Dois tinham baixa participação quando jovens (e casadas), mas aumentaram a participação em idade mais avançada. Devido à alta porcentagem de mulheres com filhos, o Grupo Três teve participação quase igual à do Grupo Dois no começo, mas aumentou muito sua presença na força de trabalho depois que os filhos entraram na escola, como foi o caso de algumas das mulheres mais conhecidas naquele grupo, de Erma Bombeck a Jeane Kirkpatrick e até Phyllis Schlafly.

Quando as mulheres do Grupo Três chegaram ao fim da casa dos quarenta anos, de 75% a 85% delas estavam na força de trabalho (de 88% a 93% para as mulheres negras do grupo). Assim, as mulheres do Grupo Três, apesar de terem famílias grandes e pouca presença no trabalho remunerado quando jovens, tiveram uma participação razoavelmente elevada na força de trabalho quando mais velhas. Com efeito, suas taxas na força de trabalho eram quase tão altas quanto as dos Grupos Quatro e Cinco, mulheres que enveredaram pela carreira muito mais cedo.

Tabela 2.1. Casamento, filhos e emprego remunerado em cinco grupos de mulheres com graduação

Anos de faculdade [Anos de nascimento] Aspiração/ Realização	(A) Nunca se casaram (aos trinta anos)	(B) Nunca se casaram (aos cinquenta anos)	(C) Sem filhos (aos 44 anos)	(D) Força de trabalho para as casadas, idades de 25-29	(E) Força de trabalho para as casadas, idades de 45-49
Grupo Um: 1900-19 [1878-1897] Família ou carreira	53%	32%	50%	-20%	30%
Grupo Dois: 1920-45 [1898-1923] Emprego, depois família	38%	19%	36%	28%	58%
Grupo Três: 1946-65 [1924-1943] Família, depois emprego	16%	9%	18%	35%	73%
Grupo Quatro: 1966-79 [1944-1957] Carreira, depois família	21%	9%	27%	76%	85%
Grupo Cinco: 1980-2000 [1958-1978] Carreira e família	27%	12%	21%	83%	84%

Ver Apêndice de gráficos e tabela.

Cabe notar alguns fatos fundamentais sobre as dimensões de nossos grupos de graduadas em relação à população, e o número de homens graduados em relação às mulheres graduadas. Para nossa jornada, a faculdade quase sempre significará uma instituição com cursos de quatro anos, e a graduação geralmente significará um título de bacharelado (não de tecnologia). Haverá vezes em que mulheres com curso de licenciatura de dois anos serão fatoradas, sobretudo quando esse era um caminho importante para se tornar professora escolar.

Em 1900, tanto para homens quanto para mulheres, ter um diploma de ensino superior era raridade. Quando o século xx teve início, 3%,

Gráfico 2.4. Taxas de participação na força de trabalho, por grupo etário e ano de nascimento: mulheres graduadas que se casaram

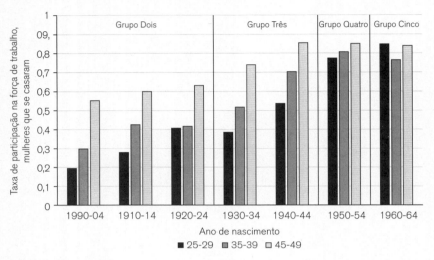

Ver Apêndice de gráficos e tabela.

isto é, menos de um entre trinta jovens, eram formados na faculdade. Esses níveis eram muito mais baixos para os negros. Saltemos para os nascidos por volta de 1990, e quase uma em cada duas mulheres estava destinada a fazer uma graduação (ver gráfico 2.5 e Apêndice On-line, gráfico 4A [cap. 2]).[31] Os níveis para as mulheres negras estão cerca de duas décadas ou mais atrás dos das mulheres brancas.[32]

Nesse leque temporal, houve aumentos e até leves diminuições, em graus variados. Há duas irregularidades tão extremas que exigem explicação. Os índices de graduação masculina tiveram um grande aumento de meados a fins dos anos 1960 e então sofreram uma queda brusca. Tanto o aumento quanto a diminuição foram decorrentes da Guerra do Vietnã. O enorme aumento foi uma reação aos adiamentos que permitiam que os homens, com sorte suficiente de estarem cursando a graduação, evitassem o alistamento (até se formarem). A queda excepcional decorreu das diminuições no alistamento obrigatório e do fim do envolvimento militar americano no Vietnã.[33]

Outra característica que deve ser mencionada é o *crossover*, isto é,

Gráfico 2.5. Índices de graduação na faculdade para homens e mulheres (aos trinta anos)

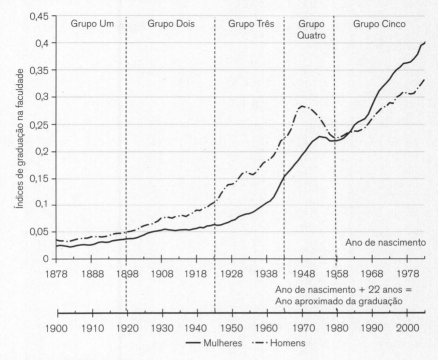

Ver Apêndice de gráficos e tabela.

o ponto de quebra em que o número de mulheres graduadas ultrapassou o de homens.[34] Antes, os homens superavam em larga medida as mulheres com graduação, especialmente nas turmas dos anos 1950 e 1960. Mas as mulheres os alcançaram e os ultrapassaram por volta de 1980. As mulheres negras superaram os homens negros cerca de dez anos antes disso. Desde então, as mulheres continuam a aumentar sua dianteira.

Há duas maneiras de pensar a série das pessoas com graduação. Uma (que abordamos) considera as pessoas nascidas mais ou menos no mesmo ano.[35] Mas a idade dos estudantes de faculdade varia, e não é raro encontrar alguém de trinta anos ao lado de um pessoal de vinte anos. Essa mistura de idades se deu ao longo de toda a história — so-

59

bretudo em meados do século xx, quando muitos soldados (quase todos homens) voltaram da guerra.

Uma série correlata apresenta os números efetivos na faculdade por ano de escola e permite entendermos melhor as interações sociais nos campi universitários e nas salas de aula. Ela permite ver a proporção entre os sexos em todos os centros de atividades — a sala de aula, a biblioteca, os dormitórios, o grêmio estudantil e as festas.

A proporção entre homens e mulheres (ou proporção de sexos) dessa série mostra que havia uma quantidade muito maior de homens do que de mulheres na faculdade entre meados dos anos 1940 e meados dos anos 1960.[36] No fim dos anos 1940, por exemplo, havia a espantosa proporção de 2,3 homens para cada mulher na faculdade, mesmo quando a série por ano de nascimento era de apenas 1,5. Esses homens a mais eram, na maioria, soldados voltando da guerra, alguns dos quais já casados.[37] Mas muitos eram solteiros, e a presença deles aumentava amplamente a possibilidade de que as estudantes da faculdade encontrassem o parceiro certo.

Cabe também levar em conta o aumento histórico do ensino misto. O significado da faculdade para mulheres e homens mudou a cada época, em parte dependendo se moravam no mesmo campus. No fim do século xix e na primeira década do século xx — principalmente em certas áreas do país —, uma fração considerável dos estudantes universitários frequentava instituições de ensino separadas por sexo. Para a turma de graduação de 1900, 40% das mulheres frequentavam uma escola feminina e 46% dos homens, uma escola masculina.[38] Mas a fração de todos os graduados em escolas mistas aumentou rapidamente e nos anos 1930 já era substancial, quando a cifra de escolas separadas por sexo caíra para menos de 30%. Em 1966, às vésperas da integração histórica da maioria das faculdades de elite, apenas 8% das graduandas e 5% dos graduandos frequentavam escolas de ensino superior separadas por sexo.

Mas, ao longo do século, a faculdade é frequentemente o local onde se encontra um parceiro. As escolas monossexuais muitas vezes eram vinculadas de maneira institucional e faziam percursos de ônibus rotineiros nos fins de semana. Mesmo as escolas mistas, em especial as que

PASSANDO O BASTÃO

tinham pequeno número de estudantes mulheres, mantinham relações com faculdades monossexuais geograficamente próximas. O ônibus que fazia o percurso entre o MIT e Wellesley era, na coloquialidade, chamado de "viagem do chamego" [*the cuddle shuttle*].

Com o enorme aumento no ingresso universitário entre a população desde o começo do século XX, seria de pensar que a principal mudança entre nossos grupos seria a dos tipos de pessoas que ingressavam e se formavam na faculdade. Afinal, o número de mulheres oriundas de famílias mais ricas que entravam na faculdade por volta de 1900 era desproporcionalmente maior do que em décadas posteriores. Podiam se dar ao luxo de *não* se casar. As que iam para a faculdade nos anos 1950 poderiam provir de grupos que queriam mais filhos. E as que se formaram na faculdade em data recente se diferenciariam de forma presumível das outras por terem escolhido uma carreira. Mas as mudanças que vimos na fração das casadas e na fração das que tiveram filhos não se devem primariamente ao tipo de mulher que ia para a faculdade nem aos tipos de famílias que enviavam as filhas para a faculdade.

Podemos confirmá-lo examinando mulheres provenientes dos mesmos estratos sociais que frequentaram a mesma faculdade, ao longo do século. Mesmo entre mulheres com criações e aptidões semelhantes, ainda vemos uma mudança considerável entre os cinco grupos, que reflete os limites dos grupos agregados. Em outras palavras, ainda que mantendo constante a proveniência familiar dessas mulheres, registram-se em todo o grupo as mesmas mudanças nas prioridades e escolhas referentes a casamento, filhos e emprego.

Tomem-se as mulheres que se formaram na Faculdade Radcliffe/ Harvard.[39] Existem dados excepcionalmente detalhados sobre essas mulheres. Foram selecionadas de forma sistemática entre as jovens mais inteligentes, mais capazes e mais motivadas do país.

Para grande parte do período considerado, eram também, de maneira desproporcional, selecionadas entre as famílias mais ricas do país. Isso é significativo porque a admissão numa faculdade privada de elite entre 1880 e 1940 ganhava um grande reforço se fosse precedida por uma escola preparatória. Os testes padronizados, que se iniciaram nos anos 1940 e se difundiram rapidamente nos anos 1950, reduziam a

61

necessidade de uma preparação especial em escolas secundárias privadas.[40] Ainda assim, a fração de mulheres de Radcliffe que fizeram uma escola secundária privada se manteve praticamente constante em 45%, desde as que se formaram no início dos anos 1900 até as que se graduaram no fim dos anos 1970.[41]

No entanto, embora essas mulheres proviessem da mesma classe social, a propensão de se casar e ter filhos entre as mulheres de Radcliffe acompanha de perto as tendências gerais na população dos grupos a partir de c.1900.[42] As frações das que nunca se casaram, por grupo etário e ano de nascimento, são mais ou menos as mesmas, e os pontos de inflexão, quase idênticos. As similaridades nos dados de casamento são muito marcantes no Grupo Três. Do fim dos anos 1940 ao início dos anos 1960, as mulheres de Radcliffe se casavam cedo e em altos índices. Nesse aspecto, não se diferenciavam das mulheres que se formavam em faculdades menos seletivas. É possível ver mudanças semelhantes nos dados de nascimento.[43]

Helen Taussig, a cardiologista pediátrica pioneira e filha de Frank Taussig, o economista de Harvard, frequentou Radcliffe na época da Primeira Guerra Mundial. Helen nunca se casou e era uma integrante típica daquela fração de mulheres do Grupo Um que alcançaram uma carreira. A renomada poeta Adrienne Rich se casou em 1953, cerca de um ano depois de se formar em Radcliffe, e teve três filhos em rápida sucessão. Depois da morte do marido, ela iniciou um relacionamento que durou a vida inteira com uma mulher. Rich era uma integrante típica (embora atípica) do Grupo Três. Linda Greenhouse, jornalista ganhadora do prêmio Pulitzer, estava na vanguarda do Grupo Quatro. Casou-se aos 34 anos, cerca de doze anos depois de se formar em Radcliffe, e teve o primeiro filho aos 38 anos.

Assim, as mulheres de Radcliffe parecem quase iguais a todas as mulheres em termos de casamento e filhos. Mas essa similaridade se dá não porque uma grande fração de todas as graduadas na faculdade tivesse frequentado faculdades de elite exclusivamente femininas; à exceção do período inicial, as graduadas em faculdades para mulheres respondiam apenas por uma pequena parcela do total.[44] As mudanças na seletividade das graduadas, pelo visto, não tiveram grande peso para as mudanças extraordinárias que ocorreram ao longo dos cinco grupos.

Por que aconteceram essas transformações colossais na carreira e família desde o Grupo Um até o Grupo Cinco? As mudanças faziam parte de uma sucessão de gerações[45] secular, marcada por transformações essenciais na economia e na sociedade. Cada grupo recebeu o bastão e percorreu mais um trecho da estrada, saltando obstáculos e tentando contornar barreiras. E cada geração se viu diante de restrições sempre mutáveis — e também diante de muitos avanços tecnológicos, referentes ao espaço doméstico e à reprodução, que suavizaram a rota em frente.

Ao longo do caminho, sobretudo no fim dos anos 1960 e início dos anos 1970, a insatisfação com o emprego, com as promoções, as remunerações e a vida familiar aflorou e explodiu de formas revolucionárias. A ação em nível nacional se filtrou em associações mais locais e até a grupos mais íntimos de conscientização, como eram chamados, nas casas e apartamentos das mulheres. Cada geração tinha em vista uma forma melhor de alcançar seus objetivos e criar seu próprio legado.

Na longa jornada entre os grupos, não foram apenas as aspirações das mulheres que mudaram de curso. As noções dos homens quanto às qualidades e ambições de carreira de suas parceiras ideais também se transformaram. Para o Grupo Um, a probabilidade de que as mulheres graduadas chegassem algum dia a se casar, até os cinquenta anos, era vinte pontos percentuais menor do que a das mulheres sem qualquer instrução universitária. Para o Grupo Três, a probabilidade era cinco pontos percentuais menor. Mas, para o Grupo Cinco, o jogo tinha virado. Uma graduada tinha uma probabilidade cinco pontos percentuais maior de se casar do que uma mulher sem faculdade.[46] Isso se devia, em parte, à maior probabilidade de que os homens com graduação se casassem com mulheres graduadas.

O aumento das uniões por nível educacional e ambição significava uma carreira de maior energia para os dois genitores, inclusive para casais homossexuais. Manter uma carreira com horas de plantão no escritório e gerir uma família com demandas 24 horas por dia é difícil para qualquer pessoa. As decisões matrimoniais conjuntas de homens

CARREIRA E FAMÍLIA

e mulheres em cada grupo são essenciais para entender como a geração atual pode avançar em relação às precedentes. Hoje, um dos maiores desafios e um dos maiores objetivos é ter carreira e família dentro de um relacionamento equitativo. Alcançando-se isso, a pergunta passa a ser: a partir daqui, para onde levarão o bastão? Vejamos primeiro cada um dos grupos.

3
Uma bifurcação na estrada

QUANDO EU FAZIA A PÓS NA UNIVERSIDADE DE CHICAGO em 1971, via muitas vezes uma senhora grisalha indo para o centro de computação levando uma grande caixa retangular. Na caixa havia centenas de cartões perfurados, alguns contendo apenas uma linha de código. Todas as linhas de código, numa sequência exata, eram necessárias para realizar uma única análise estatística, por meios informáticos. No inverno, aquela senhora de idade andava penosamente na neve com um casaco comprido de lã cinzenta e galochas baixas de borracha preta. Eu notava que ela andava mais devagar nessas condições, tomando um enorme cuidado — pois, se a caixa caísse, o código dela se arruinaria.

A mulher era Margaret Gilpin Reid. Estava com 75 anos de idade e se aposentara uma década antes como docente de economia. Para mim e meus colegas da pós-graduação, ela era "uma das antigas".[1]

Nos dias de inverno, eu também ia penosamente até o centro de computação, levando uma grande caixa retangular parecida com a dela, com cartões de computador. Minhas botas eram longas, da marca Frye, feitas de couro tratado. Meu casaco era curto, como mandava a moda, mal cobrindo a minissaia. Eu podia passar frio, mas era estilosa. Margaret e eu éramos separadas não só pela idade, não só pelo gosto por

CARREIRA E FAMÍLIA

moda. Eu não tinha como saber que seu trabalho se referia a muitas concepções que, mais tarde, ocupariam minha cabeça e minhas pesquisas. E, mais importante, eu não fazia a menor ideia de que a vida dela ajudaria a moldar meu entendimento da evolução nos papéis econômicos desempenhados pelas mulheres.

Ainda assim, eu me sentia fascinada por Margaret Reid. Ela era decidida e continuava a fazer pesquisas que se demonstraram importantes. Mas nunca troquei uma palavra com ela. Pelo contrário, via-a como uma aparição de uma época passada.[2]

Como uma das antigas, ela fornecia uma tábua numa ponte que ligava as mulheres graduadas do passado às mulheres a quem hoje dou aulas. O caminho dela era por uma trilha estreita de mulheres que haviam conseguido ter carreira, mas não se casaram, ou que se casaram, mas não tiveram filhos. Uma trilha um pouco mais larga entre as integrantes do Grupo Um, do qual ela fazia parte, incluía as que não tinham carreira. A maioria delas se casou, e a maioria delas teve filhos. As trilhas nessa ponte metafórica vinda do passado mudaram ao longo do tempo. Algumas se alargaram, outras se estreitaram. Em data mais próxima do presente, um número maior das mulheres com carreira se casou, e um número maior delas teve filhos — em suma, as trilhas começaram a se unir.

Gostaria de ter tido antevisão suficiente para entabular uma conversa com Margaret quando estava na pós-graduação. Que ingenuidade a minha não reconhecer sua importância para o campo da economia; que azar o meu não perceber sua contribuição para a longa jornada.

Em 1992, Gary Becker recebeu um prêmio Nobel por seu trabalho sobre a aplicação da economia a vários aspectos dos lares e famílias, como o casamento, o divórcio, a fertilidade e a alocação de tempo. Mais de meio século antes, em 1934, Margaret Reid publicara sua tese de doutorado, *Economics of Household Production* [Economia da produção doméstica]. A tese original fora usada como texto na Faculdade Estadual de Iowa. Ao ser publicada por uma grande editora, com o acréscimo de perguntas de tipo didático, a tese se tornou acessível a professores e estudantes de outras instituições.

A pesquisa de Reid foi uma das primeiras a examinar o valor do trabalho doméstico não remunerado e analisar como as mulheres ca-

UMA BIFURCAÇÃO NA ESTRADA

sadas escolhiam entre o trabalho no lar e o trabalho remunerado fora de casa. Quando Margaret iniciou seus estudos, as mulheres casadas estavam apenas começando a trabalhar fora, principalmente numa série de serviços de escritório, conferindo aos estudos dela uma enorme pertinência em relação à própria época.

Os estudos de Margaret tinham como objetivo incluir o trabalho não remunerado das mulheres nos cálculos da renda nacional. Ela demonstrou a importância econômica da mão de obra feminina usando a linguagem dos cálculos da renda nacional, bem na época em que esse campo misterioso estava adquirindo forma. Acostumamo-nos tanto a ver na primeira página dos jornais matérias usando o jargão dos economistas — PIB, RNB, renda nacional, taxa de desemprego — que não percebemos como é recente a elaboração desses conceitos. A pessoa que teve um papel enorme na criação deles foi um imigrante chamado Simon Kuznets.

Simon Kuznets emigrou da Rússia em 1922 e obteve o doutorado na Universidade Columbia em 1926. Um ano depois, tornou-se membro da equipe de pesquisas na National Bureau of Economic Research (NBER, Agência Nacional de Pesquisa Econômica),[3] instituição fundada em Nova York em 1920 para fornecer aos Estados Unidos seu alicerçamento estatístico, o que o governo começou a empreender nos anos 1930. Kuznets, laureado com o prêmio Nobel de 1971, foi o orientador de meu orientador, Robert W. Fogel, ganhador do prêmio Nobel, de forma que tenho orgulho em considerá-lo meu avô intelectual.

No início dos anos 1930, quando a economia americana entrou em queda livre na pior depressão de sua história, o Congresso pediu à NBER se poderia lhe emprestar Kuznets para avaliar até que ponto caíra o produto nacional.[4] Sabendo dos prejuízos da queda econômica, os congressistas acreditavam que poderiam decidir o que fazer a respeito da catástrofe. Além disso, o Departamento do Comércio precisava de um sistema contábil geral para medir a capacidade produtiva da nação, como sua renda nacional, não só para aqueles tempos excepcionais, mas para qualquer época. Kuznets era a pessoa certa para as duas coisas.

No mesmo momento em que Reid adotava a inclusão do trabalho não remunerado das mulheres nos cálculos da renda nacional, Kuznets formulava sua versão desses conceitos esotéricos, porém de importância fundamental. Na época em que ele redigira seu relatório para o Congresso, Margaret Reid escrevera sua tese de doutorado e publicara um livro didático defendendo a inclusão dos serviços domésticos na estimativa da produção do país.

As mulheres e outros membros da família forneciam mão de obra em casa para produzir bens e serviços que constituíam uma parcela importante de consumo para praticamente todos os cidadãos. Como seu relatório para o Congresso e escritos posteriores mostram, Kuznets ficou em dúvida se incluía nas estatísticas oficiais a mão de obra dos trabalhadores e cuidadores domésticos não remunerados. Acabou decidindo não incluir.

No relatório para o Congresso, observou ele, "Considerou-se melhor omitir esse grande grupo de serviços da renda nacional, especialmente porque não há nenhuma base fidedigna disponível para estimar seu valor".[5] Reid argumentou que deviam ser incluídos, e nos quase noventa anos subsequentes muitas outras pessoas deram eco à sua lógica.

Um argumento central é que o trabalho não pago de todos os tipos de cuidados é desvalorizado porque não é remunerado e não é incluído em nossos cálculos da renda nacional.[6] Em várias épocas, grupos de defesa e outros, sobretudo os que defendem um melhor tratamento dos cuidadores em geral e das cuidadoras em particular, fizeram estimativas do valor do trabalho não remunerado de cuidados na economia como um todo. Os números mais recentes — 20% do PIB — são impressionantes. Margaret apresentou vários métodos para fazer os cálculos. No entanto, os procedimentos de cálculo de Kuznets continuam em larga medida a ser usados até hoje. E ainda excluem o trabalho não remunerado em casa e em outros lugares.

Os caminhos intelectuais de Margaret e Simon se cruzaram nos anos 1930. Em meados dos anos 1940, trabalharam juntos numa comissão importante e controversa, referente ao índice do custo de vida, hoje conhecido como Índice de Preços ao Consumidor (IPC). Margaret Reid trafegava em altos círculos acadêmicos e políticos. Era uma figura importante em sua época. Para mim, quando estava na pós-graduação, ela era uma anomalia, uma mulher que se aposentara muito tempo antes de um

UMA BIFURCAÇÃO NA ESTRADA

departamento que, na época em que eu estava lá, tinha apenas homens. Ela foi a única economista mulher que conheci na pós-graduação. Na época não percebi como era avançado seu pensamento sobre o trabalho feminino e a contribuição do trabalho doméstico e de cuidados para a renda de todo o país.

Sob qualquer critério, Margaret Reid desenvolveu uma carreira de sucesso. Obteve o doutorado na Universidade de Chicago em 1931 e foi nomeada docente na Faculdade (depois Universidade) Estadual de Iowa. Depois de um período no governo federal durante a Segunda Guerra Mundial e que se prolongou até 1948, ela se tornou docente na Universidade de Illinois, Urbana-Champaign, e depois titular na Universidade de Chicago nos departamentos de Economia e Economia Doméstica em 1951.[7] Publicou durante a carreira acadêmica quatro livros importantes e artigos nas melhores revistas acadêmicas de economia.

Terá sido Margaret Reid a Madame Curie da economia doméstica? Talvez. Mas há várias outras que também poderiam reivindicar esse título honorífico. Uma delas era Hazel Kyrk, orientadora de Margaret em Chicago.

Hazel Kyrk obteve seu doutorado na Universidade de Chicago, tal como Margaret, mas onze anos antes, em 1920. As duas lecionaram na Estadual de Iowa e ocuparam várias posições no governo. Em 1925, Kyrk ingressou como docente na Universidade de Chicago e foi promovida a titular em 1941, quase meio século antes que eu me tornasse a primeira mulher titular no departamento de economia de Harvard. A similaridade de carreira entre Reid e Kyrk é notável. A similaridade pessoal também. Margaret pode ter sido uma excentricidade para mim, mas, mesmo com todas as suas realizações, não era uma anomalia em sua época como integrante do Grupo Um.

Reid e Kyrk nunca se casaram nem tiveram filhos (embora Kyrk tenha criado a filha adolescente de sua prima).[8] Não disponho de nenhuma documentação sobre o desejo de se casarem, sobre suas perspectivas matrimoniais ou a possibilidade de uma companheira lésbica, nem de nenhuma declaração expressa em anos anteriores sobre o desejo de terem filhos.[9]

CARREIRA E FAMÍLIA

Tanto Reid quanto Kyrk alcançaram a carreira em data um tanto adiantada. Isso ocorreu com muitas outras do grupo. Ambas tinham cerca de 35 anos quando obtiveram o doutorado, e se tornaram titulares em meados da casa dos cinquenta. Carreiras tardias dessa magnitude significavam que teria sido ainda mais difícil, se não impossível, se casar e que dirá ter filhos.

Uma razão essencial desses inícios tardios está no fato de que ambas se sustentavam sozinhas na faculdade e não provinham de famílias de grande riqueza.[10] Muitas vezes pensa-se que as mulheres na faculdade nas décadas iniciais do século XX vinham da elite. Embora isso possa ser verdade em relação a algumas no Nordeste do país, não era necessariamente o caso das que vinham do Centro-Oeste e do Oeste. Reid era de Manitoba, no Canadá. Kyrk era de Ohio.

Reid e Kyrk tiveram uma vida similar à de uma parcela seleta das mulheres que se graduaram nos anos anteriores à Primeira Guerra Mundial e nasceram antes do século XX. Alcançaram uma carreira — não necessariamente a de maior envergadura ou renome, mas na qual eram valorizadas por estudantes e colegas e na qual deram contribuições para a ciência e as políticas públicas.

Barreiras e restrições

Como vimos, entre todas as mulheres que se graduaram por volta de 1910, 30% nunca se casaram e 50% nunca tiveram filhos.[11] Mesmo entre as casadas, 29% nunca tiveram filho. Esses números são assombrosamente altos em termos históricos. Entre as mulheres graduadas nascidas mais tarde, de 1925 a 1975, a fração das que, quinquagenárias, nunca se casaram não chegava a 12%.[12] Havia um mundo todo de diferença entre o Grupo Um e os subsequentes.

Os números de casamento e filhos entre o Grupo Um abrangem *todas* as mulheres que se formaram na graduação entre 1900 e 1919 — não só as de famílias ricas ou as que cursaram as faculdades femininas de elite do Nordeste dos Estados Unidos. Não se aplicam apenas a mulheres que realizaram avanços importantes na ciência, nas artes ou na

70

literatura. Por elevados que fossem esses índices de não casamento e não natalidade, eles eram ainda mais altos entre as mulheres consideradas responsáveis por contribuições "notáveis" durante a vida (como Margaret Reid e Hazel Kyrk).

Essas diferenças não se devem à seleção — isto é, à noção de que as mulheres graduadas do Grupo Um tivessem tendências matrimoniais diferentes das dos grupos subsequentes.[13] As mulheres graduadas de 1910 não eram intrinsecamente diferentes das de 1930 ou 1950. As diferenças surgiram porque elas enfrentaram em sua vida barreiras e restrições diferentes. Suas opções é que eram diferentes, não suas preferências.

As normas sociais e as regras de contratação muitas vezes impediam que as casadas tivessem um emprego, que dirá uma carreira. Havia dois tipos mais restritivos de regulamentação na primeira metade do século xx. O primeiro tipo eram os regulamentos empresariais e governamentais que impediam a contratação e o emprego de mulheres casadas em determinadas funções, como a do ensino. Chamavam-se barreiras ao casamento, que veremos em maior profundidade no próximo capítulo. As barreiras ao casamento ajudam a explicar por que a fração de professoras e acadêmicas no Grupo Um, que era alta, era muito menor para as casadas, exceto entre as mulheres negras.

As outras regulamentações eram as regras contra o nepotismo que impediam que as esposas ocupassem posições na mesma instituição, departamento, empresa ou órgão governamental em que os maridos trabalhavam. As regras contra o nepotismo perduraram nas universidades até os anos 1950 (e, em alguns casos, até muito depois), e por isso a fração de acadêmicas notáveis casadas nos grupos iniciais é menor do que nos grupos posteriores. As regras contra o nepotismo impediram muitas mulheres de utilizarem suas habilidades e de se engajarem nas áreas que lhes eram mais apaixonantes. Eram privadas de suas carreiras a fim de continuar casadas.

Diante disso, as regras contra o nepotismo acabaram com o casamento entre a economista Dorothy Wolff Douglas e o marido Paul Douglas, docente ilustre de economia e, mais tarde, senador por Illinois. Depois que Paul ocupou uma posição na Universidade de Chicago e Dorothy não pôde ser nomeada na mesma universidade, ela (e os quatro filhos do casal) foi para a Faculdade Smith, e Paul foi para Amherst. Dorothy não se contentou em ser apenas a esposa de um economista famoso, visto que ela também era uma economista. Mas Amherst não ia ser um grande lugar para Paul, e o casamento logo se dissolveu.[14]

Mesmo sem as barreiras oficiais e não oficiais, era difícil ter carreira e família por causa das enormes demandas do lar.[15] Embora a maioria dos lares urbanos tivesse energia elétrica em 1920, não existiam eletrodomésticos modernos como geladeiras, máquinas de lavar roupa, aspiradores de pó, secadoras e, claro, micro-ondas. Os lares com renda suficiente muitas vezes contratavam empregadas domésticas, mas gerir a casa ainda demandava muito trabalho.

Além dos aspectos corriqueiros do lar, havia questões substanciais de vida ou morte nas duas primeiras décadas do século xx. A contracepção era rudimentar, resultando em famílias geralmente maiores do que o desejado. Às demandas familiares acresciam-se altos índices de mortalidade infantil.[16] Em 1900, quando os sistemas modernos de saneamento urbano estavam acabando de ser montados, um em cada oito bebês morria no primeiro ano de vida. Em 1915, morria um em cada dez. Na era pré-antibióticos, mães e filhos morriam de infecção em índices alarmantes. A riqueza, o nível educacional e a posição social pouco contribuíam para impedir falecimentos tão prematuros.

Entre as mulheres do Grupo Um que deram contribuições notáveis para a ciência, a literatura e as artes, e que tiveram filhos, nada menos do que 9% perderam um bebê ou uma criança pequena.[17] Nos Estados Unidos como um todo, o índice de mortalidade dos bebês de agricultores era menor do que o dos bebês de moradores urbanos, mesmo de professoras universitárias.[18] Uma mãe com um emprego, para nem mencionar uma carreira, tinha uma chance nada insignificante de se culpar pela doença de seu bebê e certamente por sua morte precoce.

As notáveis

Definir "carreira" de modo coerente nos cinco grupos é algo intrinsecamente subjetivo. Em vez de utilizar a remuneração, a ocupação, as

UMA BIFURCAÇÃO NA ESTRADA

patentes ou as honrarias de um indivíduo para mensurar uma contribuição superlativa, recorri às compilações de diversos estudiosos que passaram pelo crivo milhares de possíveis verbetes. Esses especialistas criaram cinco volumes do já mencionado *Notable American Women*, com a biografia de mulheres americanas com feitos extraordinários. Cada volume traz informações sobre mulheres que morreram dentro de determinado leque temporal.[19]

Cada verbete consiste numa apresentação biográfica redigida por um especialista na área. Vários aspectos da vida das mulheres — data de nascimento, graduação na faculdade, ano de casamento (se chegaram a se casar), filhos biológicos ou adotados e realizações de carreira — foram codificados a partir desses perfis. O último volume foi compilado em 1999, de modo que apenas os Grupos Um e Dois — mulheres nascidas entre *c.*1878 e 1897 e entre 1898 e 1923 — contam com verbetes suficientes para ser estudados, visto que, como observamos anteriormente, todas as notáveis eram falecidas quando as biografias foram redigidas.[20]

As mulheres universitárias no Grupo Um eram diferentes da mulher média, e as notáveis eram ainda mais distintas. Tome-se o casamento. Durante muito tempo no passado, a imensa maioria dos americanos e americanas se casava excepcionalmente cedo em termos absolutos, sobretudo quando comparados a seus correlatos na Inglaterra, França e Alemanha. As famílias americanas tinham rendas substanciais em comparação às de outras nações. A desigualdade de renda nos Estados Unidos (acredite-se ou não) era menor do que em qualquer outro lugar. Os Josés e as Marias comuns podiam se casar e construir o lar nas terras abundantes do país. Entre todas as mulheres, durante a maior parte da história americana, menos de uma em cada dez não chegava a se casar. As mulheres que estudaram em faculdade, entretanto, se casavam em índices muito mais baixos e as notáveis, em níveis mais baixos ainda.

O índice de não casamento para as graduadas do Grupo Um foi de 30%. Entre as graduadas notáveis, a fração foi de 44%, quase 1,5 vez superior à de todas as mulheres que fizeram faculdade.

Por maiores que sejam essas diferenças nos índices de casamento, quanto a filhos elas são ainda mais marcantes. Entre todas as mulhe-

73

CARREIRA E FAMÍLIA

res nesses anos, independente do nível de escolaridade, apenas 20% não tiveram nenhum filho biológico ou adotivo durante a vida.[21] Entre todas as mulheres com graduação, 50% não tiveram filhos, a despeito das realizações e reconhecimento pessoal. Mas a fração das notáveis do Grupo Um sem filhos foi de quase 70% — apenas três em cada dez notáveis tiveram filho. As graduadas do Grupo Um eram visivelmente diferentes. Eram diferentes das não graduadas e também das de outros grupos de graduadas ao longo da história americana.

A maior parte dessa ausência de filhos entre as graduadas e as notáveis se devia ao fato de não serem casadas. As solteiras no começo do século xx, em especial as que dispunham de meios financeiros, podiam adotar bebês e crianças pequenas, e algumas de fato o fizeram. Em contraste com a atualidade, em que há alta demanda mas baixo número de bebês postos para adoção pela genitora ou genitores, no começo do século xx esse número era alto. O índice de nascimentos, sobretudo entre mulheres imigrantes, era considerável, e mulheres que engravidavam fora dos laços de casamento tinham poucos recursos.

Há muitos exemplos de notáveis graduadas casadas que decidiram adotar. É menor o número de exemplos de notáveis não casadas que adotaram — mas há alguns casos. Quando Hazel Kyrk lecionava em Oberlin nos anos 1920, ela vivia com Mary Emily Sinclair, a primeira mulher a ter um doutorado em matemática na Universidade de Chicago. Sinclair era docente em Oberlin e, em meados da casa dos trinta anos, adotou dois bebês, uma menina e um menino. Teve sorte suficiente para conseguir tirar uma licença sabática durante a primeira infância deles.[22] Mas não eram muitas as mulheres com carreira não casadas que conseguiam adotar uma criança e se manter ativas na vida profissional.

As graduadas do Grupo Um, ao que parece, podiam criar apenas um tipo de legado: filhos ou carreira. Entre cem graduadas na lista de notáveis do Grupo Um, apenas 56% se casaram e apenas 31% tiveram filho. Era-lhes quase impossível combinar família e carreira. Felizmente, hoje é muito mais fácil ter carreira e família.

No entanto, as notáveis constituíam um grupo especial. O comitê que selecionou essas mulheres havia avaliado milhares de outras que gozavam quase do mesmo apreço. Seria uma empreitada impossível

UMA BIFURCAÇÃO NA ESTRADA

rastrear todas as mulheres graduadas que desenvolveram algum tipo de carreira e mesmo assim não foram consideradas pelo comitê como "notáveis" o suficiente.

Se conhecêssemos a fração do Grupo Um que desenvolveu uma carreira, poderíamos determinar a fração do grupo inteiro que teve o que muitas mulheres buscam hoje em dia — carreira e família. Poderíamos também estabelecer a porcentagem das que tiveram família, mas não carreira, bem como todas as outras permutações de "carreira e família". Os cálculos começam com duas porcentagens que já estabelecemos. Entre todas as mulheres graduadas do Grupo Um, 30% nunca se casaram, e 50%, uma fatia enorme delas, nunca tiveram filho. Esses são os dados referentes a todas as mulheres graduadas, e não apenas àquelas com carreira. Quando incluímos os dados referentes às notáveis (que alcançaram, todas elas, uma carreira), um pouco mais da metade delas se casou e um pouco menos de um terço teve filhos.

Com a fração de todas as graduadas no Grupo Um que alcançaram uma carreira, temos os números de que precisamos para pôr em perspectiva as realizações do Grupo Um. Podemos supor plausivelmente que, no máximo, cerca de 30% das graduadas do Grupo Um alcançaram uma carreira na casa dos quarenta ou cinquenta anos. Usando essa cifra plausível, somente 9% do Grupo Um na casa dos cinquenta tinha alcançado uma carreira e gerado filhos, e 17% na casa dos cinquenta tinham alcançado uma carreira e vieram a se casar.[23] (Os cálculos de carreira e família por idade são mais fáceis de fazer para os Grupos Três a Cinco, e estão apresentados no gráfico 7.1.)

Margaret Reid e Hazel Kyrk, portanto, não eram muito diferentes de suas contemporâneas que também conseguiram iniciar uma carreira. Na verdade, se tivessem ido à reunião de comemoração de seus 25 anos de formatura — por volta de 1935 para Kyrk e 1945 para Reid —, teriam encontrado um grupinho de dimensões razoáveis com histórias de vida parecidas. Cerca de 21% de suas antigas colegas de faculdade teriam desenvolvido uma carreira, mas não teriam filhos, e 13% teriam alcançado uma carreira, mas não teriam se casado. Apenas metade das ex-colegas estaria mostrando as fotos de filhos e netos, e 30% das ex-colegas não teriam marido para arrastarem para o evento.[24]

CARREIRA E FAMÍLIA

Existem indicações de que, antes do fim dos anos 1940, era desproporcional o número de mulheres sem filhos que iam a reuniões de ex-colegas. Estariam indo pela camaradagem. Isso logo mudou, e o contrário se tornou norma para as que se graduaram nos anos 1950 e 1960. As que tinham filhos compareciam com mais frequência do que as sem filhos.[25] A principal motivação para o comparecimento passou a ser, em vez da amizade, a oportunidade de se gabar orgulhosamente dos filhos e netos.

A imensa maioria das mulheres graduadas do Grupo Um nunca teve carreira, mesmo entre as que nunca tiveram filhos. Mas isso não significa que não tivessem emprego. Quase todas as mulheres que nunca se casaram estiveram em empregos proveitosos durante a maior parte dos anos pós-escolares.[26] Era essa capacidade de se sustentarem por conta própria que lhes permitia manterem a independência e não se casarem.

As notáveis do Grupo Um eram acadêmicas, jornalistas, escritoras, servidoras municipais e professoras — com efeito, dois terços delas se inseriam nessas profissões. Mas as ocupações se diferenciavam pelo estado civil e pelas circunstâncias familiares. As notáveis casadas tendiam a ser não tanto acadêmicas e professoras, e sim escritoras, jornalistas, advogadas e artistas. As que tinham filhos tendiam ainda mais a ser escritoras e jornalistas do que qualquer outra ocupação. As razões são claras. Profissões como a academia e o ensino eram muitas vezes restritas a mulheres que não fossem casadas. Campos como a escrita e as artes eram irrestritos e mais fáceis de combinar com a vida de família.

Havia uma boa razão para que jornalistas mulheres de tendências românticas fossem um elemento constante nos filmes de meados do século xx. *Woman of the Year* [no Brasil, lançado como *A mulher do dia*], com Katharine Hepburn e Spencer Tracy, é um dos melhores, alegadamente baseado na vida de Dorothy Thompson.

Dorothy Thompson, personalidade da rádio e jornalista americana que cobriu a Alemanha nazista, foi extraordinária mesmo entre as jornalistas e escritoras casadas da época que foram consideradas notáveis. Outras são Pearl Sydenstricker Buck, a ganhadora do prêmio Nobel que escreveu *A boa terra*, Freda Kirchwey, editora de *The Nation*, Helen Rogers Reid, diretora da *New York Herald Tribune*, e Katharine Sergeant

UMA BIFURCAÇÃO NA ESTRADA

Angell White, editora de ficção da *New Yorker*. Essas notáveis alcançaram o ponto supremo: tiveram carreiras excepcionais, mas também se casaram e tiveram filhos.

Tess Harding e Sam Craig, os protagonistas de *Woman of the Year*, como acontecia com muitas das notáveis casadas, passavam por tensões conjugais. Na versão hollywoodiana, o casal por fim se reconciliava, mas a realidade era outra. Havia um índice relativamente alto de divórcios entre as notáveis do Grupo Um. Embora a amostragem seja pequena, mais de um quarto dos primeiros casamentos acabou em divórcio. Os divórcios ocorreram sobretudo antes de 1940, antecedendo o aumento chamativo dos divórcios nos Estados Unidos. Assim, o índice de 25% era excepcionalmente elevado para a época.[27]

Essas notáveis atingiram a maioridade no meio da Era Progressista, quando as mulheres lutaram e obtiveram o direito de voto. Examinaram e atuaram nos principais problemas sociais e econômicos de sua época: a pobreza, a desigualdade, a raça e a imigração. Um século depois, essas questões ainda estão entre nossos problemas mais assustadores. Algumas provinham de famílias de atuação política com pais e avós que ocupavam posições no governo estadual e federal. Outras foram criadas por abolicionistas e mães que lutavam pelos direitos das mulheres. Várias eram sufragistas.

A maioria da geração inicial de acadêmicas nos Estados Unidos fazia parte do corpo docente de universidades importantes e publicava artigos nos periódicos de maior prestígio. Mas não viviam numa torre de marfim. Eram ativistas que fundavam e trabalhavam em centros comunitários. Eram defensoras de causas que se alternavam entre a academia e os círculos de políticas sociais. Eram empiristas que reuniam seus próprios dados entrevistando operários, prisioneiros e imigrantes.

Muitas conheciam a grande Jane Addams, que criou a Hull House, abrigo e centro comunitário em Chicago, e recebeu o prêmio Nobel da Paz em 1931. Várias moravam e trabalhavam na Hull House, inclusive a importante economista política Edith Abbott e sua irmã mais nova, Grace, paladina incansável contra o trabalho infantil e chefe durante treze anos do Children's Bureau, agência federal de atendimento infantil.[28]

Algumas instituições tiveram importante papel na vida das notáveis

77

CARREIRA E FAMÍLIA

dessa época, incluindo a Universidade de Chicago, a Faculdade Estadual de Iowa, Columbia, Harvard-Radcliffe e Wellesley. O Departamento de Economia do Lar e Administração Doméstica da Universidade de Chicago (extinto em 1956), junto com departamentos semelhantes de outras universidades, formou um grande número delas.[29]

As notáveis do Grupo Um formavam um conjunto assombroso de ativistas. A mais conhecida é, talvez, Frances Perkins, outra reformadora social influenciada por Jane Addams. Perkins se casou em 1913 e logo teve uma filha. Mas o marido desenvolveu uma doença mental incapacitante, que deteriorou sua saúde de forma veloz. A doença tanto obrigou quanto permitiu que Frances trabalhasse. Ela logo ascendeu na política do estado de Nova York, tornando-se a Representante Industrial do estado durante o governo de FDR.[30]

Franklin Delano Roosevelt, ao ser eleito presidente em 1932, nomeou Perkins sua ministra do Trabalho, cargo que ela ocupou até 1945 (a pessoa que se manteve por mais tempo nessa posição). Perkins esteve envolvida na legislação social mais vital e abrangente do século XX. Ajudou a elaborar o sistema de Assistência Social do país e suas leis de seguro-desemprego.

Mas a única razão pela qual Frances Perkins, como mulher casada e mãe de uma filha, pôde ser a ministra do Trabalho foi a incapacidade do marido em sustentá-la (o qual já perdera antes grande parte da fortuna do casal). Mesmo quando o marido ainda conseguia trabalhar, Frances conservou o nome de solteira (e lutou nos tribunais para isso), a fim de se distanciar do trabalho dele na prefeitura de Nova York. Perdia-se uma enorme parcela dos recursos de nossa nação quando as mulheres deviam fazer tais concessões só para ter um emprego.

Os dados de que dispomos sobre as aspirações das jovens naquela época não são tão abrangentes quanto os que temos para os grupos posteriores aos anos 1960. Entretanto, podemos ter uma ideia de seus sonhos e motivações nos artigos e levantamentos dos anos 1890 aos anos 1920. Muitos desses textos partiam da preocupação com as condições de saúde de mulheres na faculdade, a partir do fim do século XX. Al-

UMA BIFURCAÇÃO NA ESTRADA

guns sustentavam que a faculdade debilitava fisicamente as mulheres, tornando-as inaptas para o casamento e a maternidade.[31] Tais alegações hoje parecem vazias e mesmo na época eram frequente objeto de troça. Mas os índices de casamento entre as graduadas eram tão mais baixos do que os das mulheres que não fizeram faculdade que muitos perguntavam qual seria a razão disso.

Como afirmou a psicóloga Milicent Shinn, a resposta não era porque levavam uma vida agitada e empolgante. Eram, na maioria, professoras escolares.[32] A verdadeira resposta era que as mulheres com faculdade não precisavam se assentar com o primeiro homem que as cortejasse. Tinham opções.

Ao contrário das mulheres sem graduação, elas não precisavam se casar para ter sustento financeiro — podiam sustentar a si mesmas. "A mulher com faculdade é mais exigente em seus critérios de casamento, pois está sob menos pressão para aceitar o que fica abaixo de seu crivo do que a mulher média, visto que pode se ocupar e se sustentar melhor sozinha." Shinn asseverou, provavelmente sem dispor de muitas evidências, que "casamentos infelizes são praticamente desconhecidos entre mulheres com faculdade".[33] Mas, além disso, observou que os baixos índices de casamento também podiam provir do lado da demanda. "Os homens", refletiu ela, "não gostam de mulheres intelectuais."[34] Mesmo assim, as mulheres com faculdade podiam ser mais criteriosas na escolha do que outras mulheres. Em vista das restrições sobre as atividades que as mulheres casadas podiam exercer, a condição de solteira era uma opção preferível para muitas, tão logo fosse viável.

Amelia Earhart deixou isso claro ao futuro marido, o editor George Putnam, ao lhe escrever no dia do casamento: "Devo reiterar minha relutância em casar, minha sensação de que assim acabo com as chances no trabalho que tanto significa para mim".[35] Ele não acabou com as chances dela no trabalho, nem a impediu de fazer o voo que, seis anos depois, levou a seu infeliz e misterioso desaparecimento no Atlântico.

A noção de que as mulheres com faculdade não se casavam porque podiam se sustentar sozinhas é reforçada pelos resultados de um estudo de Katharine Bement Davis, publicado em 1928 na *Harper's Magazine*. As informações vinham de um levantamento feito entre 1200 graduadas que nunca se casaram e haviam recebido o diploma de bacharelado pelo menos cinco anos antes. A maioria das mulheres da amostragem estava na casa dos trinta ou mais. Uma nítida maioria provia seu próprio sustento.[36] Interrogadas sobre a razão de não terem se casado, as respostas variavam, mas a mais comum era a de que "nunca encontrei o homem certo", outro modo de dizer que podiam ser exigentes e não se assentar com alguém só por razões financeiras.

Elas raramente declaravam que permaneciam solteiras para seguir uma vocação maior. Em lugar disso, não se casavam porque, se se casassem, teriam de abrir mão de sua independência. Talvez não vissem o emprego como uma carreira, tal como se concebe hoje. Mas tinham uma vida fora do lar, e poucas conseguiriam tê-la se estivessem casadas.[37]

A autora do estudo, Katharine Bement Davis, era uma figura excêntrica e enigmática. Grande parte de sua vida pessoal é obscura, mas sabemos que ela se tornou, nas palavras do *New York Times* (1930), uma "conhecida socióloga atuante".[38] Seus interesses se concentravam na criminologia, em particular no estudo de prostitutas.[39] Ela foi recrutada por John D. Rockefeller Jr. para estudar as causas da prostituição para o Setor de Higiene Social da Fundação Rockefeller, em que trabalhou como secretária-geral de 1917 a 1928.

Foi ao fazer essa pesquisa que ela pôde explorar seu interesse na sexualidade humana. Em algum momento dos anos 1920, a Fundação Rockefeller financiou uma extensa pesquisa do projeto de Davis, que prenunciava o trabalho mais clínico de William Masters e Virginia Johnson. Com efeito, o levantamento que ela usou em seu artigo sobre as mulheres com faculdade foi extraído de seu próprio levantamento sobre a sexualidade.[40]

Havia um lado sombrio no interesse pelo tema dos baixos índices de casamento e filhos entre as mulheres com faculdade. Davis era também uma importante eugenista da época. O sentimento de hostilidade contra a imigração vinha aumentando nos anos 1890. Os eugenistas, preocupados com os baixos índices de casamento e filhos entre as mulheres com faculdade, indagavam se essas mulheres não estariam praticando uma espécie de "suicídio racial", fazendo com que os Estados Unidos perdessem seus melhores genes.

UMA BIFURCAÇÃO NA ESTRADA

Todavia, outro levantamento, feito na mesma época do de Davis, mas muito menos sombrio, consistia numa consulta de opinião de todas as ex-alunas vivas da Faculdade Radcliffe para celebrar em 1928 o quinquagésimo ano de existência da faculdade. O levantamento revela muito sobre o desejo de carreira e família das mulheres graduadas.[41] As que se formaram nos anos 1910 não se mostravam otimistas quanto à combinação entre emprego e casamento. Mas as que se formaram uma mera década depois se mostravam muito mais esperançosas.

Ao responder à pergunta se as mulheres conseguiriam "combinar com êxito a carreira e o casamento", 20% das que se formaram nos anos 1910 e eram casadas "concordaram incondicionalmente" que conseguiriam. Dez anos depois, 35% disseram que conseguiriam. As casadas estavam ficando com esperanças muito maiores de que conseguiriam seguir uma carreira estando casadas. Embora essas sejam as respostas das que concordavam de maneira integral que seriam capazes de combinar casamento e carreira, outro grupo tinha "esperanças" de consegui-lo. A inclusão delas resulta em 50% nos anos 1910 (chegando a 70% nos anos 1920) de pesquisadas que concordavam ou tinham esperança de que as mulheres conseguiriam realizar as duas coisas.

Embora as mulheres com graduação se considerassem, de forma otimista, capazes de combinar carreira e casamento, não se sentiam tão confiantes que conseguiriam combinar carreira e maternidade. Apenas 10% pensavam que conseguiriam "incondicionalmente" atingir a meta de ter família e carreira. A inclusão das "esperançosas" aumenta o grupo para um terço. O nível de otimismo se mantém para as que já tinham filhos.

As coisas vinham melhorando para a mulher com faculdade que queria "mais". Para a maioria das graduadas, porém, a aspiração de ter carreira e família levaria muitas décadas mais para se concretizar.

O Grupo Um iniciou nossa busca secular de carreira e família. Em muitos aspectos, elas viveram e trabalharam num momento mágico. As graduadas dirigiam abrigos e centros de convívio, eram líderes cívicas, médicas, administradoras de prisões e muito mais. Lutavam pelo direito de voto, pelo fim do trabalho infantil e das *sweatshops* (fábricas que exploram seus empregados), pelo salário mínimo, pela limitação da jornada de trabalho e pelo controle de natalidade. Mas a única razão pela qual conseguiram êxito foi porque escolheram, muitas vezes desde cedo, seguir suas paixões. Formavam grupos e se incentivavam de maneira mútua. Davam aulas a mulheres que buscavam objetivos semelhantes nas universidades ou lhes forneciam abrigo. São histórias tão múltiplas que é difícil escolher apenas uma como ilustração.

Cada geração alcança sua própria forma de sucesso e então passa o bastão para a seguinte. As gerações seguintes aprendem com as anteriores. As pessoas aprendem com as decisões das mais velhas, e, em muitos casos, não eram decisões erradas. Eram adequadas, em vista de suas limitações de tempo e da capacidade de perscrutarem corretamente o futuro.

As gerações mais novas coexistem com gerações mais velhas, como foi meu caso com Margaret Reid. Observei-a em seus anos mais avançados. Mas não vi os obstáculos que ela enfrentara quando jovem e as escolhas decorrentes que teve de fazer. A maioria das mulheres de sua geração não havia superado os obstáculos que ela superou.

Alguns desses obstáculos tinham sido removidos. As mulheres não precisavam mais passar tanto tempo executando tarefas domésticas. A vida social não precisava se reduzir por causa do controle de natalidade rudimentar. A educação não precisaria ser adiada, como no caso de Hazel Kyrk, por causa da renda insuficiente. Uma série de mudanças tecnológicas no lar e na vida pessoal liberou as mulheres da labuta servil e da vulnerabilidade. Por ironia, foram exatamente esses os mecanismos revelados pela pesquisa de Reid. Mas muitos obstáculos permaneceram e ainda persistem. Sadie Mossell Alexander, a primeira negra a obter um doutorado em economia, não conseguiu ocupar uma posição acadêmica devido à discriminação racial e, em lugar disso, se tornou advogada.[42]

A história de nosso avanço desde o Grupo Um até a data de hoje revela a importância das forças maiores, aquelas que não podemos controlar. Assemelham-se às movimentações tectônicas movendo placas gigantescas, determinando as opções para as que ficam entre elas.

São as forças que aumentam o crescimento econômico geral, movem a distribuição de renda, ampliam a demanda de trabalhadores em determinados setores e reduzem a demanda em outros. Entre as forças maiores sobre as quais refletimos em nossa época estão o aumento da robotização e mecanização, a grande intensificação do comércio com nações como a China, a decorrente diminuição na demanda por mão de obra menos qualificada e o consequente aumento na demanda por mão de obra altamente qualificada.

O fato de que presenciei Margaret Gilpin Reid caminhando com dificuldade até o centro de computação significa que ocupávamos o mesmo momento no tempo. Eu admirava sua dedicação e perseverança, mas estava convicta de que minha vida seria diferente (exceto na árdua caminhada pela neve). Seu exemplo me ensinou que as mulheres podiam ter com a pesquisa o mesmo engajamento que meus professores homens tinham. O que ganhei de Margaret foi muito mais do que um modelo à distância. Ganhei uma visão do possível e um desejo de alcançar o que faltava. Ela foi uma aparição: um lembrete do passado e uma esperança para o futuro.

4
O grupo-ponte

LI PELA PRIMEIRA VEZ O ROMANCE SEMIAUTOBIOGRÁFICO de Mary McCarthy, *O grupo*, no verão em que completei dezessete anos. O livro conta a história de oito moças que se formaram na Faculdade Vassar no ano pouco auspicioso de 1933. Publicado em 1963, ele subiu de imediato para o topo da lista dos mais vendidos do *New York Times* e lá ficou por dois anos. Foi também sumariamente proibido em vários países, por suas "descrições explícitas de sexo, contracepção e amamentação", segundo *The Guardian*.[1]

Embora fosse ameno em comparação a outros livros proibidos na época, li *O grupo* com discrição, encapado com o papel pardo de um saco de mercearia, enquanto ia e voltava de metrô entre o apartamento de meus pais no East Bronx e meu emprego de verão no centro de Manhattan. Eu estava trabalhando como datilógrafa e mensageira na divisão comercial da MacMillan Publishers saindo da Quinta Avenida, perto de Greenwich Village, não distante da igreja episcopal de São Jorge, palco de um casamento com que se inicia o romance. Meu salário semanal de 65 dólares dava para meus gastos pessoais e era suficiente para comprar roupas para meu primeiro ano na Universidade Cornell, que logo se iniciaria. Como o pessoal do grupo retratado no romance, eu também explorei "a estranha MacDougal Avenue, Patchin Place e Washington Mews" com olhos jovens e inocentes.[2] (Mas só em meu horário de almoço.)

O grupo não é um romance comum. Não só foi um best-seller, como também criou um novo estilo literário e inspirou, entre outras obras, *Sex in the City* [no Brasil, *O sexo e a cidade*], de Candace Bushnell. Passado mais de meio século, ele ainda fala a muitas gerações sobre o desejo das mulheres graduadas de encontrarem um sentido e uma identidade, de terem uma carreira e uma família.

As oito mulheres saíram da faculdade aspirando a empregos de alguma importância, talvez até carreiras. Uma queria estar no setor editorial, outra queria ser veterinária, uma terceira foi para a pós-graduação para se tornar docente de história da arte. Outras pegaram empregos efêmeros na propaganda de lojas varejistas, na assistência social, em aulas em escolas públicas ou no empolgante governo do New Deal. Todas queriam fazer alguma coisa — ser pessoas produtivas e cidadãs dignas.

Todas disseram que trabalhariam depois da graduação, pelo menos por algum tempo, e não se resignariam a ser "lânguidas flores em botão" como suas mães. Quase todas provinham de famílias de posição social elevada e tinham nascido por volta de 1910 — tal como Mary McCarthy. Eram membros do Grupo Dois. Suas mães, nascidas nos anos 1880, eram membros do Grupo Um e haviam enfrentado a rígida escolha entre família e emprego, talvez até com vistas a uma carreira. Todas tinham tomado a rota "família". Nenhuma dessas oito mães teve uma carreira significativa e apenas duas chegaram algum dia a trabalhar.

As filhas rejeitavam o estilo de vida das mães e concordavam que "o pior destino... seria ficar como a Mãe e o Pai". Essas oito graduadas de Vassar "preferiam ser absurdamente pobres e só comer uma gororoba qualquer a serem obrigadas a se casar com um daqueles rapazes vermelhuscos e sem graça de seu próprio meio". Estavam decididas a ter uma vida que não fosse apenas de esposa e prometeram que fariam amizade com gente de fora de seu grupo social de elite.

A velha ordem estava abrindo caminho para a nova ordem. Um democrata ocupava a Casa Branca e todos se alegravam que "os dias felizes estão de volta".* Os genitores eram republicanos, mas a mudança parecia boa para todos. Até as mães, sentindo-se tomadas por um novo otimismo, achavam que as filhas poderiam realizar mais do que elas e alimentavam e incentivavam suas aspirações.

Só podemos nos admirar que essas oito mulheres, no auge da Grande Depressão, encontrassem emprego e ficassem neles por algum tempo, mesmo depois de casadas. Além do elevado desemprego, as jovens graduadas enfrentavam barreiras ao trabalho de mulheres casadas. Essas barreiras, inclusive as "barreiras ao casamento" e as proibições de nepotismo, já existiam antes da desaceleração econômica, mas haviam se ampliado muito com o crescente drama econômico.

As mulheres d' *O grupo* estavam prensadas no meio de uma geração de transição das mulheres graduadas. Formavam a ponte entre o Grupo Um, com seus baixos índices de casamento e índices ainda mais baixos de natalidade, e o Grupo Três, com seus altos índices em ambos. Mas no entremeio ocorreu uma calamidade econômica — a Grande Depressão. As graduadas do romance planejavam algo especial na vida, mas acabaram se reconciliando com algo um pouco mais enfadonho.

No início do século xx, surgira para as mulheres um novo leque de aspirações. As graduadas queriam empregos estimulantes e talvez até carreiras. Mas também queriam se casar e ter filhos. A geração de suas mães podia imaginar somente um desses pilares gêmeos, e muitas fizeram sacrifícios pesados e concessões difíceis. Ter uma carreira significava abrir mão da família. Ter uma família significava abrir mão da carreira, e mesmo de um emprego desafiador. As filhas se agarraram a ambas, tal como as graduadas vêm fazendo desde então. O Grupo Dois orientou sua bússola na direção da carreira e da família, afastando-se da rígida solução de compromisso salomônica que as mães haviam enfrentado.

---

* "Happy Days Are Here Again." A frase é o título de uma popular canção americana escrita por Jack Yellen e composta por Milton Ager, usada como tema pelo presidente dos Estados Unidos Franklin D. Roosevelt durante a campanha de reeleição em 1932. A música veiculava a mensagem de que os dias de prosperidade estavam de volta após a Grande Depressão. (N. T.)

O GRUPO-PONTE

Mas o mundo ainda não estava pronto para a mãe formada na faculdade e trabalhando enquanto os filhos estavam em idade pré-escolar. Uma a uma, quase todas as personagens d'*O grupo* se casaram e tiveram filhos. A maioria deixou de lado suas metas de carreira, pelo menos durante o curto período em que temos contato com elas. Mas haviam conseguido a possibilidade de trabalhar após o casamento, devido em larga medida ao enorme aumento de empregos de colarinho-branco que surgiram antes do golpe da Depressão.

As mulheres do Grupo Dois formavam um conjunto variado. As nascidas no começo do período tinham uma vida parecida com a das mulheres do Grupo Um, com baixos índices de casamento e filhos. As nascidas mais para o fim do período tinham uma vida parecida com a das mulheres do Grupo Três, com altos índices de casamento e filhos. Mary McCarthy nascera em 1912, prensada no meio. Como tantas outras mulheres em seu grupo de nascimento, em oposição às mulheres do grupo precedente, ela teve um filho (e quatro maridos, o que era muito menos usual).

Com diferenças tão grandes dentro do Grupo Dois, é conveniente separar as integrantes em duas partes, com a primeira porção alocada nos anos de nascimento entre 1898 e 1914, e a segunda, entre 1915 e 1923.[3] Com isso, podemos ver as grandes mudanças no casamento e na natalidade entre graduadas que ocorreram nesses intervalos de tempo. As informações sobre casamento e filhos para todas as graduadas e para as notáveis (as mulheres excepcionais que abordamos no capítulo anterior) estão apresentadas no gráfico 4.1, para os Grupos Um e Dois.

Todas as notáveis tiveram carreiras excepcionais. É difícil identificar mulheres com carreira nesses primeiros grupos utilizando outros conjuntos de dados, mas as notáveis não foram apenas mulheres com carreira. Foram elas que deram contribuições extraordinárias. Assim, não é de surpreender que as notáveis, nos Grupos Um e Dois, tivessem muito menos filhos do que a totalidade das graduadas. Além disso, elas tinham uma fração maior entre as que nunca se casaram. Vale frisar

Gráfico 4.1. Casamento e filhos entre todas as graduadas e as graduadas notáveis

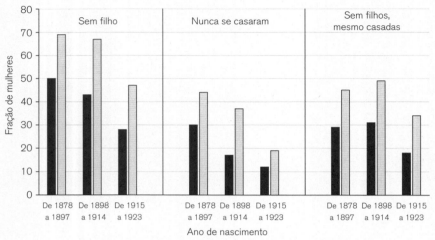

Ver Apêndice de gráficos e tabela.

que as mudanças ao longo do tempo no casamento e na natalidade das notáveis e de todas as mulheres graduadas são muito semelhantes.

No Grupo Um, 44% das notáveis nunca se casaram, sendo que entre todas as graduadas esse percentual é de 30%. Na segunda porção do Grupo Dois, apenas 19% das notáveis e 12% de todas as graduadas nunca se casaram. Embora as notáveis fossem extraordinárias, seus índices de casamento se tornaram quase iguais aos de todas as mulheres graduadas, os quais, por sua vez, tinham se tornado não muito diferentes dos índices referentes a todas as mulheres, independentemente do nível educacional.[4] As graduadas já não eram mais vistas como desajustadas sociais, e mesmo as mais notáveis já não eram tidas como tão excêntricas.

As taxas de natalidade também aumentaram entre os dois grupos. Embora apenas metade das graduadas do Grupo Um tivesse filhos e fosse ainda menor a parcela das notáveis com filhos, as mulheres graduadas da segunda parte do Grupo Dois estavam parecendo menos anômalas. Entre as casadas, apenas 18% não tiveram filhos e, entre

O GRUPO-PONTE

as notáveis, apenas um terço delas. As graduadas e as notáveis não passaram a seguir a corrente dominante em termos de natalidade, ao contrário do que ocorreu no quesito casamento. Mas a vida íntima e pessoal delas se tornara mais semelhante à das outras mulheres.

No fim do Grupo Dois, as mulheres de contribuições excepcionais se casaram em graus muito mais elevados, e o número das casadas que tiveram filhos cresceu. Algo mudara, permitindo que mulheres de sucesso se casassem e tivessem filhos. De fato, muitas delas alcançaram o sucesso apenas depois de constituir família. Assim como as mulheres n'*O grupo*, suas expectativas e aspirações pessoais, ao saírem da faculdade, eram maiores do que as das mulheres que as precederam. Desde cedo almejavam uma identidade fora do lar e da família, mas também pretendiam tê-los.

O Grupo Dois marcou uma passagem entre as que tinham baixos índices de casamento e filhos e as de altos índices de ambos, entre as que obtiveram o direito de voto para as mulheres e as que foram as mães do baby boom. Mudanças tão expressivas quanto essas exigem uma explicação. O que havia mudado, possibilitando que as mulheres graduadas almejassem uma identidade fora do lar, ao mesmo tempo que tinham família?

Muitas coisas. Mas quase nenhuma das mudanças tinha qualquer relação direta com as mulheres e suas potenciais demandas de mudança social e econômica. Surgiu uma série de avanços tecnológicos nos lares e nas empresas. Nos anos 1920, a maioria das residências urbanas já dispunha de energia elétrica, permitindo a difusão de equipamentos modernos, como geladeiras, aspiradores de pó e máquinas de lavar roupa. Antes das residências, as empresas já dispunham amplamente de eletricidade, e de maneira rápida deu-se a instalação de inúmeros equipamentos no chão de fábrica e nos escritórios.

Empresas, consumidores e governos adquiriam os novos produtos e adotavam as novas tecnologias. Em decorrência disso, a economia mudou em aspectos específicos e cresceu. As regulações oficiais pouco fizeram para ampliar o emprego de mulheres e reduzir uma série de normas sociais restritivas. Pelo contrário, órgãos governamentais locais ampliaram as proibições sob a forma de barreiras ao casamento durante os anos 1930.

CARREIRA E FAMÍLIA

Como dissemos, entre as diversas mudanças tecnológicas que afetaram os papéis das mulheres estava um amplo leque de equipamentos que poupavam trabalho. Os preços desses equipamentos diminuíram muito, permitindo que lares e famílias médias comprassem utensílios ultramodernos que substituíam o trabalho físico. As geladeiras elétricas, inexistentes antes de 1925, nos anos 1940 estavam presentes em 70% de todos os lares, enquanto 50% tinham aspirador de pó e cerca de 60% tinham uma lavadora elétrica de roupa. No começo do século xx, as famílias começaram a aquecer os lares com aquecimento central. Podiam tomar água potável direto da torneira. Podiam dar descarga na privada porque os municípios haviam construído sistemas de esgoto urbano e as privadas com descarga tinham chegado a preços acessíveis. Essas inovações mais prosaicas e menos sensacionais geravam uma economia de tempo enorme, embora tenham recebido muito menos atenção do que a infinidade de eletrodomésticos.[5]

Todas essas inovações revolucionaram a residência urbana, reduziram o valor do tempo das mulheres na produção doméstica e as liberaram para serem mais produtivas trabalhando fora de casa.

Mas, sem um outro conjunto de mudanças no mercado de trabalho, o impacto das inovações tecnológicas teria sido muito menor. As outras mudanças no mercado de trabalho aumentaram de forma exorbitante a demanda por colarinhos brancos no início do século xx e alteraram para sempre a forma como o emprego remunerado das mulheres passou a ser visto por elas mesmas, pelos maridos e por suas comunidades. Essas mudanças se deram por causa de um conjunto de inovações tecnológicas, embora um tanto diferentes das que transformaram seus lares.

As mulheres haviam trabalhado em várias funções de colarinho--branco ao longo da história americana. Mas o que surgiu no começo do século xx foi uma explosão da demanda por trabalhadores com mais miolo do que músculo, mais tino do que tórax. Na era pré-1900, as mulheres tinham sido professoras escolares, bibliotecárias, jornalistas, escritoras e enfermeiras treinadas. Algumas com cursos de especialização e pós-graduação se tornaram ocupantes de cargos do governo, médicas, acadêmicas e advogadas. As que trabalhavam em escritório, incluindo escreventes, datilógrafas e contadoras, eram de menor importância —

90

O GRUPO-PONTE

até o início dos anos 1900.[6] As mudanças após 1900 foram excepcionalmente rápidas. Enquanto o número de mulheres em empregos especializados aumentou 3,5 vezes de 1900 a 1930, o número de mulheres em
trabalhos de colarinho-branco aumentou mais de oito vezes.[7]

Em 1900, apenas 17% de todas as mulheres que trabalhavam estavam em empregos de colarinho-branco, e um grande segmento delas
— 35% — eram professoras. A maioria das professoras na época não era
casada (pense-se em Laura, em *Little House on the Prairie* [no Brasil,
Uma casa na campina]). Dava-se o mesmo para a maioria das outras
trabalhadoras de colarinho-branco.[8] As participantes da força de trabalho feminina no alvorecer do século xx eram, em larga medida, jovens
e solteiras, e isso se aplicava em especial ao grupo de colarinho-branco.
Mas as dimensões da trabalhadora de colarinho-branco começaram a
mudar quando os atributos das funções se transformaram.

Em 1930, cerca de 45% das mulheres empregadas trabalhavam
numa série de serviços de colarinho-branco, incluindo os empregos em
escritórios, agências, lojas de departamento e como profissionais treinadas (o grupo inclui as professoras). De fato, o ensino aumentou sua
participação entre todas as mulheres trabalhadoras a partir de 1900.
Mas, devido ao enorme aumento no trabalho de colarinho-branco em
geral, a parcela de mulheres nessas funções que eram professoras caiu
de 35% para 18%. Em outras palavras, essa parcela caiu quase pela
metade.

O ensino escolar tinha aumentado em grande parte porque os americanos estavam expandindo o ensino secundário. Mas todos os outros
empregos de colarinho-branco tinham crescido muito mais. Praticamente todos os setores aumentaram a demanda por trabalhadores de
colarinho-branco comuns, incluindo fábricas, seguros, serviços de utilidade pública (em especial telefonia), finanças, comércio varejista e
vendas por catálogo (pense-se na Sears e na Montgomery Ward).

Uma revolução industrial no escritório havia aumentado muito a
demanda por trabalhadores, e proliferavam os empregos de escritório.
Agora não era mais apenas um ou uma "secretária" em cada firma que
guardava os segredos da empresa. Uma enorme divisão do trabalho
mudou tudo isso nos anos 1910 e 1920. As firmas se tornaram monu-

CARREIRA E FAMÍLIA

mentalmente maiores, e o papel de secretária foi dividido numa multidão de tarefas. Datilógrafos, estenógrafos, contadores e operadores de todo tipo de máquinas, como comptômetros, máquinas litográficas e equipamentos de ditado tomaram conta do escritório. Os secretários continuaram, mas de repente passaram a ser acompanhados por um exército de infantaria.

Entre meados e fim do século XIX, a manufatura americana foi fundamentalmente alterada pela mecanização e por uma complexa divisão do trabalho. Foi a Revolução Industrial nos Estados Unidos que inovou os métodos de produção de massa. No início do século XX, ocorreram mudanças tecnológicas semelhantes no escritório, no comércio varejista e numa série de outros espaços, com impactos também revolucionários.

Não só as ocupações mudaram, mas a fração de mulheres de todas as idades se somando à força de trabalho também aumentou. A maior demanda por empregados de escritório e comércio levou a um maior número de empregos com remuneração mais alta. Essa melhoria na remuneração atraiu mais mulheres para a força de trabalho, visto que seu valor no mercado começou a ultrapassar o valor em seu trabalho doméstico e em outras atividades. A remodelação do escritório de fato foi uma revolução econômica, em especial para as mulheres.

Os homens também faziam parte do escritório remodelado, mas o impacto na vida deles foi muito menor do que na vida das mulheres. Embora 17% de todos os homens trabalhadores ocupassem empregos de colarinho-branco em 1900 — mesma cifra das mulheres naquele ano — e 25% em 1930, o aumento foi de pouca importância comparado ao das mulheres. Para os homens, o aumento foi de oito pontos percentuais; para as mulheres, de 28. As forças que aumentaram a demanda por trabalhadores de colarinho-branco trouxeram consequências muito maiores para as mulheres do que para os homens.[9]

A revolução econômica que aumentou muito a demanda por trabalhadores de escritório e de vendas no varejo também impulsionou o valor da proficiência em ler, escrever e fazer operações aritméticas. Os retornos financeiros dos anos de escolarização durante aquela época se elevaram de forma similar aos retornos crescentes dos anos de faculdade em décadas mais recentes, digamos, pós-anos 1980. Os empregos

O GRUPO-PONTE

de escritório exigiam que os trabalhadores conseguissem anotar uma algaravia de jargões e redigissem uma correspondência inteligível. Disparou a demanda por quem fosse capaz de corrigir erros ortográficos sem um programa corretor de texto e por quem fosse capaz de montar tabelas sem acesso a um programa de planilhas. O sujeito tinha de ser inteligente e instruído.

A consequência da maior demanda por trabalhadores de colarinho--branco foi o aumento na demanda por um nível de instrução que ia além da fornecida nos Estados Unidos pelas escolas comuns da área rural e pelas escolas ginasiais urbanas no século XIX. A resposta dos Estados Unidos a essas novas demandas do mercado de trabalho foi um "movimento do colegial", nome dado ao aumento no ensino secundário que, por volta de 1910, deslanchou em grande parte do país. Muito embora o movimento do colegial tenha se iniciado logo no começo do século XX, ele foi precedido em algumas partes do país por um "movimento de fundações escolares", com o ensino pago pelos pais. O fato de que os pais estivessem dispostos a pagar por um ensino secundário demonstra que o movimento do colegial foi de fato uma cruzada das bases.

De 1910 a 1940, as escolas de ensino médio pipocaram em grande parte do país, e o ensino de segundo grau disparou.[10] Em 1910, apenas 10% das pessoas com dezoito anos tinham se formado no colegial. A fração de jovens formados no colegial atingia o nível mais alto fora do sul, que sempre ficara atrás do resto do país quanto à escolarização. Era consideravelmente maior para os brancos do que para os negros, que em larga medida iam para escolas segregadas subfinanciadas e muitas vezes moravam em distritos escolares sem nenhum colegial acadêmico. Os índices de frequência e conclusão do colegial também eram maiores em locais distantes dos centros industriais, onde os jovens, em especial os rapazes, se sentiam mais atraídos por um emprego de fábrica do que por uma sala de aula.

A moçada correu aos bandos para as novas escolas secundárias. Mas, nos anos 1920, as garotas frequentavam e se formavam em índices maiores do que os garotos em todos os estados do país. Elas tinham melhores resultados nos testes de aptidão e maiores índices de conclusão do colegial, assim como hoje têm maiores índices de inscrição e graduação nas faculdades do que os homens. Pelo visto, as garotas os superam nos estudos quando lhes é permitido mostrar sua excelência.

A explosão de "bons" empregos em escritórios significava que mulheres com razoável nível educacional podiam encontrar um trabalho fisicamente menos exigente e, sob muitos aspectos, mais seguro do que os empregos em fábricas ou no serviço doméstico, que constituíam a maioria dos empregos anteriores para as mulheres. Os empregos de escritório eram mais asseados e em ambientes mais confortáveis do que os de fábrica. Tudo neles era menos sujo, menos perigoso e menos desagradável. Além disso, costumavam pagar mais.

Quando a maioria dos empregos para mulheres se concentra em fábricas e no serviço doméstico, muitas vezes surge um estigma social referente à contratação de mulheres, sobretudo a de casadas. Se a maioria dos empregos disponíveis para as casadas é insegura e desasseada, a esposa que trabalha fora é um indicador para os outros (digamos, no bairro ou na igreja) de que o marido fisicamente apto é preguiçoso e indolente. Ele estava permitindo que ela trabalhasse num emprego que não só a afastava dos filhos e dos cuidados do lar, mas também era potencialmente prejudicial à sua saúde.

Desenvolvera-se uma norma social que incentivava os homens a estar no mercado de trabalho e sustentar esposa e filhos.[11] A norma se desenvolveu numa época em que muitos empregos masculinos também eram bastante desagradáveis. A norma servia como reprimenda aos maridos e pais que procuravam consolo no bar do bairro e em outras atividades dissipadas. O trabalho era duro e pesado para a maioria, e desenvolveram-se critérios sociais como forma de proteger os vulneráveis na sociedade e reduzir o fardo sobre outros cidadãos.

Mas as condições de trabalho melhoraram para a maioria das pessoas. Os empregos no crescente setor de colarinho-branco tinham jornada menor e os ambientes de trabalho eram menos rudes. Conforme o trabalho se tornava mais agradável e aumentava o número de mulheres mais instruídas, o estigma referente ao emprego de mulheres casadas diminuiu e, em alguns locais, desapareceu por completo.[12]

O crescimento do trabalho de colarinho-branco mudou a estrutura de trabalho para todas as mulheres — mesmo as formadas na graduação. Essas mudanças permitiram que até mulheres altamente instruídas trabalhassem após o casamento, e não apenas antes do casamento e não apenas em idade mais avançada. Como a média de idade ao casamento para as mulheres com graduação se manteve moderadamente alta até o início dos anos 1940, quando ela despencou, o emprego após o casamento significava que era possível mantê-lo por vários anos antes que chegassem os filhos, isso se chegassem. Uma graduada podia ter um emprego, ganhar experiência de trabalho e depois ter filhos. Quando os filhos estivessem mais crescidos, ela podia voltar a uma posição, talvez semelhante à que deixara.

As graduadas no início do século XX viam corretamente o casamento como uma perda de independência. Mas as que se formaram uma ou duas décadas mais tarde, nos anos 1920 e depois, viam o casamento sob uma luz muito diferente. Ao se casar, não precisavam desistir do emprego, pelo menos durante algum tempo. O surgimento do setor de colarinho-branco comum foi um elemento que mudou o jogo para quase todas as mulheres, inclusive as com o mais alto nível educacional.[13]

O grupo, de Mary McCarthy, acompanha as protagonistas até 1940, sete anos após se formarem na faculdade. Não sabemos o que acontece com essas oito amigas durante e após a Segunda Guerra Mundial. Mas, quanto a suas correlatas graduadas na vida real, uma grande fração reingressou na força de trabalho no imediato pós-guerra, quando estariam na faixa dos 35 anos em diante. As mulheres empregadas aos 47 anos eram o dobro das que tinham emprego aos 27.

Embora menos de 30% das graduadas casadas nascidas por volta de 1910 tivessem emprego no fim da casa dos vinte anos, mais de 40% tinham emprego no fim da casa dos trinta. No fim da casa dos quarenta, cerca de 60% tinham emprego (ver gráfico 2.4; ver também tabela 2.1).

O índice da participação dessas mulheres na força de trabalho dobrou nesse período de vinte anos por dois fatores. O primeiro foi o fato de muitas das mulheres de 27 anos terem filhos pequenos. Vinte anos mais tarde, os filhos já tinham saído de casa. Depois, havia também componentes importantes externos à vida dessas mulheres, como o aumento da demanda por suas qualificações. Uma análise cuidadosa demonstra que cerca de metade da mudança total no emprego das mulheres decorreu desses dois fatores.[14] Isto é, metade do aumento decorreu das mudanças no ciclo de vida; as demandas do lar, sobretudo referentes a filhos, diminuíram. Mas a outra metade decorreu de mudanças econômicas gerais.

A economia passou por uma série de alterações que aumentaram a demanda de mão de obra em certos setores, em especial o de serviços (como o comércio varejista), e diminuíram a demanda em outros setores (como a agricultura). A "mudança setorial", como vimos antes, levou a uma multiplicação de vagas nos empregos de colarinho-branco fomentada no começo do século xx. As mulheres foram mais afetadas do que os homens, e o impacto se difundiu mesmo sobre mulheres com graduação.

Em 1929, quando as oito mulheres retratadas n'*O grupo* ingressaram como calouras na Vassar, elas podiam esperar que conseguiriam um emprego ao se formar, se casariam alguns anos depois e manteriam suas posições por algum tempo antes de ter filhos. Deixariam o emprego por um período e depois reingressariam na força de trabalho, talvez com vistas a uma carreira. O futuro delas seria muito diferente do de suas mães e de outras mulheres do Grupo Um.

Mas as nuvens escuras pesando sobre os Estados Unidos nos anos 1930 enfraqueceram muito o emprego para quase todos os americanos. As perspectivas eram especialmente desoladoras para as mulheres casadas, mesmo as mais promissoras delas. As taxas de desemprego nos anos 1930 estavam na casa dos dois dígitos, e houve momentos em que o primeiro dígito era um 2. Os Estados Unidos nunca tinham passado e, ainda bem, desde então nunca mais passaram por uma taxa nacional de desemprego tão elevada. O desemprego na era da covid-19 disparou para quase 15% em abril de 2020, mas no inverno de 2021 baixou rapidamente para cerca de 6%.

A falta de emprego não era o único fator. A Grande Depressão fez com que os ponteiros do relógio do emprego das mulheres casadas voltassem para trás. Justo quando as casadas, em especial as casadas instruídas, estavam fazendo progressos, as políticas e regulações conhecidas como barreiras ao casamento foram ampliadas. As perspectivas para as mulheres tinham aumentado e houve apoio para a eliminação

O GRUPO-PONTE

das barreiras ao casamento no ensino escolar. Mas agora tudo isso era coisa do passado.

Barreiras ao casamento

As barreiras ao casamento eram anteriores à Grande Depressão em muitas ocupações, mais notadamente no ensino escolar. Mas elas se intensificaram com o enorme aumento do desemprego no começo dos anos 1930, com as longas filas de pão e o crescente desalento econômico. A Depressão de uma década levou a uma expansão e maior aplicação das políticas existentes que excluíam as mulheres casadas dos melhores empregos.

As barreiras ao casamento consistiam nas políticas de contratação e demissão de empresas privadas e agências governamentais, sobretudo os distritos escolares.[15] As barreiras eram de dois tipos. Uma estipulava se contratariam mulheres casadas. Essas regras eram chamadas de barreiras à contratação. A outra dispunha se mulheres então empregadas que se casavam durante o emprego seriam demitidas. Chamavam-se barreiras à permanência no emprego.

Nos Estados Unidos, era maior o número de distritos escolares com barreiras à contratação do que os com barreiras à permanência no emprego. As barreiras à permanência negavam aos distritos a possibilidade de manter professoras que se casassem, mesmo aquelas de bom renome. Na verdade, muitos distritos tinham políticas dotadas de poder discricionário. Se o superintendente quisesse demitir uma professora, o casamento servia de bom pretexto para isso.

A Depressão veio a aumentar o número de distritos escolares e empresas com políticas de barreira ao casamento, e usava-se o desemprego como justificativa para a aplicação de políticas existentes. A desculpa para essas políticas utilizadas tanto por distritos escolares quanto por empresas privadas era a de que uma mulher casada com um homem fisicamente apto podia ser sustentada por ele. Outras — solteiras, viúvas, ou qualquer homem — tinham mais necessidade. Mas, logo antes do início da Depressão, em vários estados havia um crescente clima favorável

CARREIRA E FAMÍLIA

a derrubar as barreiras existentes e impedir os distritos escolares locais de aplicarem essas regras. A Depressão fez exatamente o contrário.[16]

As informações sobre a extensão das barreiras ao casamento são, em vista de sua importância, muitíssimo escassas. Não existem quaisquer dados sistemáticos nas empresas. Os mais de 120 mil distritos escolares separados nos anos 1920 em geral tinham suas próprias políticas referentes à contratação e à demissão de seus professores. Por acaso, houve levantamentos da Associação Nacional de Educação em distritos escolares em conjunturas variadas, e eles nos permitem apontar a fração de professoras abrangidas pelas regulações em quatro momentos críticos.

O primeiro momento, em 1928, logo antes da quebra do mercado de ações, fornece uma linha de base, visto que nenhum distrito teria aprovado regulamentações já prevendo uma Grande Depressão. A segunda data é 1930-1, no começo da queda. A terceira é 1942, logo depois da entrada dos Estados Unidos na Segunda Guerra Mundial, e o levantamento final foi feito em 1950-1, durante a ascensão econômica pós-guerra.

Em 1928, quando a economia ainda estava em grande crescimento, cerca de 60% dos americanos urbanos moravam em distritos escolares que impunham uma barreira ao casamento, e quase metade morava em distritos que tinham a barreira em sua versão de permanência no emprego (ver gráfico 4.2). Distritos escolares se recusavam a contratar mulheres com credenciais de ensino impecáveis pelo mero fato de serem casadas. Outros distritos estavam demitindo algumas de suas professoras mais experientes pelo mero fato de terem maridos fisicamente aptos.

Com o aumento do desemprego durante a Depressão, a barreira à contratação imposta ao professorado se ampliou, afetando 73% da população urbana americana. Em 1942, quando as demandas da Segunda Guerra haviam reduzido o desemprego quase a zero, uma fração ainda maior da população urbana (cerca de 80%) morava em distritos escolares com barreiras de casamento na contratação de professoras. O desemprego já fora contido. Mas os distritos escolares demoraram para entender que a barreira ao casamento não só era discriminatória, mas também começara a prejudicar os objetivos do ensino.

Há menos informações disponíveis sobre as barreiras ao casamento

Gráfico 4.2. Barreiras ao casamento e à permanência no emprego para professoras de escolas públicas: de 1928 a 1951

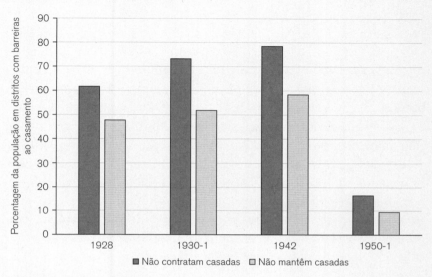

Ver Apêndice de gráficos e tabela.

para funcionárias de escritório do que para professoras, mas existem referentes a empresas em várias cidades grandes bem no início e no fim da Grande Depressão. Esses dados indicam que, quando a Depressão estava diminuindo, em 1940, cerca de 40% das funcionárias de escritório existentes eram abrangidas por uma política de empresa que vetava a contratação de mulheres casadas. Uma fração menor, de 25%, era abrangida por uma política de empresa que demitia as solteiras ao se casarem.[17] As cifras seriam consideravelmente mais altas se se incluíssem as ações discricionárias dos administradores. As mulheres casadas instruídas tinham dificuldade em conseguir emprego em escritório durante a Depressão. Mas e antes?

São parcas as indicações existentes quanto à política referente a funcionários de escritório antes da queda. Os eventuais dados disponíveis mostram que as barreiras ao casamento, como política de empresa, existiam antes da Depressão, mas tiveram uma grande ampliação com a piora da Depressão.[18] Assim, as barreiras ao casamento faziam parte dos estatutos antes, durante e depois dos anos 1930, e essas regulações restringiram seriamente as opções de emprego para as mulheres instruídas casadas.

As mulheres não brancas graduadas tinham índices de casamento e emprego nos Grupos Um e Dois muito diferentes dos das mulheres brancas. As graduadas negras trabalhavam, se casavam e tinham filhos — tudo junto. Em contraste, as graduadas brancas do Grupo Um ou trabalhavam ou se casavam. Raras eram as que faziam as duas coisas.

Enquanto 30% das mulheres brancas do Grupo Um nunca se casaram, menos de 10% das mulheres negras não se casaram. As mulheres negras do Grupo Dois que nunca se casaram tampouco chegavam a 10%. A cifra para as mulheres brancas caiu para 15%, metade da cifra para o Grupo Um. Mesmo assim, as mulheres graduadas negras se casavam em muito mais larga medida do que as mulheres graduadas brancas.

As graduadas negras também tinham taxas de participação na força de trabalho muito mais altas do que suas correlatas brancas. Em 1940, entre as mulheres do Grupo Dois, cerca de 65% das graduadas negras que se casaram estavam na força de trabalho, contra menos de 30% das brancas.[19] Essas diferenças persistem até a casa dos cinquenta anos. O que explica as disparidades no emprego e no casamento por raça para as mulheres graduadas do Grupo Dois?

Uma parte da diferença entre o emprego de graduadas casadas negras e brancas se devia à renda familiar menor das famílias negras. Os maridos negros ganhavam menos do que os maridos brancos, por uma grande série de razões, e suas esposas ajudavam a completar o orçamento. Mas isso não explica por que era tão alta a fração de graduadas negras casadas.

É provável que outra parte da diferença se deva ao fato de que as mulheres negras sempre tinham trabalhado, na escravidão e em liberdade, e o estigma social na comunidade negra contra uma esposa que trabalhasse era muito menor do que na comunidade branca.[20] Mas essa razão para por aí. Trabalhar na agricultura e em serviços domés-

O GRUPO-PONTE

ticos podia trazer menos estigmatização na comunidade negra. Mas as mulheres com graduação tinham oportunidades de emprego muito diferentes.

Grande parte da diferença entre os índices de casamento e emprego de graduadas negras e graduadas brancas se deve ao fato de que as barreiras ao casamento tinham presença muito menor no Sul segregado, onde morava a maioria da população negra antes da era de 1940. Ao que parece, era menor o número de distritos escolares sulinos, em geral, com barreiras ao casamento. Ou, alternativamente e com o mesmo resultado, podia ser menor a fração dos distritos que aplicavam as regras existentes.

Os levantamentos antes mencionados não trazem informações sobre as barreiras ao casamento por região, e muito menos por raça. Eles fornecem aos pesquisadores as únicas estatísticas agregadas remanescentes sobre essa política, uma espécie de Manuscritos do Mar Morto sobre as barreiras ao casamento no ensino escolar. Mas existem outros dados que podem preencher as lacunas. Eles se referem à fração de professoras, por raça, que eram casadas. Quanto maior a fração de professoras então casadas, menos rígidas deviam ser as barreiras ao casamento.

Em 1920, a fração casada entre professoras negras (de 35 anos para cima) era de 50%.[21] É entre o dobro e o triplo da fração de professoras brancas no Sul. É mais do que o sêxtuplo da fração de professoras brancas no Norte. Em 1940, ainda ocorria que cerca de metade das professoras negras (de 35 anos para cima) era casada. A fração para as brancas aumentou, mas ainda continuou muito menor do que para as negras. As professoras negras se casavam muito mais do que as professoras brancas — sugerindo que a restrição imposta pelas barreiras ao casamento era menor para as graduadas negras do que para as graduadas brancas do Grupo Dois.

O Sul deve ter tido menos proibições referentes a professoras casadas, e as escolas negras no Sul provavelmente tinham ainda menos. Uma parte da razão para a ausência de barreiras ao casamento para professoras no Sul, em especial professoras negras, é que a disponibilidade de professoras era menor lá do que em outras partes do país. O Sul precisava de todos os professores que conseguisse, principalmente negros. Por razões semelhantes às de outros lugares do país, as barreiras ao casamento logo seriam uma coisa do passado para todas as professoras.

Anita Landy e Mildred Basden eram professoras de escola pública em St. Louis com um histórico de ensino irrepreensível. As duas começaram a dar aulas logo depois de obter seus certificados. Landy começou a ensinar inglês e matemática no ginasial [atual ensino fundamental II] em 1929, e Basden começou a ensinar inglês no primeiro ano do colegial [atual primeiro ano do ensino médio] em 1935. Desde a contratação, davam aulas todos os anos — até 1941.

No verão de 1941, Landy se casou com Arthur Weis, que tinha sido jogador no time de beisebol Chicago Cubs. Basden também se casou naquele mesmo verão. Deve ter sido uma ocasião muito alegre para elas. Mas, alguns meses depois, ambas receberam uma carta do Conselho de Educação de St. Louis, e não era um cartão de congratulações pelas bodas. Era um aviso de demissão que remetia a um regulamento que estava nos estatutos e era aplicado desde 1897. O regulamento dispunha: "O casamento de qualquer senhora a serviço do Conselho é considerado uma renúncia ao cargo".[22] As duas recorreram.

No passado, essas demissões não recebiam muita atenção. Mas os tempos haviam mudado. Havia mulheres trabalhando na indústria de guerra e em empregos civis, que vagaram com a saída dos recrutados e voluntários. Em muitos lugares, o apoio ao fim das regulamentações que impunham barreiras ao casamento cresceu. Mas também havia resistências à mudança. Em 1944, as duas rés perderam o recurso.

De imediato, ambas entraram com um recurso junto ao Tribunal Superior do Estado. Em 1947, quando muitos distritos escolares do país estavam abolindo suas regras de barreiras ao casamento, o Tribunal Superior do Missouri decidiu em favor das rés. Nesses seis anos de entremeio, Anita Weis passara a dar aulas num distrito suburbano que não tinha barreiras ao casamento. Mildred deixara o ensino e iniciara um pequeno negócio em casa. Ambas tinham tido dois filhos. Com sua recondução ao cargo, Weis, animada como sempre, deixou o emprego em que estava e voltou para dar aulas no distrito escolar de St. Louis, por uma "questão de princípio".

Em 1950-1, a incidência da barreira do casamento para a contrata-

O GRUPO-PONTE

ção se reduzira, abarcando um pouco menos de 17% dos distritos escolares por população, e a incidência da barreira do casamento para a permanência no emprego diminuíra para 10%. As barreiras ao casamento nos distritos escolares do país logo seriam totalmente eliminadas.

Além dos distritos escolares, muitas empresas também aboliram suas barreiras, embora algumas mantivessem registros de mudanças do pessoal, os quais chegaram até nós. A IBM manteve. Em 10 de janeiro de 1951, o vice-presidente e o tesoureiro da IBM assinaram uma decisão que é um primor de juridiquês empresarial. "Entrando imediatamente em vigor e até notícia ulterior: (1) Uma funcionária não terá necessidade de se demitir da Empresa com o casamento. (2) A Empresa avaliará a contratação de mulheres casadas. O acima estipulado constitui uma alteração temporária da política normal da Empresa de não contratação na folha regular de pagamento de mulheres casadas, a menos que sejam arrimo de família."[23] O caráter temporário da mudança de política se destinava, por óbvio, a proteger a IBM caso precisasse voltar a demitir mulheres casadas.

Ainda que tivessem diminuído no ensino e no trabalho de escritório após a Segunda Guerra Mundial, as barreiras ao casamento persistiram em outras ocupações. Uma delas era a de atendentes de bordo. Após 1964, sob a Lei dos Direitos Civis, os empregadores não podiam discriminar por sexo, mas podiam discriminar por estado civil. Uma barreira ao casamento que afetasse da mesma forma homens e mulheres era válida, mas não se afetasse apenas as mulheres.

A United Airlines, querendo tornar os voos mais atraentes, tinha contratado um grupo de havaianos nativos como comissários de bordo em sua rota para Honolulu, a fim de conferir uma "cor local". Esses homens não estavam sujeitos às barreiras de casamento. Em 1968, a companhia aérea foi julgada culpada de violar o Título VII da Lei dos Direitos Civis de 1964 e obrigada a acabar com sua política de barreiras ao casamento. Os "céus amigáveis" se tornaram um pouco mais amigáveis.[24] Várias outras empresas aéreas que contratavam homens como comissários de bordo sob as mesmas regras de barreira ao casamento conseguiram manter suas políticas por mais tempo.

Por que existiam barreiras ao casamento antes da quebra econô-

CARREIRA E FAMÍLIA

mica e por que elas persistiram após a Grande Depressão? No caso do ensino, os distritos escolares mais ganhavam do que perdiam com essa política. Por grande parte do período, havia pronta disponibilidade de professoras jovens. As professoras casadas eram mais velhas e, embora tivessem mais experiência, também eram mais caras e traziam uma bagagem junto com elas — os maridos. Os distritos e diretores escolares queriam uma força de trabalho dócil, e não uma que tivesse fortes defensores (os sindicatos de professores surgiram mais tarde). Além disso, a maioria das professoras casadas naquela época iria deixar a força de trabalho logo após o casamento, ao ter filhos.

As razões para as barreiras ao casamento nos anos 1930 variavam. As mulheres, segundo uma empresa, "eram menos eficientes após o casamento; um número excessivo de temporárias não se importava com a atitude". Em alguns casos, predominavam as ideias tradicionais do contratante. O gerente de uma editora na Filadélfia pensava que "os homens são egoístas demais e deveriam sustentar as esposas", e a editora, Presbyterian Board of Christian Education, pensava que "as mulheres casadas deveriam planejar ficar no lar, se possível".[25]

Mas o trabalho das mulheres logo começou a mudar. Os mercados de trabalho estavam se aquecendo. A demanda de mão de obra estava superando a oferta. Empresas e distritos escolares começaram a perder mais do que esperavam ganhar com as regras discriminatórias das barreiras ao casamento. As regras foram rapidamente dissolvidas, embora muitas vezes substituídas por barreiras da gravidez. Outros obstáculos, como as regras contra a contratação de parentes, persistiram em várias ocupações, como no governo e no setor bancário, onde a regra era considerada uma salvaguarda importante devido à "possibilidade de colusão entre dois membros do banco".[26] Na academia também havia regras contra o parentesco.

Mary Jean Bowman, economista da educação, e C. Arnold Anderson, sociólogo da educação, tinham sido ambos professores assistentes na Estadual de Iowa, onde se conheceram e mais tarde se casaram. Junto com o economista Theodore Schultz (que mais tarde receberia o prêmio Nobel) e vários outros luminares que lecionavam na Estadual de Iowa, eles se demitiram da universidade por volta de 1943 devido

O GRUPO-PONTE

ao que ficou conhecido como a "controvérsia da margarina".[27] Lobistas do setor de laticínios pediram a vários professores que alterassem a declaração de uma pesquisa que afirmava que a margarina era um bom substituto da manteiga. A época de guerra reduzira muito a oferta de laticínios e os americanos precisavam de um substituto para a manteiga. (A indústria de laticínios em Iowa parece ter exercido um maior poder nesse sentido do que o lobby do milho.) O reitor da universidade tomou o partido da indústria de laticínios, e a evidente violação da liberdade acadêmica levou a uma saída maciça de economistas da Estadual de Iowa. Muitos dos melhores foram para a Universidade de Chicago.

Mas Bowman e Anderson não puderam acompanhar os colegas a Chicago porque a universidade tinha uma regra sobre contratação de parentes. Partiram para Washington para prestar serviço em tempo de guerra no governo americano, deram aulas na Universidade do Kentucky e tiveram um filho. Finalmente, quando a Universidade de Chicago eliminou sua proibição em 1958, eles ingressaram no corpo docente de lá e se juntaram de novo aos ex-colegas.

Entre as mulheres notáveis, a fração de acadêmicas (incluídas as arroladas como cientistas pesquisadoras) é consideravelmente maior para o Grupo Dois do que para o Grupo Um, e ainda maior para as nascidas no fim dos anos do Grupo Dois. Uma possível razão é que, tal como no caso de Bowman e Anderson, os portões da academia se abriram mais para os casais acadêmicos nos anos 1950. Além disso, em comparação ao Grupo Um, era maior a fração das acadêmicas casadas no Grupo Dois. Não só podiam ser docentes e cientistas pesquisadoras, como também podiam ser casadas e manter o nível profissional, a identidade e a satisfação na vida.

Vidas seriadas

As notáveis do Grupo Dois que se casaram e tiveram filhos muitas vezes tiveram de esperar seu momento de glória. A razão em cada caso é diferente, mas no geral envolvia o atendimento aos filhos e às carreiras dos maridos. A demógrafa Irene Barnes Taeuber se casou com Conrad

CARREIRA E FAMÍLIA

Taeuber, colega demógrafo, e teve dois filhos. Quando os filhos eram pequenos, Irene trabalhava em tempo parcial e, depois, acompanhou Conrad para Washington nos anos 1930. Mais tarde, ela deixou sua marca no campo da demografia com um livro sobre a história demográfica do Japão, publicado em 1958, que abria novos caminhos na área. Foi promovida a demógrafa pesquisadora titular em 1961, aos 55 anos de idade.

As mulheres graduadas do Grupo Dois tiveram vidas seriadas de muitos tipos. Suas mães, porém, geralmente tiveram uma vida só: casaram-se e tiveram filhos. Essas são as duas gerações d'*O grupo*, de Mary McCarthy. Como logo veremos, as filhas no Grupo Três das gerações anteriores planejaram de maneira deliberada uma vida seriada com o emprego, o casamento, a vida do lar e então o retorno ao trabalho na meia-idade.

Nas gerações anteriores de mulheres graduadas, poucas conseguiram uma vida seriada melhor do que Ada Comstock. Ela se formou na Faculdade Smith em 1897. Tornou-se decana do setor feminino na Universidade de Minnesota, então decana da Faculdade Smith e sua diretora em exercício e, por fim, em 1923, com 47 anos, tornou-se a primeira diretora plena da Faculdade Radcliffe.

Durante toda a sua história, Radcliffe nunca teve corpo docente próprio. Os docentes de Harvard lecionavam para as turmas masculinas em Harvard Yard e então iam a pé até o Radcliffe Quad, para dar a mesma aula para as turmas femininas. Numa iniciativa arrojada em 1943, quando muitos rapazes de Harvard estavam no esforço de guerra e não no campus, Ada trabalhou com a administração da universidade para integrar muitas turmas entre Harvard e Radcliffe. Em vez de serem os docentes a ir até o Quad, as jovens de Radcliffe caminhavam até o Yard e tinham suas aulas de ciências humanas junto com os rapazes de Harvard. A caminhada que as mulheres faziam diariamente colocava-as em pé de igualdade com os homens. O ano de 1943 marca o início de uma passagem para o verdadeiro ensino misto nas duas instituições.[28] Marca também duas mudanças importantes na vida de Ada Comstock.

Naquele ano, ela se aposentou de Radcliffe, sabendo que tinha fei-

106

O GRUPO-PONTE

to a diferença na vida de homens e mulheres nos anos à frente. Esse capítulo em sua vida havia se encerrado, e logo se iniciaria outro. Em 14 de junho, uma semana depois de suas últimas obrigações oficiais na faculdade, ela se casou com Wallace Notestein na Christ Church, em Harvard Square. Wallace, professor de História Inglesa no grau mais alto da carreira acadêmica em Yale, era um velho amigo de Ada em Minnesota. Nenhum dos dois se casara. Ela estava com 67 anos e ele, com 65.

O casamento deles apareceu no *New York Times* no dia seguinte. Havia muitos outros anunciados na mesma página. Os noivos eram principalmente militares na ativa. As noivas, recém-formadas na graduação. Uma se formara em 1942 na Faculdade de Mulheres da Universidade da Carolina do Norte, outra ainda estava estudando na Faculdade Smith, e outra se formara na Faculdade Sweet Briar em 1940. Apenas algumas tinham se formado na segunda metade dos anos 1930. Eram a onda do futuro. Os noivos, graças aos céus, não continuariam no serviço militar ativo. Mas as noivas tinham se tornado extremamente jovens, quase da noite para o dia.

Ada Comstock tivera a vida de uma mulher de carreira do Grupo Um. Mas fora arrebatada pelo vagalhão de mudanças demográficas e econômicas do início dos anos 1940, bem no fim dos anos de faculdade do Grupo Dois. Ela se casou pela primeira vez justo na época em que as graduadas começavam a se casar e a ter filhos na faixa etária mais jovem em toda a história americana. Sua vida seriada era um prenúncio de alguns dos objetivos do Grupo Quatro. Primeiro teve uma carreira e depois se casou.

Ada nos lembra que a vida pode ser longa e abranger muitos caminhos. Ela e Wallace moraram em New Haven, Connecticut, e continuaram casados pelos 26 anos seguintes, até a morte dele aos noventa anos. Ela viveu até os 97.

5
Na encruzilhada com Betty Friedan

THE HONEYMOONERS, UM SERIADO CÔMICO DE TV de grande audiência em meados dos anos 1950, era transmitido ao vivo num cenário mais parecido com um apartamento dos anos 1930 do que com as casas geminadas do pós-guerra. O programa era ambientado nos anos 1950, mas recuava no tempo. Ralph Kramden, um motorista de ônibus, e sua esposa, Alice, viviam apertados. Norton, o melhor amigo de Ralph, e sua esposa, Trixie, também. Nenhum dos casais tinha filhos. Iam se virando semana a semana, mas nem Alice nem Trixie tinham trabalho remunerado. Podiam ter: havia muitos empregos bem remunerados disponíveis para as mulheres. Mas, como Ralph declarou a Alice quando ele foi dispensado e ela começou a procurar emprego, "Enquanto você for minha esposa, nunca irá trabalhar. Tenho orgulho próprio".[1] Alice venceu a discussão, como costumava acontecer, e conseguiu emprego como secretária — por uma semana.

Lucille Ball, interpretando sua personagem xará no popularíssimo *I Love Lucy* dos anos 1950, não tinha emprego, exceto quando comicamente deixava de ser a esposa que fica em casa do bandleader Ricky Ricardo (interpretado por seu marido na vida real, Desi Arnaz). Se aparecia algum emprego de verdade para Lucy, Ricky declarava: "Fora de questão".[2] *The Honeymooners* era mais radical em sua representação do marido ditatorial, mas nenhum dos dois estava sozinho nesse tipo de representação dos papéis das mulheres — e de alguns casais.

Outros programas populares de TV dos anos 1950 tinham os filhos como personagens centrais e apresentavam casais mais satisfeitos. No programa que tinha o adequado título de *Father Knows Best* [no Brasil, *Papai sabe tudo*], os Anderson — Margaret, uma dona de casa, e Jim, um vendedor — lidavam com os problemas cotidianos de seus três filhos, dois dos quais eram adolescentes quando o programa começou a ir ao ar. *Leave It to Beaver* mostrava uma família suburbana típica — June Cleaver, dona de casa, Ward Cleaver, empregado de escritório das 9h às 17h, e os filhos Wally e "o Beaver" [Castor] —, todos vistos pela perspectiva do jovem Beaver.

Margaret Anderson e June Cleaver eram as donas de casa perfeitas de meados dos anos 1950, felizes de ficar em casa — para sempre. June limpava a cozinha usando vestido de passeio e colar de pérolas. Alegres, calmas, sensatas e judiciosas, ela e Margaret não tinham nenhuma aspiração visível a não ser resolver os problemas dos filhos.

Antes dos anos 1940, as mulheres casadas, mesmo sem filhos, supostamente não deviam trabalhar fora de casa. Depois de terem filhos, em sua maioria tornavam-se mães de dedicação exclusiva ao lar; algumas eram esposas sempre em casa antes mesmo da chegada dos filhos. Mas, a partir dos fins dos anos 1940, os papéis das mulheres começaram a mudar. *The Honeymooners* olhava para o passado de forma humorística em relação a um conjunto crescente de tensões. *I Love Lucy* mantinha a hilaridade sobre os papéis de gênero, mas com uma ambientação que refletia a prosperidade dos anos 1950. *Father Knows Best* e *Leave It to Beaver* tratavam da nova família idealizada.

Margaret, June, Alice e Lucy eram personagens de ficção. Quais eram as condições das mulheres de verdade?

A mística feminina (1963), o livro devidamente celebrado de Betty Friedan que vendeu milhões de exemplares e é tido como o estopim da segunda onda do feminismo, revelou-nos que essas mães da TV não eram inventadas, e sim representavam a realidade. Segundo Friedan, as americanas haviam desistido de ser as mulheres de carreira de uma

CARREIRA E FAMÍLIA

geração passada. Ensinou-se às mulheres graduadas dos anos 1950 que "as mulheres realmente femininas não querem carreira, educação superior, direitos políticos".[3]

Ironicamente, Friedan olhava para uma era desaparecida para encontrar uma época melhor para as mulheres. Via os anos 1950 como uma regressão, uma inversão do que as mulheres educadas haviam feito antes — a saber, frequentando a faculdade para se formar. Mas, nos anos 1950, "60% deixaram a faculdade para se casar" e "duas em três que entraram na faculdade a largaram antes mesmo de terminar o curso". Essas mulheres outrora alimentaram aspirações a uma carreira porque tinham trabalho em empregos remunerados quando jovens. De repente, segundo Friedan, as "jovens estavam crescendo nos Estados Unidos sem nunca ter tido um emprego fora de casa".

Antes tinham acorrido em bando para as profissões, mas agora era "cada vez menor o número de mulheres ingressando no trabalho profissional".[4]

Nenhuma dessas afirmativas correspondia à verdade — nem de longe. O passado não era mais róseo do que o presente para a maioria dos americanos, e nem um pouco melhor.[5] Nos anos 1950, havia mais mulheres se formando na graduação — muitas mais. Entre as nascidas por volta de 1920, 5,8% se formaram num curso de graduação de quatro anos, enquanto foram 12% entre as nascidas por volta de 1940.[6] E não só um maior número de mulheres se formou na graduação; uma fração maior delas prosseguiu nos estudos superiores.

Portanto, não procede que era "cada vez menor o número" das mulheres do grupo que se graduou nos anos 1950 ingressando em graus profissionais e avançados em comparação ao grupo anterior. A fração de graduadas obtendo graus avançados aumentou de cerca de 30%, para as turmas formadas na graduação em meados dos anos 1940, para 43% para as formadas em meados dos anos 1960.[7] A fração de todas as mulheres que receberam grau avançado triplicou.[8]

Os papéis e as ambições das mulheres não estavam regredindo; na verdade, estavam se expandindo. E suas capacidades e oportunidades de fazerem mais estavam aumentando de forma veloz.

Friedan estava tratando basicamente de mulheres que tinham se

NA ENCRUZILHADA COM BETTY FRIEDAN

formado nas faculdades de elite mais seletas. O núcleo de sua mensagem era que as mulheres de capacidades superiores e alta determinação inata estavam trocando seus sonhos pela "mística feminina". Ao avaliar apenas um grupo seleto de estudantes de graduação, Friedan podia comparar as mudanças de aspiração da *crème de la crème* ao longo do tempo. Podia parecer uma boa metodologia. Mas Friedan estava errada.

Entre as graduadas da Faculdade Radcliffe nos anos 1920 e 1930, por exemplo, cerca de 7% acabaram obtendo uma especialização ou outro grau avançado acima do mestrado. Entre as que se formaram no começo dos anos 1950, foram 12%; entre as que se formaram no fim dos anos 1950, foram 18%. Assim, a fração das graduadas em faculdades de elite que obtiveram títulos de pós-graduação importantes na era da "mística feminina" foi maior do que a de suas predecessoras.[9]

E a ideia de que essas estudantes de graduação largavam o curso tão logo encontravam o Homem Certo? As mulheres realmente deixavam a faculdade em número maior do que seus correlatos masculinos, até por volta de meados dos anos 1970. Mas o índice de desistência do curso nem de longe se aproximava da fração alegada por Friedan — que dizia ser "duas em três". Na verdade, o índice de desistência para as mulheres dessa geração era de fato mais baixo, não mais alto, do que o índice de desistência de suas predecessoras.[10]

Friedan lamentava com frequência a perda dos talentos femininos entre os que ingressavam nas faculdades de elite. Mas os dados para essas mulheres, medidos aqui usando as informações de ingressantes e graduadas de Radcliffe, também indicam que o índice de desistência diminuiu dos anos 1920 ao início dos anos 1960. O índice de desistência aqui pertinente é a fração das terceiranistas que não receberam o diploma de bacharelado, que daria uma medida aproximada das que abandonaram o curso depois (presumivelmente) de encontrar o Homem Certo. Esse índice de desistência subiu a cerca de 15% durante o entreguerras, mas foi de 7% nos anos 1950 e de apenas 3% na década seguinte.[11] Nos anos 1960, portanto, quase todas as mulheres de Radcliffe que chegaram ao terceiro ano de faculdade acabaram concluindo seus cursos de graduação.

E suas aspirações iniciais, conforme sugere o emprego delas logo após

CARREIRA E FAMÍLIA

a graduação? Cerca de três quartos das graduadas nos anos 1950 tiveram pelo menos um emprego de tempo integral seis meses após se formarem. Isso se aplica até às que estavam casadas. As graduadas nos 1950, mesmo as que se casaram jovens, não eram desprovidas de ambições.

Mas, de fato, deram prioridade à família. Quanto a isso, Friedan acertou na mosca. Em sua maioria, casaram-se logo depois da graduação e tiveram filhos imediatamente a seguir. A maioria delas tinha se empregado logo após a graduação, e quase todas deixaram a força de trabalho ao ter filhos. Mas sua retirada para a vida doméstica e seu ressurgimento depois que os filhos estavam em segurança na escola foram bem planejados. Essas mulheres não ficaram confinadas a seus lares com uma sentença por tempo indeterminado, ao contrário do que as intermináveis reprises de *Father Knows Best* e *Leave It to Beaver* nos levariam a imaginar.

O início dos anos 1900 não foi melhor do que os anos 1950 para as mulheres graduadas. Isso porque muitas graduadas dos Grupos Um e Dois não se casaram. Vale lembrar que, entre as que se formaram no começo dos anos 1900, quase um terço nunca se casou, e metade de todo o grupo graduado na faculdade nunca teve filhos. As integrantes do Grupo Três, formando-se nos anos 1950, gozaram de mais — e não de menos — escolhas do que os grupos prévios. Isso porque se casaram em números maiores e porque muitas delas de fato tiveram filhos. Tiveram a escolha de ter primeiro uma família e depois um emprego (ocasionalmente uma carreira).

Mas isso não significa que os anos 1950 eram perfeitos. Não eram.

Alice, Trixie e Lucy não eram formadas na faculdade. As mulheres graduadas tinham opções melhores do que suas correlatas com nível mais baixo de instrução. O emprego de uma mulher casada podia ser um sinal de que o marido da classe trabalhadora era indolente ou mal remunerado, mas não seria esse o caso para o marido graduado de uma mulher graduada. Esse marido traria um bom dinheiro para o lar, e seu orgulho marital não seria tão afetado como no caso da esposa que trabalhasse para suplementar sua renda.

Embora os maridos se opusessem menos a seus empregos do que Ralph se opunha ao de Alice, e geralmente não mostrassem muita opo-

NA ENCRUZILHADA COM BETTY FRIEDAN

sição ao trabalho delas, as mulheres graduadas dos anos 1950 e início dos anos 1960 tinham suas próprias dúvidas se trabalhariam tendo filhos pequenos.[12] "A razão principal... para não estar trabalhando", escreveu uma graduada de 1957 vários anos depois, "é que sinto que meu tempo é necessário para meu lar e família." Outra, que tentou trabalhar, comentou resignada: "Meus filhos pequenos parecem estar mostrando os efeitos de ter uma babá. Então acho que o melhor a fazer seria ficar em casa... Sentirei falta de dar aulas".[13] Somente cerca de 30% das mães que se graduaram em 1957 ou 1961 tinham trabalho remunerado depois de formar família e antes que seus filhos entrassem na escola.[14]

Além disso, também não trabalhavam fora devido à impossibilidade de encontrar serviços de atendimento infantil de alta qualidade e custo acessível. Tal como agora, pouco restaria de seus salários, depois de pagarem o atendimento infantil e o imposto de renda, às mulheres com filhos em idade pré-escolar que não recebiam remuneração elevada. Como observou uma delas: "Se fosse mais fácil conseguir uma babá adequada a um preço razoável, eu teria provavelmente trabalhado após meu segundo filho. No entanto, não é sensato trabalhar só para pagar uma babá".[15]

Mas, na época em que essas mulheres alcançaram a casa dos quarenta, suas taxas de participação na força de trabalho dispararam. Sete em dez estavam em trabalhos remunerados, e a maioria estava empregada em tempo integral. Na verdade, quase todas as mulheres que ingressaram na força de trabalho quando seus caçulas foram para a escola elementar haviam planejado muito tempo antes o reingresso no mercado de trabalho. Haviam se formado e se qualificado com essas expectativas.

Quaisquer que fossem as barreiras enfrentadas pelas graduadas pós--anos 1940, eram pequenas em comparação às que bloqueavam as gerações anteriores. As barreiras legais e oficiais ao emprego tinham sido enormes antes do começo dos anos 1940, em alguns aspectos maiores do que as enfrentadas por suas correlatas menos instruídas.

Veja-se o ensino na escola pública. Nos anos 1950, tornou-se a principal ocupação para as graduadas, principalmente aquelas com filhos em idade escolar. Quando uma professora escolar saía do trabalho, os

CARREIRA E FAMÍLIA

filhos estavam indo para casa. Quando os filhos estavam em casa nas férias ou no verão, ela também estava. Se tirava uma licença, talvez para ter outro filho, ela podia voltar ao emprego no ensino sem grande perda de posição.

Mas, antes do início dos anos 1940, o magistério, como observamos no capítulo anterior, estava em larga medida fora do alcance de mulheres casadas em muitos distritos escolares americanos. O mesmo se aplicava a empregos de escritório. As barreiras ao casamento vigoravam em grande parte dos empregos de colarinho-branco, inclusive no ensino. Com efeito, foram impostos pelos distritos escolares de muitas áreas antes de serem adotados por empresas privadas.

Mesmo em 1928, quando a economia americana passava por uma onda de crescimento e ninguém sabia que se estava à beira de uma Grande Depressão, metade de todos os distritos escolares demitia as professoras que se casavam, e seis em dez se recusavam a contratar mulheres que já fossem casadas. As perspectivas minguaram ainda mais para as professoras casadas após a queda econômica descomunal dos anos 1930.

Os escritórios, antes da Grande Depressão, eram um pouco mais bondosos do que os distritos escolares com as mulheres casadas. Mas, mesmo no começo da queda, cerca de um terço dos escritórios demitia as mulheres que se casavam e metade não contratava casadas. Continuando a queda da economia, as coisas só pioraram para as casadas.[16]

As mulheres negras graduadas na época anterior aos anos 1940 sofriam menos do que as brancas o peso das barreiras ao casamento no ensino. Como apresentamos no capítulo anterior, isso podia ser porque era menor o número de distritos escolares no Sul com essas barreiras, ou porque os que tinham barreiras não as aplicavam.

Como notamos antes, Dorothy Wolff Douglas, economista e esposa do economista Paul Douglas, da Universidade de Chicago (e depois senador no Congresso), não foi contratada na faculdade devido às regras contra o nepotismo. Ela ocupou uma posição na Faculdade Smith, e Paul deixou seu cargo de docente em Chicago e ocupou por breve período uma cadeira na Faculdade de Amherst.[17] Cabe mencionar que Dorothy teve um papel importante na educação de Bettye Goldstein (posteriormente Betty Friedan). Ensinou-lhe economia quando Betty

NA ENCRUZILHADA COM BETTY FRIEDAN

fazia a graduação na Smith e apresentou-a a ideias econômicas radicais e ao pensamento feminista.[18]

Nos anos 1940, as oportunidades se ampliaram para as graduadas casadas. Com altíssima demanda por produtos de guerra e a queda na força de trabalho dos civis do sexo masculino, o desemprego de dois dígitos dos anos 1930 se tornou coisa do passado. De súbito, as políticas trabalhistas discriminatórias que faziam sentido para tanta gente durante a Grande Depressão, e mesmo antes, foram revogadas de maneira abrupta.

Nos anos 1950, as barreiras ao casamento estavam em ampla medida eliminadas por várias decisões de tribunais estaduais.[19] As regras que continuaram nos estatutos deixaram de ser aplicadas por distritos escolares e empresas (de todo modo, a maioria das regras do dia a dia das empresas do setor privado nunca tinha sido posta por escrito). Como observou uma grande companhia de seguros em 1956: "Previamente, o departamento de pessoal não era favorável à contratação de mulheres casadas... mas as companhias de seguro [agora] precisam contratá-las para atender a suas necessidades".[20]

O aumento da demanda por trabalhadoras durante a Segunda Guerra Mundial e no pós-guerra afetou todos os grupos de educação. Isso, para as jovens pensando numa educação depois do secundário, significava que a faculdade se tornara uma proposta muito melhor. Uma graduada poderia se empregar, poderia se casar e poderia ter filhos. Para as casadas, o diploma da faculdade passava a ser muito mais do que um enfeite na parede.

Mesmo que os preços da matrícula e dos cursos de graduação fossem baixos, por serem instituições do Estado, ainda assim era oneroso estudar. Os estudos tomavam um tempo valioso e muitas vezes era preciso sair de casa e ficar num pensionato caro. Como um diploma passou a garantir empregos variados às mulheres mesmo depois do casamento, a faculdade valia mais a pena para elas. A frequência começou a aumentar nos anos 1940 e 1950, e o hiato entre os índices de formatura na graduação entre homens e mulheres iniciou seu longo estreitamento. (Os índices de formatura das mulheres enfim superaram os dos homens por volta de 1980, mas por ora isso escapa à nossa apresentação.)[21]

CARREIRA E FAMÍLIA

Os benefícios de uma graduação para as mulheres nos anos 1950 adquiriram várias formas. Na maioria, incluíam um emprego em algum momento. Alguns consistiam em propostas de emprego imediatas, mas a maioria dos ganhos se dava no futuro. Um diploma de faculdade, e muitas vezes um certificado de magistério, era uma apólice de seguros contra o fim prematuro de um marido ou de um casamento. Além disso, um emprego era algo em que era possível "se apoiar", como diziam na época. Sempre havia a possibilidade de que acontecesse alguma coisa com o marido. O divórcio, a incapacitação e a morte vinham de uma maneira aparentemente aleatória. "Uma educação para a esposa", escreveu uma graduada da turma de 1957, "pode ser considerada uma forma de seguro." Outra observou que a educação "é segurança".[22]

Mas a maioria das mulheres do período esteve empregada em algum momento, quer algum dos infelizes eventos da vida recaísse ou não sobre seus companheiros. As mulheres trabalhavam antes e depois do casamento, mas antes de ter filhos. Geralmente voltavam a se empregar depois que os filhos estavam na escola primária, às vezes mais tarde.

Os diplomas de graduação das mulheres dessa época não eram meros enfeites, e seus graus de instrução não se destinavam apenas a contingências. E elas tampouco faziam a graduação só para aumentar a probabilidade de fisgarem um cara com faculdade (embora as mulheres de faculdade se saíssem muito melhor na hora de fisgar caras formados). Muitas versões, inclusive a de Friedan, nos fariam crer que a mulher que encontrou seu parceiro na faculdade e largou os estudos para se casar era a verdadeira vencedora. Não, não era. Não em termos do nível educacional do homem com quem se casaria, nem em termos de sua carreira pessoal.[23] E tampouco em termos de seu bem-estar geral.[24]

Embora as mulheres graduandas dos anos 1950 viessem a usar seu nível educacional no mercado de trabalho, a faculdade também era, de fato, uma ótima maneira de encontrar um homem. As mulheres que estão na faculdade se casam desproporcionalmente com homens na faculdade, e um homem graduado tem maior segurança financeira do que um com menos anos de estudo. Além disso, o número de homens frequentando a faculdade na era do pós-Segunda Guerra e pós-Lei dos Veteranos da guerra da Coreia subiu muito. Enquanto havia 1,3 homem por mulher na faculdade antes que o alistamento obrigatório para a Segunda Guerra Mundial esvaziasse de homens os campi universitários, passou a haver 2,3 homens por mulher na faculdade quando os veteranos voltaram e muitos aproveitaram a Lei dos Veteranos.[25] As mulheres graduadas sempre tiveram maior chance de se casar com homens graduados, mas as chances se maximizaram para as que se formaram entre os anos 1950 e os anos 1970.

Comparada a uma mulher com nível secundário, a mulher graduada na faculdade entre meados dos anos 1950 e início dos anos 1970 tinha uma vantagem de mais de 60% de se casar com um graduado. A mulher formada no segundo grau tinha 10% de chance de se casar com um homem graduado, em comparação a cerca de 70% da mulher graduada.

Entre as graduadas casadas, a fração com maridos graduados aumentou ao longo do tempo. Para o grupo que se graduou no fim dos anos 1950, era de 75%, ao passo que para as graduadas no começo dos anos 1930 tinha sido de 50%. A fração continuou elevada para os grupos que se formaram entre o fim dos anos 1950 até o começo dos anos 1970, quando recuou para 65% (o nível em que estivera por volta do fim da Segunda Guerra Mundial).[26]

As mulheres retratadas em *A mística feminina* tinham mais iniciativa do que as graduadas de grupos anteriores e mais do que Friedan lhes reconhece. As mulheres graduadas planejavam sua vida. As barreiras começaram a cair. As casadas finalmente podiam trabalhar em diversas funções. Mas ainda havia restrições. Ainda era um opróbrio social se a mulher com filhos pequenos trabalhasse.

Ventos de mudança

Enquanto americanos jovens e velhos começavam a se readaptar a uma vibrante economia depois da Segunda Guerra, ocorreu uma série de mudanças demográficas que alteraria a fisionomia da sociedade americana por décadas. Essas mudanças eram tão colossais que continuam, ainda hoje, a afetar a economia e a sociedade dos Estados Unidos. O baby boom afetou a vida das mulheres graduadas, tal como

CARREIRA E FAMÍLIA

a de todos os outros. Embora existam muitas hipóteses, ainda não sabemos com precisão por que a idade ao casamento despencou, por que a taxa de natalidade disparou e por que essas transformações duraram por tanto tempo.

Essas mudanças demográficas não tinham nenhum precedente na história americana. Criaram um novo normal na idade ao casamento e no tamanho da família. Meio século depois, romantizamos a era pós-Segunda Guerra como um período de glória. Mas basta olhar as séries de qualquer época referentes a nascimentos e casamentos para ver quão anormal foi o período dos anos 1950 e 1960. E, apesar do que dizem muitos, os padrões de vida eram consideravelmente mais baixos do que depois vieram a ser na história americana. Mas esse período, vindo após uma longa depressão econômica e uma guerra mundial, era um sopro de ar fresco para os que haviam passado por aqueles tempos difíceis.

A primeira grande mudança demográfica nos Estados Unidos pós-Segunda Guerra foi a forte diminuição na idade ao casamento. Durante a Grande Depressão, com o desemprego elevado, muitas vezes ultrapassando os 20%, postergava-se o casamento. As quedas econômicas geralmente causam um aumento na idade ao casamento e, de modo mais geral, uma diminuição nos casamentos.[27] A queda dos anos 1930 durou quase uma década. No entanto, as mudanças demográficas durante a Grande Depressão não foram tão grandes que a era pós-Segunda Guerra não trouxesse os Estados Unidos de volta a um "velho normal".

A diminuição na idade ao casamento que ocorreu a partir dos anos 1940 mais do que compensou o aumento dos anos 1930. Esse aumento foi muito maior e mais abrangente do que as mudanças ocorridas em outros países após a Segunda Guerra. Enquanto os cidadãos da maioria das outras nações se casavam para compensar o tempo perdido, os americanos voltaram a se casar mais cedo não só após o v-j Day, o Dia da Vitória sobre o Japão, mas pelas duas décadas seguintes.[28]

Os americanos ficaram maníacos em se casar e ter família. Mesmo algumas mulheres de mais idade, que tinham se formado na faculdade no começo dos anos 1900, foram arrebatadas pela onda matrimonial que

NA ENCRUZILHADA COM BETTY FRIEDAN

ocorreu no começo da entrada dos Estados Unidos na Segunda Guerra Mundial. Lembremos Ada Comstock, que tivera uma carreira de grande sucesso na administração universitária, que se casou pela primeira vez em 1943 — aos 67 anos. Mildred McAfee, que fora a sétima reitora da Faculdade Wellesley e a primeira diretora da WAVES [Women Accepted for Volunteer Emergency Service], a divisão feminina da Marinha americana, durante a Segunda Guerra Mundial, casou-se pela primeira vez em 1945. McAfee integrou sozinha a WAVES. Encerrada a tarefa, ela se casou aos 45 anos com o decano do seminário teológico da Universidade de Harvard.

A segunda grande mudança no pós-guerra foi que a idade das mulheres ao dar à luz o primeiro filho caiu. Os casais americanos não estavam apenas tendo bebês mais cedo; estavam tendo um maior número deles. O resultado foi a conhecida explosão de bebês, que começou na era logo depois da Segunda Guerra. Esse aumento da natalidade era de esperar; as guerras causam atrasos na geração de bebês enquanto os homens estavam fora, combatendo. Mas, assim como a idade mais nova ao casamento não foi meramente resultante do fim da Grande Depressão, da mesma forma o aumento nos nascimentos não foi mero resultado do fim da Segunda Guerra Mundial.

A era do baby boom nos Estados Unidos começou em 1946 e durou até 1964. Foi precedida por um miniboom por volta de 1942, quando, pelos regulamentos do recrutamento para o esforço de guerra, a vinda dos bebês permitia por um breve período que os pais postergassem o alistamento. O mais importante em nossa jornada é que o baby boom afetou da mesma forma os mais instruídos e levou o grupo dos graduados na faculdade a terem índices de casamento e de natalidade mais similares aos do grupo sem graduação.

Os casamentos com pouca idade para as mulheres nos anos 1950 resultaram em mães jovens. Quase 60% das mulheres graduadas deram à luz o primeiro filho antes dos trinta anos de idade.[29] Um levantamento do Women's Bureau [Agência das Mulheres] de 1957 sobre as graduadas mostra um quadro parecido. Nele, 64% deram à luz no prazo de sete anos após a graduação. Apenas 17% de todas as mulheres que se formaram na faculdade nos anos 1950 nunca deram à luz.

As mulheres graduadas sempre tinham se casado mais tarde do que as mulheres formadas no segundo grau e do que as mulheres que largaram a faculdade, e era menor a fração de graduadas que, em primeiro lugar, tinham chegado a se casar. As graduadas do começo dos anos 1900, por exemplo, se casavam mais tarde do que as mulheres sem graduação, e cerca de 30% do grupo de graduadas nunca se casou.[30] Mas mesmo elas se casavam mais tarde e tinham seus filhos mais tarde do que as dos anos 1950.

A fração do grupo de graduadas dos anos 1950 que nunca se casaram era de apenas 8%. Além disso, as mulheres casadas desse grupo contraíram os laços matrimoniais quando jovens. Quase três quartos se casaram antes de chegar aos trinta anos, com uma média de idade de apenas 23 anos ao primeiro casamento — ou seja, metade dessas mulheres se casava no prazo de um ano após se formar na faculdade. Os dados das turmas que se formaram em 1957 mostram que quase 40% já tinham feito seus votos nupciais meros seis meses depois de se formarem.

Em vista da grande fração de mulheres graduadas dos anos 1950 que se casaram logo depois de receber o diploma, muitas devem ter conhecido, namorado e noivado seus futuros maridos enquanto estavam na faculdade. Muitos observadores, como Friedan, se indagavam se o curso na faculdade havia sido uma atividade acadêmica séria para as mulheres que se casavam tão logo após a formatura. Já vimos que o índice de desistência da faculdade para as mulheres foi altamente exagerado no livro de Friedan. A dedicação delas ao planejamento de um futuro emprego foi da mesma forma subestimada.

Muitas vezes depreende-se a experiência acadêmica universitária a partir da área de estudos do estudante. A área de concentração escolhida na graduação geralmente indica o caminho da carreira ou do emprego para o qual o estudante está se preparando.[31] Nos anos 1950, a área de concentração de cerca de quatro em cada dez mulheres graduadas foi pedagogia (que incluía escolas e programas de ensino). Outras áreas de concentração frequentes entre as mulheres eram a enfermagem, a

NA ENCRUZILHADA COM BETTY FRIEDAN

puericultura, a nutrição, a biblioteconomia e a assistência social. Em resumo, cerca de metade de todas as graduadas nos anos 1950 se formou numa área que levava direto a uma ocupação.

A fração efetiva das graduadas com um treinamento intimamente relacionado a uma ocupação era muito maior, visto que mesmo aquelas que não se concentravam na área pedagógica muitas vezes faziam cursos de pedagogia e muitas se formavam com um certificado de ensino. Segundo o levantamento da turma de 1957, mais de seis em cada dez mulheres formadas saíram da faculdade naquele ano com um certificado de ensino — muito embora apenas 33% delas tivessem o ensino como área de concentração.[32]

Assim, mais da metade de todas as graduadas nos anos 1950 saiu da faculdade preparada para ter empregos de baixo risco em campos de alta demanda, com horas e dias compatíveis com os cuidados dos filhos e do lar. O ensino, a enfermagem, a assistência social e outras ocupações que atraíam tantas graduadas eram, e ainda são, empregos tipicamente femininos com pouco espaço para avanços e, muitas vezes, com remuneração inferior em comparação a outras posições que exigem nível universitário. Mas ofereciam facilidades que os tornavam ocupações bastante atraentes.

As mulheres se formavam de maneira deliberada nessas áreas de concentração com vistas a ter um emprego remunerado no futuro. Muitos desses empregos, antes dos anos 1940, estavam fora do alcance das mulheres casadas, mas as professoras de escolas públicas na era pós-Segunda Guerra podiam trabalhar depois de casadas. O aumento no número de filhos significava que havia grande demanda por professoras. E o aumento na fertilidade significava que acabaria havendo um aumento na oferta de professoras, com mulheres que queriam combinar família e boas oportunidades de emprego.

Por que mais da metade de todas as mulheres com graduação escolheria áreas de concentração em campos que levavam direto a uma ocupação específica, se não quisessem ter em algum momento um trabalho remunerado? Por que mais de 60% obteriam credenciais de ensino se não houvesse uma probabilidade não insignificante de se tornarem professoras? Outras áreas de concentração — literatura, história da arte,

CARREIRA E FAMÍLIA

línguas estrangeiras, música — provavelmente seriam mais agradáveis. No entanto, a maioria das graduadas nos anos 1950 escolheu áreas de concentração que levavam a ocupações que elas poderiam compatibilizar com a vida familiar. "O ensino", observou uma integrante do Grupo Três com pós-graduação, "é uma carreira ideal para uma mulher que quer também ter uma família. Eu pude deixar a área por treze anos e voltar sem qualquer penalidade."[33]

As mulheres graduadas dos anos 1950 em geral não seguiam carreiras de longo prazo — mas realmente se preparavam para integrar em algum momento a força de trabalho.[34] As graduadas dos anos 1950 planejavam ter uma família e então um emprego. De modo geral, a maioria teve.

Uma estratégia

Friedan estava certa ao dizer que, do fim da Segunda Guerra Mundial até meados dos anos 1960, os americanos enalteciam o lar, cujo centro era a esposa. Friedan também estava certa ao dizer que, graças a um amplo leque de equipamentos que poupavam trabalho, introduzidos entre os anos 1920 e os anos 1950, o trabalho de manter a casa imaculada exigia agora apenas uma pequena parcela do tempo outrora exigido. Os desenvolvedores de produtos, de fato, dispunham de incentivos para convencer as mulheres a usarem seus produtos. O lustra-móveis Pledge incentivava as mulheres a darem um tal brilho à mesa da sala de jantar que poderiam enxergar seu próprio reflexo nela. Os fabricantes de produtos de limpeza de cozinha e banheiro incentivavam as mulheres a polir as bancadas e mesmo as privadas como se fossem travessas de jantar. Mas Friedan não estava certa ao dizer que o período reverteu uma tendência anterior ascendente nas ambições profissionais das mulheres graduadas.

A mística feminina foi lida por milhões de pessoas. Era o manual de uma revolução. Por que muitas das afirmações de Friedan eram incorretas? Uma das razões é porque ela estava comparando as realizações de carreira de mulheres nos anos 1950 com as de um subgrupo de mulheres graduadas de mais idade, que não tinham se casado e não tinham tido filhos.

Ao olhar em retrospectiva por essa lente, ela não observou o grupo completo das mulheres graduadas na geração anterior e não pôde ver os ganhos que haviam obtido. A maioria das que atingiram carreira na geração anterior não se casou nem teve filhos, e as que se casaram e tiveram filhos geralmente nunca tiveram emprego. Mas as mulheres graduadas nos anos 1950 obtiveram a capacidade de ter as duas coisas — em série, ao longo da vida.

As graduadas dos anos 1950 tinham um número de opções consideravelmente maior do que as precedentes. As que se graduaram no começo dos anos 1900 tiveram os níveis mais baixos de casamento e natalidade entre todos os grupos. Não compensaram isso com algum impressionante histórico de sucesso na carreira. Como com frequência enfrentavam a rígida escolha entre carreira ou família, muitíssimas acabaram ficando sem nenhuma delas. E, ao olhar em retrospectiva, Friedan não percebeu as aspirações das formadas dos anos 1950. Seu livro foi publicado cedo demais para que ela observasse as realizações que viriam, para que visse os frutos da estratégia daquela geração.

As mulheres graduadas dos anos 1950, ao fim da vida profissional, alcançaram um grau de sucesso na carreira maior do que o das graduadas no começo dos anos 1900, e um grau muito maior de sucesso na compatibilização entre carreira e família. Passaram por muitas etapas. Friedan as captou no período em que viviam confinadas. Transmitiu as frustrações e lamentos de muitas delas. Mas as integrantes desse grupo não estavam paradas no tempo. A maioria planejava escapar muito antes que Friedan publicasse seu livro.[35]

Sabemos de suas aspirações e realizações a partir de levantamentos feitos nos anos 1950 e 1960. Esses levantamentos são grandes, com uma amplitude extraordinária, e são representativos das pessoas com graduação no país durante aquela época. As mulheres (e, em alguns casos, os homens) foram escolhidas pelas equipes de elaboração do levantamento de modo que gerassem amostragens representativas em nível nacional, e todos os conjuntos de dados são ponderados para assegurar esse objetivo. Não foram pequenos levantamentos de uma ou algumas poucas faculdades. Pelo contrário, pretendiam refletir o leque de todas as instituições americanas que forneciam o grau de bacharel. São dois os levantamentos principais. Um cobre as mulheres da turma que se graduou em 1957. O outro traz os homens e as mulheres da turma que se graduou em 1961.

Turma de 1957

Em janeiro de 1958, o Women's Bureau do us Department of Labor fez o levantamento de uma amostragem da turma feminina que se graduou em junho de 1957.[36] Sete anos depois, foi feito um levantamento de atualização dessas mulheres, devido à preocupação de que algumas graduadas que tinham deixado a força de trabalho por algum tempo para criar os filhos estivessem com dificuldade em reingressar e talvez precisassem de um treinamento adicional.

O levantamento inicial da turma de 1957, realizado seis meses após a formatura, obteve respostas completas de cerca de 6 mil graduadas.[37] Como 88 mil mulheres receberam o bacharelado em junho de 1957, o número de pesquisas coletadas foi nada menos que 7% do total da turma. O estudo era enorme para a época, e foi um empreendimento importante e impressionante do Women's Bureau.

Cada mulher pesquisada tinha frequentado uma entre 153 faculdades e universidades (de ensino misto ou separado). O grupo pesquisado era distribuído por região e por tipo e tamanho de instituição semelhante à de todas as graduadas em 1957. Assim, ele pode ser usado para informações sobre todas as mulheres graduadas na época. O levantamento de atualização feito em 1964 foi respondido por cerca de 5 mil pesquisadas.

Os dois levantamentos da turma de 1957 mostram claramente que as graduadas tinham planos de prosseguir nos estudos, conseguir um emprego e, no caso de algumas, ter uma carreira. Colocavam a família em primeiro lugar, sem dúvida. Mas isso não quer dizer que ficariam confinadas para sempre em seus lares.

Essas mulheres se casaram cedo, mas a maioria estava empregada

NA ENCRUZILHADA COM BETTY FRIEDAN

antes e por algum tempo depois do casamento. Seis meses após a formatura em junho de 1957, 40% haviam se casado e uma em cada quatro do conjunto de casadas já tinha filho. Mas nada menos do que 82% de todo o grupo estava empregado logo após a graduação e quase todas estavam trabalhando em tempo integral (inclusive algumas frequentando curso noturno). Seis em cada dez do grupo empregado eram professoras. Apenas 7% de todo o grupo, com uma parcela desproporcional de mulheres com filhos pequenos, não estava procurando emprego.[38]

Assim, de onde é que Friedan tirou a ideia de que as mulheres de faculdade dos anos 1950 tinham perdido a ética puritana de trabalho? Talvez uma parte dessa sua ideia reflita a realidade de que, embora quase todas estivessem empregadas, apenas 18% das graduadas em 1957 disseram que "planejavam ter uma carreira". Na maioria, elas responderam que parariam de trabalhar quando se casassem ou tivessem filhos. E foi exatamente o que fizeram. No entanto, as que planejavam parar de trabalhar, em sua maioria, confiavam que depois voltariam — e voltaram.[39] Essas mulheres não pretendiam ser Margarets Andersons e Junes Cleavers.

Continuavam com essas intenções sete anos depois, quando na maioria estavam casadas e muitas tinham filhos pequenos? Na maioria, sim. Sete anos depois de se formar, 85% da turma estava casada e 78% desse grupo tinha filhos, quase todos em idade pré-escolar. A maioria das mulheres tinha filhos pequenos numa época em que as normas sociais eram contrárias à contratação de mães com filhos em idade pré-escolar e quando eram raras as instituições de atendimento infantil. Mas, mesmo entre as mulheres com filhos em idade pré-escolar, 26% estavam empregadas.

Nunca é demais ressaltar: não eram mulheres desprovidas de ambição. Cerca de metade das graduadas tinha emprego, e quase um quinto dessas empregadas também estava fazendo pós-graduação. Mas muitas vezes evitavam se definir como mulheres de carreira. Como disse uma delas: "Sou uma dona de casa e mãe, e não o tipo completo de uma mulher de carreira [mas] gosto de dar aula na escola".[40]

Isso não significava que quisessem ficar em casa o tempo todo. Embora na maioria dissessem que trabalhavam para sustentar a família,

Gráfico 5.1. Fração de homens ou mulheres (de todos os níveis de instrução) que concordam com a afirmativa: "Uma criança em idade pré-escolar, se a mãe trabalha, provavelmente sofre com isso"

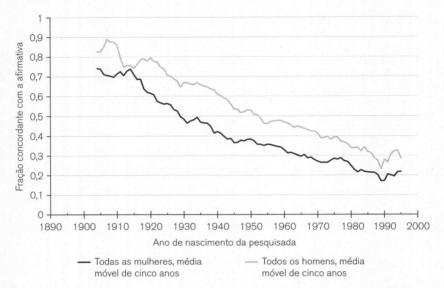

FONTE: Microdados do General Social Survey (GSS, Levantamento Social Geral) de 1977 a 2016. Ver também Apêndice de gráficos e tabela.

13% afirmaram que sua tarefa no momento era "ter uma carreira" e mais um quarto comentou que queria seguir uma carreira em algum momento futuro. Significativamente, mais de 80% em 1964 queriam estar empregadas no futuro (inclusive as empregadas naquele momento).

As maiores restrições a essas mulheres eram as normas da época, ditando às que tinham filhos pequenos que elas *deviam* ficar em casa e que, se trabalhassem, os filhos iriam "sofrer". O General Social Survey (GSS, Levantamento Social Geral) desde 1977 pergunta a um corte transversal dos americanos se eles acreditam que "Uma criança em idade pré-escolar, se a mãe trabalha, provavelmente sofre com isso". A fração de mulheres e homens que concordaram com essa afirmativa diminui conforme seu ano de nascimento, como se pode ver no gráfico 5.1. Entre os nascidos na parte inicial do século XX, cerca de 80% dos homens e 70% das mulheres concordaram. Mas, entre os nascidos mais para o

NA ENCRUZILHADA COM BETTY FRIEDAN

fim do século, apenas 20% das mulheres e 30% dos homens concorda-ram.[41] Como essas pessoas foram entrevistadas em diferentes idades, esses dados mesclam as normas sociais que adquiriram na juventude e as que adquiriram com o passar dos anos. Embora haja uma mudança ao longo do tempo para os indivíduos, o fator que é, de longe, o mais importante para determinar a concordância com a afirmativa é o ano de nascimento da pessoa.

E quanto às restrições que os maridos impõem às esposas? Os maridos ditatoriais, ainda que cômicos, de Alice e Lucy (Ralph e Ricky) se opunham ao fato de as esposas terem emprego, muito embora, na época, não houvesse nenhum filho na equação. Mas Alice e Lucy não tinham feito faculdade. As esposas graduadas em 1964 estavam em situação melhor — 83% dos maridos não se opunham ao emprego delas nem a seus planos de futuro emprego. Mesmo entre famílias com filhos pequenos, somente 21% dos maridos eram contrários a que as esposas trabalhassem fora de casa.[42]

Os maridos contrários a que as esposas trabalhassem eram principalmente aqueles cujas esposas não estavam trabalhando ou procurando trabalho. Um palpite possível é que a desaprovação dos homens talvez não fosse o fator decisivo no emprego dessas mulheres, visto que em geral os semelhantes se atraem e se casam, e talvez os dois cônjuges acreditassem que o lugar da mulher era em casa. Mas, como observou uma mulher, seu marido "considera meu papel de mãe e esposa um emprego em tempo integral, e fim de papo".[43]

Apesar de tais preferências ou costumes, a turma de 1957 tinha uma estratégia. O tempo delas em casa não significava que não se entediassem, e não significa que, ao retornar ao emprego, tivessem um patamar de igualdade no local de trabalho. Os levantamentos do Women's Bureau, tanto em 1957 quanto em 1964, pediam às mulheres para "acrescentar quaisquer comentários", dando-lhes uma chance de exporem as queixas que pudessem ter. O tom delas mudou com o tempo, e em 1964 muitas deram vazão aos diversos protestos que Friedan abordara e provocara.

Seis meses depois da graduação, as mulheres da turma de 1957 estavam contentes e animadas. A faculdade, no geral, tinha sido boa.

CARREIRA E FAMÍLIA

A vida estava apenas começando, os casamentos eram recentes ou estavam sendo planejados, e os bebês no horizonte próximo. "Planejo estar casada em junho", escreveu uma delas, "e creio estar preparada para isso de uma maneira muito mais ampla do que alguém que não faz faculdade." Disse outra: "Quero uma carreira na assistência social. Se eu me casar, gostaria de voltar a ela quando meus filhos estiverem na escola elementar".[44]

A maioria estava em seu primeiro emprego, para o qual tinham se preparado na faculdade. Muitas enalteciam sua formação em ciências humanas como uma oportunidade única na vida. "Um bom emprego relacionado com a graduação da pessoa é importante, mas ainda mais importante é a satisfação pessoal que se tem com uma formação em ciências humanas." Para algumas, uma formação ampla também era útil para ser boa esposa e boa mãe: "A Faculdade Macalester... prepara a mulher para uma ocupação, mas também exige cursos políticos, culturais, religiosos que contribuem para uma esposa mais informada e mais ativa na comunidade". Outras tinham a impressão exatamente contrária: "Minha formação na faculdade me é inestimável para apreciar a vida e útil para conseguir emprego, mas quase inútil para desempenhar minhas obrigações como dona de casa".

Embora a maioria relembrasse de maneira saudosa a faculdade, algumas criticavam sua formação universitária por não fornecer um grau suficiente de treinamento profissional, de conhecimento do mundo empresarial e das carreiras em termos mais gerais. Um número surpreendentemente grande criticava suas faculdades por não exigirem habilidades de escritório. "Devia-se exigir que as estudantes com o Teatro como área de concentração fizessem datilografia e incentivá-las a aprenderem estenografia... para começar uma carreira no teatro." As que se concentravam em pedagogia muitas vezes reclamavam da falta de "experiência prática numa sala de aula, em vez de ficar ouvindo um monte de preleções" (reclamação usual ao longo do tempo).

Suas respostas em 1964, sete anos depois de se formarem, são mais variadas. Cerca de um terço anotou comentários adicionais numa seção em aberto. Essas pesquisadas e seus comentários se dividem em dois grupos óbvios. A grande maioria estava ativamente empregada ou pla-

NA ENCRUZILHADA COM BETTY FRIEDAN

nejava voltar logo ao trabalho. As outras eram Junes e Margarets, que se consideravam donas de casa permanentes.

Uma resposta representativa do grupo majoritário foi: "Como a maioria das mulheres que conheço, eu gostava muito da escola e de trabalhar, e não estou trabalhando agora por causa das demandas na criação dos filhos. Mas, tão logo meu caçula esteja na escola, vou voltar... e passar os cerca de 25 anos restantes antes da aposentadoria num emprego satisfatório (provavelmente dando aulas)". Cerca de três quartos do grupo aparentavam ser felizes. O um quarto descontente manifestou sua insatisfação com a discriminação no emprego, a remuneração e, de maneira mais frequente, os problemas de compatibilizar maternidade e emprego num mundo em que os serviços de cuidados eram caros e muitas vezes indisponíveis. Como observou uma delas: "Minhas experiências de trabalho com as pessoas com distúrbios [mentais] eram uma fonte de satisfação constante... [Mas] tive tanta dificuldade em encontrar atendimento infantil competente... que no fim não dei conta de arcar com todo o fardo".

As Junes e Margarets, que compunham uma pequena porção do grupo, escreveram comentários como: "Quanto ao presente, estou extremamente feliz, 'empregada' por um marido e filhos amorosos, e me mantenho muito ocupada cozinhando, costurando, limpando, lavando, recebendo visitas, lendo e viajando". Esse grupo expressou um contentamento maior do que o primeiro, que se debatia com as limitações do tempo ou ansiava em voltar a trabalhar.

Turma de 1961

Esses vislumbres obtidos com a turma de 1957 não são exclusivos dela.[45] Quatro anos depois, uma entidade privada fez um levantamento ainda maior e mais abrangente, pesquisando homens e mulheres.[46] Como a turma de 1957, as formandas de 1961 tinham planos para o futuro, embora submetidas a muitas das restrições e normas sociais da época.

As descobertas obtidas com o levantamento original e a primeira continuação atualizada foram reunidas em vários volumes, um deles

CARREIRA E FAMÍLIA

com o título bem apropriado de *Great Aspirations* [Grandes aspirações].[47] Mas o levantamento era grande demais para os computadores da época. Apenas uma pequena parcela dos dados chegou a ser analisada, e o material que foi atualizado abrangia sobretudo respostas masculinas. Pouco se informava sobre as mulheres. Recentemente redescobri esse tesouro de informações.[48]

O projeto Great Aspirations visava determinar se os homens e as mulheres com graduação planejavam prosseguir os estudos em cursos de profissionalização e pós-graduação. Também investigava questões específicas que se apresentavam às mulheres graduadas. As pesquisas faziam perguntas reveladoras sobre as aspirações, as realizações e as percepções das normas sociais.

Assim como as informações obtidas com a turma de 1957, as pesquisas sobre a turma de 1961 mostram que essas mulheres tinham ambições que iam muito além do papel de dona de casa. Quase todas pretendiam estar empregadas ao se formar.[49] A maioria se casaria logo depois e teria filhos em rápida sucessão.[50] A maioria planejava retornar ao trabalho e investiu em seus estudos e treinamento para assegurar esse retorno.[51]

Em 1968, sete anos depois de terem saído da faculdade, apenas 17% das mulheres tinham como objetivo de longo prazo ser donas de casa. Essa parcela, embora seja mais alta do que os 10% que assim se sentiam um ano depois de se formarem, ainda é baixa. Mesmo quando se dedicavam em tempo integral à criação dos filhos pequenos, nada menos que 83% não tinham como meta de longo prazo ficar em casa o tempo todo.

Os filhos e o lar, para 70% do grupo, eram a prioridade máxima dessas mulheres pela década seguinte. Mas, ao mesmo tempo, surpreendentes 50% também pensavam que seria importante ter uma "carreira" depois dos primeiros dez anos de casamento.

Tal como a turma de 1957, elas se casaram em altos índices logo após a graduação: 42% se casaram menos de um ano depois.[52] Sete anos após a graduação, 84% estavam casadas e 81% do grupo de casadas tinha filhos.

Na primavera de 1961, quando estavam prestes a se formar, elas relembraram as ambições que tinham quando ingressaram na faculdade.

NA ENCRUZILHADA COM BETTY FRIEDAN

Uma fração substancial tanto das mulheres quanto dos homens pensara em prosseguir no futuro em algum programa de pós-graduação ou especialização profissional. Um ano depois da formatura, quase 20% das mulheres e 35% dos homens estavam seguindo cursos de pós-graduação ou especialização profissional. No último levantamento, sete anos depois de se formarem, era o que estavam fazendo ou já tinham feito 30% das mulheres e 40% dos homens. Segundo os dados sobre as realizações de todos os integrantes da turma de graduação de 1961, 40% das mulheres e 50% dos homens tinham obtido o mestrado ou um título mais alto.[53]

Hoje, as mulheres com bacharelado prosseguem os estudos mais ou menos na mesma extensão que os homens. Obtêm quase o mesmo número de títulos em direito (JD), medicina (MD) e doutorado (PhD), mas um pouco menos como MBAS. Se, em comparação, os números para as mulheres do fim dos anos 1950 e começo dos anos 1960 parecem baixos, são notavelmente mais altos do que se suporia a partir das descrições de Friedan e outros autores sobre aquela época.

Mas por que vemos essas mulheres graduadas como Margarets Andersons e Junes Cleavers? Porque, como mostramos, as graduadas dos anos 1950 punham a família em primeiro lugar. Em 1964, 37% das mulheres da turma de 1961 que eram casadas e trabalhavam em tempo integral ainda referiam a si mesmas como "donas de casa".

Os pesquisados manifestaram suas opiniões sobre os papéis de gênero restritivos. Os dados Great Aspirations lhes apresentram várias afirmativas sobre as normas de gênero, inclusive a mencionada mais acima, que desde 1977 é apresentada pelo GSS: "Uma criança em idade pré-escolar, se a mãe trabalha, provavelmente sofre com isso". Cerca de 60% das mulheres (e 66% dos homens) concordaram de maneira moderada ou enfática com a afirmação.[54] Outras perguntas, sondando o relativo apego às normas sociais da época, se referiam às "carreiras" das mulheres. Três quartos das mulheres concordaram com a afirmativa "Para uma esposa, é mais importante ajudar a carreira do marido do que ter uma carreira própria". Uma fração semelhante concordou que "Uma mulher casada não pode fazer planos de longo prazo para uma carreira própria porque eles dependem dos planos do marido para a sua".

Essas noções eram comuns na época. A crença de que um filho em idade pré-escolar seria prejudicado se a mãe não estivesse o tempo todo em casa era o que, em larga medida, impedia que as mulheres trabalhassem quando os filhos eram pequenos. Mas as creches e os jardins de infância também eram insuficientes. E eram insuficientes porque a demanda não era alta o bastante. Era o clássico problema do ovo e da galinha. Era necessária uma mudança nos esquemas de cuidados infantis numa dimensão que fosse capaz de mudar a ideia de que os filhos seriam prejudicados se as mães trabalhassem.

Minha mãe, que se tornou diretora de uma escola elementar bastante respeitada em Nova York, me repetia essa ideia quando eu era jovem e mesmo quando já era quarentona, ao ver que minhas sobrinhas, netas dela, estavam criando os filhos. Dizia: "As crianças em idade pré-escolar estão melhor com as mães". Ela só começou sua carreira de professora quando eu já estava na escola. Para mim não estava muito claro se ela de fato acreditava nisso ou se ainda estava seguindo as normas ultrapassadas de sua época. Perguntei-lhe pouco tempo atrás. Aos cem anos de idade, ela frisou que uma criança em idade pré-escolar ou mesmo um bebê estaria perfeitamente bem numa instituição de atendimento infantil, talvez até com melhores cuidados, enquanto a mãe estava trabalhando. Houve uma época em que ela apenas não conseguia imaginar que houvesse uma alternativa à mãe restrita ao lar; em idade mais avançada, não conseguia imaginar que existira uma época em que ela pensava diferente.

As duas outras afirmativas, referentes à importância da carreira do marido, refletem as respectivas remunerações do casal. Como presumidamente o homem recebia muito mais do que a mulher — e em geral recebia mesmo —, ceder a seus objetivos de carreira traria mais renda para a família.

Essas ideias podem parecer noções antiquadas que só eram adotadas pelas mulheres menos ambiciosas, mas não era esse o caso. Mesmo as mulheres que pretendiam ter uma especialização ou pós-graduação achavam que não seria possível ter um emprego enquanto os filhos eram pequenos — e talvez, em vista das condições do atendimento infantil, não fosse mesmo. A prioridade delas era a família, mas um emprego e,

NA ENCRUZILHADA COM BETTY FRIEDAN

talvez, mesmo uma carreira estavam em seu radar. As mulheres graduadas dos anos 1950 sofriam essas coerções, tal como June e Margaret, mas planejavam se libertar delas. E por fim saíram de seus casulos.

As integrantes mais conhecidas desse grupo criaram um caminho "família, depois carreira", mas a maioria delas chegou a esse ponto num percurso sinuoso. Muitas reemergiram na meia-idade para revelar seus talentos e paixões.

Erma Bombeck, a escritora humorística, nasceu em 1927. Formou-se na Universidade de Dayton em 1949, ano em que se casou com Bill Bombeck, que conhecera na faculdade. Ela começou a carreira de escritora enquanto estava formando família, mas deixou a caneta de lado por dez anos enquanto criava os três filhos. Então ressurgiu como colunista de enorme sucesso numa agência de jornais associados, escrevendo episódios hilariantes da vida familiar suburbana.

Jeane Kirkpatrick, a primeira mulher embaixadora na ONU, nasceu em 1926, teve três filhos e obteve seu doutorado em administração pública e governo vinte anos depois de concluir o bacharelado. Tornou-se politicamente ativa na casa dos quarenta e foi nomeada embaixadora em 1981.

Grace Napolitano, nascida em 1936, criou cinco filhos com o marido e, começando aos 35 anos, trabalhou na Ford Motor Company por duas décadas. Concorreu pela primeira vez a um cargo público (no conselho municipal) aos cinquenta anos de idade e aos 67 ingressou na Câmara dos Representantes.

Carrie Meek se graduou em 1946 na Universidade A&M da Flórida para Negros, mas deixou o estado para prosseguir na pós-graduação, pois na época não havia nenhuma para negros na Flórida. Mais tarde tornou-se educadora e ativista nos assuntos comunitários na área de Miami. Aos 44 anos, foi eleita para a Assembleia Legislativa da Flórida e em 1992 tornou-se a primeira representante negra da Flórida no Congresso desde a Reconstrução. Depois de se aposentar, seu filho Kendrick foi eleito para sua vaga, sucedendo a mãe.

Phyllis Schlafly, a conhecida conservadora, anticomunista e antifeminista que discutiu com Betty Friedan, é a exceção que confirma a regra. Nascida em 1924, Schlafly escreveu um livro de enorme popula

CARREIRA E FAMÍLIA

ridade sobre a presidência, foi ativista defendendo causas conservadoras e teve seis filhos. Para promover suas causas antifeministas, ela se formou em direito aos 54 anos (não com a plena aprovação do marido) e, ironicamente, iniciou uma carreira em idade avançada, defendendo a ideia de que as mulheres deviam ser esposas em tempo integral e mães sempre em casa.

As mulheres que ressurgiram em idade adiantada com uma carreira, como fizeram Bombeck, Kirkpatrick, Meek, Napolitano e Schlafly, não constituíam um grupo grande. Mas as que deixaram o lar por *empregos* depois que os filhos tinham crescido, sim. E a esse grupo se somou um conjunto ainda maior — as mulheres do Grupo Quatro que se formaram na faculdade desde o fim dos anos 1960 e o começo dos anos 1970. As mulheres desse grupo posterior manifestaram o desejo de seguir carreira desde o começo, e não em fase mais adiantada na vida.

O reingresso na força de trabalho das graduadas nos anos 1950 em sua meia-idade fazia parte de seus planos de prazo mais longo. Mas seu ressurgimento como trabalhadoras coincidiu com mudanças maiores na sociedade, que desembocaria na era da carreira e família.

As graduadas dos anos 1950 estão no meio do caminho em nossa jornada. Tiveram um número muito maior de opções do que as predecessoras. As posteriores teriam um número ainda maior.

No começo dos anos 1950, as mulheres casadas que eram formadas na faculdade podiam se tornar professoras e podiam até trabalhar meio período. Os levantamentos do começo dos anos 1960 demonstram que a maioria dos maridos com graduação não se opunha ao emprego das esposas — alguns se encantavam com isso. As graduadas finalmente dispunham da possibilidade de ter uma família e um emprego, e, para poucas seletas, uma carreira.

Elas realizaram mais do que as mulheres dos grupos anteriores tinham sido capazes. Uma maior fração de todas as mulheres graduadas se tornou profissional, e uma maior fração teve carreira e família. Não largaram a faculdade em índices maiores do que os grupos anteriores e certamente não lhes faltava ambição.

NA ENCRUZILHADA COM BETTY FRIEDAN

Mas, como observou Erma Bombeck de forma sarcástica, "Se a vida é um pote de cerejas, o que estou fazendo aqui nos caroços?". Os comentários no levantamento de 1964, dando continuidade ao de 1957, expuseram um lado sombrio do progresso vivenciado pelas graduadas. Algumas com formação em áreas masculinas lamentavam: "Durante o tempo todo em que estive procurando um emprego [com bacharelado em engenharia química] eu continuava lendo... como devemos incentivar nossas mulheres a fazerem engenharia... eu ria entre as lágrimas". Outra lastimava: "Tenho vivenciado um certo preconceito por parte dos empregadores em contratar mulheres num trabalho tradicionalmente masculino... Mesmo pelo 'dito' sistema de mérito do Serviço Público".[55]

A limitação talvez mais coercitiva que se impunha a esse grupo era a noção generalizada de que os filhos pequenos seriam prejudicados se as mães fossem "mulheres de carreira egoísta". O dilema expresso por muitas delas era: "A esposa inteligente que gostaria realmente de trabalhar deve fazê-lo, mesmo que os filhos sofram um tanto com sua ausência, ou deve sufocar suas necessidades próprias em favor dos filhos?". Como observou uma das pesquisadas: "O custo de ter quem cuide de um filho quando se volta para a escola... não deixa muito espaço para que [o emprego] valha a pena em termos financeiros". A falta de um atendimento infantil acessível e viável dificultava ainda mais afastar-se do padrão da mulher restrita ao lar.

A sensação de vazio e frustração dessa geração foi o tema do celebrado livro de Betty Friedan, sintetizada na frase "É isso, e só?". Mas a domesticidade dessas mulheres tinha data de validade. Elas haviam planejado uma vida seriada de *família, depois emprego* (com o pequeno subconjunto que veio a ter *família, depois carreira*).

Friedan estava certa sobre o papel da instrução na vida dessas mulheres, mas estava errada quanto às aspirações do grupo. O livro de Friedan se situava no meio de uma jornada variada rumo a uma maior igualdade para as mulheres e uma maior paridade entre os casais. Ela olhava o passado em busca de um momento que tivesse sido melhor para as graduadas. Mas o passado não tinha sido melhor. A mudança já estava em curso — mesmo as próprias mulheres sobre as quais ela estava escrevendo gozavam de alguns de seus benefícios. O que Friedan,

135

porém, com efeito ajudou a fazer foi atiçar o desejo de independência dessas mulheres e lhes inspirar a confiança de que poderiam mudar o status quo. Esse instigamento ajudaria as graduadas dos anos 1960 e 1970 a avançarem para uma revolução silenciosa que mudaria as feições da vida americana.

6
A Revolução Silenciosa

MARY RICHARDS, A PROTAGONISTA DE *The Mary Tyler Moore Show*, estava na vanguarda da Revolução Silenciosa. Em 1970, depois de romper com o namorado, Mary se mudou para Minneapolis e conseguiu o emprego de seus sonhos como produtora associada no telejornal noturno num canal de TV local. Estava com trinta anos, solteira, formada na faculdade e se sustentando sozinha, feliz da vida. Seu objetivo era construir uma carreira e manter uma vida social ativa. Deu-se bem nas duas áreas, dotada de talento natural, garra, charme e uma arma secreta: a pílula.

O programa durou sete temporadas, passando por uma penca de namorados e dois noivados para Mary. Ao longo de todo ele, manteve-se como uma autêntica figura do Meio-Oeste, adorada pelo público de todo o país. Mas nenhum programa de TV tinha, até então, abordado o controle da natalidade. Como os roteiristas trataram do tema da pílula? Com humor e discrição, na segunda temporada.

Os pais de Mary estão de visita em seu apartamento; a mãe, quando está saindo, grita para o pai de Mary: "Não esqueça de tomar a pílula!".

Mary e o pai respondem juntos: "Não vou esquecer".

Enquanto Mary constrangida tenta disfarçar sua resposta, o pai fica observando com um ar um tanto desaprovador. Era 1972 — a primeira vez que a pílula era mencionada num seriado de comédia.

A pílula foi aprovada pela FDA como anticoncepcional em 1960 e liberada para venda com receita médica no ano seguinte. Milhões de mulheres casadas começaram a usá-la quase imediatamente. Mas as leis de muitos estados proibiam a distribuição do anticoncepcional a solteiras menores de idade sem o consentimento dos pais. E, de modo geral, a maioridade era aos 21 anos. Em 1969, apenas em sete estados a maioridade ficava abaixo dos vinte anos. Acredite-se ou não, as leis estaduais vigoravam (e eram com frequência aplicadas) fazia cem anos, desencadeadas originalmente por uma lei federal contra o vício aprovada durante a era vitoriana.[1]

No fim dos anos 1960 e nos anos 1970, muitos estados aprovaram uma legislação que reduzia a idade da maioridade, e alguns até ampliaram os direitos dos menores por decisão judicial. Essas mudanças legais pouco tinham a ver com o sexo e a contracepção, muito menos com a pílula. A mudança mais importante foi a 26ª Emenda da Constituição. Ela dava direito de voto a quem tivesse dezoito anos, levando 36 estados a reduzir sua idade de maioridade.

Em 1972, pelo menos doze estados tinham afrouxado as restrições à prescrição da pílula (e de outras formas de controle de natalidade), sem consentimento parental, a jovens solteiras de dezesseis anos e menos. Em 1974, esse número aumentou para 27 estados, e a idade de maioridade tinha se reduzido o suficiente para que as calouras em faculdades de 43 estados pudessem obter a pílula.[2]

A pílula teve duas mães e (pelo menos) quatro pais. Mesmo assim, ficou órfã por muito tempo, como uma droga que ninguém queria produzir. Mas, passando a ser produzida, todo mundo queria tomá-la e, depois de aceita pelos consumidores, a indústria farmacêutica, a chamada Big Pharma, quis lucrar com ela.

A ideia de uma pílula capaz de controlar a concepção era o sonho de Margaret Sanger, pioneira do controle de natalidade e visionária controversa. Em 1916, Sanger abriu uma clínica de controle de natalidade no Brooklyn, violando frontalmente uma lei estadual que proibia a disseminação de produtos contraceptivos. Logo detiveram-na, mas

A REVOLUÇÃO SILENCIOSA

ela não se abalou e trabalhou incansavelmente durante toda a sua longa vida para ajudar mulheres de todas as raças e etnias a evitarem a gravidez. Mas não era por pura nobreza.[3]

O sonho de Sanger era criar uma pílula que a mulher podia ingerir com seu suco de laranja matinal. Um simples gole e, *voilà*, os riscos de engravidar desaparecem, e ela não precisa mais depender do comportamento masculino para evitar a gravidez. No entanto, o sonho de Sanger só conseguiu adquirir forma quando ela estava em idade mais avançada. Em primeiro lugar, os processos bioquímicos de ovulação só começaram a ser entendidos em 1937. A ciência por trás dos hormônios sintéticos só passou a ser conhecida no fim dos anos 1940. A ciência não era a única barreira. Era escasso o financiamento para pesquisas num projeto que muito provavelmente teria a oposição de católicos e outros puritanos nos Estados Unidos. Mesmo a Big Pharma, por algum tempo, não se atreveu a esse risco.

Em 1949, Sanger convenceu Katharine Dexter McCormick a financiar a pesquisa para sua pílula visionária. McCormick, que foi em essência a segunda mãe, tinha se formado em biologia no MIT em 1904 e se casara com o herdeiro da fortuna dos McCormick em máquinas agrícolas.[4] Seu marido morreu em 1947 e lhe deixou uma fortuna enorme, uma parte da qual ela usou para financiar o trabalho de Gregory Pincus numa pílula contraceptiva. Enquanto isso, Carl Djerassi produziu na Syntex uma versão sintética da progesterona, e Frank Colton na G.D. Searle sintetizou um hormônio correlato em 1953. Não muito depois os pesquisadores Pincus e John Rock realizaram testes usando hormônios sintéticos para impedir a ovulação. Nascia a pílula, de certa forma. Rock, católico praticante, apareceu mais tarde com a dosagem de ingestão por 21 dias e interrupção por sete dias, que imitava o ciclo feminino. (Embora alguns digam que Rock tinha esperanças de que esse método de ritmo cíclico induzido quimicamente fosse aprovado pelo papa, sua verdadeira razão era dar às mulheres a segurança de não estarem grávidas.)

Mary Richards, embora solteira, era maior de idade. Mesmo assim, os americanos levaram algum tempo até aceitar a ideia de sexo pré-marital na TV. Mesmo os dormitórios dos casais, como Lucy e Desi,

CARREIRA E FAMÍLIA

tinham duas camas individuais. Mas, em 1972, o estilo de vida de Mary não pareceria escandaloso para a maioria dos telespectadores. Estavam preparados para um episódio que mencionasse a pílula. Além disso, estavam preparados para um seriado de comédia que apresentava uma mulher dedicada à carreira que reivindicava seus direitos e o salário a que fazia jus.

Mary foi apenas uma combatente involuntária da infantaria num movimento que logo tomaria conta da nação: a Revolução Silenciosa. O movimento remodelou de modo irreversível a sociedade, a educação, o casamento e a família americanos, e isso num período admiravelmente curto. Ao contrário dos movimentos mais ruidosos do fim dos anos 1960 e começo dos anos 1970, com passeatas e manifestações pela liberação das mulheres por grupos como a National Organization for Women e facções e ramificações mais radicais, a Revolução Silenciosa foi conduzida por muitos que não estavam cientes de seus papéis de grande significado histórico.[5] Apenas em retrospectiva podemos traçar esses seus papéis numa transformação grandiosa.

A Revolução Silenciosa mudou radicalmente a fórmula da felicidade. A pílula forneceu uma parte da liberação pela qual as mulheres clamavam na revolução ruidosa. Permitiu que as integrantes do Grupo Quatro ingressassem em carreiras que exigiam grandes investimentos adiantados de tempo e dinheiro, como o direito, a medicina, a academia, as finanças e a administração. Essas mulheres precisavam de liberdade e tempo. Mas, tal como Mary Richards, isso não significava que deixariam de namorar ou desistiriam de manter relações íntimas com o sexo oposto.

Essas jovens se seguiram às graduadas do Grupo Três, que em larga medida se casaram logo após a graduação e passaram a ter um bando de filhos. Como vimos, muitas tinham planos de reingressar na força de trabalho quando os filhos crescessem, e foi de fato o que a maioria delas fez. Tinham se formado em áreas que lhes permitiam ocupações como dar aulas.

Minha mãe me recomendava vivamente — e muitas vezes — que eu tivesse um diploma, tal como tinha feito minha irmã mais velha. Era uma credencial em que "você pode se apoiar", dizia ela com frequência.

140

A REVOLUÇÃO SILENCIOSA

Era seu código para um emprego seguro que você podia ter depois que as crianças estivessem na escola ou se o marido a deixasse (saindo pela porta ou indo para o necrotério). A resposta que eu sempre repetia era: "Você se apoia num sofá, não numa credencial". Eu era uma entusiástica torcedora do Grupo Quatro. Não queria um emprego estável e seguro numa ocupação tradicionalmente feminina. Queria a emoção, muitas vezes acompanhada de insegurança, de um doutorado numa área bastante competitiva e dinâmica.

As mulheres que se graduaram na faculdade no começo dos anos 1970 não podiam ser mais diferentes das que tinham vindo dez anos ou menos antes. Mas os dois grupos estavam muito entrelaçados. Muitas do grupo de mais idade, cujos filhos estavam em idade escolar nos anos 1970, estavam começando a voltar ao mercado de trabalho, enquanto as do grupo mais jovem estavam se graduando na faculdade. As mais jovens viam o que as mais velhas tinham feito: graduaram-se, ingressaram na força de trabalho e então saíram ao ter filhos. Muitos anos depois, voltaram à força de trabalho, principalmente em ocupações com predomínio feminino e baixa remuneração.

Nós, as mulheres do Grupo Quatro, imaginávamos que nos sairíamos muito melhor. Tínhamos uma nova visão do futuro. Pondo a carreira à frente da família, poderíamos aumentar nossas chances de conseguir uma profissão bem remunerada na qual nos sentíssemos realizadas e que se estenderia por nossa longa vida. Muitas outras dentre nós entrariam em profissões similares às que sempre tinham sido ocupadas por homens, de grande prestígio e altos salários. Isso significava investir desde logo em nossos estudos após o bacharelado. Para muitas de nós, isso significava retardar o casamento; significava adiar os filhos. Dava para fazer. Afinal, tínhamos algo que o Grupo Três não tivera: a pílula. E tínhamos a possibilidade de obtê-la quando jovens e podíamos investir em nossa especialização profissional e na pós-graduação.

Nenhum grupo anterior de mulheres formadas na faculdade tinha ingressado em áreas e profissões voltadas à carreira numa escala tão grandiosa como fez o Grupo Quatro. Uma carreira que nos realizasse era o pináculo que nos imaginávamos atingindo enquanto ali estávamos no início da trilha para uma nova vida. Íamos escalar a montanha.

CARREIRA E FAMÍLIA

O Grupo Três tinha dado um mero passeio pelo parque, ou assim pensávamos ingenuamente.

Vimos que, no começo dos anos 1970, 90% das graduadas casadas no Grupo Três já tinham filhos.[6] Para as do Grupo Quatro, a família parecia ser a parte fácil entre as várias metas de vida. Nossas predecessoras, pelo visto, não tinham problemas em reproduzir. Não havia muito motivo para que as mulheres do Grupo Quatro imaginassem que não acabariam fazendo o mesmo. Só precisavam de tempo para firmar a carreira. *Então* poderiam acrescentar uma vida familiar gratificante.

Para entender o quanto a pílula mudou a fórmula da felicidade, vejamos por que, na ausência dela, os casamentos se davam tão cedo. Adiar o casamento nos anos 1950 e 1960 podia talvez significar abrir mão de uma vida ativa de intimidade com o sexo oposto. Mas isso não ia acontecer. Nunca tinha acontecido. Sempre houve sexo antes do casamento — e o sexo sem proteção é uma roleta-russa. Antes da pílula (e do DIU), mesmo o sexo com proteção (pense-se nos contraceptivos de barreira) era um tanto arriscado. Na ausência de contraceptivos convenientes e muito confiáveis sob controle feminino, a gravidez era uma possibilidade concreta. Os casamentos com pouca idade muitas vezes decorriam do risco de gravidez, e uma gravidez quase sempre levava ao casamento. Na ausência de métodos contraceptivos de fato eficazes, era frequente que as mulheres contraíssem laços matrimoniais logo depois de se tornar sexualmente ativas.

É possível estimar um limite inferior da frequência com que se dava o sexo pré-casamento no passado distante utilizando cálculos de historiadores hábeis que compararam registros de casamento e de nascimento. Estes revelam que, entre 1700 e 1950 — 250 anos! —, cerca de 20% das noivas estavam grávidas no dia das núpcias.[7] Esses 20% correspondem a um período em que a concepção pré-conjugal era amplamente considerada uma condição vergonhosa, que devia ser ocultada.

A gravidez é apenas a ponta do iceberg. Se sabemos que 20% ou mais das mulheres estavam grávidas nas núpcias, então muito mais do que 20% tinham mantido relações sexuais pré-conjugais, mas tiveram a sorte ou a habilidade de evitar uma gravidez — ou tiveram de inter-

A REVOLUÇÃO SILENCIOSA

rompê-la. Mas, numa época em que o aborto não era legal nem seguro, uma gravidez resultava quase invariavelmente num casamento forçado.

Para o período mais recente, informações diretas sobre a idade do primeiro intercurso sexual de uma mulher mostram que o sexo pré--conjugal ocorria com frequência suficiente para manter baixa a idade do primeiro casamento numa época de métodos contraceptivos falíveis. Em 1960, a média de idade com que uma solteira tinha seu primeiro intercurso era por volta dos vinte anos ou quando era terceiranista numa faculdade. (A idade é uma mediana — assim, 50% dos primeiros contatos sexuais ocorreram antes disso.)

Em 1970, a idade do primeiro intercurso diminuíra para 18,5 anos, ou a idade de uma primeiranista ou segundanista de faculdade. Em 1980, era de 17,5 anos, e em 1990, de 16,5.[8] Essa mediana caiu conforme métodos contraceptivos melhores, e sob controle feminino, se tornavam acessíveis às jovens. Mesmo antes da pílula, com o primeiro intercurso aos vinte anos, ainda era pouca idade, suficiente para dificultar uma postergação do casamento.

Na ausência de métodos contraceptivos confiáveis e sob controle feminino, usava-se como proteção contra o risco de engravidar uma série de mecanismos de compromisso, como ter o status de "namoro firme", trocar anéis, receber um broche (uma coisa das fraternidades), ganhar um colar (outra coisa das fraternidades) e — o compromisso supremo — noivar com um anel cintilante. Cada um desses mecanismos era uma declaração pública de que a mulher, caso engravidasse, estava protegida. Todo mundo sabia quem era o pai. Ele não tinha para onde ir, a não ser para o altar (talvez sob a mira de um revólver).

Mas as próprias salvaguardas levavam a casamentos em idade mais nova, mesmo que o casal quisesse adiar os laços matrimoniais. Ao dizer ao mundo, e principalmente a seus pais, que você estava namorando, criavam-se expectativas e o possível se tornava inevitável. A promessa de ficar com alguém para ver se daria certo logo se transformava numa promessa de ficarem juntos para sempre.

Medidas contraceptivas como a pílula permitiam um casamento com mais idade. Os abortos legais e mais seguros também. Com essas melhorias, os casais jovens não eram levados a um casamento apressado

CARREIRA E FAMÍLIA

pela necessidade de um seguro-gravidez. Os casamentos mais precoces, sobretudo os forçados, tinham vários defeitos. Muitos não duravam, sobretudo quando as mudanças jurídicas nas leis estaduais de divórcio permitiram que fossem dissolvidos. O aumento enorme no número de divórcios nos anos 1970 se concentrava entre os casais que haviam se casado jovens. Um dos vários efeitos benéficos da pílula, ao aumentar a idade ao casamento, foi o de reduzir os divórcios.[9] Outro, ao retardar o casamento e adiar o nascimento de filhos, foi o de dar às mulheres um tempo adicional antes do casamento e da maternidade para prosseguirem num grau mais avançado dos estudos e firmarem suas carreiras.

Esse novo tempo para seguirem seu trabalho fortaleceu as mulheres. Mas ninguém alertou as mulheres do Grupo Quatro sobre o andar do relógio. O establishment médico ainda não tinha desandado a falar sobre o abrupto declínio na concepção após os 35 anos. O potencial de doenças congênitas a partir de óvulos envelhecidos ainda não entrara no radar de ninguém. O problema, para o Grupo Quatro, não era engravidar, era *prevenir* a gravidez. Elas acreditavam que a maternidade podia ser adiada sem maiores consequências.

As mulheres do Grupo Quatro, embora não tivessem plena consciência dos custos de adiar uma gestação, sabiam muito bem o preço que teriam de pagar por não se casarem cedo. As que não se casavam novas acabavam ficando com poucas opções. Se uma mulher adiava o casamento e a maioria não, a probabilidade de nunca se casar aumentava, e diminuía a chance de se casar com o par perfeito. Mas, com a mudança nas leis estaduais e o início da difusão da pílula entre jovens solteiras, a idade ao primeiro casamento aumentou para todas.

Dispondo do novo ingrediente secreto, a receita do sucesso passou a ser: "Reserve o casamento de lado por algum tempo. Acrescente uma grande quantidade de ensino superior. Misture com carreira. Deixe crescer por uma década e aproveite bem a vida. Depois envolva a família". Depois que essa receita da felicidade foi adotada por um grande número de mulheres, a idade ao primeiro casamento aumentou, mesmo para as graduadas que não tomavam a pílula. Com isso, diminuiu o custo potencial do adiamento matrimonial no longo prazo para todas as mulheres.

A REVOLUÇÃO SILENCIOSA

Para Mary Richards e as mulheres graduadas no começo dos anos 1970, primeiro vinha a carreira, depois o casamento e, ainda depois, talvez, a família. Após 168 episódios, por fim Mary foi promovida a produtora do noticiário noturno na WJM-TV, o canal de notícias fictício em Minneapolis em que ela trabalhava. Aos 37 anos, conseguira se estabelecer na carreira. Não sabemos se ela se casou ou teve filhos quando o seriado terminou. Mas, se Mary fosse como outras em seu grupo, sua chance de vir a se casar era bastante alta: cerca de 30%. Mas tinha uma probabilidade muito mais baixa — menos de 10% — de vir a ter um filho.[10]

Entre os anos 1950 e 1972, a mulher graduada média se casava antes dos 23 anos. Isso, para minhas estudantes atuais, é espantoso e mesmo aterrador. As mulheres (e homens) que se casaram àquela tenra idade deviam ter encontrado seus parceiros quando ainda estavam na graduação. Essa busca exercia uma grande pressão em muitas ultimanistas das décadas de 1950 e 1960, preocupadas em não conseguir o cobiçado "anel na primavera".*

Pelo menos metade das mulheres do Grupo Três se casou tão jovem que nem teria tido muito tempo de iniciar carreira ou de prosseguir nos estudos. Ao receber o diploma de bacharel, essa metade enviou pelo correio não seus pedidos de matrícula numa pós ou numa especialização, mas sim seus convites de casamento. Ao tornar ainda mais remotos os planos de carreira, um casamento logo após o início dessa busca significava que muitas delas talvez não tivessem levado muito a sério os anos de faculdade. Afinal, tinham de encontrar um cônjuge até o fim do curso.

A condição de casada restringe as escolhas de várias maneiras. Muitas vezes o casamento significa resolver um problema conjunto de moradia. Significa com excessiva frequência morar onde o marido tem as

---

*   Do inglês, "*ring by spring*". Seria o equivalente a "se casar antes de se graduar". Nos Estados Unidos, o fim da graduação se dá em junho, primavera no hemisfério Norte. Logo, era esperado que o homem fizesse o pedido de casamento antes da chegada da estação. (N. T.)

CARREIRA E FAMÍLIA

melhores oportunidades de estudo e emprego. E, para muitas do Grupo Três, ao casamento seguiu-se rapidamente um filho. Nem se casar cedo, nem ser uma jovem mamãe faziam parte da nova receita de sucesso do Grupo Quatro.

Por volta de 1972, a média de idade ao primeiro casamento das mulheres graduadas começou a aumentar. Em cinco anos, aumentara em mais de dois anos, de modo que metade das mulheres na turma de graduação de 1977 se casaria com mais de 25 anos. Elas podiam usar esses anos adicionais de solteira para completar uma habilitação em direito (JD) ou um MBA. A idade ao primeiro casamento continuou a subir, de modo que em 1982 quase nenhuma delas tinha seu "anel na primavera", ao passo que, dez anos antes, metade delas tinha.

Meu ano de nascimento — 1946 — está bem na virada para o Grupo Quatro, quando a mulher graduada média teria se casado logo antes dos 23 anos. Teriam as mulheres de minha turma de formatura se casado tão novas assim? Voltei à Universidade Cornell para um evento de reencontro e resolvi ver se minha turma tinha sido diferente. Dei uma palestra sobre nossa turma, chamada "A Pivotal Generation" [Uma geração de importância crucial]. Enquanto preparava minha fala, folheei meu livro de reencontro após 25 anos, lembrando as mulheres brilhantes e talentosas da turma em que me formei. Teriam se casado poucos anos depois de nossa formatura? Ou aquelas que se formaram em instituições que preparavam as mulheres para carreiras relevantes teriam se casado mais tarde, no fim dos anos 1960?

Codifiquei as informações que pude coletar em meus livros de reencontro e descobri que um terço de minha turma tinha se casado no decorrer de apenas um ano, e metade se casara no prazo de três anos após nossa formatura, com cerca de 24 anos. Então a resposta era: não, elas não estavam se casando muito depois da média nacional. Uma de minhas colegas de quarto do último ano se casou logo antes de se formar, e as outras se casaram exatamente um ano depois. Eu tinha esquecido. Na minha cabeça, eu era parte central do Grupo Quatro, não uma precursora. Mas minha turma do último ano tinha um pé no passado e outro no futuro. Metade se casou nova, metade se casou com mais idade. Mesmo as que se casaram cedo vieram a ser envolvidas pela

146

Gráfico 6.1. Média de idade ao primeiro casamento para as mulheres graduadas na faculdade, por ano de nascimento: de 1925 a 1988

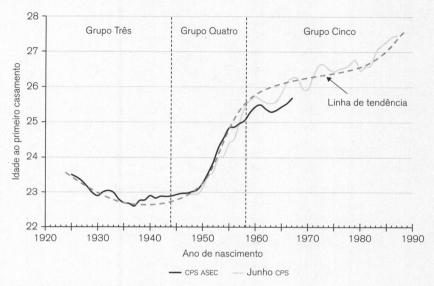

Ver Apêndice de gráficos e tabela.

tendência a metas de carreira mais ambiciosas. Uma colega de quarto se tornou docente de puericultura e outra se tornou árbitra trabalhista e juíza de comarca do estado de Nova York.

Entre as graduadas nascidas dez anos depois — em 1956 —, a mulher média se casava aos 25,5 anos, dois anos e meio acima da idade de minha turma de último ano. O Grupo Quatro estabeleceu uma nítida ruptura com o passado. A idade de casamento no gráfico 6.1 tem uma subida brusca logo que se inicia o Grupo Quatro. Mas o aumento na idade ao casamento não foi apenas um rompimento com o passado. A idade ao primeiro casamento continuou a aumentar por muito tempo; para as graduadas mais recentes, subiu para cerca de 28 anos.[11] O Grupo Cinco continuou a tendência iniciada pelo Grupo Quatro.

O índice de divórcios também começou a aumentar nos anos 1960, quando as leis estaduais deixaram de exigir legítima causa e passaram a permitir o divórcio por "mútuo acordo". Alguns estados foram ainda além e adotaram leis que permitiam o divórcio unilateral. (Divórcio unilateral significa que basta um dos cônjuges para romper a relação.) A partilha dos bens é decidida em separado e determinada por leis estaduais e, muitas vezes, pelos tribunais.

A combinação entre o aumento nos divórcios, sobretudo naqueles depois de um período conjugal mais curto, e a idade mais alta ao primeiro casamento significou uma brusca queda na quantidade de anos de vida que uma mulher passaria casada. As mulheres do Grupo Três continuavam casadas por mais de 80% dos anos entre os 25 e os cinquenta anos de idade. Mas, no fim do Grupo Quatro, as mulheres passavam casadas menos de 65% desses 25 anos.[12] Tais mudanças alteraram a identidade das mulheres, deixando de se concentrar na família e no lar e se envolvendo muito mais no mundo do trabalho.

A reação dos casais nos anos 1970 à adoção das leis do divórcio unilateral foi investir menos um no outro e no lar.[13] As mulheres estavam menos dispostas a se especializar na produção doméstica e queriam um capital humano mais transportável, sob a forma do nível educacional e treinamento profissional. Elas tinham menos filhos, tinham empregos melhores e contribuíam menos para que os maridos fizessem cursos de especialização e pós-graduação.[14] A independência econômica se tornou mais valiosa.

Outra mudança muito pública surgiu no fim dos anos 1970, mostrando que as mulheres do Grupo Quatro tinham proclamado sua identidade própria. Não só iam adiar o casamento e ter uma carreira, como também manteriam (ou tentariam manter) seus nomes de solteira. Ao longo de toda a história, praticamente todas as mulheres casadas haviam adotado o sobrenome dos maridos (exceto em culturas nas quais os nomes de família eram mais importantes). As únicas exceções eram as escritoras e as artistas de cinema. Lembro que, quando menina, aquilo me parecia exótico. Eu ia fazer o mesmo. Mas como? E o que o Detran, a Previdência Social e meus sogros diriam?

A aceitação e a difusão de "*Ms.*" como forma de tratamento, no começo dos anos 1970, possibilitaram que as mulheres mantivessem seu sobrenome. Embora o uso de "*Ms.*" (segundo o *Oxford English Dictio-*

A REVOLUÇÃO SILENCIOSA

nary) date de 1952, o termo não ganhou muito impulso até o surgimento da revista *Ms.* de Gloria Steinem em 1972.[15]

Em 1990, cerca de 20% de todas as graduadas casadas em data recente, por todo o país, mantiveram seu sobrenome ao casar.[16] A exigência de manter o nome de família aumentou à medida que se elevava a idade ao primeiro casamento e as mulheres se firmavam na carreira antes de se casar. Podiam "fazer nome" para si mesmas no campo profissional, antes de ter de escolher qual seria seu nome completo.

A Revolução Silenciosa foi surpreendentemente rápida na transformação da vida das mulheres. Mas a transformação não surgiu do nada. Suas integrantes vinham treinando desde a época em que eram jovens. Tinham observado uma sucessão de gerações e tinham visto como sua geração seria diferente. Formaram expectativas mais precisas sobre sua futura participação na força de trabalho e alimentavam ambições que eram coerentes com esse futuro.

A tomada de consciência do Grupo Quatro criou raízes nos anos 1960 ao reverem, quando jovens, suas expectativas quanto ao futuro emprego. Como as gerações prévias tiveram maior tempo de emprego durante a vida, o Grupo Quatro percebeu que também teria. Teriam uma carreira duradoura, e não vários empregos efêmeros. Começaram a se preparar cedo. Fizeram mais cursos de ciências e matemática no segundo grau e aumentaram suas notas nos testes padronizados.[17]

O caminho delas apresenta uma progressão lógica. As expectativas referentes ao trabalho futuro, as normas sociais relativas à família e à carreira das mulheres, os elementos determinantes para a satisfação na vida, tudo isso mudou no fim dos anos 1960 e ao longo dos anos 1970. Esses fatores eram os principais sinais da mudança, assim como um arco-íris assinala o fim da tempestade. As mulheres do Grupo Quatro, as integrantes da Revolução Silenciosa, formularam um novo conjunto de objetivos na longa marcha da história. Para alcançar suas metas, precisavam adiar o casamento e a maternidade. É inimaginável que a Revolução Silenciosa pudesse ter ocorrido sem o elemento que lhes possibilitava adiá-los e, ao mesmo tempo, permitia-lhes namorar, ter relações sexuais e manter inalteradas suas perspectivas de casamento quando chegasse o momento certo.

CARREIRA E FAMÍLIA

O poder da pílula

Em 1960, a FDA aprovou o uso de um produto batizado pelo fabricante como Enovid. Quase todo mundo chamava esse produto, e seus sucessores, de "a pílula". Em 1965, ela era usada por mais de 40% das mulheres casadas com menos de trinta anos. Mas poucas solteiras conseguiam obtê-la. Fatores legais e sociais estavam em ação.

A protagonista de *The Marvelous Mrs. Maisel* gracejava: "Tem uma coisa nova chamada pílula de controle de natalidade... É só uma pilulinha pequena, e, quando você toma, pode ter todo o sexo que quiser sem medo de engravidar. Mas só as mulheres casadas podem tomar — que são justo as que não querem ter sexo. Quem disse que a FDA não tem senso de humor?". Mas a culpa não era da FDA, e sim de um conjunto de leis.

Antes do fim dos anos 1960, o direito consuetudinário não permitia em nenhum estado que um médico prescrevesse a pílula como anticoncepcional a uma jovem solteira menor de idade sem o consentimento de seus pais. Mas em 1972, na esteira da 26ª Emenda (1971), a "idade da maioridade" fora reduzida para dezoito anos na maioria dos estados, e "menores maduras" podiam, por estatuto e decisão judicial, obter serviços de contracepção em muitos deles.[18] A extensão dos serviços de planejamento familiar para menores de idade e as mudanças nas normas locais referentes às práticas apropriadas tiveram um efeito de reforço. Uma jovem solteira não só estava autorizada por lei a obter recursos contraceptivos, como também havia um local ao qual ela podia se dirigir para receber anticoncepcionais, conselhos de planejamento familiar e serviços essenciais de atendimento à saúde, inclusive testes para doenças sexualmente transmissíveis.

As leis estaduais nos anos 1960 que regulavam diretamente a venda de anticoncepcionais constituíam uma outra barreira. Em 1960, trinta estados proibiram anúncios referentes ao controle de natalidade, e 22 proibiram a venda de certos contraceptivos. As faculdades e universidades, temendo transgredir as leis estaduais, viam a ambiguidade jurídica referente à distribuição de contraceptivos como uma boa razão para *não* fornecer serviços explícitos de planejamento familiar pon-

150

A REVOLUÇÃO SILENCIOSA

tuais. Mesmo que oferecessem tais serviços, dificilmente divulgariam a disponibilidade deles. Só depois que a idade da maioridade foi reduzida num estado é que as universidades passaram a oferecer planejamento familiar ao corpo discente da graduação.

Depois das várias mudanças na lei, a pílula se difundiu de maneira rápida entre as jovens solteiras. Em 1976, 73% de todas as solteiras de dezoito e dezenove anos que usavam alguma forma de contracepção tinham tomado a pílula. A pílula se manteve por muitíssimo tempo como o método contraceptivo favorito, mesmo quando aumentaram as preocupações quanto a seus efeitos na saúde.

Para as jovens do Grupo Quatro, a pílula no fim dos anos 1960 e no começo dos anos 1970 não alterou muito sua fertilidade ao longo da vida.[19] Mesmo não tendo tido uma grande influência sobre o número de filhos que elas vieram a ter depois, a pílula trouxe uma mudança gigantesca para a escolha do momento adequado para o casamento e a programação do nascimento dos filhos. E, com um grupo maior de pessoas solteiras, outras podiam se dar ao luxo de esperar, e assim somou-se um subsequente efeito multiplicador à idade mais adiantada do primeiro casamento.[20] Com o aumento da idade ao primeiro casamento, as mulheres podiam se dedicar com mais seriedade aos estudos na faculdade, planejar um futuro independente e formar sua identidade *antes* do casamento e da família.

Geralmente, as revoluções são causadas por grandes acontecimentos, e não por uma pilulazinha. O argumento empírico quanto ao impacto da pílula sobre a Revolução Silenciosa se baseia na distribuição temporal de várias mudanças e em análises econométricas da idade ao primeiro casamento e da mudança de carreira. As mudanças jurídicas realizadas nos estados, ampliando os direitos dos menores de idade no fim dos anos 1960 e no começo dos anos 1970, facilitaram a difusão da pílula entre as jovens solteiras. Podemos ter certeza de que as leis *causaram* a mudança, porque a cronologia daquelas mudanças jurídicas variava de estado para estado. Além disso, os estados que mudaram suas leis e políticas cedo não eram mais liberais nem mais conservadores. Eram aleatórios na política, na religiosidade e nas tradições sociais, o que sugere que nenhum desses fatores desempenhou algum papel.

As mudanças legais permitiram que as jovens solteiras obtivessem a pílula por vários meios. Os campi universitários tinham clínicas de planejamento familiar que ofereciam assistência à saúde, conselhos e contraceptivos. O centro de saúde Planned Parenthood e os consultórios de obstetras e ginecologistas podiam prescrevê-la sem medo de serem fechados. Com o maior número de mulheres tomando a pílula e a idade ao casamento aumentando, mesmo as mulheres que não tomavam a pílula não precisavam recear que o lote de homens elegíveis estivesse diminuindo. Com o aumento na idade ao casamento, um maior número de mulheres prosseguiu em cursos de pós-graduação e especialização profissional sem pagar um preço pessoal tão elevado (embora o preço dos cursos continuasse o mesmo). Mais mulheres começaram carreiras que exigiam um extenso treinamento no local de trabalho e uma longa progressão.

De que maneira a revolução ruidosa do fim dos anos 1960 e começo dos anos 1970 interveio na silenciosa? Deve tê-la acelerado, se não pela legislação, então por um maior empoderamento e um maior senso de comunidade. "O feminismo [nos] deu a vontade de trabalhar, mas a contracepção eficaz [nos] deu a *capacidade* de trabalhar", comentou Betty Clark, uma geóloga petrolífera que veio mais tarde a se entusiasmar por economia, do Grupo Quatro. Betty, segundo Brad DeLong, docente de economia em Berkeley, "topou por acaso com [sua] aula de introdução à economia" no dia em que ele discorria sobre meu trabalho quanto ao impacto econômico e social da pílula. O debate levou Betty a escrever um e-mail a DeLong relatando suas experiências pessoais.[21]

As revoluções muitas vezes começam quando um conjunto de condições prévias desperta os indivíduos, acende neles uma chama e os leva a acreditar que a vida podia ser diferente e melhor. As revoluções são coisas confusas, muitas vezes difíceis de dissecar. Neste caso, as origens são razoavelmente claras. Recuam muito. Não foi um golpe de Estado.[22] Havia várias condições prévias, nenhuma das quais seria suficiente por si só para pôr em movimento ou sustentar a revolução. A pílula sozinha provavelmente não a teria desencadeado. Mas foi necessária para que a Revolução Silenciosa ganhasse impulso e prosseguisse.

A REVOLUÇÃO SILENCIOSA

As mulheres do Grupo Quatro presenciaram a fermentação da mudança social em torno delas. Quando pequenas, tinham passado pelo começo dos anos 1960 e compartilhavam a mentalidade da Guerra Fria. Obedeciam à autoridade dos pais e do governo. Mas, no fim dos anos 1960, quando eram jovens, muitas participaram das manifestações contra a guerra e marcharam nas passeatas dos movimentos de liberação.

Outras décadas também presenciaram uma grande mudança social, mas aqueles períodos não geraram uma Revolução Silenciosa. Um componente distintivo foi o grande aumento na participação das mulheres na força de trabalho e em sua disposição de ter um emprego, coisa que, por sua vez, devia-se a outro conjunto de fatores, inclusive o aumento na remuneração de todos os trabalhadores.

Considere-se uma jovem de dezesseis anos em 1970. Digamos que ela tem uma tia de 35 anos, formada na faculdade, com dois filhos, de nove e doze anos. A tia acaba de retomar um emprego como professora. Muitas amigas da tia também estão voltando à força de trabalho como professoras, assistentes sociais, nutricionistas, enfermeiras, editoras e similares, depois de um hiato para criar os filhos. Sabemos pelas evidências históricas que cerca de metade dessas amigas já tinha trabalhado antes, geralmente em período integral.

Em 1980, o nível de emprego para a geração da tia teria aumentado para 80%. Estavam então com cerca de 45 anos. Essas mulheres tinham passado por volta de dez anos fora da força de trabalho, mas, em meados da casa dos quarenta, fazia dez anos que estavam empregadas de modo contínuo. Muitas continuariam a trabalhar até se aposentar quando sexagenárias ou mesmo depois. Mas, embora tenham ficado muitos anos na força de trabalho, em sua maioria não foram capazes de avançar muito em suas ocupações, empresas ou instituições, porque não haviam se preparado para isso. Haviam se preparado para ter bons empregos em que podiam entrar, sair e depois voltar. Tinham sua remuneração limitada pelo tipo de posição que haviam ocupado quando eram mais jovens.

A maior participação feminina na força de trabalho na geração anterior (a tia) foi uma condição prévia importante para as mulheres da Revolução Silenciosa (a sobrinha). As jovens do Grupo Quatro podiam ver que as graduadas mais velhas do Grupo Três estavam empregadas, mas que algumas delas não tinham imaginado desde cedo que ficariam tanto tempo na força de trabalho quanto acabaram ficando. Muitas não haviam investido de maneira adequada em treinamentos e estudos adicionais, porque não tinham a seu alcance a capacidade de adiar o casamento e a maternidade. Outras não retornariam à escola depois de formarem família, e outras mais viram que era difícil voltar para a escola com mais idade.

As do Grupo Quatro perceberam, quando jovens, que podiam estar na força de trabalho por grande parte da vida. Prepararam-se para o emprego mais longo e mais continuado.

Mas a maior participação na força de trabalho não foi, na verdade, um resultado central da Revolução Silenciosa.[23] As verdadeiras mudanças foram aquelas nas ocupações e uma orientação voltada para a carreira. Com efeito, não houve nenhuma grande ruptura nas tendências de emprego. A única exceção foi que a participação na força de trabalho das mulheres com bebês aumentou muito entre o começo dos anos 1970 e os anos 1990.[24] Mulheres com filhos pequenos, e mesmo muitas com bebês, trabalhavam porque tinham carreiras que pagavam bem e recompensavam a continuidade no emprego. Era exatamente nisso que consistia a Revolução Silenciosa.

Horizontes ampliados

A partir de 1970, mais ou menos, as mulheres do Grupo Quatro começaram a prever com mais precisão que sua futura vida profissional iria se diferenciar muito da das mulheres que as antecederam. Assim, podiam planejar carreiras dinâmicas e satisfatórias que cresceriam com elas, em vez de arranjar empregos no curto prazo com pouco espaço para progredirem.

Suas expectativas de trabalho futuro quando estavam nos anos finais da adolescência podem ser captadas em vários levantamentos. Dois dos maiores e mais conhecidos são o National Longitudinal Survey of Young Women, que começou com um grande grupo de jovens entre

Gráfico 6.2. Expectativas de emprego e posicionamento de mulheres jovens, por idade e ano

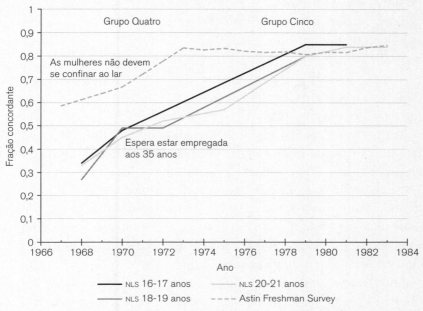

Notas: Os dados dos NLS se referem à resposta da pessoa, afirmando que esperava estar na força de trabalho remunerado aos 35 anos, e aqui se referem a mulheres brancas. Os dados do NLS ligam as médias de cada grupo etário ao longo do tempo. Assim, uma jovem de catorze a quinze anos no NLS de 1968 estava com dezesseis a dezessete anos em 1970, e está ligada à linha de dezesseis a dezessete anos no NLS de 1979. Os dados do Astin Freshman Survey se referem à resposta se a pessoa *discordava* da afirmativa "O melhor é que as atividades das mulheres casadas fiquem restritas ao lar e à família". Os dados Astin se referem à estudante no primeiro ano da graduação, quando a grande maioria tinha dezoito anos.
Ver também Apêndice de gráficos e tabela.

catorze e 24 anos em 1968, e o National Longitudinal Survey of Youth, que começou com o mesmo grupo etário, mas em 1979. (Vou me referir a ambos como os NLS.) Ambos traziam perguntas como "O que você estará fazendo quando tiver 35 anos? Estará em casa com a família ou no trabalho?".

Quando o levantamento começou, em 1968, essas jovens em geral não pensavam que estariam empregadas aos 35 anos de idade. Somente 33% assim pensavam. As mães dessas jovens tinham na época um índice de emprego por volta de 30%. As adolescentes no fim dos anos 1960 estavam moldando suas expectativas de emprego pela participação de

CARREIRA E FAMÍLIA

suas mães e coetâneas na força de trabalho. Uma jovem de catorze anos no fim dos anos 1960 observava a mãe e as amigas da mãe e formava uma estimativa quanto a seu próprio emprego futuro (e isso também se aplicava a uma jovem de dezoito anos em 1968), como se pode ver no gráfico 6.2.

A moldagem de seus futuros papéis como função da geração de suas mães é compreensível. Estavam, por algum tempo, olhando para trás. Mas as jovens começavam a olhar para a frente e a reagir às mudanças em torno de si. Suas expectativas mudaram muito conforme avançaram nos anos 1970. Em 1975, a fração de jovens que disseram que estariam empregadas aos 35 anos era o dobro do que tinha sido em 1968, e em 1980, 80% declararam que estariam empregadas aos 35 anos. O aumento de 33% para 80% se deu em apenas doze anos.[25]

Muitas começaram a ver suas mães, integrantes do Grupo Três, como pessoas infelizes, insatisfeitas e vulneráveis. Nos anos 1970, jovens como essas primeiranistas em 1979 sabiam que havia outro caminho. "Eu não queria ser infeliz como era minha mãe. Com tantos filhos, ela dependia de meu pai... Ele não queria que ela trabalhasse." "Minha mãe nunca trabalhou e acho que ela estaria muito melhor se tivesse trabalhado." "Minha mãe ficava em casa o tempo todo quando eu era [adolescente]. Não acho isso saudável. Se uma mãe é infeliz e sacrifica a vida dela por você, isso não é uma boa coisa." "Muitas vezes eu queria que minha mãe trabalhasse... Quando cresci, meu irmão e minha irmã diziam a mesma coisa: 'Por que você não sai e arranja um emprego?'"[26]

Todas as pesquisadas do NLS, independentemente da idade, reviram e aumentaram suas expectativas em todos os anos subsequentes. Essa maior antecipação do emprego mostra que as perspectivas nos anos 1970 mudaram para as jovens de todas as idades. Essa percepção revista do futuro foi gerada por eventos contemporâneos da época — e não só porque essas adolescentes estavam crescendo e exercendo sua independência.

Na época em que as pesquisadas estavam com 35 anos de idade, no começo dos anos 1980, sua taxa de participação na força de trabalho estava por volta de 75%.[27] Para as graduadas, essa taxa ultrapassava os 80%.[28] Tinham acertado na mosca com aqueles 80% que haviam an-

A REVOLUÇÃO SILENCIOSA

tecipado. Quando jovens em 1968, com sua estimativa inicial de 33%, tinham passado longe do alvo.

As jovens ganharam um maior horizonte e logo perceberam que a vida delas seria muito diferente da de suas predecessoras. Essas jovens no começo dos anos 1970 podem ter ousado fazer extrapolações mais informadas porque o feminismo que ressurgira na época contestava posturas anteriores e normas ultrapassadas. As expectativas revistas quanto ao futuro emprego, por sua vez, podem ter levado as jovens do começo dos anos 1970 a continuar na graduação e se formar na faculdade (e existem evidências de que isso aconteceu).[29]

Uma das razões pelas quais as jovens mudaram de posição quanto a seus futuros empregos aos 35 anos é que passaram a aceitar mais o emprego feminino fora de casa em termos gerais. Em 1967, 41% das calouras de faculdade *discordavam* da afirmativa "O melhor é que as atividades das mulheres casadas fiquem restritas ao lar e à família". Mas em 1974, meros sete anos depois, 83% *discordavam* da afirmativa. (Dito em outros termos e como mostra o gráfico 6.2, 83% em 1974 *concordavam* que as mulheres *não* deviam ficar confinadas em casa, contra apenas 59% em 1967.) Parafraseando Bob Dylan, "Os tempos, eles [estavam] mudando", e de inúmeras maneiras.

As jovens do Grupo Quatro não se limitaram a dizer que se envolveriam mais no mundo do trabalho. Agiram na prática. Com um maior senso de que teriam um futuro envolvendo o emprego continuado e o potencial de verdadeiras carreiras, as garotas começaram a mudar sua preparação acadêmica. Muitas puderam frequentar e se formar na faculdade porque tinham se preparado mais na adolescência.

As garotas em 1955 estavam muito atrás dos garotos nos cursos preparatórios para a faculdade. No segundo grau, faziam apenas 70% dos cursos de matemática que os garotos faziam. Mas em 1980 faziam 80% deles e, por volta de 1990, os números empataram. As garotas também estreitaram a distância em relação aos garotos nos cursos de ciências.

E as garotas não só passaram a fazer mais cursos: também aumentaram suas notas em matemática e leitura em relação aos garotos. Por volta de 1990, as garotas no último ano do secundário já haviam estreitado muito a distância em relação aos garotos nas notas de matemática e estavam com uma dianteira considerável em leitura.[30] Com notas muito competitivas em matemática, mais cursos de ciências e notas mais altas em leitura, as jovens poderiam aumentar muito seus índices de ingresso e formatura na faculdade em relação aos dos rapazes. E, começando com as nascidas no fim dos anos 1940 — o início do Grupo Quatro —, foi exatamente o que fizeram. O aumento foi tão grande que a liderança masculina anterior na matrícula e na conclusão do curso foi rapidamente eliminada e se inverteu no início dos anos 1980.

As mudanças são tão expressivas e importantes que vale a pena recuar e rever os índices de formatura na faculdade ao longo da jornada (como apresentados no gráfico 2.5). Para as mulheres nascidas entre 1877 e os anos 1910 — Grupos Um e Dois —, os índices de presença na faculdade eram bastante similares por sexo (em parte porque muitas vezes as mulheres frequentavam escolas de formação de professoras, com cursos de dois anos de duração). Os índices de formatura em graduações com quatro anos de duração eram maiores para os homens, mas não com uma margem muito grande de diferença.[31]

Para pessoas nascidas no fim dos anos 1910 e anos 1920, surgiram grandes diferenças nos índices de frequência e conclusão dos cursos de graduação. Uma parte do aumento no número de ingressantes masculinos decorria dos incentivos das várias leis para veteranos da Segunda Guerra Mundial e da Guerra da Coreia. Os homens obtiveram uma dianteira considerável em relação às mulheres, e no fim dos anos 1940 e nos anos 1950 (para o Grupo Três) o número de homens graduados era quase o dobro do de mulheres graduadas por ano de nascimento. Nos anos 1960, depois das Leis GI, o número de homens graduados era 1,5 vez o de mulheres.

Mas naquele exato momento iniciou-se uma reviravolta inacreditável. As mulheres começaram a entrar na faculdade em números cada vez maiores. Nos anos iniciais do Grupo Quatro, os graduados eram apenas 1,3 vez mais numerosos do que as graduadas. E, no começo dos anos 1980, o número de graduadas era maior do que o de graduados. Ocorreu uma inversão notável no hiato de gêneros no ensino superior no exato momento em que o Grupo Cinco começava a entrar na faculdade.

Gráfico 6.3. Fração feminina entre os formados em especializações profissionais: medicina, direito, odontologia e MBA

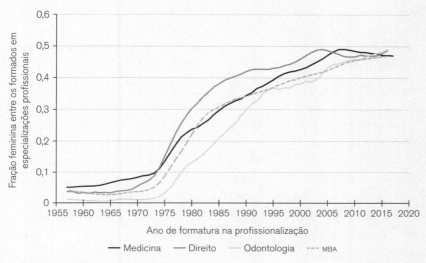

Ver Apêndice de gráficos e tabela.

Em 1970, as áreas de concentração diferiam muito entre homens e mulheres na faculdade. Para que houvesse igualdade, seria preciso que metade de todas as mulheres ou metade de todos os homens trocasse suas áreas.[32] Mas, em 1985, apenas 30% (de homens ou de mulheres) precisariam trocar para obter uma igualdade. Isso não é igualdade, mas é um passo gigantesco nessa direção. Da mesma forma, os homens e as mulheres primeiranistas em 1970 declararam preferências ocupacionais e de carreira que eram acentuadamente diferentes. Em 1985, as diferenças eram bem menores. As preferências de carreira anunciadas no primeiro ano da graduação prenunciavam as futuras áreas de concentração no último ano de curso.[33]

A grande mudança foi que as estudantes do Grupo Quatro começaram a fazer cursos e a escolher áreas de concentração em campos mais voltados para uma carreira. Em 1970, quando o Grupo Quatro começou a se formar na faculdade, quase dois terços de todas as graduadas tinham como área de concentração uma combinação entre educação

CARREIRA E FAMÍLIA

e ciências humanas (respectivamente 40% e 22%).[34] Para os homens, essa combinação somava apenas 24%. Em 1982, homens e mulheres passaram dos cursos de educação e ciências humanas para os cursos de administração.[35] Em 1967, 5% das graduadas tinham bacharelado em administração. Em 1982, eram 21%.[36] Essas mudanças não se deram da noite para o dia, mas foram rápidas.

As mulheres saíram de áreas de concentração relacionadas com "bens e serviços" e voltadas para empregos, e passaram para áreas relacionadas com "investimentos" e voltadas para carreiras. As mulheres do Grupo Quatro sabiam do que precisavam para seu futuro. Sempre podiam ler Shakespeare, mas nem sempre podiam aprender contabilidade. Sempre podiam obter certificados como professoras, mas nem sempre podiam se tornar cientistas pesquisadoras ou contadoras públicas.

As mulheres também começaram a avançar em sua formação em escolas profissionais e de pós-graduação por volta de 1970 (ver gráfico 6.3). No fim dos anos 1960, apenas uma em cada vinte estudantes ingressando na faculdade de direito era mulher. Em 1980, era uma em cada três. No começo dos anos 2000, foi quase igual o número de homens e mulheres ingressando (e se formando) num programa de qualificação de doutores em direito (JD). Registrou-se uma tendência quase idêntica para estudantes de medicina. A fração de mulheres com bacharelado que obtiveram o título de doutoras em medicina (MD) triplicou entre 1970 e 1979. E esses são apenas dois dos vários programas de especialização e pós-graduação aos quais as mulheres do Grupo Quatro afluíram aos bandos. Aumentaram enormemente seus números na odontologia, na administração empresarial, na medicina veterinária, na optometria e na farmácia, para citar apenas algumas.

Os pontos de inflexão para a mulheres em todos os programas de grau profissional se deram quase em simultâneo no começo dos anos 1970. Além disso, o aumento foi acentuado e claro. As mulheres do Grupo Quatro tinham começado a imprimir sua marca.[37]

O momento de ocorrência das mudanças deu origem à hipótese de que as principais razões teriam sido as leis contra a discriminação e sua implementação oficial. É difícil obter evidências sólidas referentes ao impacto positivo desse canal.[38] Mas, como as mudanças começaram antes que o Título IX ganhasse efetividade de jure, e consideravelmente antes que se tornasse operacional, as leis e decretos não constituem a razão provável da mudança. Isso não quer dizer que o Título IX tenha sido ineficaz em promover a causa das mulheres no ensino superior. Mas não foi a única nem mesmo uma grande razão para o aumento da participação das mulheres nos programas de grau profissional.

As ocupações mudaram depressa. Antes, as mulheres graduadas na faculdade tinham sido professoras, enfermeiras, bibliotecárias, secretárias e assistentes sociais. Em 1970, 68% delas estavam entre as que tinham de trinta a 34 anos. Meros vinte anos depois eram 30%. O êxodo de muitos campos tradicionais cria um despenhadeiro virtual no gráfico com o Grupo Quatro (gráfico 6.4). O êxodo do ensino escolar, porém, foi relativo a todas as graduadas, e não um declínio absoluto. A quantidade de mulheres que tinham se graduado se tornara tão maior que o número das que iam dar aulas não mudou muito, ainda que a fração das graduadas que eram professoras tenha despencado. O declínio na maioria dos outros campos incluídos no gráfico, porém, foi absoluto.

As mulheres deixaram uma série de campos mais tradicionais e ingressaram numa lista variada de ocupações profissionais avançadas, como advogadas, administradoras, médicas, docentes e cientistas. Em 1990, quase 30% de todas as graduadas entre trinta e 34 anos estavam nas profissões mais recentes, contra apenas 13% em 1970. Houve uma mudança enorme nas frações de mulheres nos dois grupos de ocupações de 1970 a 1990. Mas essas frações, para o grupo etário dado, continuam até hoje aproximadamente as mesmas desde 1990.

A maioria das mulheres no Grupo Quatro começou a perceber que o emprego fazia parte de uma carreira de longo prazo. Acrescentaram sua ocupação ou carreira como aspecto fundamental de sua satisfação na vida e passaram a ver seu local de emprego como parte integrante de seu meio social. Agora o emprego delas não mais dependia apenas do montante adicional que trariam ao orçamento doméstico. Não mais estavam apenas completando a renda do marido. Em lugar disso, ao determinar se iriam ou não trabalhar, estavam avaliando seus desejos próprios e seu senso de identidade.

Gráfico 6.4. Ocupações de mulheres graduadas na faculdade, de trinta a 34 anos: de 1940 a 2017

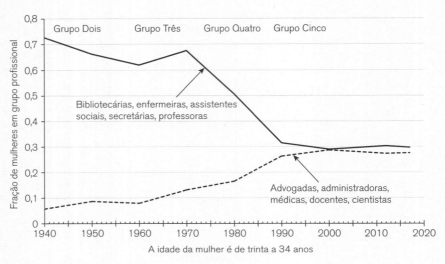

Ver Apêndice de gráficos e tabela.

Em decorrência disso, as mulheres criaram um vínculo mais forte com sua participação na força de trabalho. Deixar o emprego acarretava uma perda de identidade, assim como, para a maioria dos homens, o desemprego ou a aposentadoria usualmente acarretava uma perda de prestígio e pertença social. Ao entrarem na casa dos sessenta e setenta anos na década de 2010, as mulheres do Grupo Quatro estavam empregadas por um tempo muito maior do que qualquer outro grupo anterior de mulheres naquela faixa etária.[39] Continuaram a trabalhar mesmo quando tinham meios de se aposentar e mesmo quando os maridos ou parceiros haviam se aposentado. Estudos em profundidade das mulheres no Grupo Quatro mostram que elas quase dobraram seus índices de emprego em relação a grupos anteriores na faixa dos sessenta anos e além, e realizaram essa proeza sem passar para empregos em tempo parcial. Simplesmente estenderam suas carreiras existentes.

Entre as mulheres de renda mais baixa, também se criou um maior vínculo com os empregos. "Universalmente, as mulheres que entrevistei trabalham porque precisam", declarou a renomada etnógrafa Lillian Rubin em 1994. "Quase com a mesma frequência, elas encontram um grau de satisfação e realização pessoal no emprego que detestariam abandonar." Rubin acrescentou que, com esse maior vínculo com a força de trabalho, essas mulheres passaram a exigir um tratamento igual ao dado aos homens. "Agora todas as mulheres, mesmo aquelas que duas décadas atrás acolhiam a ideia com reservas, endossam inequivocamente o princípio de pagamento igual."[40]

Com a ampliação dos horizontes e a alteração das identidades, as jovens do Grupo Quatro estavam mais bem preparadas para ingressar no mundo do trabalho e seguir carreira. O nível maior de áreas de concentração na faculdade e de estudos de pós-graduação voltados para uma carreira se reflete em suas remunerações, que, em relação aos homens, começaram a aumentar por volta de 1980, depois de ficarem paradas desde os anos 1950. Grande parte desse aumento decorria de maior experiência acumulada no emprego e de suas capacitações de maior valor no mercado. Para cada ano de experiência no trabalho, recebiam um retorno maior. A experiência profissional delas valia mais porque estavam em empregos que permitiam promoções e mais aprendizado no local de trabalho.[41]

Mas esses ganhos tinham seus custos. Adiar o casamento também implica ter filhos mais tarde. Para muitas, isso significava um menor número de filhos. Para algumas, significava nenhum filho. A mudança do Grupo Três para o Grupo Quatro é bastante acentuada. Para as graduadas nascidas em 1943 — as últimas do Grupo Três —, 19% não tinham nenhum filho no começo da casa dos quarenta anos. Para as nascidas em 1947, meros quatro anos depois, 25% não teriam filhos. Para as nascidas em 1955, no pico de ausência de filhos para esse grupo, 28% não os tinham. Não admira que as mulheres com especializações e pós-graduações compusessem uma fração ainda mais alta sem filhos — cerca de 33%.[42]

O relógio biológico parou para muitas que adiaram a natalidade. A idade mais alta ao casamento e a dedicação à carreira faziam com que a família ficasse de lado. As integrantes do grupo achavam que estavam adiando. Muitas não sabiam que, em vez de adiar, estavam desistindo de ter família ao perseguir seus outros sonhos. Percebiam isso depois do fato consumado, como as subsequentes. "Não acredito. Esqueci de ter filhos!", lamenta-se a mulher num famoso desenho de Roy Lichtenstein. A gravura pop-art, concluída por volta de 1964, tornou-se o pôster icônico de muitas do Grupo Quatro. Elas tinham declarado que se sairiam melhor do que o Grupo Três. Em muitos aspectos, de fato saímo-nos melhor. Mas muitas "se esqueceram" de ter filhos.

7
A Revolução Assistida

TINA FEY, ATRIZ, COMEDIANTE E ESCRITORA EXTRAORDINÁRIA, é uma integrante do Grupo Cinco. Como muitas graduadas bem-sucedidas desse grupo, ela teve filhos tarde — o primeiro bebê aos 35 anos e o segundo aos 41. A maternidade é um tema recorrente em sua série de comédia, *30 Rock* [no Brasil, *Um maluco na TV*], e ocupa uma parte importante em seus papéis nos filmes *Baby Mama* [no Brasil, *Uma mãe para o meu bebê*] (2008) e *Admission* [no Brasil, *A seleção*] (2013).

Como Kate Holbrook, a protagonista de *Baby Mama*, ela expressou a angústia de sua geração: "Fiz tudo o que supostamente devia fazer... ser a vice-presidente mais jovem em minha empresa. Fiz uma escolha. Algumas mulheres ficam grávidas, outras são promovidas". Então acrescentou em seu solilóquio durante o jantar, no primeiro encontro que estava tendo com um cara: "Quero um bebê já. Estou com 37 anos". Tema de conversa não muito bom, como logo descobre, quando o cara sai rapidinho num táxi. Depois de tentar inseminação artificial e barriga de aluguel, ela acaba engravidando da maneira tradicional, mantém a carreira e se casa com o dono da suqueria local, um ex-advogado agora adepto de um estilo alternativo de vida. Nenhum personagem de Tina Fey é careta.

CARREIRA E FAMÍLIA

No papel de Liz Lemon no aclamado *30 Rock*, ela continuou a dar voz às preocupações de seu grupo. Nos episódios finais, quando está com 42 anos, ela se casa com o namorado, adota um casal de gêmeos de oito anos e deixa seu emprego de roteirista-chefe de um programa de TV. Mas se sente infeliz como mãe que fica em casa, e o marido, Criss, se sente igualmente infeliz como pai que sai para trabalhar. "Tudo bem querer trabalhar", diz ele a Liz. "Um de nós precisa. É só que a gente entendeu ao contrário: você é o pai."[1]

Nem todos são afortunados como Liz Lemon e Criss Chros, ou qualquer um dos outros casais fictícios e reais que criaram uma família em fase mais adiantada da vida, depois de as opções usuais falharem. Mas, na verdade, mais graduadas têm conseguido ter filhos mais tarde na vida, muitas vezes por simples vontade e mera sorte, e às vezes por procedimentos caros e custosos em termos emocionais. No pico da ausência de filhos do Grupo Quatro, 28% de todas as graduadas quando estavam com 45 anos não tinham filhos.[2] No Grupo Cinco, essa fração caiu para uma baixa de 20%. Não só foi uma reviravolta espantosa, como também veio acompanhada por uma franqueza que diz muito sobre os ganhos conquistados pelas mulheres.

Quando eu era professora-assistente nos anos 1970, nenhuma das (pouquíssimas) docentes jovens que eu conhecia falava em ter filhos, nem sequer em conversas privadas. Mesmo nos anos 1980, quando o número de mulheres jovens no corpo docente era ainda maior, não me lembro de conhecer muitas que estivessem grávidas, embora conhecesse muitos docentes (todos homens) que tinham filhos. As universidades raramente tinham políticas transparentes de licença-maternidade, e quase ninguém perguntava a esse respeito, até a hora em que precisavam providenciar uma.

Em 1980, jantei com a chefe de meu departamento e com uma ótima candidata ao cargo de professora-assistente. Na época, eu não era titular. Minha colega, que não tinha muito traquejo social, indagou à candidata se ela tinha alguma pergunta a fazer sobre o cargo. Para minha surpresa, a candidata (pessoa decidida e brilhante que, mais tarde, se tornou membro da Comissão de Estatística do Trabalho dos Estados Unidos) quis se informar sobre a política de licença-maternidade da universidade. A chefe de departamento não foi capaz de fornecer um único detalhe.

Hoje, não são incomuns as professoras-assistentes grávidas, e o mesmo vale para advogadas associadas, administradoras de empresas de médio porte, contabilistas, consultoras avançando para a posição de sócias e outras na trilha da carreira. As políticas de licença parental são consideravelmente mais transparentes (e cada vez mais generosas).[3]

As integrantes do Grupo Cinco que se formaram entre meados dos anos 1980 e começo dos anos 1990 foram as primeiras a expressar de forma aberta suas aspirações de ter carreira e família.[4] Esse novo ideal e a franqueza das mulheres sobre sua vontade de alcançar essa meta se tornaram possíveis porque o Grupo Quatro já pavimentara o caminho ao ter carreiras. Nenhum grupo alcançara *tanto* a carreira *quanto* a família em números expressivos. O Grupo Quatro procurara se concentrar primeiro numa delas — a carreira —, a qual nunca fora alcançada em massa por nenhum dos grupos. Dedicaram muito esforço em dar os passos necessários para alcançar esse objetivo.

Obtiveram ingresso em especializações e pós-graduações. Eram 5% de todos os novos doutores em direito no fim dos anos 1960; no começo dos anos 1980, já eram 35%. Conseguiram paridade com os homens na faculdade e então ultrapassaram o número deles. A ascensão nos níveis da carreira exigiu que dessem tudo de si.

O Grupo Cinco pôde então prosseguir na mesma rota, já liberada de muitos obstáculos. Mas as mulheres do Grupo Cinco também tinham aprendido com suas irmãs mais velhas do Grupo Quatro que o caminho da carreira devia deixar espaço para a família, pois o adiamento podia resultar em nenhum filho.

Outras mudanças que permitiram que as mulheres do Grupo Cinco fossem mais decididas em suas ambições foram os avanços no conhecimento científico e médico. Antes, ninguém sabia quais eram as alterações da fertilidade com o avanço da idade das mulheres e dos homens. O mesmo se aplica ao entendimento dos danos cromossômicos e à maneira de selecionar embriões sadios. Para entender como a fertilidade

CARREIRA E FAMÍLIA

feminina muda com a idade e determinar como isso afeta a probabilidade de engravidar, era preciso que um grande número de fatores se mantivesse constante, como a frequência e momento do intercurso e o uso de contraceptivos.

Em 1982, o prestigioso *New England Journal of Medicine* publicou um estudo revelador, baseado num experimento natural. Mais de 2 mil francesas casadas com homens estéreis tinham individualmente solicitado e recebido, em intervalos variados, inseminação artificial (IA) com esperma de doadores. Visto que havia diferença etária entre elas, mas não no procedimento, os pesquisadores puderam determinar o efeito da idade sobre a capacidade de conceber. Os resultados foram espantosos.

A fertilidade dessas mulheres despencou entre os 31 e os 35 anos de idade, muito antes do que se acreditava anteriormente. A ideia corrente era a de que a fertilidade diminuía depois dos 35 anos, mas não muito antes. O êxito na gravidez nessa clínica de fertilidade caiu de 74% aos 31 anos para 61% aos 35 anos. Embora haja críticas ao estudo e ao conselho dado pelos autores, este continua a ser o estudo mais científico da fertilidade humana — em larga medida porque foi possível controlar muitos fatores.[5]

A maioria das integrantes do Grupo Quatro tinha ficado no escuro quanto às consequências de adiar a concepção. O Grupo Cinco não dispunha apenas de melhores informações; dispunha também de métodos superiores para "vencer o relógio". Com as evidências médicas, aprenderam por que o adiamento em ter filhos podia reduzir a chance de gravidez e começaram a ter os meios de contornar o problema. Muitas graduadas perceberam que podiam ter sucesso nisso sozinhas e ter filhos sem marido ou parceiro.[6]

A IA é uma técnica antiga, usada primeiro para emprenhar animais de sítio. O número de nascimentos nos Estados Unidos a partir desse procedimento no começo dos anos 1960, segundo uma estimativa aproximada, era baixo.[7] Em meados dos anos 1970, questionou-se a legalidade de usar esse procedimento em mulheres não casadas, e mesmo em 1979 os médicos se sentiam conflitantes em usar o procedimento em suas pacientes não casadas, devido ao limbo jurídico em que nasceria a criança.[8] Mas, com a inovação e a adoção de procedimentos mais

A REVOLUÇÃO ASSISTIDA

complicados e caros, como a fertilização in vitro (FIV), a IA mais simples ganhou impulso. Além disso, era um procedimento que a própria pessoa podia fazer, com um certo êxito.

Quando eu estava com quase quarenta anos, fui abordada numa reunião social por uma mulher com a idade de minha mãe. Ela estava explodindo de alegria que a filha, mulher de minha idade, ia ter um bebê concebido por IA. A filha descobrira uma maneira de contornar o processo demorado de encontrar marido. A futura avó entusiasmada estava se empenhando vigorosamente em conquistar convertidas a esse novo método de reprodução.

Os artigos para o grande público relatando as consequências do adiamento da concepção sobre a fertilidade, mesmo nos anos 1980, eram raros. As evidências científicas sobre a relação entre idade e probabilidade de concepção eram inadequadas até o surgimento do estudo francês acima mencionado. Era raro o tema da "infertilidade" ser abordado em jornais, materiais científicos ou livros para o grande público. Apenas uma minúscula fração de todos os artigos em revistas médicas publicados entre os anos 1950 e os anos 1970 tratava da infertilidade feminina humana. Mas nos anos 1990 essa fração dobrara, e no começo dos anos 2000 estava se multiplicando enormemente, chegando ao quíntuplo do nível de 1990. A maioria dos artigos nos anos 2000 tratava de procedimentos para a infertilidade como a FIV.[9]

Mas a mulher comum de faculdade não estaria lendo revistas médicas obscuras e provavelmente não estava procurando livros médicos sobre reprodução. Era mais provável que estivesse lendo livros gerais, jornais e revistas de todo tipo. Nos livros para o grande púlico, o tema da infertilidade começou a disparar nos anos 1980. Uma busca pela palavra *"infertility"* e o procedimento *"IVF"* nos arquivos do Google (nos Estados Unidos em inglês) revela um aumento quíntuplo em apenas uma década após 1980.[10] A mulher em idade de faculdade também pode ter notado que os artigos sobre infertilidade no *New York Times* aumentaram muito na mesma década, quadruplicando nos anos 1980.[11] Mas, após o início dos anos 1990, as matérias de jornal sobre o tema da infertilidade tiveram uma diminuição em importância relativa — mas não porque a infertilidade deixara de ser uma questão importante.

A menção à infertilidade, que atingira um pico frenético no fim dos anos 1980, diminuiu com a rápida difusão de uma série de intervenções médicas promissoras, que forneciam um possível corretivo.[12] Em vez de discorrer sobre as tristes consequências da infertilidade, agora escreviam-se livros e artigos sobre as promessas positivas dos avanços médicos. O uso da palavra *"infertility"* diminuiu, embora continuasse como o problema a ser resolvido.

Todas as populações têm casais que encontram problemas para engravidar. A fração exata depende, entre muitos outros fatores, da idade, do tempo que leva para a gravidez se firmar e do número de tentativas. É difícil obter estimativas precisas para os tempos modernos por causa das questões de seleção (somente as que não conseguem conceber dão o fato a conhecer) e por causa da contracepção (uma grande fração da população está tentando prevenir, e não promover um nascimento). Os demógrafos, utilizando evidências históricas quando não existiam métodos eficientes de contracepção, descobriram que cerca de 12% de mulheres e homens de 25 anos de idade, mesmo saudáveis, terão sérios problemas em ter ou manter a gravidez.[13] A infertilidade para os casais sempre foi um problema e é ainda mais problemática com o avançar da idade de homens e mulheres.

Poucas mulheres iriam consultar o médico sobre essas questões na ausência de um problema médico perceptível. Não iriam folhear revistas procurando informações sobre a mudança da fertilidade com a idade. Mas a maioria estaria a par da existência de um magnífico livro de autoajuda sobre todas as coisas femininas. Ainda me lembro do dia em que minha melhor amiga me mostrou seu exemplar daquela que se tornaria minha bíblia pessoal em saúde: *Our Bodies, Ourselves* [no Brasil, *Nossos corpos por nós mesmas*]. Agora em sua nona edição, essa obra monumental era o livro a que recorriam as mulheres em busca de conselhos de saúde (antes da internet). Cada versão, desde a primeira em 1970, mapeava as preocupações e os conhecimentos das mulheres sobre seu corpo e a gravidez.

A edição inaugural se chamava *Women and Their Bodies: A Course*. Custava 75 centavos de dólar e trazia 193 páginas grampeadas em quatro seções.[14] Dedicava menos de quatro páginas à questão da inferti-

A REVOLUÇÃO ASSISTIDA

lidade e não mencionava a idade como fator. A edição de 1984, ainda uma obra de referência em minha estante de livros, tem 647 páginas e pesa 1,5 quilo (em formato brochura). Traz uma seção chamada "Infertilidade e Perda de Gravidez", mas tem apenas uma rápida menção à idade como fator potencial no aumento da infertilidade, observando que as mulheres vêm "adia[ndo] a gravidez para a casa dos trinta anos, quando a fertilidade diminui levemente".[15]

Mesmo a principal obra de referência das mulheres para conselhos sobre sexo, reprodução e saúde feminina trazia apenas uma pequena discussão acerca da infertilidade, e até os anos 1980 omitia a menção à idade como fator considerável ao tema. Não admira que mesmo as mulheres mais avançadas e inteligentes do Grupo Quatro dessem pouca atenção ao adiamento da maternidade. Quem ia lhes falar dos riscos que estavam correndo?

Quando as mulheres do Grupo Quatro começaram a adiar o casamento e a concepção, não foram bombardeadas com matérias que seriam um tanto alarmantes. Os sinais de alerta só apareceram ao ingressarem na casa dos trinta anos e mais além, quando as consequências do adiamento se faziam evidentes. O aviso de que o adiamento levava a uma chance maior de não engravidar chegou ao Grupo Cinco no momento que se fazia disponível uma série de intervenções médicas de assistência às mulheres. O que se deixa hoje de lado pode ser obtido amanhã — mas muitas vezes a um alto custo financeiro, emocional e físico.

Sabendo melhor os custos do adiamento, as mulheres do Grupo Cinco poderiam ter facilitado sua vida reprodutiva tendo filhos mais cedo. Mas elas fizeram exatamente o contrário. Aumentaram o adiamento. Enquanto 31% do Grupo Quatro tiveram um bebê aos 26 anos, essa fração no Grupo Cinco foi de apenas 22%.[16] Isso corresponde a uma diminuição em um terço da natalidade aos 26 anos. Pelo visto, a decisão delas em ter filhos em algum momento e sua fé no futuro da tecnologia da fertilidade eram mais fortes do que sua nova consciência quanto ao que poderia sair errado.

O Grupo Cinco, em meados da casa dos trinta anos, tinha alcançado o Grupo Quatro quanto à fração das que tiveram filhos. E, depois dessa faixa etária, o Grupo Cinco teve uma grande disparada, ultrapassando

CARREIRA E FAMÍLIA

em muito o Grupo Quatro, no quesito de iniciar uma família na casa dos quarenta anos. As mulheres do Grupo Cinco compensaram um enorme tempo perdido e tiveram montes de bebês no fim da casa dos trinta e começo dos quarenta (e mesmo depois).

O aumento de nascimentos entre as mulheres do Grupo Cinco é ainda mais surpreendente visto que uma grande fração delas tinha graus avançados e carreiras florescentes, ainda mais do que as do Grupo Quatro. Esse aumento da natalidade entre as portadoras de especializações ou doutorados é impressionante. Apenas 70% das mulheres do Grupo Quatro com grau avançado (acima do mestrado) tiveram algum filho, contra 75% do Grupo Cinco. Entre todas as mulheres com graduação, a fração das mulheres do Grupo Cinco que deram à luz no começo da casa dos quarenta ultrapassou a do Grupo Quatro por cerca de três pontos percentuais, mas a diferença é de cinco pontos percentuais para as de grau avançado.[17]

As mulheres com grau avançado no Grupo Quatro tiveram índices de maternidade assustadoramente parecidos com os índices excepcionalmente baixos que existiram para os Grupos Um e Dois. Para as mulheres do Grupo Quatro nascidas entre 1949 e 1953 que alcançaram os graus mais altos de profissionalização e pós-graduação, quase 40% não tinham filho na casa dos quarenta anos. Mas dados recentes para o Grupo Cinco mostram que os índices de maternidade das mulheres com graus avançados são agora quase iguais aos das mulheres que têm apenas o bacharelado.[18]

Todos conhecemos mulheres que tiveram o primeiro filho em idade mais adiantada, decerto muito mais adiantada do que a idade usual em gerações anteriores. Conhecemos tantas delas que não nos surpreendemos mais. Ter um primeiro filho em idade adiantada não devia ser tão surpreendente, visto que as mulheres vivem mais tempo e estão (muitas vezes) em melhor forma do que estavam entre meados até o fim do século xx. Além disso, os casais com reprodução tardia geralmente dispõem de mais recursos financeiros. Mesmo assim, é um espanto que o Grupo Cinco tenha engendrado uma mudança tão admirável.

Os avanços médicos nos tratamentos de infertilidade (como FIV, transferência intratubária de gametas ou GIFT [Gamete Intrafallopian

A REVOLUÇÃO ASSISTIDA

Transfer], congelamento de óvulos e ultrassonografia cromossômica) têm permitido que muitas mulheres tenham filhos, o que não teria sido possível de outra maneira. Mas são procedimentos caros para os quais é importante ter uma cobertura nos planos de saúde. Os largos passos do Grupo Cinco resultaram não só dos avanços médicos nas tecnologias reprodutivas e de suas demandas por elas, mas também de novas determinações dos estados exigindo que os planos privados de saúde cobrissem os procedimentos.[19]

A que ponto foram importantes os avanços médicos e a ampliação da cobertura dos planos de saúde para o aumento nos nascimentos passando do Grupo Quatro para o Grupo Cinco? Não é uma pergunta fácil de responder. Por exemplo, até data recente ninguém perguntava às mulheres como elas engravidaram. Mas desde 2011 o Centro de Controle e Prevenção de Doenças (CDC) tem liberado dados de forma sistemática e com agrupamentos etários informando se um nascimento se deu com algum tipo de tratamento de infertilidade.

Usando os microdados do CDC, sabemos que 26% das mulheres graduadas com quarenta anos ou mais em 2018 tiveram o primeiro filho devido a pelo menos uma forma de tratamento de infertilidade, e o mesmo se aplica a 11% das mulheres com idade entre 35 e 39 anos. São segmentos grandes de população feminina, e as mulheres (e seus parceiros) que tiveram um bebê nesses grupos de idade mais avançada foram muito afetadas.

Mas apenas 13% de todas as gestações do primeiro filho de mulheres graduadas ocorrem entre as que têm de 35 anos para cima, e apenas 3% entre as de quarenta anos para cima. Em outras palavras, houve uma grande mudança para um grupo que produz uma pequena fração dos nascimentos. No entanto, o efeito foi substancial (e, obviamente, de grandes consequências para os casais afetados).

Qual é a parcela dos ganhos na concepção que decorreu dos novos métodos e da capacidade das mulheres e dos casais de aproveitá-los? Como vimos, o índice de ausência de filhos diminuiu da elevada cifra de 28% entre as mulheres graduadas nascidas por volta de 1955 para uma baixa de 20% para as nascidas por volta de 1975. Quase todo esse decréscimo se deu entre mulheres com mais de 35 anos. Entre 37% e

CARREIRA E FAMÍLIA

50% do aumento nos primeiros nascimentos entre a população graduada podem ser atribuídos aos avanços das tecnologias reprodutivas e à maior capacidade das mulheres e dos casais de pagar por elas com a ajuda dos planos de saúde.[20] Assim, muito embora cerca de 4% de todos os primeiros nascimentos entre as graduadas em 2018 tenham tido algum tipo de auxílio, foi suficiente para resultar num grande aumento dos nascimentos para as mulheres e casais do Grupo Cinco.

Como definir o sucesso

As mulheres que se formaram na faculdade neste milênio realizaram algo que nunca se vira antes. As graduadas do Grupo Cinco que agora estão na casa dos quarenta anos têm índices de maternidade quase tão altos quanto os das mães graduadas do baby boom no fim do Grupo Três, quando estavam na casa dos quarenta. A reviravolta foi extraordinária. O Grupo Cinco não gerou uma segunda explosão demográfica, mas gerou uma safra abundante. E isso com um enorme adiamento — ainda maior do que o do Grupo Quatro — *e* com um compromisso pessoal em ter carreira e família.

Ainda assim, muita gente discorda disso e assinala que as mulheres, em especial as mães, são sistematicamente roubadas de suas carreiras, empurradas escada abaixo e atropeladas pelos colegas homens. Muita gente fala em "revolução fracassada". Embora as pessoas possam sentir isso na individualidade, caso a caso, e a misoginia endêmica continue a colocar obstáculos no caminho, sabemos que isso certamente não é verdade em relação ao grupo como um todo. Considerar fracassada a jornada das mulheres no século passado sugere uma visão demasiado limitada.

Ínfimos 6% da porção inicial do Grupo Três que pôde ser analisada, referente às nascidas entre 1931 e 1937, haviam alcançado carreira e família quando estavam na segunda metade da casa dos trinta anos. As aspirações da maioria delas se concentravam em ter primeiro uma família e depois, talvez, um bom emprego. E, de fato, 84% tinham filhos na segunda metade da casa dos trinta — a fração mais alta de todas entre as mulheres graduadas. Estas constituíam as mães centrais do baby boom, entre as quais poucas tentaram alcançar uma carreira e muitas só vieram a se empregar em idade muito mais adiantada. O grosso dessas mulheres nunca pretendeu alcançar carreira e família, e, no entanto, a fração das que alcançaram ambas mais do que dobrou ao longo de sua vida, de forma que seus avanços a largas passadas se tornam dignos de nota. As carreiras começaram a avançar para a segunda metade do Grupo Três, com as mulheres nascidas entre 1938 e 1944. Entre elas, 21% tinham alcançado carreira e família na época em que os filhos estavam iniciando o segundo grau ou tinham deixado o ninho para ir para a faculdade ou alguma outra parte.

Vimos o grande salto no sucesso da carreira entre o Grupo Quatro. O sucesso de família diminuiu, mas fizeram um trabalho e tanto no impulso à carreira. Entre as graduadas nascidas de 1951 a 1957, 14% alcançaram carreira e família na segunda metade da casa dos trinta anos e 27% no começo da casa dos cinquenta. Por fim, o Grupo Cinco parte de 22% alcançando carreira e família na segunda metade da casa dos trinta anos e termina com 31% atravessando a linha de chegada da carreira e família na casa dos cinquenta.

É muito número para digerir. (Estão apresentados no gráfico 7.1.) Além disso, a definição e a computação de "carreira" são questões um tanto complicadas.[21] Em termos sucintos: para ter uma carreira, uma mulher (ou homem) precisava ter uma renda anual que ultrapassasse determinado nível durante um certo número de anos consecutivos. O nível de renda que era preciso ultrapassar é o de um homem comparável (mesmo nível de instrução, mesma idade) no 25º percentil da distribuição de renda masculina. A definição de "família", como mencionado em capítulo anterior, consiste em ter pelo menos um filho, biológico ou adotivo.

Muito do que vimos está longe de ser lamentável e não constitui de forma alguma um fracasso. O sucesso na carreira e família aumentou entre o Grupo Três e o Grupo Cinco o suficiente para sentirmos esperança em nosso futuro, mesmo diante da pandemia. De fato, é concebível que o trabalho a partir de casa durante a pandemia reduza no futuro os custos da flexibilidade no local de trabalho.

CARREIRA E FAMÍLIA

Os aumentos mais intrigantes são os que se encontram *nos* grupos de mulheres com idade mais avançada. Não seria muito surpreendente se a fração das que alcançaram carreiras aumentasse ao longo desses grupos, o último tendo o sucesso maior. O aumento *dentro* de cada grupo não decorre de ter mais família conforme a idade avançou da casa dos trinta até a dos cinquenta anos. Na verdade, as carreiras das mulheres com família florescem com o avançar da idade. As mulheres sem filhos no Grupo Cinco mostram desde cedo na carreira um sucesso bastante elevado, e esse nível de sucesso se mantém alto. Em termos de seu sucesso na carreira com o avanço da idade, seus números se assemelham mais aos dos homens, embora o índice das que alcançaram uma carreira seja um tanto mais baixo. O significativo é que o índice de sucesso para os homens não muda muito com a idade, ao passo que tem um grande aumento para as mulheres. Elas ficam com mais tempo livre conforme os filhos crescem e, com menos grilhões, voam mais alto.

Para o grupo mais recente, o das nascidas entre 1958 e 1965, as mulheres com 35 a 39 anos tiveram um sucesso na carreira e família que correspondia a 40% do dos homens. As mulheres com cinquenta a 54 anos tiveram um índice que correspondia a quase 60% do dos homens. Isso significa que as mulheres estreitam o hiato do sucesso com os homens ao longo da vida. Para um grupo anterior, o das nascidas entre 1945 e 1950, elas tiveram um índice de sucesso por volta de 20% do dos homens quando estavam na casa dos trinta anos, mas de 50% na casa dos cinquenta.

De modo geral, o aumento na carreira e família ao longo desses grupos de mulheres pode ser dividido de duas formas, e evidencia-se que são duas partes iguais. Uma metade se deve à mudança ao longo do ciclo de vida da pessoa, começando na segunda metade da casa dos trinta anos da mulher e continuando até a primeira metade da casa dos cinquenta anos. A outra metade se deve à mudança ao longo do tempo, conforme o avanço de cada grupo se tornou possível, devido às várias forças que foram apresentadas.

Esse aumento é uma confirmação da maior liberdade que as mulheres têm tido — de trabalhar maior número de horas, receber promoções

176

Gráfico 7.1. Sucesso na carreira e família para quatro grupos etários: de 1931 a 1965

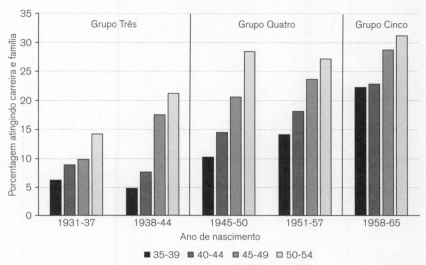

Ver Apêndice de gráficos e tabela. Para a definição e cálculo de "carreira" para esses grupos de nascimento, ver Apêndice de fontes (cap. 7), "Sucesso na carreira e família". Define-se como "família" ter um filho biológico ou adotivo.

e passar para empregos melhores com a diminuição das exigências no lar. Por exemplo, conforme apontamos acima, o grupo de mulheres mais recente que podemos acompanhar até a casa dos cinquenta anos teve um índice de sucesso na carreira e família de 22% quando estavam na segunda metade da casa dos trinta, mas o índice aumentou para 31% quando elas alcançaram o começo da casa dos cinquenta.

No entanto, o florescimento dessas carreiras também revela as dificuldades que as mulheres enfrentam para alcançar uma carreira quando os filhos são novos. A pequena fração de mulheres com filhos novos que têm uma carreira explica os extensos textos sobre o hiato entre os gêneros nas remunerações, promoções e ocupações, e o alto custo da flexibilidade no emprego. A maior capacidade das mulheres com filhos de alcançar o sucesso na carreira com o avançar da idade (delas e dos filhos) mostra como era a vida para as mulheres jovens no passado — e é ainda agora para muitas mulheres mais jovens.

CARREIRA E FAMÍLIA

A mudança ao longo dos grupos mostra o avanço geral da capacitação profissional e dos ganhos das mulheres no mercado de trabalho. Mas o passo arrastado em suas carreiras, que fica evidente na diferença entre mulheres mais jovens e mulheres mais velhas com filhos e na diferença entre mulheres com filhos e as sem filhos, constitui o verdadeiro problema no hiato entre gêneros na remuneração e no avanço profissional.

Dados longitudinais mais recentes para as nascidas entre 1980 e 1984 nos permitem analisar o sucesso na carreira e família em idade jovem para as mulheres e homens mais recentes do Grupo Cinco que podem ser estudados.[22] Essas mulheres são atualmente jovens demais para saber muito a respeito de seus futuros no longo prazo. Mas podemos realizar o mesmo tipo de cálculo com esses dados para ver se elas alcançaram mais do que suas predecessoras na mesma idade.

De fato, avançaram em relação a suas predecessoras, mas não constituem uma ruptura significativa. Quando chegam à segunda metade da casa dos trinta anos, um pouco mais do que um quarto alcançou carreira e família e cerca de 40% têm carreira, independente de família. É uma pequena melhoria em relação ao grupo mais recente apresentado no gráfico 7.1. A mudança é lenta e contínua. Mas, comparando os índices de sucesso na carreira dos homens aos das mulheres, é ínfima a mudança de início na vida das mulheres de talento. Os ganhos que elas obtêm com o avanço da idade provam que, quando jovens, se viram tolhidas, por si mesmas ou por outros, pelas exigências concorrentes da família e do trabalho, enquanto os homens com família, a partir desses dados, não aparentam ter sido tolhidos.

Haverá mudanças semelhantes entre as mulheres dos Grupos Três ao Cinco eleitas para o Congresso? Seria adequado começar a análise com Jeannette Rankin, mas os números de mulheres eleitas dos Grupos Um e Dois são baixos demais para uma análise estatística.

Todas as mulheres eleitas para o Congresso alcançaram visivelmente uma carreira. Até data recente, a maioria era eleita em fase adiantada da vida. A média de idade (e também a idade média) da primeira eleição para o Congresso entre as mulheres do Grupo Três é de 53 anos. Isso não significa necessariamente que elas não tivessem uma carreira

178

A REVOLUÇÃO ASSISTIDA

antes da eleição. A maioria estaria antes envolvida na política local ou em grupos atuantes da comunidade. Poucas chegam ao Congresso por mero acaso. Mas as do Grupo Três de fato floresciam mais tarde, e a eleição para o Congresso era, na maioria das vezes, o início de suas verdadeiras carreiras.

Muitas do Grupo Três se casaram logo depois da faculdade e, como várias de suas correlatas menos políticas, permaneceram fora da força de trabalho quando os filhos eram novos. Outras eram professoras, enfermeiras e voluntárias em ações comunitárias. Foi o caso de Darlene Olson Hooley (Partido Democrata, por Oregon), nascida em 1939, que era professora do segundo grau antes de se envolver na política local e estadual na casa dos quarenta anos. Participou do Congresso por seis mandatos, começando aos 58 anos. De forma análoga, Connie Morella (Partido Republicano, por Maryland), nascida em 1931, dava aulas no segundo grau e na faculdade enquanto cuidava dos três filhos e de seis sobrinhos, filhos de sua finada irmã. Ela ocupou oito mandatos no Congresso a partir de 1987, quando estava com 56 anos.

Para algumas, o caminho para o Congresso se deu em ziguezague, como no caso de Eva McPherson Clayton (Partido Democrata, pela Carolina do Norte), nascida em 1934. Sua intenção era se formar em medicina, mas o movimento pelos direitos civis lhe serviu de impulso para ingressar na faculdade de direito. Mesmo assim, ela "saiu para ser mãe" depois do nascimento do quarto filho. Apesar do apoio de seu marido advogado, ela aconselha as colegas mais jovens a se afirmarem cedo: "Penso que eu iria... exigir mais de meu marido". E observou: "Eu não era super a ponto de ser uma supermãe". Mas foi super a ponto de participar no Congresso por cinco mandatos a partir de 1992, quando estava com 58 anos. Um ano depois de ser eleita e muitos anos depois que os filhos tinham crescido, Clayton comentou: "É incrível, acredito que ele [o marido] sabe de minhas demandas. Creio que, na época, ele não era tão sensível a elas".[23]

As mulheres do Grupo Quatro também foram eleitas para o Congresso quando tinham por volta de 53 anos.[24] Mas poucas eram de florescimento tardio. Diferenciavam-se de suas irmãs do Grupo Três e ascenderam a seus níveis elevados no Congresso a partir de posi-

CARREIRA E FAMÍLIA

ções mais altas. As mulheres do Grupo Quatro frequentemente tinham doutorados, títulos de doutoras em direito e outros graus avançados, e muitas vezes começavam em carreiras de alta remuneração antes de serem eleitas para o Congresso.

Michele Bachmann (Partido Republicano, por Minnesota), nascida em 1956, trabalhou como advogada para o IRS (Internal Revenue Service [Receita Federal]), então obteve seu mestrado em direito tributário e ficou contratada pelo IRS até ter o quarto filho. Foi eleita para a Câmara dos Representantes em 2007, aos 51 anos, e exerceu quatro mandatos. Analogamente, Maggie Wood Hassan (Partido Democrata, por New Hampshire), nascida em 1958, era advogada e executiva na área de atendimento à saúde, com dois filhos, um com uma grave incapacitação. Integrou o Senado estadual em New Hampshire, foi governadora do estado e, em 2016, foi eleita para o Senado federal, aos 59 anos. Madeleine Dean (Partido Democrata, pela Pensilvânia) dirigia um escritório de advocacia, mas o deixou e passou a dar aulas de inglês na faculdade, para conseguir cuidar dos três filhos. Aos sessenta anos, ingressou na turma de congressistas de 2019.

As mulheres do Grupo Cinco foram eleitas com menos idade; tinham, na média, 46 anos. Mas existe uma razão mecânica para que as mulheres do Grupo Cinco fossem mais jovens quando eleitas: simplesmente tinham nascido em data mais próxima do presente. Se limitássemos a idade das mulheres do Grupo Quatro à mesma das do Grupo Cinco ao serem eleitas, a média de idade à eleição não seria muito diferente. A idade média é mais alta para o Grupo Quatro porque era maior o número de mulheres mais velhas que podiam ser eleitas.[25]

As atuais congressistas nascidas após 1978 — o limite superior imposto ao Grupo Cinco para ser possível observá-las com pelo menos quarenta anos — são, como grupo, o mais jovem de todos, com uma média de idade de apenas 35 anos. Também incluem o maior grupo feminino, até agora, eleito para o Congresso numa só eleição: 34 eleitas em 2018 e 26 em 2020.[26] Além disso, o grupo contém as mulheres mais jovens já eleitas para o Congresso: Alexandria Ocasio-Cortez fez seu juramento de posse aos 29 anos; Abby Finkenauer, recentemente derrotada, aos trinta; e Sarah Jacobs aos 31. Mas, também nesse caso, embora sejam bastante jovens, o conjunto inteiro é o mais jovem sobretudo pela construção. Em vista da necessidade de que todas fossem nascidas após 1978, nenhuma poderia ter sido eleita com muito mais idade.

Os grupos mais novos têm sido atuantes na política ou no trabalho de organização das bases logo depois de se formar na faculdade. Tal como as que iniciam o Grupo Quatro, elas são da variedade que floresce cedo.

O aperto de tempo

Assim como as mulheres do Grupo Quatro estavam firmemente decididas a se saírem melhor do que a geração de suas mães, as mulheres do Grupo Cinco procuram "ter tudo". O Grupo Quatro pode ter tido a pílula, mas o Grupo Cinco tinha uma série de novas maneiras de vencer as probabilidades em contrário. Teriam carreira e família sem fazer concessões.

Elas continuaram a adiar o casamento e a concepção de filhos, ainda mais do que o Grupo Quatro. Seu índice geral de sucesso na carreira aumentou em relação ao de grupos anteriores por idade, e obtiveram ainda mais sucesso do que as outras em todo o ciclo de vida. Mas o sucesso econômico como mulheres mais jovens continuou baixo. Isso porque, em grande medida, mesmo as mulheres de mais talento e nível educacional — as advogadas, as médicas, as formadas no doutorado — com filhos trabalham em tempo parcial. E muitas que trabalham em tempo parcial quando jovens veem que é difícil ter um grande aumento na atividade em fase mais adiantada da vida.

Como sabemos disso, se a maioria dos conjuntos de dados longitudinais não dispõem de um grande número de observações sobre as graduadas (e muito menos sobre as de graus mais avançados)? Participei de um projeto que estudou as integrantes dos Grupos Quatro e Cinco das turmas da Faculdade de Harvard que se formaram por volta de 1970, 1980 e 1990. Demos ao projeto o nome de Harvard and Beyond.[27] As informações que reunimos ajudam a elucidar por que mesmo as mulheres mais instruídas e dotadas têm enfrentado problemas para alcançar carreira e família. Decidimos fixar suas respostas quinze anos depois de se formarem na graduação, visto que as que vieram a ter filhos já os teriam tido a essa altura. Além disso, é também o momento em que muitas já teriam atingido a estabilidade no cargo, uma participação societária ou uma promoção importante.

As graduadas em sua grande maioria — mesmo com filhos pequenos — estavam empregadas quinze anos depois de se formarem na graduação. Apenas 10% não tinham nenhum emprego. Não parece que as graduadas com filhos estivessem saindo e diminuindo o ritmo, mesmo que apenas por breve período.

Mas os dados revelam mais uma coisa. Quando exploramos em maior profundidade, vemos que cerca de um terço das mulheres que estavam empregadas depois de concluir a faculdade afirmou trabalhar em tempo parcial. Algumas se consideravam em tempo parcial embora trabalhassem consideravelmente mais do que 35 horas semanais, o número-limite usual para definir o trabalho em tempo parcial. A razão disso é porque estavam comparando suas horas de trabalho com o padrão em suas profissões ou empresas.

Entre as mulheres trabalhando em tempo parcial, 80% tinham filhos pequenos, e 90% das que não estavam na força de trabalho também os tinham. Quase nenhum dos homens nessas turmas de graduação trabalhava menos do que o horário de tempo integral, e a maioria, é provável, trabalhava um número de horas muito maior do que as usuais quarenta horas.

Quinze anos depois de concluir a faculdade, quer tivessem se formado por volta de 1970, 1980 ou 1990, cerca de 30% delas estavam trabalhando em tempo integral *e* tinham filhos. Consideremos as que trabalham tempo integral como o grupo de carreira. Isso quer dizer que pouco menos de um terço tinha algo que se assemelhasse a uma carreira e família na segunda metade da casa dos trinta anos. Cerca de 50% estavam na força de trabalho, embora não necessariamente em tempo integral, e tinham filhos. Para os homens, as cifras são cerca de 65% trabalhando em tempo integral e com filhos ou estando na força de trabalho e com filhos.

A cifra de 30% é mais alta do que o índice de sucesso na carreira e

Gráfico 7.2. Carreira e família por grau avançado, Harvard and Beyond, quinze anos depois da graduação

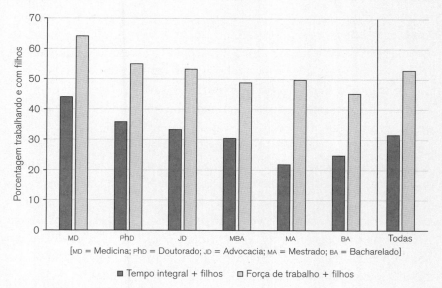

Ver Apêndice de gráficos e tabela.

família apresentado no gráfico 7.1 para as populações representativas em nível nacional. A ordenação dos dados por graus avançados de formação mostra a razão disso. Gigantescos 65% dessas mulheres tinham doutorado, MBA, eram doutoras em direito e doutoras em medicina (e algumas tinham mais de uma dessas realizações especiais). O emprego e a maternidade se diferenciam entre a elite educacional pelo tipo de grau avançado após a graduação. Quanto maior o treinamento, como se vê no gráfico 7.2, maior a fração das que estão trabalhando em tempo integral quinze anos depois de se formarem e terem filhos.

As mulheres com especialização profissional ou pós-graduação têm status mais alto de emprego e trabalho em tempo integral do que as demais. A maior fração das que alcançaram carreira e família quinze anos após a graduação é a das médicas. A seguir vêm as que fizeram doutorado, então as advogadas e por fim as com MBA. As com mestrado e nenhum outro grau avançado têm os índices mais baixos de emprego em tempo integral e filhos. Seus índices são mais similares aos das amostragens nacionalmente representativas dos mesmos grupos.

As que têm MBA estão entre os registros mais baixos de trabalho em tempo integral com filhos. As descobertas do Projeto Harvard and Beyond são retomadas em outro projeto, a ser examinado, que estuda mais profundamente o mundo do trabalho nos setores administrativo e financeiro.[28] Esses setores estão entre os que têm o trabalho menos flexível e impõem as maiores penalidades por expedientes curtos e breves licenças de afastamento.

A elite educacional era nossa melhor esperança de encontrar um grupo de graduadas que contassem com preparo acadêmico suficiente, dispusessem do maior número de contatos e recursos, tivessem persistência e fossem exigentes consigo mesmas e com as pessoas ao redor para alcançarem uma carreira e família. O índice de conclusão de cursos de especialização e pós-graduação é deveras alto. No entanto, quinze anos após a formatura na graduação, apenas metade das mulheres com filhos estava trabalhando em tempo integral. Essas são as mulheres que mais investiram na carreira e para as quais seria de esperar o grau mais alto de sucesso. Mas, se apenas metade daquelas com filhos estão trabalhando em tempo integral na segunda metade da casa dos trinta anos, muitas não conseguiram avançar fácil na carreira.

O Grupo Cinco precisava de mais do que um acompanhamento assistido. Depois de vencer tantos obstáculos, depois de conquistar inúmeras liberdades, a obstrução que sempre esteve ali ficou cristalinamente clara. A barreira é o aperto de tempo. Filhos exigem tempo; carreiras exigem tempo. A paridade conjugal — uma divisão dessas exigências de tempo — permitiria que ambos alcançassem carreira e família. Mas a paridade conjugal, como veremos no próximo trecho de nossa jornada, custa realmente caro e é uma das razões para a persistência do hiato salarial entre os gêneros.

8
Cuidado com o hiato

QUANDO MOCINHA EM POSSUM TROT, NO ALABAMA, Lilly McDaniel sonhava em ser advogada. Nunca realizou esse seu sonho. Mas recebeu uma lei que levava seu nome: a Lei de Reposição do Justo Pagamento Lilly Ledbetter. Este é um verdadeiro estudo de caso do sexismo, tal como se reflete no local de trabalho e no holerite.

Lilly se casou com apenas dezessete anos e teve dois filhos logo depois. Dez anos mais tarde, quando a família estava apertada de recursos, ela fez um curso da H&R Block e se tornou despachante de impostos. Ela adorava sua recente independência financeira e a satisfação pessoal que isso trazia, e era tão competente que, com o tempo, conseguiu administrar catorze escritórios. Mas os filhos estavam seguindo para a faculdade, e a família precisava de ainda mais dinheiro. Em 1979, aos 41 anos, Lilly soube que a Goodyear Tire, a empresa local de altos salários, estava procurando pela primeira vez em sua história gerentes femininas. Ela se inscreveu e foi contratada.

Quase imediatamente, Lilly enfrentou ressentimentos entre os homens no chão de fábrica. Sofreu insultos, assédios e propostas de notas de avaliação mais altas em troca de sexo. Ela obteve junto à Equal Employment Opportunity Commission (EEOC, Comissão de Oportunidades

CARREIRA E FAMÍLIA

Iguais de Emprego) o direito de dar entrada a uma ação judicial por molestamento sexual contra a Goodyear, mas retirou as acusações ao ser reintegrada como supervisora. Isso só piorou sua situação — resultando em provocações diárias, um carro vandalizado e uma transferência de emprego.

Ela continuou na Goodyear porque o pagamento era bom e muitas pessoas na fábrica apreciavam sua competência. Em 1998, um aliado anônimo lhe deixou um pedaço de papel com informações cruciais que logo levariam à segunda ação, e mais famosa, da EEOC. O papel trazia os salários dos outros gerentes. Lilly não sabia a que ponto seu salário era baixo em comparação aos deles, pois sempre lhe haviam dito que ficava logo abaixo da média. "Tudo na Goodyear era altamente confidencial",[1] escreveu ela numa autobiografia anos depois. Lilly e os gerentes masculinos contratados no mesmo ano começaram com o mesmo salário. Vinte anos depois, ela estava recebendo de 15% a 40% menos.

Sua reclamação pela EEOC se amparava em três leis separadas: a Lei de Pagamento Igual de 1963, o Título VII da Lei de Direitos Civis de 1964 e a Lei contra a Discriminação Etária no Emprego. Pela primeira, ela alegava ter recebido menos do que homens que faziam o mesmo trabalho. Pela segunda, ela argumentava que lhe haviam negado promoções, transferências e aumentos salariais por causa de seu sexo. Pela terceira, ela afirmava que fora discriminada com base na idade e substituída por um empregado mais novo. Sofria em um ambiente de trabalho hostil e abusivo que era deletério para sua saúde física e mental. A Goodyear montou um contra-ataque, mas o júri concedeu a Lilly 3,8 milhões de dólares de pagamento retroativo e indenização por danos.

Lilly nunca recebeu um tostão desse dinheiro. Segundo o 11º Tribunal de Recursos, a reclamação sob o Título VII devia ter sido apresentada no prazo de 180 dias após o primeiro pagamento discriminatório, quase vinte anos antes que Lilly viesse a saber que era discriminatório.[2] O veredito de 2017 do Supremo Tribunal em Ledbetter vs. Goodyear Tire & Rubber Co. (550 U.S. 618) manteve essa interpretação do estatuto das limitações. Lilly perdera, e as mulheres americanas também.

A interpretação do Supremo Tribunal da Lei de Direitos Civis de

CUIDADO COM O HIATO

1964 derrubou a precedente e distorceu a intenção original da lei. A discordância de Ruth Bader Ginsburg, proferida no tribunal, relembrou a todos que "esta não é a primeira vez que o Tribunal determinou uma interpretação estreita do Título VII, incompatível com o objetivo reparador amplo".[3] "Mais uma vez", observou ela, "a bola está com o Congresso." Dois anos depois, a partida terminou com sucesso.

A Lei de Reposição do Justo Pagamento Lilly Ledbetter, que foi aprovada na Câmara e no Senado em 2009 — como a primeira lei importante assinada pelo presidente Obama —, garantiu que os trabalhadores seriam protegidos *sempre* que recebessem um pagamento discriminatório, e não apenas na primeira vez.

Há muitos culpados no caso de Lilly Ledbetter. Os que estavam sob sua supervisão direta não a obedeciam e faziam com que ela recebesse notas baixas na avaliação de seu desempenho como gerente. Essas notas baixas levavam os supervisores de Lilly a lhe negarem aumentos salariais por mérito. Mas, sob a doutrina da "pata do gato" [*cat's paw*], seus supervisores também eram culpados de discriminação por não terem disciplinado seus subordinados. Como na fábula da qual provém essa expressão, um gato faz, sem saber disso, o trabalho sujo para o macaco que quer tirar uma castanha do fogo. O gato é o agente culpado (e queima a pata).

Além de uma variedade de pessoas mal-intencionadas, Lilly foi prejudicada por outros fatores que afetam imensamente as mulheres. Ela não era eficiente em barganhar, por várias razões. Não sabia como era baixo seu salário devido à falta de transparência na remuneração, e não cairia bem ficar perguntando aos colegas gerentes qual era o salário deles. Além disso, ela não tinha muitas outras opções de emprego em, ou perto de, Gadsden, no Alabama. Estava presa na cidade por causa do emprego do marido, por causa dos filhos, da mãe idosa e do lar.

Mas será que hoje a discriminação de gerentes e colegas de emprego e a suposta ineficiência feminina em negociar são as grandes responsáveis pelo hiato salarial entre os gêneros? Sem menosprezar as que são de fato discriminadas e recebem menos simplesmente porque são mulheres ou porque não são brancas, a resposta é um enfático não. Apenas uma pequena parte do atual hiato salarial entre os gêneros

CARREIRA E FAMÍLIA

(para as trabalhadoras em tempo integral, cerca de vinte centavos por dólar dos homens) se deve a esses fatores.

Então o que é o hiato salarial entre os gêneros e como ele mudou ao longo do meio século passado, cobrindo nossos três últimos grupos? Embora seja uma expressão muito usada, o hiato salarial entre os gêneros não é uma estatística isolada, como em geral é apresentado. Pelo contrário, ele é dinâmico. Amplia-se conforme aumenta a idade de homens e mulheres e conforme casam-se e têm filhos.[4] Também apresenta diferenças consideráveis por ocupação, em especial entre pessoas formadas na graduação.

Essas complexidades não turvam as águas da disparidade entre os gêneros. Pelo contrário, elas limpam as águas para revelar as verdadeiras questões que inibem as mulheres em busca de uma carreira que as realize e de uma vida familiar paritária.

O "hiato" geralmente é expresso como uma razão: os recebimentos das mulheres em relação aos dos homens. A razão capta e transmite de modo muito prático uma diferença relativa.[5]

Entre os casos mais flagrantes (e divulgados) de discriminação salarial por gênero na memória recente está o da atriz Michelle Williams. Williams recebeu 100 mil dólares para refilmar cenas num filme pelas quais o ator Mark Wahlberg recebeu o valor colossal de 1,6 milhão de dólares, muito embora ela fosse a atriz principal e ele um ator coadjuvante. O filme, *All the Money in the World* [*Todo o dinheiro do mundo*] (título adequado para um filme que não pagava o suficiente para suas atrizes), teve de ser refilmado depois de Christopher Plummer substituir Kevin Spacey, acusado de molestamento sexual.

Muitos anos atrás, participei de uma discrepância parecida (mas sem as lantejoulas, a cobertura da imprensa e os grandes interesses em jogo). Pediram-me um parecer sobre um relatório interno de uma importante agência internacional. A agência precisava de três pareceristas; dois economistas ilustres de mais idade também foram solicitados a dar um parecer. Ambos trabalhavam de maneira regular como consultores, trabalho pelo qual cobravam uma (substancial) tarifa diária. Eu não. A agência, em decorrência disso, me pagou sua tarifa-padrão. Com isso, os dois economistas receberam, cada um deles, o dobro do que recebi por nosso parecer. A desigualdade foi depois descoberta pelo economista-chefe da agência, e me pagaram a diferença em relação ao valor mais alto. O relatório, ironicamente, se referia à discriminação entre os gêneros na agência.

Esses casos são incontáveis. Mas, mesmo que eliminássemos todos os casos de tratamento discriminatório e todas as ocorrências em que se tira proveito das mulheres, o hiato salarial entre os gêneros não se reduziria muito. O valor que as mulheres recebem não teria um aumento considerável.

O hiato salarial entre os gêneros — não só para artistas de cinema e economistas doutores — tem ocupado a frente e o centro dos noticiários e dos veículos políticos. Mas onde recai a culpa? Como numa canônica novela de detetive, os suspeitos são inúmeros. E, em vista do grande número de possíveis culpados, são muitos os que se nomeiam detetives, propondo teorias sobre o autor do crime e a forma de resolver o caso.

Muitos creem que o hiato salarial entre os gêneros é causado por indivíduos preconceituosos e discriminatórios que se aproveitam das trabalhadoras de boa índole. Segundo uma pesquisa de 2017, 42% das mulheres (e 22% dos homens) dizem que passam por "discriminação de gênero" no trabalho.[6] A forma de discriminação citada com maior frequência é a remuneração mais baixa: 25% das mulheres, mas apenas 5% dos homens, dizem receber menos do que uma pessoa do sexo oposto ao fazer o mesmo trabalho. Assim, um possível culpado é o viés explícito ou implícito.

A eliminação do viés no mercado de trabalho é um dos muitos expedientes simples e rápidos que têm sido propostos para livrar esses ambientes da desigualdade de gênero. Alguns propõem eliminar o viés dos supervisores e gestores tomados individualmente, por meio de um treinamento em diversidade. Outros apontam o sucesso limitado do retreinamento de indivíduos e defendem a eliminação do viés na organização inteira.[7] Houve o caso famoso da Starbucks que fechou todas as suas 8 mil lojas durante um dia inteiro, em agosto de 2018, para dar um treinamento antiviés a todos os seus funcionários.[8] Embora a causa tivesse sido um episódio racial, têm-se usado técnicas semelhantes para tentar reduzir o viés de gênero.

CARREIRA E FAMÍLIA

Outro citadíssimo exemplo de um expediente para resolver o problema na contratação se encontra em minha pesquisa pessoal em orquestras e o uso de telas nos testes.[9] A tela oculta a identidade do instrumentista. Ainda que o uso de testes cegos tenha permitido o ingresso de um número muito maior de mulheres nas mais prestigiosas orquestras do país, a remoção do viés nas organizações para que as mulheres sejam contratadas nos melhores empregos, embora seja um nobre esforço, ainda não eliminará as diferenças de gênero na remuneração.

E há os que gostam de apontar o dedo contra as capacidades das mulheres. Elas são acusadas de não ter as habilidades de negociação de seus análogos masculinos. A prefeitura de Boston, junto com a Associação Americana de Mulheres Universitárias, oferece oficinas gratuitas de negociação salarial para mulheres (não para homens) que moram ou trabalham em Boston.[10] De forma análoga, as mulheres são acusadas de ser menos competitivas do que os homens e abertamente avessas a riscos na escolha de emprego. Essas ideias de uma solução fácil e rápida deram origem a setores inteiros dedicados a conscientizar os gestores sobre seu viés inconsciente e a aconselhar as empresas a lerem as inscrições para a vaga de emprego e entrevistarem as candidatas de uma maneira menos tendenciosa.

Outras tentativas de solução envolvem medidas legislativas dos estados e do governo federal. Em julho de 2018, Massachusetts aprovou uma Lei de Pagamento Igual proibindo que as empresas exijam que as candidatas ou as novas contratadas revelem suas remunerações anteriores e pratiquem retaliações contra os empregados que compartilhem informações salariais.[11] Em 2017, o estado de Nova York aprovou uma legislação parecida, e em 2015 a Califórnia ampliou sua legislação anterior de pagamento igual com uma Lei de Pagamento Justo para proteger os empregados que discutem os salários dos colegas de trabalho. A intenção das leis da Califórnia, de Nova York e de Massachusetts era promover um patamar igualitário por meio de uma maior transparência da remuneração.

Outros mais, e que provavelmente constituem a maioria dos que escrevem sobre o assunto, veem as diferenças ocupacionais entre os gêneros, se não como causa primária, como uma de suas causas princi-

CUIDADO COM O HIATO

pais. As mulheres com graduação estão com maior frequência em profissões como as de professora, enfermeira e contabilista, ao passo que os homens com graduação estão com maior frequência em ocupações como as de administrador, engenheiro civil e representante comercial. As mulheres estão também em firmas que pagam menos, ainda que o nome da função seja o mesmo do dos homens. O fenômeno é de modo geral designado como "segregação ocupacional",[12] criando a impressão de que existem barreiras legais e políticas empresariais que praticam deliberadamente a segregação — tal como as barreiras ao casamento que examinamos nos Grupos Dois e Três.

Como vimos, a certa altura de nossa história muitas empresas tinham políticas estritas que estabeleciam as ocupações em que mulheres e homens podiam ingressar, embora disso não decorresse que as mulheres ficassem restritas apenas a empregos inferiores e os homens fossem impedidos de ingressar neles.[13] Os anúncios antigos de jornal especificavam com clareza quais empregos estavam abertos a cada gênero (e raça). Claro que tais práticas agora são ilegais.

Mas homens e mulheres estão em ocupações diferentes, e cabe perguntar até que ponto a diferença de remuneração entre eles se deve a diferenças em seus empregos.

Considere-se um experimento mental que iguala as ocupações por gênero simplesmente transferindo um número suficiente de mulheres (ou de homens) entre as ocupações para criar um mundo em que a fração de mulheres e a de homens em cada ocupação sejam iguais. Isto é, se 5% de todos os trabalhadores são caminhoneiros, então 5% dos homens empregados são caminhoneiros e 5% das mulheres empregadas são caminhoneiras. Não nos preocuparemos em ver como isso poderia ser feito. É apenas um experimento mental.

As remunerações por gênero e ocupação são as que existiam antes. O experimento mental nos permite imaginar o efeito que a eliminação da segregação por sexo teria sobre as remunerações por gênero e sobre o hiato salarial entre os gêneros. A suposição central é a de que as remunerações efetivas por gênero e ocupação continuam as mesmas, e a única parte do sistema em que ocorre uma mudança é a partilha de uma ocupação que é feminina ou masculina.

CARREIRA E FAMÍLIA

Para ver como opera o experimento mental, suponhamos que há um número igual de homens e mulheres na força de trabalho, e que 30% das mulheres são professoras, mas apenas 10% dos homens o são, e que o inverso ocorre entre engenheiros e engenheiras. As demais ocupações estão igualmente distribuídas por gênero. Seria preciso transferir 20% de todas as mulheres (ou de todos os homens) para nivelar as coisas. Uma varinha mágica pegaria dois terços das professoras (20/30) e as transformaria em engenheiras. O experimento mental transfere os trabalhadores, mas mantém as remunerações do magistério e da engenharia constantes por sexo.

A redistribuição da força de trabalho para ter representação ocupacional igual por sexo pode parecer uma maneira de eliminar o hiato salarial entre os gêneros. E, de fato, eliminaria uma parte dele. Mas elimina apenas uma parte surpreendentemente pequena.

Para os trabalhadores graduados de ambos os sexos, 40% (de homens ou mulheres) teriam de mudar de ocupação para alcançar a igualdade. Para todos os trabalhadores de ambos os sexos, 50% (de homens ou mulheres) teriam de mudar para alcançar a igualdade ocupacional de gênero.[14] É um monte de gente para mudar, e ainda mais complicado por causa das diversas qualificações e preferências dos trabalhadores de ambos os sexos. Mas usemos a varinha empírica do experimento mental para ver o que aconteceria se tentássemos.

Mesmo que alguém fosse capaz de cumprir a tarefa descomunal de recalibrar as ocupações para criar igualdade, apenas cerca de um terço de toda a desigualdade salarial de gênero seria eliminado.[15] A segregação ocupacional não é o problema principal. Não é nem metade dele, embora muitos aleguem que ele é o principal criminoso. A razão é que não se pode eliminar uma parcela maior do hiato salarial entre os gêneros porque ele existe em praticamente todas as ocupações.[16] Além disso, os hiatos de remuneração dentro das ocupações são maiores para as pessoas com nível educacional mais elevado.

Em 1968, as integrantes mais velhas do Grupo Três e as integrantes mais jovens do Grupo Quatro ergueram cartazes de protesto contra o

CUIDADO COM O HIATO

pagamento desigual das mulheres, com os dizeres "59 centavos do dólar [masculino]". Cinquenta anos depois, integrantes dos Grupos Quatro e Cinco ergueram cartazes parecidos que diziam "81 centavos do dólar". Como esses números foram calculados? Ouvimos essas estatísticas com tanta frequência que é importante saber o que significam.

A medida-padrão é construída tomando todos os trabalhadores em tempo integral, durante o ano inteiro (os que trabalham 35 horas ou mais por semana e cinquenta semanas ou mais por ano), e computando a renda anual mediana de mulheres e homens. A mediana mede os recebimentos dos indivíduos no meio da distribuição. A razão entre a mediana das mulheres e a dos homens é a medida-padrão do hiato salarial entre os gêneros.

Note-se que a medida do hiato de gênero que recebe toda a atenção é a referente a todos os trabalhadores, não só para as mulheres graduadas cuja jornada vimos acompanhando, e não só para negros, hispânicos ou qualquer outro grupo.

A medida-padrão tem muitas virtudes. É um número só. E, ao incluir apenas os que trabalham em tempo integral, ela omite as pessoas que trabalham de forma esporádica. Por usar a mediana, ela é menos afetada pelo fato de que o número de homens com remunerações altíssimas é maior do que o de mulheres.[17]

Mas a medida não é perfeita. Embora utilize trabalhadores em tempo integral, ela não se ajusta ao fato de que o homem empregado médio em tempo integral trabalha mais horas do que a mulher empregada média em tempo integral. A medida não explica o fato de que o número de homens que ficam à disposição da empresa e trabalham em horas irregulares é relativamente maior do que o de mulheres, ainda que trabalhem o mesmo número de horas. Outra falha é que ela é calculada para todos os trabalhadores, enquanto nós — para nossas finalidades — estamos mais interessadas em avaliar pessoas formadas na graduação.

Devido a suas virtudes, a medida tem sido calculada e informada pelo Bureau of Labor Statistics (BLS, Agência de Estatísticas do Trabalho) desde 1960. Qualquer dado que aparece de maneira regular na primeira página dos jornais e é tema de blogueiros e comentaristas merece um exame detido. A série, apresentada no gráfico 8.1 como

CARREIRA E FAMÍLIA

linha contínua, revela que o hiato diminuiu de 1960 a 2017. Assim, a diferença entre as remunerações femininas e masculinas se estreitou consideravelmente. Mas o gráfico nos mostra muitas outras coisas.

Começando pelo ano inicial, a razão das remunerações femininas ficou parada por duas décadas em quase sessenta centavos do dólar masculino. Agora podemos ver por que o mantra dos "59 centavos" era tão poderoso. Mas então a razão começou a aumentar. Em 1990, as mulheres recebiam setenta centavos do dólar masculino, e em 2000 recebiam 75 centavos (mais uma vez, para trabalhadoras em tempo integral na mediana). A cifra agora é de 81 centavos. O aumento mais acentuado se deu nos anos 1980.

A linha pontilhada no gráfico 8.1 traz a série para formados na graduação. Embora a série-padrão e a série de formados na graduação se sobreponham durante grande parte do período, após 1990 os formados na graduação seguem um caminho diferente. A série-padrão continua a aumentar, mas a dos graduados se aplaina. A divergência entre as duas se deve em parte à grande ampliação da desigualdade nas remunerações após os anos 1980. As pessoas graduadas começaram a ganhar muito, mas os homens graduados foram os que mais ganharam.[18] Logo veremos por que os homens têm presença desproporcionalmente grande na porção superior da distribuição das remunerações.

Voltando à série-padrão, embora tenha continuado a subir, o avanço foi mais lento nos anos 2010. No Dia de Pagamento Igual de 2018, as manchetes diziam "Hiato entre os gêneros parado" e "Dia de Pagamento Igual: não propriamente motivo de comemoração".

A maioria concorda, e eu também, que o estreitamento nos anos 1980 aconteceu em grande medida porque as mulheres, em comparação aos homens, aprimoraram suas qualificações para o mercado de trabalho e seu nível de instrução, e por conseguinte tiveram maior continuidade na força de trabalho.

Antes dos anos 1980, uma parte considerável do hiato salarial entre os gêneros se devia a diferenças no preparo para o mercado de trabalho, como nível educacional, treinamento e experiência de emprego. Mas, por volta de 2000, as diferenças entre homens e mulheres nesse preparo se tornaram pequenas. A disparidade nas remunerações já não

Gráfico 8.1. Razão entre remunerações anuais medianas femininas e masculinas, trabalhadores em tempo integral durante todo o ano: de 1960 a 2018

Ver Apêndice de gráficos e tabela.

decorria principalmente da diferença no preparo ou da expectativa dos empregadores de que as mulheres não permaneceriam na empresa.[19] As mulheres ainda ficavam menos tempo no emprego do que os homens. Mas essa diferença também encolheu consideravelmente ao longo do tempo.[20]

Em decorrência dos reforços no treinamento e experiência de trabalho das mulheres, o hiato salarial entre os gêneros também encolheu. Mas, embora tenha se estreitado de maneira significativa, o hiato não se fechou. A diferença atual, para todas as mulheres nos Grupos Quatro e Cinco, é de cerca de vinte centavos sobre o dólar masculino, metade do que era para todas as mulheres nos Grupos Dois e Três. Para as mulheres graduadas dos Grupos Quatro e Cinco, é maior — cerca de 27 centavos sobre o dólar masculino.

Antes, a diferença em suas remunerações se devia a fatores fáceis de medir, como nível educacional, experiência de emprego e uma série de qualificações relacionadas com o serviço. Agora que muitas dessas

CARREIRA E FAMÍLIA

diferenças de atributos foram eliminadas, a disparidade remanescente nas remunerações é mais preocupante. Como ela não se deve a traços observáveis, muitos colocam a responsabilidade por ela no tratamento que o mercado de trabalho dá às mulheres: os vieses dos que contratam e estabelecem salários. Outros a atribuem à possibilidade de que as mulheres sejam menos hábeis na negociação e lhes falte competitividade.[21] Esse equívoco na responsabilização levou às soluções rápidas discutidas aqui anteriormente. Mas as verdadeiras razões devem ser procuradas em outro lugar.

O hiato salarial entre os gêneros é complicado. Para começar, ele não é apenas um número só por ano. As remunerações de homens e mulheres mudam com o tempo e os vários acontecimentos da vida, e as mulheres usualmente sofrem um grande golpe nas remunerações quando têm filhos. Os homens não. Elas também sofrem um golpe nas remunerações após o casamento ou uma união estável, pois isso muitas vezes leva à realocação do casal para otimizar as duas carreiras, frequentemente maximizando os ganhos de uma delas. Na maioria das vezes, dá-se preferência à carreira do homem. Assim, a razão entre as remunerações femininas e as masculinas tende a mudar depois do fim dos estudos e mesmo depois do primeiro emprego.

Quando homens e mulheres com graduação ocupam seus primeiros empregos, as remunerações são razoavelmente parecidas. Mas, em algum momento depois do primeiro emprego, suas remunerações começam a divergir. Pode-se ver a divergência utilizando dados do censo americano e do American Community Survey, como no gráfico 8.2. O hiato (ou razão) salarial entre os gêneros consta no gráfico para as mulheres do Grupo Cinco, que aspiravam a ter carreira e família, e não apenas uma ou outra.[22]

Considere-se a razão entre remunerações femininas e masculinas para os formados na graduação na segunda metade da casa dos vinte anos, integrantes do Grupo Cinco nascidas por volta de 1978 (a linha de cima no gráfico). Essas mulheres estavam se saindo bastante bem em relação aos homens. Recebiam 92 centavos sobre o dólar masculino e provavelmente se saíam ainda melhor quando acabavam de concluir a faculdade ou alguma pós-graduação.

196

Gráfico 8.2. Remunerações anuais relativas de homens e mulheres com graduação: Grupo Cinco, nascidas de 1958 a 1983

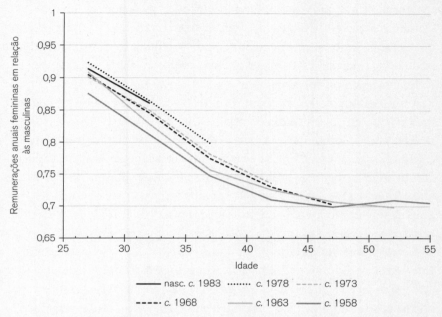

Notas: As razões entre as remunerações corrigem horas e semanas trabalhadas e nível educacional para além da graduação. Ver também Apêndice de gráficos e tabela.

As demais linhas no gráfico se referem a porções do Grupo Cinco. A razão inicial apresentada é um pouco menor para as nascidas antes, ou seja, o hiato é maior. O traço mais marcante é que o hiato salarial entre os gêneros se amplia muito conforme a idade do grupo aumenta, e isso se mantém em relação às mulheres nascidas em qualquer dos anos dados.[23] Por exemplo, a porção do Grupo Cinco de nascidas por volta de 1963 tem uma razão de remuneração entre os gêneros de noventa centavos sobre o dólar masculino quando está na segunda metade da casa dos vinte anos. Mas, quando essas mulheres (e homens) estão na segunda metade da casa dos trinta, as mulheres estão recebendo apenas 76 centavos sobre o dólar masculino, e quando estão na metade da casa dos quarenta, apenas setenta centavos. É por isso que o hiato salarial entre os gêneros não é um número só, ainda que seja mais fácil sintetizá-lo nesses termos básicos.

CARREIRA E FAMÍLIA

Como vimos, o hiato se alarga com a idade, com o número de anos desde o fim dos estudos. Para cada indivíduo, ele aumenta em momentos variados da vida, como ao ter um filho ou se mudar geograficamente. O hiato salarial entre os gêneros, portanto, é uma série de números e, ao ser tratado como uma série ao longo do ciclo de vida de um indivíduo, pode revelar as razões de sua existência melhor do que faria o número único utilizado por praticidade.

Como exemplo, vejamos um estudo das carreiras de homens e mulheres com MBA pela Escola Booth da Universidade de Chicago entre 1990 e 2006. Como todos os participantes têm o mesmo grau elevado e se formaram na mesma escola de administração, muitas variáveis de confusão já se mantêm como constantes.[24] Os primeiros formados na amostragem receberam seus certificados de MBA entre dez e dezesseis anos antes, de modo que podemos usar o prazo de treze anos para examinar suas experiências.[25]

Logo depois que a nova safra daqueles com MBA deixa a universidade e aceita seus primeiros empregos, as mulheres recebem 95 centavos sobre o dólar masculino de MBA. Mas, a cada ano que passa, a diferença entre suas remunerações aumenta. No ano treze, a remuneração delas caiu para o nível espantosamente baixo de 64 centavos sobre o dólar masculino. Essas diferenças estão representadas, por ano desde a conclusão do MBA, pelas barras escuras no gráfico 8.3.

Pode-se encontrar a razão dessa queda examinando as barras claras, que dão a razão entre as remunerações femininas e as masculinas para as mulheres sem filhos em relação a todos os homens da amostragem.[26] Essas barras são geralmente mais altas do que as escuras, em especial três anos depois de receberem o certificado de MBA, e as diferenças entre as barras escuras e as claras são maiores conforme aumenta o tempo desde a obtenção do MBA. Embora haja variância nas barras claras — sobem e descem (e depois sobem outra vez) em parte por causa da amostragem pequena —, há pouca tendência.[27] Inversamente, nas barras escuras há uma notável tendência declinante. As mulheres que nunca tiveram filho (e nunca tiraram licença por mais de seis meses) estão quase em paridade relativa com todos os homens, embora ainda recebam menos, ao passo que as mulheres que tiveram filho continuam a se sair pior.

Gráfico 8.3. Razão entre remunerações anuais de mulheres e homens com MBA por anos desde a obtenção do título

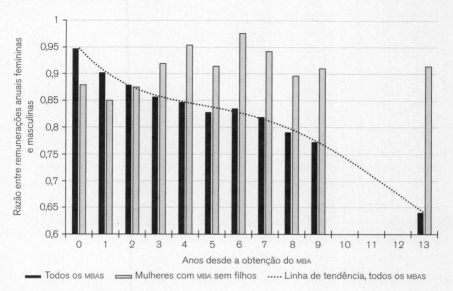

Ver Apêndice de gráficos e tabela.

Sabemos por uma análise em profundidade dessas histórias de MBA que o hiato salarial crescente não surge aleatoriamente. Pelo contrário, aparece em larga medida com a chegada de filhos. Como todos os integrantes do grupo analisado tinham uma pós lato sensu pela mesma escola de administração (de alta qualificação) e como temos dados administrativos sobre a época em que eles eram estudantes, podemos ter um controle estatístico quase perfeito de suas capacitações, treinamentos e graus de instrução.

Dois fatores têm responsabilidade primária pelo grande hiato salarial entre os gêneros que surge entre esses MBAs: interrupções de carreira e número médio de horas de trabalho por semana. As mulheres com MBA da amostragem têm interrupções de carreira nos primeiros treze anos mais longas do que as dos homens com MBA. Além disso, nos primeiros treze anos depois da obtenção do certificado, a carga horária semanal das mulheres com MBA diminui em comparação à dos homens.

CARREIRA E FAMÍLIA

Os dois fatores mencionados — anos no emprego (também chamado experiência de emprego) e número médio de horas semanais — explicam uma boa parte da ampliação com o passar dos anos desde a obtenção de um MBA. Conforme observamos, treze anos depois da obtenção, a razão das remunerações entre os gêneros é de 64 centavos sobre o dólar masculino. Mas ela aumenta para 73 centavos — depois de corrigir as diferenças na experiência de trabalho entre homens e mulheres. E aumenta ainda mais — para 91 centavos — depois de corrigir as diferenças em tempo de afastamento e carga horária semanal.[28] Quase todo o decréscimo na razão das remunerações anuais durante a primeira década, aproximadamente, após a obtenção do MBA se dá porque as mulheres com MBA tiram mais tempo de licença e trabalham menos horas do que os homens com MBA.

Quem trabalha menos anos teria menos experiência de emprego e menor número de clientes. Quem trabalha menos horas deveria receber menos. Mesmo assim, as diferenças nas horas e nos anos trabalhados não são grandes. Todavia, menos diferenças pequenas resultam em grandes penalidades nas remunerações para essas mulheres com MBA.

O tempo de licença de afastamento do serviço entre as mulheres com MBA não é grande. A mulher média empregada durante sete anos depois de receber seu MBA tirara apenas 0,37 de um ano — pouco mais de quatro meses. O homem médio tirara apenas 0,075 de um ano — menos de um mês.[29] Mas, cerca de treze anos após a obtenção do MBA, a mulher média acumulara um tempo de licença de afastamento de cerca de um ano, e o homem médio, de apenas seis semanas. O afastamento do emprego para as mulheres não é longo, mas é muito maior do que para os homens.

A carga horária de trabalho é grande tanto para os homens quanto para as mulheres com MBA. Em seus primeiros anos após a obtenção do MBA, a jornada semanal média é de por volta de sessenta horas para homens e mulheres. Treze anos após a obtenção do certificado, a jornada semanal de trabalho para as mulheres diminui para 49 horas, contra 57 horas para os homens.

Boa parte da diferença na jornada média entre homens e mulheres com MBA se deve ao fato de que algumas mulheres trabalham meio pe-

CUIDADO COM O HIATO

ríodo. Com efeito, 18% delas trabalham meio período treze anos após a conclusão do MBA. (Cabe notar que meio período para essas mulheres com MBA corresponde a cerca de trinta horas semanais.) Significativamente, a maioria das mulheres com MBA em meio período é autônoma. Os empregos nos setores administrativos e financeiros raramente são em tempo parcial. Para trabalhar em tempo parcial, muitas mulheres com MBA trabalham por conta própria.

Outro fato importante é que, treze anos após a obtenção do certificado, 17% das mulheres com MBA não estão em nenhum emprego. Essa cifra é mais alta do que a de outras mulheres graduadas que obtiveram um grau mais avançado prestigioso — mais alta do que para médicas, advogadas e acadêmicas.[30]

Mas a fração das mulheres com MBA que se consideravam "atualmente não empregadas" era notavelmente menor do que se esperaria, em vista de todo o alarido referente à "opção por sair" (*opting-out*) entre as graduadas com filhos, sobretudo entre as portadoras de um MBA. A interrupção do emprego para as mulheres com MBA era muitas vezes temporária. As graduadas geralmente não optam por uma saída definitiva da força de trabalho.[31] Algumas apenas dão uma pausa no emprego.

As remunerações femininas em relação às masculinas diminuem com o passar dos anos desde a obtenção de um MBA. Mas isso não se deve basicamente a grandes perturbações no emprego, a longos períodos de ausência e a mudanças para posições com menor carga horária. As mulheres com MBA recebem consideravelmente menos do que seus correlatos masculinos porque as posições nos setores administrativos e financeiros com alta remuneração penalizam grandemente os empregados que têm mesmo que breves interrupções de carreira e os que não têm uma carga horária excepcionalmente longa e puxada.

A chegada dos filhos e as decorrentes responsabilidades de atendimento a eles são os principais fatores para a menor experiência de emprego, a maior descontinuidade na carreira e a carga horária menor para as mulheres com MBA em relação aos homens com MBA. Além disso, algumas mães com MBA de nossa amostragem saíram por algum tempo do mercado de trabalho poucos anos depois do primeiro filho.

As mães com MBA não diminuem as horas de trabalho logo após

retornar da licença-maternidade. Pelo contrário, voltam ao serviço e continuam com uma carga horária árdua. Depois de um ou dois anos, algumas começam a reduzi-la. Outras mudam de rumo e passam a trabalhar por conta própria. As maiores mudanças se dão três ou quatro anos depois do nascimento do primeiro filho. Nesse momento, as remunerações das mulheres, na média, caem para 74% do nível em que estavam antes do nascimento.

Algumas mães com MBA com filhos pequenos veem que as horas e a intensidade do trabalho nos setores administrativos e financeiros são excessivas após o nascimento de um filho. E os chamados de emergência ocorrem mesmo sem um segundo filho. Os dados revelam muito sobre um grupo de mulheres que quer pôr a carreira de volta nos trilhos. A carreira e a família tentam, ambas, ocupar o mesmo espaço, e algo precisa ceder.

As mulheres com MBA sem filhos, quer sejam casadas, quer não, têm uma trajetória diferente da das mulheres com MBA com filhos. Embora as remunerações das mulheres com MBA sem filhos (e sem perturbações na carreira) ainda sejam mais baixas do que as dos homens com MBA (com e sem filhos), estão apenas nove centavos abaixo do dólar MBA masculino treze anos após a obtenção do certificado. Essa cifra, embora não seja zero, é fenomenalmente mais baixa do que o hiato de 36 centavos em relação ao dólar MBA masculino que existe para o grupo como um todo.[32]

As mulheres escolhem retroceder no emprego por uma série de razões depois do nascimento de um filho, mesmo vários anos depois. Mas também existe a possibilidade de que não seja por vontade própria que saem ou reduzem o ritmo. As mulheres com filhos podem ser afastadas do local de trabalho de várias maneiras diretas e sutis. Pode haver um paternalismo bem-intencionado por parte dos supervisores (homens e mulheres). Mulheres com filhos pequenos podem, por iniciativa de seus supervisores, ser poupadas de clientes mais exigentes e deixadas de lado em projetos desafiadores. Também podem ter acesso negado aos clientes mais ricos e a promoções por decisão de administradores que não se sentem seguros quanto ao futuro de longo prazo delas na empresa.

CUIDADO COM O HIATO

Mas existem evidências muito claras no estudo do MBA de que é a escolha, mais do que o paternalismo ou o viés, que constitui o fator principal.[33] As evidências se referem ao que os dados mostram sobre o efeito da renda do marido sobre as horas de trabalho da mãe com MBA. A maior mudança nas horas de trabalho — e, portanto, a maior mudança na renda anual — se dá entre as mulheres com maridos remunerados acima do salário mediano dos homens com MBA (chamemo-los de maridos no topo das remunerações).[34] Além disso, a maior redução no emprego também se dá entre as mulheres com maridos no topo das remunerações. Nos dois primeiros anos após o nascimento do filho, a mulher com cônjuge no grupo com o topo de remuneração tinha uma probabilidade de estar trabalhando 22% menor do que teria se ele não fizesse parte desse grupo. Depois de cinco anos, era 32% menos provável que ela estivesse trabalhando.[35]

Mas o mero fato de ter um marido "rico" não é o determinante crítico de anos de experiência, horas de trabalho e emprego. Mulheres com maridos de alta remuneração, mas sem filhos, têm tantos anos de emprego e horas de trabalho quanto as mulheres com cônjuges menos prósperos.[36] Existe uma nítida relação entre ter filhos e ter um cônjuge de alta remuneração determinando quais mulheres com MBA estão empregadas e o número de horas que dedicam ao escritório.

A maioria dos genitores não pode (e não quer) contratar terceiros para todos os cuidados com os filhos. Ter um marido que fica saltando de continente em continente significa que ele não pode estar em casa todos os dias nem, possivelmente, todas as semanas. Ter uma casa no subúrbio significa que os dois genitores trabalhando teriam de fazer viagens diárias até o serviço. Algum dos lados precisa ceder. E, com uma renda realmente alta, a segunda renda é menos essencial.

Tais evidências sugerem que a maior parte do efeito dos filhos sobre o emprego de uma mãe com MBA se deve à escolha, não ao viés, seja ele bem-intencionado ou não. Está claro que as escolhas das mães com MBA estão altamente circunscritas pela relativa inflexibilidade das agendas de trabalho em grande parte dos setores administrativos e financeiros.

Um estudo só, por mais bem feito que seja, não é capaz de fornecer evidências irrefutáveis sobre um problema tão complexo e persistente

CARREIRA E FAMÍLIA

como o hiato salarial entre os gêneros. No entanto, um grande número de estudos pode apontar o caminho. Outras pesquisas, inclusive as minhas, têm confirmado as descobertas do projeto MBA. Usando extensos dados censitários e empresariais sobre os empregadores e os empregados americanos, meus coautores e eu descobrimos que as remunerações das mulheres graduadas diminuíram em relação às dos homens graduados durante seus sete primeiros anos de emprego, e que essa diminuição foi maior entre as casadas.[37] As mulheres se transferem para firmas que pagam menos e, dentro das firmas, recebem aumentos salariais menores.

Outras evidências provêm das pesquisas sobre o efeito do nascimento de um filho sobre a renda de cada genitor. Entre os estudos mais surpreendentes e convincentes a esse respeito estão os que usam dados de vários países nórdicos. Esses estudos fornecem evidências "do berço ao túmulo" e são surpreendentes porque as conclusões são semelhantes às do estudo do MBA, muito embora sejam referentes a países que possuem políticas familiares das mais generosas do mundo, incluindo atendimento infantil subsidiado e longa licença remunerada para os dois genitores.

Os dados desses estudos permitem estimativas precisas do papel dos nascimentos sobre as remunerações das mães e dos pais, que são observadas por vários anos antes e muitos anos depois de um evento — aqui, no caso, o nascimento de um filho. Várias equipes de pesquisadores têm realizado esses estudos usando dados administrativos extraordinários da Suécia e da Dinamarca.[38] O estudo sueco observa as remunerações do pai e da mãe do bebê em algum ponto de 1990 a 2002, e estima o efeito do nascimento sobre as diferenças de remuneração do casal.[39] O estudo dinamarquês faz uma análise similar, mas foca o efeito do nascimento sobre as mulheres e sobre trabalhadores homens comparáveis.[40]

Como era de esperar, recai uma penalidade salarial substancial sobre as mulheres após o nascimento de um filho. Mas, mesmo quinze anos após o nascimento, o hiato de renda entre marido e esposa se mantém maior do que era antes do nascimento. As diferenças são grandes. Se antes do nascimento do filho os dois genitores recebiam o mesmo, o marido recebe 32% mais do que a esposa quando o filho

CUIDADO COM O HIATO

está com quinze anos.[41] Grande parte desse alargamento do hiato, segundo o estudo sueco, decorre de uma diminuição na carga horária de trabalho da esposa, mas cerca de um terço decorre de uma redução no valor pago por hora.

Seria quase impossível fazer um cálculo idêntico para os Estados Unidos, que está na rabeira do mundo todo quanto às políticas de atenção à família, devido à inexistência do tipo de registros administrativos que existem na Suécia (e em alguns outros países), que associam informações salariais e dados natais. Mas não há nenhuma razão para supor que aqui os resultados seriam menores e há muitas razões para supor que seriam maiores.[42]

Todas essas descobertas — que o hiato salarial entre os gêneros aumenta com a formação da família, que as mulheres se transferem para empresas que pagam menos e que, dentro das empresas, elas avançam menos do que os homens — requerem um exame dos hiatos de remuneração por ocupação para o grupo com graduação. Existem grandes diferenças no hiato salarial de gênero entre as ocupações. Será que algumas propiciam mais a igualdade de gênero e a paridade conjugal? Quais são as características ocupacionais que tornam as ocupações mais ou menos agradáveis para as mulheres (e para os casais em termos mais gerais)?

Consideremos as que receberam os graus avançados mais prestigiosos: direito, MBA, medicina e doutorado. Esses graus permitem que seus detentores ingressem nas áreas mais lucrativas, que são também as que apresentam a maior disparidade de renda e benefícios enormes para os que dedicam mais horas, dias e semanas. As mulheres que detêm algum desses graus, sobretudo se têm filhos, geralmente não se sairão tão bem quanto seus correlatos masculinos. As mulheres naturalmente tiram licenças mais longas do emprego e muitas vezes reduzem o número de horas quando os filhos são pequenos. Pagarão um preço por isso em termos de suas carreiras, como acabamos de ver no caso das mulheres com MBA. O custo depende do tipo de trabalho que fazem.

Os pais também pagam um preço elevado. Quase metade de todos os pais pesquisados num estudo do Pew Research Center, abordando se passam tempo suficiente com os filhos, declarou que passam pouquíssimo tempo.[43] Muitos homens de mais idade adoram o tempo que passam com os netos porque não passaram tempo com seus filhos quando eram pequenos. O preço para cada genitor que se especializa num âmbito ou no outro — na carreira ou na família — se soma à perda da paridade conjugal.

O Projeto Harvard and Beyond, citado anteriormente, entre formados na Faculdade Harvard do fim dos anos 1960 ao começo dos anos 1990, junto com dados relacionados, nos permite medir a penalidade que as interrupções no emprego impõem à carreira. A penalidade pelo afastamento é considerável para todos os rumos de carreira usualmente tomados pelos detentores desse grau — advogados, administradores, médicos e acadêmicos. Ela existe para homens e mulheres, mas é mais sentida pelas mulheres, porque elas tiram licenças de afastamento mais longas e reduzem mais suas horas de trabalho.

A penalidade nas remunerações anuais pelo afastamento varia segundo o grau de titulação, e as diferenças são grandes. A menor penalidade nas remunerações, medida quinze anos após a conclusão de um bacharelado, se dá para os médicos e a maior se dá para os MBAS. Os que são advogados ou acadêmicos ficam em algum ponto no entremeio. A penalidade dos homens com MBA é 1,4 vez a dos médicos, e a penalidade dos advogados e acadêmicos é 1,2 vez a dos médicos.[44] O que faz com que as penalidades por interrupções na carreira e por reduções nas horas de trabalho variem por titulação e, portanto, por ocupação?

Para responder a essas perguntas, utilizei um conjunto de dados gigantesco do American Community Survey, com informações sobre vários milhões de homens e mulheres com graduação, entre 25 e 64 anos.[45] Embora o censo americano enumere cerca de quinhentas ocupações, aqui estão representadas 115 delas, porque a amostragem é limitada a graduados universitários trabalhando em tempo integral. As ocupações vão desde algumas das mais prestigiosas a muitas que são menos elevadas, como as de representante comercial, analista orçamentário e técnico de enfermagem.[46]

Alguns desses grupos ocupacionais têm hiatos de remuneração entre os gêneros extremamente largos, ao passo que outros estão mais próximos da paridade. As razões salariais entre os gêneros estão dispostas

206

Gráfico 8.4. Razão das remunerações entre os gêneros para graduados universitários por setor ocupacional

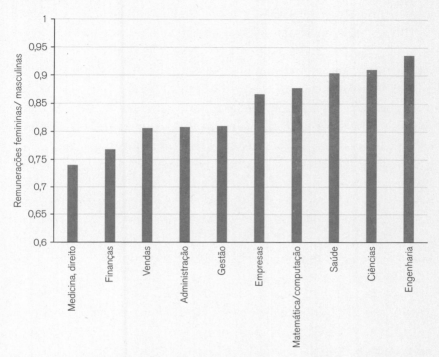

Notas: As remunerações estão ajustadas por idade, horas e semanas trabalhadas e grau universitário acima do bacharelado. Os dados usados agregam o ACS para 2009 a 2016.
Ver também Apêndice de gráficos e tabela.

em ordem crescente no gráfico 8.4, depois de corrigir as horas e semanas usuais de trabalho, a idade do trabalhador e o nível educacional acima do bacharelado.

As razões mais baixas entre remuneração feminina e masculina — isto é, os maiores hiatos — se encontram em ocupações profissionais com considerável número de firmas próprias, como escritórios de advocacia, além das que lidam com operações financeiras, comerciais, administrativas, gerenciais e empresariais. As razões mais altas e, portanto, os hiatos menores estão em matemática e ciência da computação, atendimento à saúde (excluindo os médicos), ciências e engenharia. As ocu-

CARREIRA E FAMÍLIA

pações, assim, dividem-se em dois grupos. As mulheres em tecnologia recebem 94 centavos do dólar tecnológico masculino, mas as mulheres na área financeira recebem 77 centavos do dólar financeiro masculino.[47]

Haverá algo especialmente preconceituoso e chauvinista naqueles do setor financeiro, mas não do setor tecnológico? Haverá montes de patrões oportunistas e discriminatórios nas finanças, mas não na tecnologia? Em todos os setores há gerentes e patrões sem princípios. Para procurar as razões subjacentes das diferenças nas remunerações entre os gêneros por área ou setor, é preciso saber o que as pessoas fazem em cada uma dessas ocupações e as demandas de cada uma delas, sobretudo em relação ao tempo.

Seria uma tarefa hercúlea desencavar essas informações para cada ocupação. Por sorte, uma equipe enorme já reuniu um grupo-padrão de características para todas as ocupações do censo. A base de dados é a o*NET — Occupational Information Network (Rede de Informações Ocupacionais) —, mantida pelo Departamento do Trabalho dos Estados Unidos.

Antes de apresentar suas descobertas, cabe expormos algumas ideias gerais sobre a razão pela qual as mulheres — em especial as mães — preferem certos empregos a outros e se dirigem a eles, mesmo que a remuneração seja menor. Essa lógica tem como base o fato de que, tradicionalmente, as mulheres assumem mais responsabilidade pelos filhos e por outros membros da família. Isso não quer dizer que os homens não passem um tempo considerável com os filhos, e não quer dizer que nossa atual divisão do trabalho em casa seja correta. Mas as mulheres são com maior frequência o genitor "à disposição do lar" (bem como é a filha que fica "à disposição").

Devido às diferenças entre homens e mulheres em suas responsabilidades no lar, as ocupações com menos horas de trabalho, menos horas à disposição da empresa, agendas mais previsíveis e mais controle sobre as horas hão de ser preferidas pelas mulheres. Por extensão, elas também haveriam de preferir empregos com turmas de trabalho cujos integrantes podem, de maneira fácil, substituir uns aos outros e que fornecem serviços ou produtos padronizados.

Mas os trabalhadores nem sempre se substituem perfeitamente uns

CUIDADO COM O HIATO

aos outros, e os clientes de modo geral preferem ser atendidos por um profissional que já conheçam. Os integrantes de uma equipe podem ter de trabalhar à noite e nos fins de semana para encontrar os clientes, e isso muitas vezes significa pagar mais aos trabalhadores para compensar o tempo que deixam de passar com a família. Os homens em geral optam pelos empregos que têm demandas de tempo maiores, mas pagam mais. Em comparação às mulheres, eles geralmente se importam menos com a flexibilidade do tempo e mais com a vantagem salarial. As mulheres com filhos, porém, nem sempre têm essa possibilidade.

Você se lembra de Isabel e Lucas, o casal do capítulo 1 que trabalha para a InfoServices? A empresa precisava de alguém que ficasse de sobreaviso e pagaria mais por isso. Digamos que o acréscimo por aquela posição era de 20 mil dólares anuais, suficiente para fazer Lucas aceitar o serviço. Isabel não, pois não poderiam estar os dois à disposição da empresa porque, de início, ela estava cuidando dos pais e, mais tarde, do filho pequeno.

Lucas e Isabel prefeririam ficar ambos "à disposição do lar", em vez de ficar um deles "à disposição da empresa". Isso garantiria uma maior paridade conjugal. Mas o adicional de 20 mil dólares era alto demais para que ambos, como casal, pudessem dispensá-lo. Quanto mais alta a remuneração ao empregado que fica à disposição da empresa, maior o hiato salarial entre os gêneros — caso as mulheres continuem a ser quem em regra fica à disposição do lar. Mas, mesmo que não haja qualquer diferença de gênero referente a quem fica à disposição da empresa, haverá problemas na paridade conjugal.

Assim, voltando ao que esperaríamos ver nos dados concretos, iriam se encontrar menores hiatos salariais entre os gêneros nas ocupações em que uma carga horária maior já não vale tanto, em que as empresas podem montar equipes de substitutos e em que os serviços e produtos são mais padronizados. Iriam se encontrar hiatos maiores em ocupações em que o período de sobreaviso e o horário irregular têm um valor considerável, em que os clientes ricos requerem profissionais específicos, em que as equipes consistem em pessoas que realizam tarefas diferentes e complementares e em que os serviços e produtos são idiossincráticos.

CARREIRA E FAMÍLIA

A o*net fornece centenas de características para cada ocupação. Algumas se referem aos atributos físicos de um serviço, mas nosso interesse aqui reside menos nas demandas físicas do serviço e mais nas demandas de tempo do local de trabalho, nas interações dos trabalhadores e nas relações com os clientes. Todas as ocupações do censo oferecem informações sobre seis características pertinentes:

1) Contato com terceiros: quanto contato com terceiros (por telefone, ao vivo ou de alguma outra maneira) é necessário para cumprir seu serviço atual?
2) Frequência de tomada de decisões: em seu emprego atual, com que frequência suas decisões afetam outras pessoas, ou a imagem, a reputação ou os recursos financeiros de seu empregador?
3) Pressão do tempo: com que frequência esse emprego exige que o trabalhador cumpra prazos rigorosos?
4) Trabalho estruturado × trabalho não estruturado: a que ponto esse emprego está estruturado para o trabalhador, em vez de lhe permitir determinar tarefas, prioridades e metas?
5) Criação e manutenção de relações interpessoais: qual é a importância de desenvolver relações de trabalho construtivas e cooperativas com outros e mantê-las ao longo do tempo?
6) Nível de competitividade: a que ponto seu atual emprego é competitivo?

As cinco primeiras características medem as demandas de tempo no emprego. Se as mulheres têm menos condições de dedicar tanto tempo quanto os homens, ou se estão menos dispostas a trabalhar durante determinadas horas ou dias, elas podem receber menos por hora, ainda que a função seja nominalmente a mesma. Isabel e Lucas ocupam empregos de mesmo nome; trabalham o mesmo número de horas. Mas Lucas recebe 20 mil dólares a mais por ano porque fica à disposição da empresa. Isabel, visto que recebe 100 mil dólares por ano, tem 83 centavos do dólar de Lucas porque tem uma agenda mais previsível, permitindo-lhe estar à disposição do lar.

As ocupações nas áreas de engenharia, ciências e matemática com-

210

CUIDADO COM O HIATO

putacional mostram que, nas cinco primeiras características, elas têm pequena demanda de tempo e interações pessoais limitadas.[48] Nessas áreas, os empregados muitas vezes trabalham em tarefas separadas, raramente têm relações com clientes, dispõem de prazos mais ou menos flexíveis, tomam dia a dia decisões semelhantes e se envolvem em tarefas muitas vezes entregues ao pesquisador independente. Essas ocupações também têm pequenos hiatos salariais entre os gêneros.

As ocupações no topo da disparidade de gênero são nas áreas de gestão, administração e vendas, além das áreas com significativo grau de autoemprego, como a medicina, a odontologia e a advocacia. Essas ocupações também estão no topo para as cinco primeiras características. Nessas áreas, as pessoas têm clientes, muitas trabalham com prazos rigorosos e tomam decisões que variam a cada dia.

As únicas anomalias no amplo grupo das ocupações são as que se encontram na área da saúde e nas operações financeiras. As ocupações na área de saúde (como nutricionistas e fisioterapeutas) têm, de modo geral, tarefas muito específicas. Apresentam baixos níveis de desigualdade de gênero, mas também têm demandas de tempo acima da média. Na outra ponta, as ocupações em operações financeiras (como consultores financeiros e agentes de crédito) têm alta desigualdade de gênero, mas demandas de tempo abaixo da média.

Embora essas ocupações não se encaixem no quadro usando as cinco características referentes às demandas de tempo, elas estão solidamente relacionadas com a sexta característica: a competitividade. As ocupações na saúde estão no nível mais baixo de competitividade. As ocupações financeiras estão no mais alto.

Uma média das seis características (as cinco medindo as demandas de tempo e a sexta avaliando a competição) contribui muito para "explicar" o hiato salarial entre os gêneros por ocupação.[49] Os com altas demandas de tempo e/ou considerável grau de competição têm maiores hiatos salariais entre os gêneros. As mulheres sofrem penalidades em certas ocupações porque exigem horas mais controláveis.

Outro traço importante dessas ocupações se refere à desigualdade nas remunerações. As ocupações com a maior desigualdade de renda entre os homens estão entre as de maiores hiatos salariais entre os gêneros.[50] As ocupações com a maior desigualdade de renda são também aquelas em que os empregados competem por clientes, contratos, acordos e pacientes. Estão também entre as de maior número de horas, sendo em sua maioria horas à disposição e horas de pico (considerem-se as longas horas de advogados, cirurgiões, contabilistas etc.).

Por todas essas razões, as ocupações com alto nível disparidade de renda são aquelas em que as mulheres, em especial mães, terão menos probabilidade de receber as remunerações mais altas. Receberão consideravelmente menos do que os que competem de maneira ativa para fechar um negócio e menos do que os que dedicam longas horas irregulares para consegui-lo.

Com a disparidade de renda crescente desde o fim dos anos 1970 em termos mais gerais, os empregos com as maiores demandas de horas pagam mais. Assim, os empregos de mais difícil ingresso para as mulheres e os mais puxados para elas são justo os que se tornaram mais lucrativos nas várias últimas décadas. Esse impacto pode constituir uma das razões pelas quais o hiato salarial entre os gêneros, em especial para o grupo de graduadas na faculdade, está firmemente imobilizado na última década, muito embora as mulheres tenham aprimorado suas credenciais. As mulheres estão nadando contra a corrente, conseguindo manter sua posição, mas enfrentando algumas fortes contracorrentes econômicas.

Lilly Ledbetter, que se dizia "a avó do pagamento igualitário", e as mulheres com algumas experiências iguais às suas sabem que o hiato salarial entre os gêneros é real. É uma das questões mais importantes de nossa época. O que se pode fazer a respeito dele? As várias soluções mencionadas anteriormente — livrar o mercado de trabalho das empresas e gestores com viés, incentivar as mulheres a competir mais, ensiná-las a negociar de modo mais eficiente e revelar a todos os salários alheios — poderiam estreitar um pouco o hiato. Mas essas soluções, e mesmo a solução mais difícil de eliminar toda a segregação ocupacional, teriam apenas um efeito modesto.

As diferenças de remuneração entre os sexos existem em quase to-

CUIDADO COM O HIATO

das as ocupações. São mais importantes para o hiato salarial entre os gêneros em geral do que as diferenças ocupacionais entre homens e mulheres. O hiato salarial entre os gêneros se amplia com o tempo e aumenta em determinados momentos; por exemplo, depois do nascimento de um filho. Para os homens com MBA, o hiato se expandiu para as mulheres no agregado. Mas se expandiu muito menos, se é que chegou a se expandir, para as mulheres sem filhos e para as que não tiveram afastamento superior a seis meses.

Deve-se procurar o culpado na novela do hiato salarial entre os gêneros em dois âmbitos. Um deles diz respeito às decisões tomadas por casais comuns, como Isabel e Lucas, quanto à divisão das responsabilidades de cuidar dos filhos. O outro se encontra no custo da flexibilidade temporal no trabalho que pesa na escolha de todos os casais. Quanto mais alto for o custo, mais os cônjuges se especializarão e renunciarão à paridade conjugal no atendimento dos filhos.

Usemos nossa lupa de detetives nos casos da farmacêutica e da advogada, que expõem ainda mais a causa subjacente do hiato salarial entre os gêneros e fornecem pistas adicionais para solucionarmos o problema.

9
O caso da advogada
e da farmacêutica

NO COMEÇO DOS ANOS 1960, um seriado judicial de tevê de grande popularidade acompanhava os casos do fictício advogado de defesa criminal Perry Mason. Perry era um sujeito robusto, de fala mansa, reflexivo e sensível. Com o auxílio de sua arguta e experiente secretária, Della Street, ele resolvia o crime no fim de cada episódio, inocentando o réu equivocadamente acusado. Os enredos envolventes costumavam ser de autoria do grande novelista Erle Stanley Gardner.

Quando Della era o braço direito de Perry nos anos 1960, a advogada mediana fazia apenas 57 centavos sobre o dólar de seu correlato masculino em bases anuais — isso se ela chegasse a conseguir colocação como advogada.[1] Nos anos 1950 e começo dos anos 1960, muitas das melhores graduadas das escolas de direito — integrantes do Grupo Três — não conseguiam passar pela porta da maioria das firmas jurídicas. Sandra Day O'Connor, quando se formou entre os primeiros lugares em sua turma na Escola de Direito de Stanford, em 1952, não conseguiu encontrar uma firma que sequer se dispusesse a entrevistá-la. Ruth Bader Ginsburg não conseguiu emprego de escrivã com o juiz Felix Frankfurter porque ele não contratava escreventes mulheres.[2] As mulheres do Grupo Três que tentaram ingressar na carreira, mesmo as

214

O CASO DA ADVOGADA E DA FARMACÊUTICA

com credenciais impecáveis, eram em pequeno número e muitas vezes não eram levadas a sério.

Quando o último episódio de *Perry Mason* foi ao ar, em 1966, apenas 4% dos estudantes de direito eram mulheres. Meros vinte anos depois, em 1987, mais de 40% das pessoas tituladas formadas em direito eram mulheres. Quando a HBO lançou uma série derivada com o mesmo nome, no verão de 2020, encontrava-se o mesmo número de homens e mulheres nos campi das escolas de direito de todo o país. O trabalho como advogada numa firma de advocacia, como consultora empresarial ou similares, é uma profissão muito difundida. Em comparação a medicina, por exemplo, para cada aluna começando a cursar medicina há quase três começando o curso de direito. Abriram-se portas para advogadas em vários campos: como membros de firmas particulares de advocacia, como advogadas empresariais de trabalho interno, como advogadas no setor público. Hoje, a própria Della Street poderia se tornar um Perry Mason — só não receberia, ainda, o mesmo tanto que ele. (E, é bem provável, não teria um secretário tão arguto e experiente como a que Perry teve o privilégio de ter a seu lado.) As remunerações das mulheres na área aumentaram também. Mas, por uma série de razões, ainda são baixas em comparação às dos homens. Hoje, a advogada mediana recebe apenas 78 centavos do dólar do advogado mediano.

Embora seja um grande avanço, por que a advogada Della Street não consegue receber agora o mesmo tanto que recebe o advogado Perry Mason? Será porque os sócios seniores não a promovem? Como vimos no capítulo anterior, o hiato salarial entre os gêneros é mais complexo do que a discriminação observada. Claro que o viés — explícito ou implícito — pode ter um papel. Seguramente tinha no passado, quando Sandra Day O'Connor nem sequer conseguia uma entrevista de emprego ou quando Ruth Bader Ginsburg não conseguia uma função de escrivã no Supremo Tribunal.

Mas, para a Della e o Perry atuais, a coisa não termina por aí. Há uma questão mais insidiosa, invisivelmente entremeada na estruturação do trabalho moderno, que se demonstra muito mais importante. A solução do mistério na imaginada temporada de 2021 sobre a parceria

CARREIRA E FAMÍLIA

de Della e Perry nos reencaminha ao núcleo de nosso incômodo e persistente hiato salarial entre os gêneros.

Reformulemos os papéis dos anos 1950 de Della e Perry como secretária e advogado, tornando-os mais modernos: um jovem casal ambicioso do Grupo Cinco que se conheceu e se apaixonou quando colaboravam no periódico acadêmico de sua escola de direito altamente consagrada. Algum tempo depois de formados, tendo em mãos suas habilitações como advogados, ambos seguiram para o exercício da profissão.

Os advogados recém-formados têm uma série de opções de emprego. Podem trabalhar em grandes firmas de direito empresarial ou em pequenos escritórios especializados em direito de família e planejamento sucessório. Podem trabalhar como consultores empresariais, em órgãos do governo e entidades sem fins lucrativos, ou lecionar em escolas de direito. Também podem concorrer a cargos políticos ou trabalhar em outras áreas, fora do setor jurídico. Cada opção oferece uma série de comodidades com diversos níveis de remuneração.

Della e Perry são jovens e ambiciosos e, assim, ambos decidem trabalhar em empregos exigentes em firmas particulares (aqueles empréstimos universitários não vão se pagar sozinhos). Depois de cinco anos, receberão praticamente o mesmo. As remunerações logo após a obtenção do grau de doutor em direito são quase as mesmas por sexo, e o pequeno hiato nos dados brutos entre os salários de advogados e advogadas cinco anos depois da titulação desaparece quando se computam as horas trabalhadas e o tempo de experiência.[3]

Mas, como novatos numa firma particular, eles levam uma vida puxada. Todos os doutores em direito nessa fase da carreira trabalham muitas horas, e quase 80% das advogadas e 90% dos advogados trabalham mais de 45 horas semanais no quinto ano, como mostra o gráfico 9.1. Os que estão em grandes escritórios de advocacia ou no setor corporativo trabalham ainda mais, Perry com cerca de 51 horas semanais e Della com 48. Por ora, as mulheres continuam no jogo: no quinto ano, apenas 6% dessas advogadas jovens trabalham meio período e ínfimos 4% estão fora da força de trabalho.[4]

O CASO DA ADVOGADA E DA FARMACÊUTICA

Gráfico 9.1. Distribuição percentual das horas de trabalho para advogadas e advogados: cinco e quinze anos depois da obtenção do título

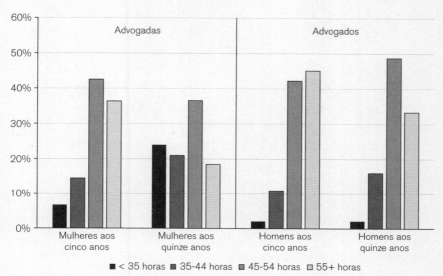

Ver Apêndice de gráficos e tabela.

Na marca quinquenal, Della e Perry formam a dupla moderna dos sonhos, trabalhando basicamente o mesmo número de horas e recebendo basicamente os mesmos valores. Estão na trilha rumo à igualdade, na remuneração e nas responsabilidades. Em vista desse início promissor, dali a uns dez anos ambos deveriam estar rumando para a participação societária em suas firmas. Certo?

Errado. Nos dez anos seguintes de exercício da profissão, um quarto das mulheres recuará para o trabalho em tempo parcial e 16% deixarão a força de trabalho. Em contraste, apenas uma fração minúscula dos homens trabalhará em tempo parcial (2%) e uma fração também minúscula (2% também) estará sem emprego. Tanto para os advogados quanto para as advogadas, cerca de 20% deixarão a área jurídica, porém continuarão empregados, mas as razões apresentadas para isso em geral são diferentes.

Enquanto Perry Mason está prestes a se tornar sócio e maximizar

CARREIRA E FAMÍLIA

seu potencial de remuneração, há uma chance de mais de uma para três de que Della Street, também talentosa, trabalhadora e empregável, tenha abandonado totalmente a área jurídica, seja para seguir outra carreira, seja para se tornar mãe restrita ao lar. Mesmo que Della permaneça em sua carreira de advogada, pode ser que não trabalhe tantas horas quanto Perry. Depois de quinze anos após a obtenção do título, cerca de 80% dos advogados trabalham mais de 45 horas por semana, ao passo que apenas 55% das mulheres trabalham o mesmo tanto. Quando fazia cinco anos que tinham se formado, as frações eram muito mais próximas.[5] A renda de Della terá diferenças drásticas em decorrência disso: no marco dos quinze anos, as advogadas recebem apenas um pouco mais da *metade* (56%) do que recebem os advogados.[6]

O que aconteceu com Della e Perry? De onde veio esse grande divisor em suas carreiras? O jovem casal cheio de disposição começou com as mesmas metas, aspirações e qualificações. Com cinco anos de exercício profissional, estavam emparelhados. O que mudou?

A resposta fácil é... bem, a área é a tal ponto um clube masculino exclusivo que, para conseguir aquele grande cliente, você precisa fumar um charuto junto com ele depois de um filé ao jantar e passar horas falando sobre a última partida de beisebol. Mas não é tão simples assim. O hiato entre as carreiras de Della e de Perry se dá não porque Della não gosta de charutos, nem porque Perry e os sócios acima dele mantêm uma prática discriminatória na mentoria e nas promoções. Tampouco porque a advocacia está entre os casos mais extremos de hiato salarial entre os gêneros. A raiz do problema contamina uma série de profissões e carreiras, e tem menos a ver com a discriminação no mercado de trabalho e tudo a ver com o *tempo*.[7] O culpado, como vimos na história de Isabel e Lucas, é a própria estrutura de trabalho.

Depois de quinze anos, Della, por ter trabalhado menos horas do que Perry, acumulou menos experiência jurídica. Mas, mesmo que trabalhasse um idêntico número de horas, estaria recebendo apenas 81% das remunerações que Perry recebe, pois seu salário por hora é agora muito mais baixo do que o dele.[8] Grande parte da diferença restante se dá porque Della, embora fosse uma advogada igualmente promissora, se afastou por algum tempo de sua carreira jurídica.

O CASO DA ADVOGADA E DA FARMACÊUTICA

Quando examinamos de forma atenta a remuneração na área jurídica, vemos uma coisa importante: qual é a quantidade de tempo dedicado ao trabalho que é compensadora na profissão escolhida por Della e Perry.

No décimo quinto ano, a pessoa trabalhadora de advocacia média que trabalha sessenta horas semanais recebe um valor mais de 2,5 vezes superior ao que recebe a que trabalha trinta horas por semana. Esse salto na remuneração com o tempo independe do gênero. Tanto os homens quanto as mulheres na advocacia, quando aumenta seu total de horas trabalhadas, recebem significativamente mais por hora. Já vimos isso antes no esboço da vida de Isabel e Lucas, mas esses números são reais, computados a partir de uma grande amostragem de homens e mulheres profissionais de advocacia.

Quando as horas de trabalho desse profissional de advocacia aumentam de trinta para sessenta por semana, o pagamento médio por hora aumenta em quase um quarto.[9] Quanto maior é o número de horas semanais que esses profissionais trabalham, maior é o valor de cada hora trabalhada. Se mantivermos as horas trabalhadas constantes para homens e mulheres, não há nenhum componente de gênero na discrepância.

Sabemos que há uma diferença significativa na remuneração dos gêneros. Mas, se a causa subjacente do hiato não são os gêneros, qual é ela, então, e por que se destaca tanto nas linhas de gênero? Para entender melhor a resposta, temos de examinar em profundidade a estrutura das empresas e as demandas dos clientes — bem como a pessoa que se encarrega do que precisa ser feito em casa.

Cinco anos depois da obtenção do título, as mulheres trabalham um pouco menos do que os homens — mas não muito menos. Quinze anos depois, porém, mesmo as mulheres em tempo integral dedicam ao trabalho menos horas do que os homens, e menos horas do que dedicavam no começo. Além disso, essa carga horária reduzida não começou de repente, no décimo quinto ano. Qualquer advogado ou advogada em tempo parcial ou carga horária menor tem menor probabilidade de trabalhar com clientes mais ricos. Apenas 18% dos advogados em tempo parcial no décimo quinto ano estavam numa

Gráfico 9.2. Distribuição percentual do local de trabalho para advogadas e advogados: cinco e quinze anos após a obtenção do título

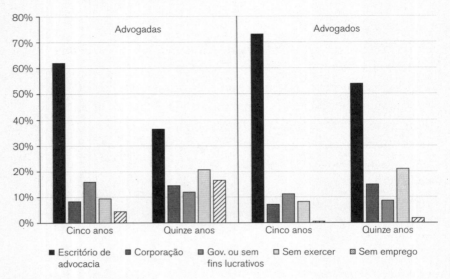

Ver Apêndice de gráficos e tabela.

firma que tinha algum cliente da lista das quinhentas da *Fortune*, mas quase 30% dos que trabalhavam 55 horas ou mais por semana estavam numa firma dessas.

Os profissionais de advocacia também faturam mais em escritórios particulares. No quinto ano, como mostra o gráfico 9.2, a maioria dos homens e das mulheres trabalhava nesses escritórios. Dez anos depois, os dois grupos tinham se afastado desses locais. No entanto, foi maior o número de mulheres do que o de homens que saíram do setor privado nessa década de entremeio. No marco do décimo quinto ano, apenas 37% das mulheres continuavam em escritórios particulares, contra mais de 50% dos homens.

As mulheres que se mantiveram no setor privado ainda tinham uma boa chance de conseguir participação societária em seu décimo quinto ano — só não tão boa quanto a dos homens. Mais da metade das mulheres se tornou sócia no décimo quinto ano, contra 70% dos homens. Mas a diferença de gênero no índice dos que obtiveram socieda-

O CASO DA ADVOGADA E DA FARMACÊUTICA

de desaparece quando se consideram as horas de trabalho e as demandas familiares.[10]

Naturalmente, muitas mulheres deixam o setor privado. Se Della deixou sua firma entre o quinto e o décimo quinto ano, mas continuou empregada, o provável é que tenha passado a trabalhar no governo ou encontrado emprego fora da área jurídica. De uma perspectiva financeira, deixar o setor privado sai caro. Independente do gênero, profissionais de advocacia homens e mulheres perdem 38% da renda anual ao se transferir do setor privado para uma função no governo. Della, se estivesse em sua firma de advocacia no décimo quinto ano, mas não como sócia, receberia cerca de um terço a menos do que receberia se tivesse se tornado sócia. Visto que é maior o número de mulheres que deixam o setor privado e menor o de mulheres que se tornam acionistas, elas sofrem, mesmo quando ficam, um golpe financeiro pesado.

A remuneração por hora trabalhada, a probabilidade de ficar no setor privado e a probabilidade se tornar acionista dependem em alto grau do tempo dedicado e das demandas familiares — e não tanto do gênero da pessoa profissional.[11] Há viés de gênero em muitos escritórios de advocacia, mas esta não é a causa primária das diferenças de gênero na promoção e nas remunerações.

Por que, então, a quantidade de tempo trabalhado mostra divergências tão grandes e tem um impacto tão sério sobre as remunerações e carreiras das mulheres × homens? Quase todas as mulheres que deixam a profissão jurídica entre cinco e quinze anos depois da obtenção do título têm filhos pequenos. Mas pode-se argumentar que montes de advogadas têm filhos, de modo que devem existir outros fatores determinando essa saída.

Imaginemos que Della e Perry, talvez entre o sétimo e o décimo ano de carreira, tenham um ou dois filhos. Se a renda de Perry o coloca no terço superior, é muito mais provável que Della deixe o emprego e a profissão do que seria caso Perry tivesse a renda menor do casal.[12] A probabilidade de que as mulheres com filhos e marido rico estejam fora da força de trabalho é três vezes maior do que no caso de mulheres com marido de renda menor (mas decerto não baixa). (Em comparação, no caso de mulheres sem filhos, não há diferença de emprego com base na renda diferente do marido.)

Assim, a mudança no emprego de Della resultante da renda extraordinariamente alta de Perry se dá no caso em que *eles tenham filhos*. As advogadas não deixam o emprego só por terem maridos ricos. Os maridos podem ganhar todo esse tanto a mais e, além disso, ter uma família, porque as esposas deixam o emprego. Perry pode estar no topo da área, mas apenas se seu tempo e seus esforços não estiverem tomados pelas responsabilidades do lar e do atendimento aos filhos. Isso não significa que ele não seja um ótimo pai quando está por perto. Simplesmente não precisa estar por perto tanto quanto o genitor que fica de prontidão para atender ao lar e cuida da administração da casa.

Mesmo que Della e Perry contratassem um atendimento aos filhos 24 horas por dia, os filhos requerem e merecem o tempo parental. E a maioria dos genitores quer lhes dar esse tempo, o que apresenta um dilema. O tempo que se passa com os filhos é um tempo que não se passa com os clientes. O tempo que se passa para administrar a casa e o atendimento infantil é um tempo que não se passa para redigir argumentos jurídicos, para ir ao tribunal e conseguir a promoção a sócio. Esses custos de oportunidade ficaram ainda mais claros na era da covid-19, como logo veremos, quando o trabalho se transferiu para uma casa que funciona também como creche, escola e refeitório.

Della e Perry estão diante de uma decisão extrema. Ambos poderiam ceder e trabalhar tempo integral sem dedicar aquelas cargas horárias de mais de 45 horas semanais nem entrar noite adentro. Como vimos, porém, isso significaria que ambos sacrificariam um volume enorme de dinheiro e um monte de experiência, ficando na rabeira do pessoal no setor privado e encarando uma rota mais longa e mais difícil para a participação societária.

Della e Perry, em vez de tolherem ambos suas carreiras e ainda continuarem sem muito tempo para ficar com os filhos, fazem a coisa lógica: maximizam a renda potencial como casal. Della recua na carreira, talvez trabalhando meio período ou deixando totalmente a prática advocatícia para cuidar do trabalho no lar. Com isso, Perry fica liberado daquelas responsabilidades familiares e domésticas que consomem

O CASO DA ADVOGADA E DA FARMACÊUTICA

tempo e pode dedicar ao trabalho as longas horas necessárias para se tornar sócio, maximizar sua remuneração por hora e ter a compensação para a família nessa renda mais alta.

No fim de cada episódio de *Perry Mason*, Perry e Della solucionavam o crime. Nesse caso, o crime que precisavam solucionar era como ter uma família e maximizar a renda doméstica. O verdadeiro crime, porém, é que o fim da história do Perry e da Della modernos continua em essência o mesmo que era nos anos 1950: Perry é o advogado de prestígio, que está na sala do tribunal e na sala da diretoria, enquanto Della trabalha em tempo parcial na profissão e em tempo integral em casa, quando os filhos são novos. Quando as crianças ficam mais independentes, Della aumenta suas horas de trabalho, mas já sacrificou a possibilidade de se tornar sócia da lucrativa firma de advocacia.

Se Perry e Della fossem colegas da mesma variedade de alta remuneração, poderiam receber aproximadamente o mesmo valor, trabalhar o mesmo número de horas e ter chances parecidas de obter participação societária. Mas, se forem — como tanta gente é — um casal com níveis de instrução e objetivos de carreira semelhantes que quer ter filhos, aí a sincronia entre suas carreiras não durará muito tempo. Apenas um deles é capaz de alcançar o nível de alta remuneração. O afastamento entre suas carreiras se deve quase por inteiro ao desejo das mulheres de ter um horário menor ou mais flexível e à sua saída dos setores privados e corporativos para ter literalmente o tempo de que precisam para o trabalho de criar os filhos. Apesar dos avanços rumo à igualdade de gêneros na profissão, ainda hoje a área jurídica tem um dos maiores hiatos de remuneração entre os gêneros entre todas as ocupações na economia americana.[13]

Muitos casais, como nossos amigos Isabel e Lucas, vivem o difícil dilema de Della e Perry em muitas profissões. Pessoas muito instruídas que se estabelecem como casais — a médica e o docente titular, a CEO e o senador, a consultora global e o arquiteto — enfrentarão cada qual uma versão diferente do mesmo problema.

A enorme base de dados que examinamos antes, a O*NET — produzida pelo US Bureau of Labor Statistics [Agência Federal de Estatística do Trabalho] —, reúne as informações detalhadas que apresentamos

CARREIRA E FAMÍLIA

sobre as ocupações recenseadas, fornecendo algumas percepções fundamentais sobre a experiência da força de trabalho americana. Vimos que os dados mostram que algumas características de emprego estão relacionadas de maneira íntima com o hiato salarial entre os gêneros, como a importância das demandas de tempo do emprego, o grau exigido pelo emprego de um contato próximo com terceiros (como clientes e consumidores) e a importância para o emprego de manter relações pessoais. Quão maiores forem as demandas de tempo na profissão e maior a necessidade de um tempo sem interrupções com clientes e outros, menor será a probabilidade de que algumas mulheres tenham sucesso nessas posições em comparação aos homens.

Agora sabemos que as ocupações com maiores demandas de tempo pagam desproporcionalmente mais, *mesmo por hora*, quando os empregados trabalham mais horas e se fazem mais disponíveis aos clientes. Empregadores como firmas de advocacia estão dispostos a pagar para atrair pessoas para ficarem à disposição da empresa e trabalharem horas irregulares e imprevisíveis, e simplesmente um maior número de horas porque, entre outras razões, essas pessoas se tornam indispensáveis para clientes e os vários contratos da firma. Um cliente pode exigir um contador ou um consultor específico. Um advogado envolvido num grande processo de fusão e aquisição pode ser visto como figura essencial para a transação. As firmas de contabilidade, consultoria e advocacia podem julgar que, se determinada pessoa não participar de todos os passos do negócio, perderão o cliente para sempre. As maiores demandas de tempo levam a maiores remunerações por hora, e é por isso que alguns trabalhadores recebem muito mais para estar "à disposição da empresa".

Mas o simples fato de estarem à disposição e trabalharem longas horas irregulares nem sempre significa que receberão mais por isso. Como tudo em economia, depende da oferta e da demanda. As firmas querem trabalhadores de grande carga horária porque ter trabalhadores disponíveis de imediato para o cliente é bom para os negócios. Mas os empregados que trabalham muitas horas e dias irregulares recebem mais porque exigem uma compensação extra por isso. A compensação é uma espécie de adicional de penosidade.

224

O CASO DA ADVOGADA E DA FARMACÊUTICA

As pessoas com carreiras em que podem obter participação societária ou promoção a titulares também têm sérias demandas de tempo. Mas são diferentes. Esses empregados precisam trabalhar intensamente durante determinado período por um objetivo que muitas vezes é um prêmio do tipo "o vencedor leva tudo". Nesse caso, a remuneração da hora trabalhada não aumenta. Mas aumentam os ganhos esperados e a futura segurança no emprego.

Quando o pagamento por hora aumenta com o número de horas trabalhadas, a pessoa geralmente tem um incentivo para trabalhar mais horas. Se o aumento no pagamento é grande o suficiente, mesmo as pessoas com responsabilidades no lar e vontade de estar com a família terão um significativo incentivo financeiro para passar mais horas no escritório. Visto que os dois genitores — quaisquer que sejam suas profissões ou ocupações — não podem (e em geral não querem) contratar uma babá a quem transfiram todos os deveres parentais, um dos genitores necessariamente trabalhará menos horas no escritório e passará mais tempo no lar. Esse genitor não terá o adicional por horas, mesmo que continue trabalhando.

Os dois genitores podiam pegar os empregos menos previsíveis e maximizar a renda familiar. Ou podiam ambos pegar os empregos mais previsíveis e flexíveis — maximizando o tempo com os filhos, mas reduzindo a renda familiar. Ou um podia pegar o emprego de alto salário e o outro, o emprego flexível, e foi isso o que decidiram fazer. Maximizaram a renda familiar sujeita à limitação de que pelo menos um deles ficaria de prontidão para atender ao lar. Fizeram isso ao ter um dos genitores à disposição da empresa.

É muitíssimo maior o número de homens que pegam empregos com horas menos previsíveis e mais inflexíveis, o que significa que, na média, as mulheres recebem menos do que os homens, ainda que trabalhem o mesmo número de horas. E quando os empregos mais inflexíveis têm maior avanço, as mulheres recebem menos promoções no futuro. Disso resulta a desigualdade de gênero. É muitíssimo maior o número de mulheres que pegam empregos com horas mais previsíveis e mais flexíveis, para que possam passar mais tempo cuidando das necessidades e emergências dos filhos e do lar. Disso resulta a disparidade conjugal.[14]

Mas, é evidente, as normas de gênero são, já de partida, a razão pela qual as mulheres pegam os empregos mais flexíveis e previsíveis.

Como vimos, ter uma autêntica carreira fora do lar é um fenômeno relativamente novo para as mulheres — que se desenvolveu ao longo de nossos cinco grupos. No contexto dessa mudança tão rápida, podemos ver que, embora a aceitabilidade social de uma mulher com carreira e família tenha mudado bastante, o local de trabalho ainda recompensa em larga medida essa especialização antiquada. As pessoas e, portanto, os casais têm grande incentivo financeiro para se concentrar de forma consistente na carreira — e não procurar soluções de compromisso com as responsabilidades no lar. Mas, se a família também é uma meta, algo tem de ceder.

As diferenças entre as remunerações masculinas e femininas, segundo a lógica e os dados que estamos examinando, guardam pouca relação direta com o viés no local de trabalho ou com a ausência de políticas favoráveis à família ou com qualquer das outras soluções rápidas já mencionadas. Essas soluções pretendem dar às mulheres o que lhes é devido em suas posições atuais. Mas as características dos empregos que elas têm agora são justamente a razão pela qual recebem menos. São esses os aspectos dos empregos que tornam determinado trabalhador — advogado, contabilista, consultor, analista financeiro — indispensável para a contabilidade, o cliente, o negócio.

A boa notícia? O problema não é *você*; é o sistema. A má notícia: o problema não é você. É o *sistema*. Mesmo uma mulher que está recebendo um salário que poderá ser considerado "justo e sem viés" pode, ainda assim, receber menos do que um homem comparável na mesma profissão se ela não é capaz de dedicar um maior número de horas ou se manter de sobreaviso devido às obrigações da família e dos filhos.

Apesar de nossas melhores intenções e muitas vitórias na longa estrada para a igualdade, o hiato salarial entre homens e mulheres persiste. Hoje em dia, Perry e Della folheiam ambos livros e artigos de autoajuda, procurando os dez passos que ensinem a ter uma boa carreira e uma família *de alguma forma*, em busca de conselhos sobre como equilibrar as duas coisas. Não encontrarão a resposta neles, mas o reconhecimento de que existe um problema já é um avanço.

O CASO DA ADVOGADA E DA FARMACÊUTICA

Enquanto a diferença nas remunerações entre os dois empregos for substancial, o casal médio optará por maior renda familiar e, muitas vezes para mútuo pesar e frustração, será assim obrigado a atirar pela janela a igualdade de gêneros e a paridade conjugal.

Como é possível encorajar os casais a não abandonarem a paridade conjugal? É evidente que precisam de uma opção em que a paridade não lhes custe demais. Será possível obter isso mudando o sistema ou que o sistema mude por conta própria? A resposta é sim — na verdade, algumas profissões já têm feito isso. A farmácia, por exemplo, conta uma história bem diferente.

A ocupação farmacêutica não é apenas igualitária; é também altamente lucrativa. Em relação às mulheres em todas as outras ocupações, as farmacêuticas estão em quinto lugar (entre quase quinhentas ocupações) em termos de suas remunerações medianas, conforme consta no censo americano para trabalhadores de tempo integral durante o ano inteiro. (As advogadas estão em sétimo lugar entre as mulheres.) As farmacêuticas não apenas têm renda alta em relação a outras mulheres com grau comparável de instrução como também recebem quase o mesmo dos farmacêuticos homens, ajustado por horas de trabalho.

O que explica a igualdade de gênero no setor farmacêutico e, ainda, a grande disparidade que permanece na área jurídica? Afinal, as duas profissões passaram por aumentos semelhantes na fração de mulheres ingressando na área, e ambas requerem especializações após a graduação, em que as mulheres têm se multiplicado.

A resposta está na própria estrutura do trabalho. Essas ocupações antigamente tinham características semelhantes. Um traço importante na vida de farmacêuticos e advogados eram horas longas e irregulares de trabalho. Cada ocupação tinha um alto grau de autônomos e empreendedores individuais, com o risco que uma empresa própria sempre traz. Embora essas características ainda definam a situação atual dos advogados, nenhuma delas se aplica aos farmacêuticos modernos.

Vials foi um seriado cômico recente e efêmero ambientado numa farmácia independente, chamada Gateway Drug. A farmácia é de um

Gráfico 9.3. Porcentagem feminina entre pessoas profissionais e formadas em farmácia e porcentagem trabalhando como autônomos entre profissionais de farmácia

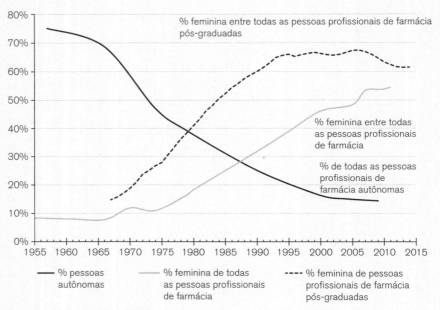

Ver Apêndice de gráficos e tabela.

farmacêutico rabugento chamado Rich e é dirigida por vários técnicos e por Lisa, a filha rebelde de Rich, uma farmacêutica novata. Meio século atrás, farmácias como a Gateway Drug eram o principal local onde os clientes compravam os remédios receitados pelo médico e outros produtos de drogaria de que precisassem. Quase todos os farmacêuticos e donos de farmácias do passado eram homens. Em 1965, as mulheres farmacêuticas, em larga medida as do Grupo Três, constituíam menos de 10% de todas as pessoas profissionais de farmácia (ver gráfico 9.3) e geralmente eram empregadas por um farmacêutico homem, que era o proprietário da loja. Naquele ano, cerca de 75% de todos os farmacêuticos ou tinham negócios independentes ou eram empregados das drogarias (os outros 25% trabalhavam em redes, hospitais e similares). As farmacêuticas recebiam 67 centavos do dólar farmacêutico masculino, em grande medida porque não eram donas do local.[15]

O CASO DA ADVOGADA E DA FARMACÊUTICA

Os farmacêuticos que trabalhavam mais horas naquela época (quando mesmo os farmacêuticos assistiam a *Perry Mason* na TV) recebiam consideravelmente mais por hora do que os que tinham carga horária menor. Os empreendedores individuais tinham remuneração muito mais alta do que os empregados. As mulheres com filhos deviam receber bem menos do que as sem filhos, mesmo com igual número de horas, pois não podiam trabalhar em determinadas horas. A ocupação de farmacêutico na metade do século XX é muito parecida com algumas ocupações atuais na área financeira e com advogados e contabilistas hoje.

Os produtos vendidos e os serviços oferecidos pelas farmácias eram um tanto diferentes dos de hoje. Os remédios eram muitas vezes preparados em específico para o cliente, e a relação entre farmacêutico e cliente era mais próxima. Os farmacêuticos até podiam ser acordados altas horas da noite para atender a uma receita urgente de um cliente conhecido.

Então as coisas começaram a mudar. Os farmacêuticos deixaram de se diferenciar uns dos outros. Já não prestavam tantos serviços pessoais, e não precisavam mais memorizar as necessidades médicas de cada cliente. Duvido que quem esteja lendo esta página tenha ido em anos recentes a uma farmácia, tenha estendido um pedido de reposição e solicitado que a reposição fosse feita pelo farmacêutico a quem entregara originalmente a receita. No entanto, quando vamos ao escritório de nossos contadores e advogados de divórcio, o que esperamos é tratar com determinado profissional, não com seu colega de serviço.

O que mudou nas farmácias? As drogarias se tornaram grandes negócios, aumentando no tamanho e no leque de operações ao longo do século XX. Entre os anos 1950 e a data presente, a fração de farmácias independentes despencou e, com essa transformação, a fração de farmacêuticos trabalhando como independentes também caiu de maneira drástica. As mudanças em nossos sistemas de atendimento à saúde e de seguros de saúde reforçaram essas tendências e geraram um aumento na parcela de farmacêuticos trabalhando em hospitais e farmácias por via postal.

Cada mudança dessas reduziu o número de farmacêuticos independentes e aumentou a fração dos farmacêuticos trabalhando como empregados das corporações. Embora o setor corporativo em geral não seja visto como agente de uma mudança progressista, neste caso foi exatamente o papel que ele desempenhou. Com a mudança das farmácias para o setor corporativo, ser o proprietário da farmácia deixou de ter relevância para o emprego de farmacêutico. Visto que os homens antes eram os proprietários e as mulheres eram sobretudo suas assistentes, com a mudança pôde haver uma maior igualdade entre homens e mulheres na área. A pessoa que recebia o lucro líquido da empresa não era mais o farmacêutico homem. Eram os acionistas.

Várias outras transformações consolidaram essas mudanças. Os medicamentos se tornaram muito mais padronizados, e, com raras exceções, a preparação na hora deixou de ser necessária. A tecnologia da informação dava a qualquer farmacêutico ou farmacêutica acesso à lista de todos os remédios receitados que o cliente estava tomando, e esse conhecimento lhe permitia dar a qualquer cliente os conselhos apropriados sobre as interações dos medicamentos.

O contato pessoal com o farmacêutico deixou de ser importante para a saúde e o bem-estar do cliente individual. Com as farmácias de plantão noturno, os farmacêuticos não precisavam mais se manter de sobreaviso. Você já não precisava mais ter uma relação próxima com seu farmacêutico para entrar tarde da noite na drogaria.

Ao longo dessas transformações, o trabalho de um farmacêutico não ficou mais fácil e a posição não ficou menos profissional. Mais recentemente, os farmacêuticos têm sido chamados para a linha de frente na condução e ministração de uma parte da campanha de vacinação contra a covid-19. Na verdade, os remédios e medicações se tornaram muito mais complexos do que eram cinquenta anos atrás, e os farmacêuticos têm de ter um conhecimento consideravelmente maior do que tinham no passado. As exigências educacionais na formação e especialização dos farmacêuticos aumentaram. Antes, a graduação em farmácia e um ano adicional de treinamento (e a aprovação nos Conselhos de Farmácia e algum grau de experiência) bastavam para exercer a profissão, mas, desde o começo dos anos 2000, exige-se o grau de doutor em farmácia com seis anos de curso (dois na graduação e quatro na pós-graduação), além de registro nos conselhos e experiência prática.

O CASO DA ADVOGADA E DA FARMACÊUTICA

Vamos dar um salto e avançar até as farmácias de hoje. A Gateway é uma anomalia. Apenas cerca de 12% dos farmacêuticos trabalham para farmácias locais independentes. Enormes redes nacionais como CVS, Walgreens e Walmart, além de uma grande quantidade de hospitais, agora empregam a maioria dos farmacêuticos. Junto com as farmácias por via postal, drogarias como essas fornecem grande parte dos medicamentos receitados.

Mais de 50% de todos os formados em farmácia hoje são mulheres, e tem sido assim desde meados dos anos 1980. As farmacêuticas não são mais as ajudantes dos farmacêuticos donos das farmácias. São suas iguais. Ambos são basicamente empregados, não proprietários. Hoje os farmacêuticos são, em larga medida, o pessoal de uma entidade corporativa.

Juntas, essas mudanças fizeram com que um farmacêutico pudesse ser substituído por outro com facilidade, e que os farmacêuticos, de modo geral, não precisassem trabalhar um grande número de horas e horas irregulares. Existem, claro, alguns que trabalham à noite, nos fins de semana e nas férias — os que estão em farmácias abertas 24 horas por dia e nas farmácias dos hospitais, e os que atendem por via postal — e muitas vezes ainda recebem adicional de penosidade. Mas as corujas notívagas podem ser mais raras na farmácia do que em outros campos que dispõem de uma grande fração de profissionais à disposição da empresa. O aspecto principal é que, havendo uma substituição quase perfeita, nenhum farmacêutico recebe um enorme pagamento a mais por fazer horas extras no serviço. Apesar disso, todos são ainda profissionais valorizados.

Conforme os farmacêuticos se tornaram melhores substitutos mútuos, a penalidade no salário por hora por se trabalhar em tempo parcial quase desapareceu. A farmacêutica mediana agora recebe cerca de 94 centavos sobre o dólar de seu correlato masculino.[16] A farmácia é uma das poucas ocupações profissionais em que não há nenhuma penalidade perceptível pelo trabalho em tempo parcial.[17] Os gerentes nas farmácias corporativas recebem mais do que os não gerentes, mas a maior parte da diferença se deve ao fato de trabalharem um maior número de horas. O farmacêutico que trabalha mais horas recebe um salário maior, mas não recebe muito mais por hora. O pagamento na área farmacêutica é praticamente linear segundo as horas trabalhadas — isto é, se o número de horas dobra, o pagamento dobra (e o mesmo acontece para qualquer múltiplo).

Em decorrência disso, não há nenhum adicional perceptível no pagamento por hora para os farmacêuticos que hoje trabalham um grande número de horas. Se Lisa trabalha sessenta horas por semana, ela recebe o dobro de um farmacêutico que trabalha trinta horas por semana. Se Lisa, ou a farmacêutica Della, quer receber mais, ela deve trabalhar mais horas. Mas a remuneração por hora não muda. Como vimos, não é o que acontece entre os advogados.

Visto que uma maior carga horária não resulta num aumento do pagamento por hora, muitas e muitas farmacêuticas — especialmente as mães — trabalham em tempo parcial. Cerca de um terço das farmacêuticas trabalha menos de 35 horas semanais quando está com trinta anos de idade, e assim prossegue pelo menos por mais uma década. E, visto que a ocupação é flexível, poucas mães farmacêuticas tiram longas licenças ao ter um filho. Há pouquíssimas interrupções no emprego para as farmacêuticas em comparação às advogadas e consultoras financeiras.

Porém, uma outra surpresa em relação à farmácia é que todas as três grandes mudanças — o surgimento do setor corporativo, a padronização dos medicamentos e o uso de uma sofisticada tecnologia da informação — se deram por razões que têm pouco ou nada a ver com o grande ingresso de mulheres na profissão. Cerca de 65% de todas as pessoas com doutorado em farmácia agora são mulheres, um aumento de 55 pontos percentuais em comparação aos 10% em 1970.

Hoje os farmacêuticos são muito bem pagos, e suas rendas aumentaram em relação às de outros profissionais. Entre 1970 e 2010, a renda do farmacêutico mediano — trabalhando em tempo integral durante o ano todo — aumentou em relação à renda dos profissionais medianos (masculinos e femininos) de advocacia, medicina e veterinária.[18] Em suma, os farmacêuticos se tornaram substitutos quase perfeitos uns dos outros. A farmácia, em decorrência disso, tornou-se uma profissão altamente igualitária. As remunerações são substanciais, e o pagamento

O CASO DA ADVOGADA E DA FARMACÊUTICA

não diminuiu com o ingresso de mulheres em números recordes na profissão, num contraste com a ideia usual de que, quando as mulheres entram numa ocupação, as remunerações despencam.

Disso aflora uma conclusão mais abrangente: a substituição entre os trabalhadores é a chave para reduzir a remuneração horária desproporcionalmente alta por trabalhar longas horas e se manter de sobreaviso. Se dois empregados se substituem muito bem — talvez de maneira perfeita — um ao outro, então, quando um precisa se afastar, o outro pode ocupar o lugar do primeiro sem qualquer percalço. Clientes, pacientes, estudantes e consumidores podem ser transferidos de um empregado qualificado a outro sem nenhuma perda de informação, nenhuma alteração no grau de confiança e nenhuma diferença na eficiência.

Essa transformação não exigiu nenhuma revolução, movimento social ou sublevação. Ocorreu na farmácia de forma orgânica, por uma série de razões — nenhuma delas diretamente relacionada com qualquer pauta. Isso não quer dizer que a mudança em outros setores e ocupações deva ou venha a ocorrer por si só. A farmácia nos ensina os tipos de mudanças que podem promover a igualdade de gêneros e melhorar a paridade conjugal, e não necessariamente como isso deve se dar.

A ideia de apenas ter um substituto perfeito (ou quase perfeito) tem implicações gigantescas para as mulheres e para os casais. Ao examinar a área farmacêutica, dá para ver como o hiato salarial entre os gêneros quase foi erradicado nessa profissão e como poderia ser reduzido em outras. As lições que podemos aprender com isso são fundamentais.

Se todas as profissões fossem como a farmácia, a Della e o Perry de hoje não estariam com tal dilema. Della não seria a única a reduzir o trabalho para cuidar das crianças. Perry não se sentiria atraído a trabalhar longas horas e em fins de semana para resolver casos sem Della. Como casal, não teriam de escolher entre uma de suas carreiras jurídicas e a família. Poderiam alcançar tanto a paridade conjugal quanto a igualdade de gênero.

O problema, claro, é que as ocupações, em sua maioria, não são como a farmácia. Quando uma grande carga horária é o único caminho

CARREIRA E FAMÍLIA

para uma alta remuneração por hora, os indivíduos implicitamente pagam mais pela comodidade de ter um maior controle sobre sua agenda de trabalho, enquanto os casais se veem diante de uma escolha mais difícil. O indivíduo que pega o emprego com maior controle sobre as horas receberá muito menos, mesmo por hora, do que o indivíduo que escolhe o com menos controle. No campo jurídico, as diferenças são enormes. Tirar licença, trabalhar menos horas ou mesmo simplesmente trabalhar determinadas horas na área jurídica é como cair de um penhasco, numa queda brusca e acentuada em termos de pagamento por hora. Quando se tira uma licença no campo farmacêutico, não há nenhum penhasco. É mais como um passeio tranquilo.

Quando os trabalhadores numa ocupação se substituem uns aos outros, todo mundo sai ganhando. Considere-se o que aconteceria se um empregado tivesse apenas um substituto perfeito. O cliente exigente, a reunião urgente, o *gran finale* à meia-noite da operação de fusão e aquisição ou qualquer outro momento em que é necessária a presença do trabalhador, mas ele não pode comparecer, podem ser atendidos pelo substituto perfeito. Como o substituto perfeito pode assumir numa hora de aperto, o outro consegue amenizar as demandas de tempo. Não haveria razão para que os que trabalham horas longas e puxadas recebessem um pagamento adicional por hora, pois não haveria razão para existirem horas longas e puxadas para um trabalhador em particular. As horas seriam divididas por dois ou mais substitutos capazes.

Várias mudanças no setor farmacêutico permitiram que os farmacêuticos controlassem seu tempo com pouca perda no pagamento por hora. Cada avanço envolveu mudanças tecnológicas, como em sistemas de informação, que de maneira análoga afetaram outras áreas e setores.

Há algum tempo que as corporações assumiram o setor farmacêutico, além de muitas clínicas médicas. Mais recentemente, muitas companhias e empresas de participação societária têm incursionado na optometria, na odontologia e na medicina veterinária, comprando pequenas clínicas. A mudança do amistoso proprietário independente para a desconhecida corporação distante tem sido uma pílula difícil de engolir para muita gente, mesmo tendo salvado muitos negócios.

234

O CASO DA ADVOGADA E DA FARMACÊUTICA

A padronização do produto e a melhor transmissão de informações deram aos farmacêuticos a possibilidade de trabalhar com um amplo leque de clientes e de atuar como substitutos perfeitos uns dos outros. Mudanças similares também começaram a afetar até certo ponto os setores bancários e financeiros. Por exemplo, em vez oferecer aos clientes especiais um gerente pessoal, muitos bancos grandes passaram para equipes de gerentes pessoais. Quantas vezes já lhe disseram (e de modo correto, espero) que você será igualmente atendida pelo próximo integrante disponível da equipe, e não pela pessoa com quem você tinha falado antes?

Ter um substituto não significa que uma ocupação, profissão ou posição esteja reduzida a uma mercadoria e ao preço mais baixo possível. O substituto não é uma imitação barata de uma bolsa Hermès Birkin que diminui o valor da coisa autêntica. O médico, o veterinário, o farmacêutico, o advogado, o consultor financeiro e o contabilista que têm substitutos razoavelmente bons ganharão flexibilidade. Não haverá necessariamente uma queda em suas remunerações. Um par de *doppelgängers* não diminui o valor da qualidade que esses profissionais oferecem. A área farmacêutica, em que há um enorme grau de substituibilidade, como observei antes, é uma ocupação altamente remunerada.

A outra boa notícia é que essa mudança também está ocorrendo em outras ocupações — de modo menos orgânico, mas com resultados que complementam os da área farmacêutica. Em alguns campos, os trabalhadores têm exigido maior controle sobre suas horas, forçando as empresas, os hospitais e outras instituições a concedê-lo. Em áreas como consultoria, contabilidade e finanças, as empresas têm visto que os trabalhadores mais novos — homens e mulheres — estão deixando o emprego devido à quantidade e imprevisibilidade das horas de trabalho. Esses empregadores, perante o risco de perder talentos em cujo desenvolvimento investiram, podem se sentir instigados a ajudar nessa mudança. Em várias ocupações da área técnica e da área de saúde, o trabalho é intrinsecamente independente e não exige muitas interações repetidas com um cliente ou um paciente, o que significa que empregados com qualificações parecidas podem se substituir uns aos outros. As maiores demandas durante a pandemia sobre os genitores, em es-

235

pecial as mães, têm ampliado muito o valor de ter um bom substituto no trabalho.

Ao fim de cada episódio, Perry (muitas vezes com a assistência de Della) soluciona o crime encontrando o culpado. Temos o culpado, mas ainda não isentamos o réu. Como veremos, há uma série de ocupações nas áreas de saúde, tecnologia e finanças em que o custo da flexibilidade temporal dos empregados para os empregadores diminuiu e onde se vem aperfeiçoando a substituibilidade entre os trabalhadores.

10
De prontidão

MEU CACHORRO RARAMENTE FICA DOENTE. Mas, quando fica, é quase sempre às onze da noite. Saímos correndo para um hospital veterinário regional, onde lhe fazem uma lavagem gástrica ou lhe enfaixam uma pata. Algumas décadas atrás, a dispepsia noturna dele e suas brigas com o gato do vizinho exigiriam um chamado de emergência a nosso veterinário local. Agora não é mais assim. Por todo o país vêm proliferando hospitais veterinários regionais, que funcionam à semelhança das alas de emergência dos hospitais que cuidam de achaques humanos.

Como os veterinários de décadas atrás, antigamente muitos médicos de família atendiam 24 horas por dia. *Marcus Welby, M.D.*, um famoso seriado médico de TV do começo dos anos 1970, apresentava um médico assim. Welby, interpretado por Robert Young — o mesmo ator que fazia o pai em *Papai sabe tudo* —, era um clínico geral que ia à casa das pessoas com sua valise médica e um eterno sorriso no rosto.

O atendimento em casa e as visitas veterinárias fora de hora deixaram de existir. Ainda há muitos veterinários empregados em pequenas clínicas de bairro, e alguns médicos continuam com consultório próprio. Mas é raro esses profissionais atenderem de imediato a chamados fora de hora. Por quê?

As necessidades de saúde de animais de estimação, de crianças e de adultos agora são atendidas por um sistema de duas partes. Uma parte funciona basicamente das nove da manhã às seis da tarde, às vezes com meio expediente no sábado. A outra se destina a emergências e funciona 24 horas por dia, durante a semana toda. Embora os trabalhadores do segundo grupo forneçam assistência profissional 24 horas por dia, os empregados nas duas partes em geral têm um cronograma de trabalho previsível. De vez em quando, alguns têm de fazer o turno da noite. Mas nenhum desses profissionais precisa estar de sobreaviso todos os dias. E a vida de sobreaviso deles também é previsível.

As mudanças em quem presta serviços de emergência têm revolucionado o atendimento à saúde. O mais importante (para as questões que estamos examinando) é que essas modificações nas demandas de tempo — de forma que profissionais de medicina e veterinária não precisam mais estar à disposição o tempo inteiro — vêm acompanhadas por grandes aumentos na fração feminina desses profissionais.

Em 1970, no início dos avanços profissionais do Grupo Quatro, apenas 7,5% dos veterinários recém-formados eram mulheres. Elas correspondem hoje a 77%. Em 1970, apenas 8% de todos os títulos de doutor em medicina eram concedidos a mulheres.[1] Agora elas recebem metade deles. Uma parte do aumento no número de mulheres nessas profissões ocorreria na ausência de mudanças estruturais nas demandas de tempo. Mas o aumento da titulação feminina tanto na medicina humana quanto na medicina veterinária não teria sido tão grande sem essas mudanças. No entanto, nada disso significa que o campo de atuação na medicina tenha se nivelado para as mulheres doutoras. Longe disso.

O campo de atuação para mulheres e homens numa série de outras ocupações — como contabilidade, direito, finanças, consultoria e academia — é ainda menos nivelado. A progressão de carreira nesses campos não mudou muito nos últimos cinquenta anos ou mais, ainda que as mulheres tenham passado a ser quase metade desses profissionais. As regras de promoção em cada uma dessas áreas exigem desde cedo uma dedicação substancial de horas de trabalho. Ao fim de um período predeterminado, os empregados (muitas vezes chamados de associa-

DE PRONTIDÃO

dos) passam por uma avaliação. Os mais trabalhadores (ou sortudos) recebem a estabilidade ou uma participação societária. Os outros são dispensados. Essas ocupações são geralmente conhecidas como "sobe ou sai" (*up-or-out*). Quem recebe uma boa avaliação pode ficar. Os outros muitas vezes saem, não escalando a hierarquia das empresas, instituições ou universidades.

Todas essas ocupações e setores têm obstáculos próprios e cronologias distintas. Mas todas têm um traço em comum. As pessoas que recebem as grandes recompensas estão entre a metade e o fim da casa dos trinta anos. Nem sempre foi assim. Mas o tempo necessário para concluir uma especialização ou uma pós-graduação e o tempo exigido para a primeira promoção, participação societária ou efetivação no cargo passaram a ser mais longos e mais tardios.

Houve uma época em que as pessoas com graduação que queriam prosseguir num grau mais avançado entravam direto nos cursos de especialização e pós-graduação. Mas agora quase todos os que se formam na graduação tiram um ano ou mais para trabalhar em empregos relacionados com suas eventuais carreiras futuras. Na academia, a maioria dos que se inscrevem para o doutorado primeiro trabalha como assistente de pesquisa logo depois do bacharelado (posições conhecidas como "pré-doc"). O grupo com MBA geralmente trabalha vários anos antes de ingressar no programa de administração.

Hoje, a obtenção de um doutorado é mais demorada do que nunca, e isso se aplica mesmo a áreas com inúmeras oportunidades de emprego. Quando obtive meu doutorado, o prazo mais usual para se doutorar em economia era de quatro anos. Agora é de seis anos. Os pós-doutorados em ciências físicas e biológicas ampliam o período de treinamento, e essas posições têm se multiplicado em outros campos.

Os anos de estudo e treinamento se acumulam. Mas esse é apenas o começo no mundo do "sobe ou sai". O tempo para se tornar efetivo na academia é de seis a oito anos. As participações societárias em firmas jurídicas são decididas após cerca de dez anos, e em firmas de consultoria e contabilidade levam de seis a nove anos, dependendo se a pessoa tem ou não um MBA. No setor dos bancos de investimentos, a promoção de gerente júnior a vice-presidente pode levar de cinco a seis anos.

CARREIRA E FAMÍLIA

Assim, são no mínimo treze anos pós-bacharelado na academia e, mais provavelmente, uns dezesseis anos até que a pessoa se firme na carreira. São pelo menos dez anos na consultoria e contabilidade até que se examine a possibilidade de uma promoção. Acrescentem-se alguns anos mais de emprego antes de ingressar nos programas de MBA e especialização em direito. Assim, a primeira promoção numa carreira em geral acontece entre a metade e o fim da casa dos trinta anos da pessoa. Os homens e as mulheres do Grupo Cinco estão sendo avaliados para sua primeira promoção quando têm cerca de quatro a seis anos de idade a mais do que os integrantes do Grupo Quatro.

Fica claro em que consiste o aperto entre carreira e família. No fim da busca de uma participação societária ou de uma efetivação, a idade da graduada que antes tinha 22 anos aumentou consideravelmente — passando para meados da casa dos trinta, talvez mais. A idade mediana ao primeiro casamento para as mulheres graduadas fica abaixo disso.

Se as decisões do "sobe ou sai" fossem tomadas mais cedo, digamos antes do começo a meados da casa dos trinta anos, a mulher poderia trabalhar com muito afinco, se tornar sócia ou ser efetivada, e então começar uma família. Mas, com o aumento na idade da promoção, o que acontece é que ou se inicia uma família mais tarde ou a primeira grande decisão para a promoção é tomada quando os filhos estão na pré-escola. Os caminhos da carreira exigem longas horas que, muitas vezes, são intensas demais para as mulheres com filhos pequenos. As duas opções têm seus problemas, sobretudo para as mulheres.

O relógio da carreira anda junto com o relógio biológico e o relógio familiar. Muitas mulheres — e homens — devem iniciar uma família antes de se firmar na carreira. Caso contrário, talvez nunca consigam ter uma família.

Por que o cano vaza

Numa série de ocupações profissionais, a porcentagem das novatas aumentou muito a partir dos anos 1970. O Grupo Quatro deu início aos enormes avanços na obtenção de títulos em todos os tipos de programas de especialização e pós-graduação stricto e lato sensu. Mas a fração de mulheres com efetivação, participação societária ou alguns outros avanços não acompanhou esse aumento. De início, pensava-se que havia essa baixa fração nos níveis mais elevados porque o avanço levava tempo. Mas agora sabemos que não é esse o caso. Já houve tempo suficiente.

Em meu campo de economia, os portadores de doutorado nos últimos vinte anos são mulheres em 30% a 35% dos casos.[2] Mas elas são 25% dos docentes associados efetivos e 15% dos docentes titulares. Eu estava entre os 8% das docentes assistentes em 1974, e esse percentual em 2018 havia subido para 27%. O grupo dos docentes plenos tinha menos de 3% de mulheres em 1974 e avançou para quase 15% em 2018.[3] Embora seja um enorme ganho, foi lento demais. Se os candidatos homens e mulheres tivessem sido promovidos ao mesmo ritmo, a fração de mulheres no nível de docente pleno seria maior. Uma parte dessa disparidade se deve aos índices mais baixos de promoção das mulheres em função de suas publicações.[4] Outra parte se dá porque elas deixam a academia antes de ser promovidas.

Os índices mais baixos de promoção para as mulheres em campos como a academia, a advocacia, a consultoria, a gestão empresarial e as finanças têm sido atribuídos a "canos com vazamento" (*leaky pipelines*), como se costuma chamar esse fenômeno. A ideia de um cano com vazamento é que as mulheres e os homens deixam suas posições antes de ser promovidos, mas a fração de mulheres que saem em várias junções é maior do que a dos homens.

Usam-se diversos métodos para encontrar as razões para o maior desgaste das mulheres. Depois de comparar homens e mulheres igualmente qualificados em termos de publicações, ainda restam fatores como o viés, o favoritismo e uma mentoria inadequada. Mas a causa primária para o vazamento do cano na maioria das profissões "sobe ou sai" nos reconduz à questão das demandas de tempo exigidas para a promoção. Carreiras intensas são difíceis para todos. São especialmente puxadas para os genitores jovens, e com frequência o genitor que reduz o passo na escalada ao topo, enquanto dedica tempo intensivo à família, é a mulher.

CARREIRA E FAMÍLIA

Veja-se a atividade do contador público registrado (CPA).[5] Desde os anos 1980, as mulheres são 50% dos novos CPAS. Mas em 2017 elas eram apenas 21% dos acionistas em firmas de contabilidade registradas com cem ou mais CPAS.[6] A disparidade de gêneros nas participações societárias é ainda pior. Na categoria das firmas de contabilidade maiores, elas correspondiam apenas a 16% dos sócios. Nas firmas menores — com menos de cem CPAS — as mulheres correspondiam a 42% dos sócios, o que está muito mais próximo do número geral de 50%. É muito frequente que as CPAS que não alcançam essa marca nas firmas maiores se empreguem em firmas de contabilidade registradas ou em escritórios contábeis não registrados (isto é, não CPAS).[7]

Vimos vazamentos semelhantes na área jurídica. Apenas 18% das advogadas formadas pela Universidade de Michigan tinham alcançado participação societária quinze anos após obter o título, contra 35% de seus correlatos masculinos.

Muito se tem escrito sobre a atual discriminação nessas profissões e o papel dos ocupantes de posições mais altas em escolher sucessores que sejam semelhantes a eles mesmos. Há também muita discussão sobre a questão correspondente da dificuldade de dar mentoria a mulheres, minorias e grupos sub-representados. Todos esses fatores são importantes na decisão "sobe ou sai", mas ainda há mais.

A maior barreira às mulheres nessas profissões diz respeito ao culpado pelas demandas de tempo — e não só em termos de horas. As demandas de tempo também se referem ao momento da vida em que há as maiores demandas. Como acabamos de ver, essas pressões atingem o pico entre a metade e o fim da casa dos trinta anos de idade.

O número de horas tem grande importância para uma promoção, como se pode facilmente demonstrar em profissões que rastreiam as horas de trabalho, como a advocacia. Os advogados cobram por hora (e até por quarto de hora), e as firmas mantêm planilhas. Sabemos que o índice de participação societária das advogadas é menor do que o dos advogados. Mas, até pouco tempo atrás, não sabíamos por quê. Uma análise de um amplo levantamento entre advogados feito pela American Bar Association (chamado "After the JD"), que os acompanha na hierarquia, demonstrou que existe uma clara relação entre a quan-

DE PRONTIDÃO

tidade de tempo dedicado e a obtenção de uma participação societária. As horas trabalhadas pelos advogados associados e a receita assim arrecadada explicam grande parte da diferença nos índices de promoção entre homens e mulheres.[8]

Com um maior número de mulheres ingressando nessas profissões e de homens querendo relações paritárias com suas companheiras de vida, o custo de fazer as coisas ao velho estilo é maior. As instituições não querem perder talentos, e a maioria dos talentos que estão vazando é de mulheres.

As universidades, que têm uma das mais draconianas políticas de "sobe ou sai", têm se tornado mais generosas em conceder licença-família e interromper o relógio da efetivação na carreira, para o corpo docente júnior tanto masculino quanto feminino. Criaram-se novas posições para contornar as trilhas estritas do "sobe ou sai". Oferecem-se posições de professor auxiliar e assistente para os que não têm como enfrentar as horas punitivas para se tornar efetivos ou creem que não conseguirão ficar. Na advocacia e na contabilidade, há a participação não societária nos lucros da firma. E sempre se pode descer na cadeia alimentar e ser efetivo numa instituição menos importante ou ser acionista num escritório de advocacia ou contabilidade menor e menos lucrativo.

Não muito tempo atrás, conheci um sócio sênior de uma das maiores e mais respeitadas empresas de consultoria do país. Sua função era garantir que os novatos e outros associados e consultores (que ficam na base da hierarquia da empresa) não fossem obrigados a trabalhar demais, para que não largassem o emprego ao fim dos projetos em que trabalhavam no momento. Era preciso assegurar às jovens abelhas-operárias que suas apresentações no PowerPoint estavam ótimas e que suas tabelas em Excel haviam sido lidas, pelo menos uma vez antes de ser deletadas. E lhe cabia a tarefa de dizer aos acionistas e gestores muito exigentes se estavam prejudicando a firma ao forçar demais o pessoal mais jovem.

Ele ia de escritório em escritório por todo o país, perguntando aos associados e consultores se estavam tendo de trabalhar demais, se eram tratados injustamente ou se eram subestimados. Independente da efi-

CARREIRA E FAMÍLIA

ciência desse seu papel, o fato de que uma grande empresa tenha uma pessoa e uma equipe dedicada a policiar os de posição hierárquica mais alta significa que eles estão cientes do problema. E ele tem um nome: o problema do principal e do agente. Os gestores de nível médio têm um incentivo para comandar suas equipes com punho firme. O gestor leva os créditos pelos excelentes relatórios e pela satisfação dos clientes. Mas o resto da empresa sofre quando os talentos vão embora e as equipes se desmancham. Os agentes (acionistas e gestores de nível médio) não têm incentivo suficiente para seguir as diretrizes dos principais (acionistas seniores e o CEO).

As empresas não querem perder trabalhadores valiosos, altamente treinados, sobretudo nos setores de serviços profissionais, em que são inúmeras as relações com os clientes e muitas vezes o treinamento (pago pela empresa) é caro. Os trabalhadores jovens sem filhos têm poucas limitações pessoais de tempo e muitas vezes querem impressionar os acionistas e gestores de nível superior da firma. Dedicam longas horas, muitas vezes competindo entre si. Tudo bem quase se matar de trabalhar quando você tem 23, 25 ou mesmo 27 anos. Mas não é esse tipo de vida que muitos deles — em especial as mulheres — querem quando têm filhos pequenos. Os gestores de nível superior, principalmente os CEOs, gostariam de reduzir as longas horas, muitas vezes imprevisíveis, que se tornaram a norma para a maioria dos trabalhadores mais jovens. O acionista sênior que conheci estava tentando resolver esse problema entre o principal e o agente.

Os grandes figurões de Wall Street — Goldman Sachs, J.P. Morgan, Citigroup, Bank of America, Morgan Stanley, Barclays e Credit Suisse — também decidiram criar melhores incentivos e reduzir os problemas entre o principal e o agente que prejudicam a permanência de sangue novo em suas empresas. Os gigantes das finanças começaram a criar regras de noites e fins de semana intocáveis, sabáticos remunerados, férias obrigatórias e caminhos mais rápidos para a promoção.

O Goldman Sachs começou com uma série de medidas enérgicas em 2013: "Nosso compromisso é implementar essas iniciativas para melhor capacitar nossos gerentes juniores a terem carreiras de longo prazo constantes e de sucesso na empresa". As regras eram explícitas, e as poucas exceções deveriam ser informadas ao comitê executivo. "Requer-se que todos os analistas e associados se ausentem do escritório entre as nove da noite da sexta-feira até as nove da manhã no domingo (a se iniciar neste fim de semana)... Espera-se que todos os analistas e associados... tirem três semanas de férias por ano".[9] E não se devia levar trabalho do escritório para casa ou para a cafeteria local. Um ano depois, o Credit Suisse acabou com o trabalho aos sábados e o Bank of America Merrill Lynch[10] recomendou que os gerentes juniores tirassem pelo menos quatro dias de folga por mês nos fins de semana.

As Big Techs também sabem que jornadas de muitas horas destroem um ambiente agradável de trabalho. Em 2016, a Amazon, com vistas a um "ambiente talhado para uma agenda reduzida que ainda assim promove o sucesso e o crescimento na carreira", anunciou que estava concedendo uma redução de 25% na carga horária dos empregados em tecnologia, inclusive dos gestores, com uma redução de 25% no salário.[11] Os trabalhadores estavam sendo penalizados, essencialmente, numa base por hora.

O mundo da covid-19 levou muitas empresas, inclusive as do setor tech, a aumentarem o período de trabalho em casa. A aceitação do trabalho remoto pode trazer efeitos benéficos e duradouros sobre todos os trabalhadores, em especial os que têm filhos. Mas, como veremos, o impacto de escritórios parcialmente abertos e de escolas e creches que ficam num abre e fecha pode acentuar disparidades de gênero anteriores, visto que um genitor precisa estar ainda mais disponível em casa do que na era pré-covid. Pode haver ganhos, mas também pode haver perdas.

Algumas empresas de consultoria e contabilidade impuseram regras que restringem o número de viagens de longa distância que seus trabalhadores mais jovens devem fazer. Outras estabeleceram limites às horas de trabalho de seus empregados e restringiram os e-mails que podem ser enviados fora de horário. São medidas admiráveis, impostas por acionistas seniores e CEOs que acreditam que alguns de seus gestores estão forçando seus empregados mais jovens a trabalharem tanto que eles acabam saindo. Todos os gestores e todos os sócios querem que seus projetos sejam executados, e nem sempre levam em conta o custo do trabalho excessivamente puxado para a empresa como um todo. Tenham êxito ou não, as numerosas tentativas de frear o excesso de trabalho dos jovens trabalhadores demonstram que as empresas — e seus empregados — reconhecem que forçar demais tem seus custos.

Entre o começo e meados dos anos 1990, duas das maiores empresas de contabilidade do país perceberam que estavam com um grande problema de pessoal. Estavam fazendo um ótimo trabalho de recrutar mulheres. Metade do grupo ingressante de CPAS era de mulheres. Mas um número ínfimo delas conseguiria uma participação societária. Estavam, como diziam alguns do setor, com uma hemorragia de mulheres. O pessoal do escalão mais alto achava que nada conseguiria deter esse fluxo. Mas Tim Cook, o inteligente e inquisitivo CEO da Deloitte, ficou em dúvida e contratou um comitê externo de análise em 1992, para ver por que as mulheres estavam deixando o emprego.[12]

O relatório mostrou que as mulheres estavam saindo muito antes de se candidatar a uma promoção. Segundo o relatório, era a cultura empresarial da Deloitte que as forçava a sair. Não recebiam as contas lucrativas, não lhes eram confiadas as decisões difíceis e não eram consideradas com garra suficiente — pelo menos não da mesma forma como os colegas homens. Com a liderança de Cook, efetuaram-se mudanças para alterar a cultura da empresa. A fração de novas acionistas na Deloitte aumentou.[13]

Em 1997, Phil Laskawy, o CEO da Ernst and Young (agora EY), notou problemas semelhantes na empresa. Experimentaram-se táticas na EY como horários flexíveis de trabalho, mentoria e grupos femininos de trabalho. Lá também a fração de mulheres entre os acionistas aumentou.

A Deloitte e a EY aumentaram suas frações femininas de acionistas, mas isso também ocorreu em outras empresas do setor com políticas menos esclarecidas. Não há como avaliar até que ponto o aumento decorreu das políticas deliberadas da Deloitte para mudar sua cultura empresarial ou da implantação de horários flexíveis na EY. Existem, porém, outras indicações de que há fatores mais básicos e estruturais que impedem as mulheres de chegar ao topo.

Um grupo de pesquisadores perspicazes usou relatórios de auditoria para criar dados sobre a fração feminina entre os acionistas das

DE PRONTIDÃO

empresas contábeis registradas. As auditorias são o principal negócio para as empresas com CPA. A fração feminina entre as grandes empresas CPAS não é muito diferente entre a Deloitte e a EY e muitos de seus concorrentes.[14]

Nenhuma dessas políticas foi suficiente. Faz 35 anos que metade de todos os CPAS eram mulheres. Faz 25 anos que as empresas principais, como a Deloitte e a EY, decidiram que tinham de tomar alguma providência para manter as mulheres em suas empresas. No entanto, a fração feminina dos sócios nas principais empresas não chega nem perto dos 50% de todos os CPAS, alcançados muito tempo atrás.[15] O problema não é que essas empresas não saibam, não se importem ou não estejam tentando remediar a disparidade entre a fração feminina entre todos os CPAS e a fração feminina entre seus acionistas. O verdadeiro problema é que a fase em que se dão as decisões de promoção e a dedicação de tempo exigida nessas posições criam dificuldades na vida dos casais que têm ou querem ter uma família. O problema tem a ver com a própria forma de estruturação dessas ocupações.

As soluções têm sido inadequadas em todas essas profissões. Na advocacia, na contabilidade e na consultoria, a participação nos lucros sem uma participação societária é muito menos rentável. Na academia, embora haja homens e mulheres como professores adjuntos, as posições de adjunto são ocupadas em grande medida por mulheres. Muitas vezes são posições para o cônjuge que vem como acompanhamento, seja o marido, seja a esposa. Mas, em termos históricos, são as mulheres que, na maioria das vezes, estão geograficamente presas ao local de emprego do marido. Mesmo a interrupção do relógio da efetivação se tornou malvista nos últimos tempos. Mostrou-se que as mulheres usam a prorrogação do semestre para atender a suas famílias. Os homens a usam para ter um maior número de artigos de pesquisa publicados.[16] Os sistemas do "sobe ou sai" não se misturam bem com o trabalho de ter e criar uma família. Não dão certo para nenhum dos sexos, mas, em vista da realidade dos fatos, são as mulheres que pagam o preço mais alto.

Os empregados que trabalham horas irregulares, imprevisíveis e à disposição geralmente recebem mais do que os que trabalham horas mais regulares, o que não é de surpreender. O que tem maior importância são os problemas que esse adicional cria para a carreira das mulheres e para a paridade conjugal. Quanto maior o adicional no salário por hora para os empregos com muitas horas ou horas à disposição, maior é o incentivo para que os cônjuges se especializem, sobretudo se têm filhos.

Quando digo "se especializar", não me refiro a que um lave e o outro enxugue os pratos. Refiro-me a algo mais geral. Como vimos ao longo de nossa jornada, uma pessoa (em geral a esposa) dedica mais tempo a ficar à disposição do lar, enquanto a outra (em geral o marido) dedica mais tempo a ficar à disposição da empresa.

Se os cônjuges com filhos não se especializam — isto é, se não tomam a decisão geral de que um deles ficará à disposição do lar e o outro à disposição do emprego —, estarão desperdiçando uma oportunidade financeira. Não podem os dois trabalhar com horas sem controle, porque as crianças, como meu cachorro, adoecem e precisam de atendimento nas horas mais variadas do dia (e os filhos são muito mais exigentes do que meu cachorro).

Quando a renda adicional não é muito grande, com base no que o casal deseja, ela pode ser deixada de lado. Ou seja, os dois cônjuges podem declinar a proposta de emprego com horas menos previsíveis. Dessa forma, estariam com efeito comprando a paridade conjugal pelo valor de que abrem mão no holerite. Mas, quando o valor é alto, o custo da paridade conjugal pode ser grande demais para que abram mão desse adicional. A paridade conjugal poderia ser abandonada. Mas não seria a única baixa. *Quando se abandona a paridade conjugal, a igualdade de gênero no local de trabalho tende a segui-la.* As mulheres receberão menos do que os homens, mesmo em base horária. O problema é duplo: como o trabalho é remunerado no mercado e como o trabalho e os cuidados no lar são divididos por gênero.

A chave é que a (des)igualdade de gênero e a (dis)paridade conjugal são os dois lados de uma mesma moeda, como vimos no caso da advogada e da farmacêutica. A decisão difícil que estamos examinando — quando um dos parceiros do casal, na maioria das vezes a mulher, decide ficar à disposição do lar — cria disparidade para os casais. Também significa que as mulheres, no agregado, recebem menos, mesmo com base na hora, do que os homens. Isso cria desigualdade entre os

DE PRONTIDÃO

gêneros. Mas há uma esperança nesse horizonte. Há mais do que nunca pessoas lutando pela paridade conjugal e por tempo disponível para ficar com a família.

As empresas querem lucro. Para isso, querem que os trabalhadores fiquem à disposição e trabalhem horas irregulares. Mas elas estão num enrosco. Antes da covid-19, as empresas queriam empregados de alta qualidade para trabalhar no escritório com uma agenda pesada, mas não queriam pagar valores régios por esse trabalho. No entanto, era cada vez maior o número de trabalhadores com filhos que queriam menos interrupções durante a noite e nos fins de semana, e estavam reivindicando um pagamento extra para arcar com essa carga adicional.

O período da pandemia agravou esses problemas de maneiras imprevistas. Mas nossa experiência também pode contribuir para as soluções, pois o trabalho flexível se demonstrou viável em muitos cenários imprevistos e a produtividade não teve uma redução visível. (Logo voltarei ao impacto do aumento nas horas parentais durante a pandemia, com o fechamento das escolas e de muitas instituições de atendimento infantil.)

A maior demanda pelo tempo com a família já era uma questão importante no período pré-covid, quando os genitores começaram a passar mais horas por semana com os filhos, sobretudo os genitores de mais instrução e renda mais alta. Coletaram-se dados detalhados sobre a forma como as pessoas usam seu tempo nos últimos cinquenta anos a partir de uma enorme amostragem de lares americanos. Esses dados sobre o uso do tempo foram coletados pela primeira vez em 1965 pelo Americans' Use of Time Survey [Levantamento do Uso do Tempo dos Americanos], da Universidade de Michigan. Desde 2003, o US Census Bureau (patrocinado pelo US Bureau of Labor Statistics) tem usado uma metodologia semelhante, no chamado American Time Use Survey (ATUS). Diversos pesquisadores têm trabalhado para montar uma série temporal comparável a partir desses dois levantamentos.

As descobertas mostram que os pais com faculdade (de 25 a 34 anos) passaram o dobro de horas semanais cuidando dos filhos em 2015 do

CARREIRA E FAMÍLIA

que haviam passado em 1990 (de cinco para dez horas). Ocorreram mudanças proporcionais similares para os que não tinham formação no ensino superior, embora em níveis mais baixos (de quatro para oito horas).

Os pais vêm aumentando o tempo com os filhos não porque as mães têm diminuído seu tempo com eles. Muito pelo contrário. As mães também têm aumentado o tempo que passam com os filhos. As que fizeram faculdade (de 25 a 34 anos) passaram, em 1990, treze horas por semana com os filhos, mas 21 horas em 2015.[17] Para o grupo sem faculdade, as horas aumentaram de onze para dezesseis. Reunindo tudo isso, tem-se que, para um casal com faculdade (de 25 a 34 anos), o tempo passado com os filhos aumentou entre 1990 e 2015 de dezoito para 31 horas por semana.[18]

Apesar de passarem mais tempo com os filhos, os homens estão lamentando que não é o suficiente. Segundo uma reveladora pesquisa do Pew Research Center, 46% de todos os pais declararam que gostariam de passar *mais* tempo com os filhos. Um número menor de pais admitiu que passam muito pouco tempo com sua prole, mas 40% declararam o mesmo. Pais com menor nível educacional, ao que parece, sentiam-se mais negligentes, com 49% deles dizendo que gostariam de passar mais tempo com os filhos.

O número de mães que se declararam pesarosas a esse respeito foi a metade do número de pais, o que é coerente com o maior tempo que passam com os filhos. Mesmo assim, 23% delas disseram que gostariam de dedicar mais tempo. A fração é mais alta para as mães que trabalham (27%), mas são pequenas as diferenças por nível educacional no emprego.[19]

Não só os genitores atuais estão passando mais tempo com os filhos do que os genitores similares 25 anos atrás (e querendo ainda mais), como também se consideram pais e mães melhores do que os que tiveram. Cerca de 50% deles declararam que passam mais tempo com os filhos do que seus genitores passavam. Na média, de fato é assim. Apenas 20% disseram que passam menos tempo.[20] Essas descobertas valem para todos os grupos de gênero e nível educacional. Embora não existam amplas evidências de que os pais estejam pedindo a seus empregadores um menor número de horas à noite e nos fins de semana,

250

DE PRONTIDÃO

o uso que fazem de seu tempo e o desejo declarado de passarem mais tempo com os filhos sugerem que talvez estejam reivindicando isso.

As mães afirmam que valorizam muito a flexibilidade no emprego. Indagadas sobre o aspecto que consideravam extremamente importante em seus empregos, 53% das mulheres com graduação responderam "a flexibilidade", para 29% dos homens com graduação.[21]

Uma nova realidade, importante e promissora, é que muitos casais gostariam de ter uma divisão mais igualitária do trabalho em seu casamento. Os maridos se mostram menos dispostos a querer que as esposas renunciem a suas carreiras para se incumbirem dos cuidados domésticos. Entre os maridos com graduação, 67% responderam que o melhor casamento se dá quando marido e esposa têm emprego e ambos cuidam da casa e dos filhos. As mulheres com graduação gostariam de ter uma igualdade ainda maior em seus relacionamentos, e 80% declararam que o melhor casamento se dá quando ambos têm emprego e ambos dividem as responsabilidades domésticas e parentais.[22]

Então o que se tem feito para transformar esses desejos em realidade?

Esperança no horizonte

Uma das maneiras de os empregados dizerem aos empregadores que tratem de mudar é quando eles saem da empresa e vão trabalhar em outras firmas com salários, horários e adicionais melhores. Para algumas mulheres com companheiros de alta remuneração, isso pode significar sair totalmente da força de trabalho. Quando o grupo mais jovem e com treinamento recente se levanta e vai embora, as empresas se dão conta. Elas investem em encontrar candidatos e assegurar sua contratação, e continuam a investir de maneira consistente nos primeiros anos de firma desses novos contratados.

Como as pessoas empregadas têm aumentado a preferência pelo tempo com a família e por relacionamentos mais igualitários, as demandas de tempo que ultrapassam a carga horária usual exigem que as empresas paguem um adicional sempre maior. Naturalmente, as firmas que maximizam o lucro não querem aumentar os salários. Em decor-

CARREIRA E FAMÍLIA

rência disso, muitas estão inventando formas de preservar o tempo de seus trabalhadores mais caros e valorizados. Há uma série de possibilidades. Algumas desenvolvem uma maior substituibilidade entre os trabalhadores, para que possam repassar os clientes com mais facilidade ou substituir os colegas nas reuniões. Essas empresas ainda podem ter picos de demanda e momentos de enorme agitação. Mas os trabalhadores podem otimizar melhor suas agendas de trabalho, sem precisar faltar a partidas de futebol importantes ou a reuniões de pais e mestres.

As empresas não têm necessariamente gestores humanitários, atenciosos e solidários. Mas isso nem sempre importa. Às vezes os planetas estão alinhados de tal forma que o que é bom para a empresa também é bom para seus empregados. As demandas de salários mais altos dos homens solicitados a trabalhar horas longas e irregulares podem incentivar as empresas a encontrarem maneiras de preservar o tempo dos empregados e não lhes pedir que faltem às ocasiões de família.

Se conseguissem encontrar formas de conduzir com eficiência os negócios sem pedir que os empregados trabalhassem mais rápido e por mais tempo, as empresas não precisariam lhes pagar o mesmo adicional que pagam por essas horas extras. Não haveria mais o pagamento adicional para os que trabalham horas puxadas e imprevisíveis. Isso reduziria o hiato salarial entre os gêneros e aumentaria a paridade conjugal. Como diz o provérbio aqui nos Estados Unidos, ligeiramente adaptado, "O que é bom para o ganso é bom para a gansa (e os gansinhos)".

Essa perspectiva tem problemas, claro. Alguns trabalhadores não têm responsabilidades de família ou são mais velhos e os filhos já estão crescidos. Mas uma grande parcela da força de trabalho consiste em trabalhadores com algum tipo de responsabilidade familiar.

Essas mudanças não estão ocorrendo por todo o panorama da força de trabalho, como mostra o caso dos advogados. E algumas das mudanças maiores, como no caso dos farmacêuticos, ocorreram de maneira orgânica, e não por causa da pressão dos empregados. E, claro, muitas vezes é mais fácil falar do que fazer, criar mais calor do que luz. Mas, em alguns casos concretos, há empresas e instituições inventando novas maneiras, usando novas tecnologias, para reduzir o custo da flexibilidade temporal.

252

DE PRONTIDÃO

Eis dois exemplos do setor da saúde. Um é um exame das horas e remunerações dos médicos por subespecialidade. O outro faz o mesmo em relação aos veterinários. Ambos requerem o uso de dados detalhados que vão além das informações no censo. Embora o censo arrole grande número de ocupações, muitas vezes elas vêm altamente agregadas. "Médicos e cirurgiões", por exemplo, agrega cinquenta ou mais subespecialidades. No caso dos veterinários, a amostragem do censo é reduzida demais para se mostrar adequada. Usando dados mais detalhados, podemos examinar mais de perto essas ocupações para entender o papel das demandas de tempo na (des)igualdade de gênero.

As médicas fazem o impossível. As melhores delas passam por um treinamento árduo de muitos anos e se dedicam muito aos pacientes. Apesar disso, muitas conseguem ter mais filhos do que mulheres em profissões com número igual ou menor de anos de treinamento.

Nos dados do Projeto Harvard and Beyond, a fração de médicas com filhos quinze anos após o curso de medicina era maior do que a de mulheres com doutorado, MBA ou titulação em direito. Entre as médicas que se formaram no começo dos anos 1980, cerca de 84% tinham (ou haviam adotado) um filho no começo da casa dos quarenta anos.[23] Como as médicas fazem isso?

Em primeiro lugar, as mães médicas têm mais dinheiro do que a maioria das outras. Podem pagar babás, creches de alta qualidade e outros bens e serviços que substituem o tempo delas. Também podem ter casamentos mais igualitários. Mas, tal como outras mulheres sem seus recursos e superpoderes, as médicas reduzem suas horas de trabalho quando têm filhos.

Elas trabalham longas horas, sem dúvida. Mas trabalham um número muito menor de horas do que os médicos homens no agregado e do que os médicos nas mesmas especialidades. As médicas de 45 anos para baixo trabalham dez horas a menos por semana do que seus correlatos masculinos.[24] O número médio de horas ainda é alto, e elas não encostam o corpo durante o serviço, por assim dizer.

Essas médicas mais jovens trabalham 48,1 horas por semana, e seus

CARREIRA E FAMÍLIA

correlatos masculinos trabalham 58,6, ou seja, a diferença é de um longo dia de trabalho por semana.[25] Com o avanço da idade, mais mulheres aumentam suas horas em relação aos homens. Os médicos diminuem sua carga horária, e as médicas aumentam a delas.

Os números das médicas em relação aos médicos variam muito entre as especialidades. Entre o grupo mais jovem de médicos, mais de 55% de psiquiatras infantis, 62% de dermatologistas e 75% de obstetras e ginecologistas são mulheres.[26] Em contraste, cerca de 20% de especialistas em doenças cardiovasculares e apenas 10% de especialistas em cirurgia ortopédica são mulheres. As médicas escolhem mais especialidades com demandas horárias semanais menores. Uma exceção é a OB-GYN, obstetrícia e ginecologia, que é majoritariamente feminina, mas também com horário intensivo. Como regra geral, quanto maior o número de horas para os médicos homens numa especialidade, menor o número de médicas atraídas para ela.[27] Ou seja, há uma forte relação negativa entre a média de horas para os médicos homens e a fração feminina naquela especialidade.[28]

A comparação entre especialidades com tempos de residência semelhantes ajuda a esclarecer esse ponto. Os dermatologistas homens no grupo mais jovem trabalham 48 horas semanais, e 62% do conjunto de dermatologistas mais jovens são mulheres. Os médicos homens na especialidade de medicina interna trabalham 59 horas semanais, e 44% do total na especialidade são mulheres, uma fração menor do que na dermatologia.[29] Muito embora as médicas jovens fiquem em especialidades com menor carga horária, não é principalmente por essa razão que elas trabalham dez horas a menos por semana. A maior parte da diferença de dez horas na jornada semanal entre médicas e médicos ocorre porque as médicas trabalham menos horas em quase todas as especialidades. Na verdade, em quase vinte das principais especialidades médicas, as médicas mais jovens trabalham menos horas do que os médicos mais jovens.[30]

Conforme avança a idade das médicas e seus filhos passam a exigir menos de seu tempo, elas aumentam muito suas horas. As horas aumentam para as médicas com mais de 45 anos em quase todas as especialidades. Interessante notar que ocorre o contrário entre os homens.

DE PRONTIDÃO

Os médicos mais velhos trabalham menos horas do que os mais jovens. As horas em cardiologia diminuem de 67 para sessenta. De modo análogo, encontram-se grandes mudanças nas especialidades cirúrgicas. As outras mudanças, em sua maioria, são menores visto que as horas iniciais são mais reduzidas.

Em quase todas as especialidades, a carga horária semanal diminui para os médicos mais velhos em relação aos médicos mais jovens, ao passo que as médicas, com o avançar da idade, em geral trabalham o mesmo ou um maior número de horas. A diferença de carga horária entre médicos e médicas de mais idade cai de dez para cinco horas, e grande parte da mudança se dá porque os médicos reduzem sua semana de trabalho em 3,9 horas e as médicas aumentam sua semana de trabalho em 1,1 hora.

A flexibilidade de ter uma semana de trabalho consideravelmente mais curta é um ingrediente central para a capacidade das médicas de criar os filhos e ter uma carreira de sucesso. A combinação entre um emprego de alta relevância e a agenda flexível necessária para ter uma família, porém, não deixa de ter um lado negativo. Uma dessas falhas aparece no hiato salarial, mesmo corrigido de acordo com as horas trabalhadas. As médicas ainda recebem bem menos do que os médicos com base na hora. A razão das remunerações entre os gêneros registrada antes na área médica era de 67%. Mas, como mencionamos antes, essa análise não diferencia as numerosas especialidades médicas.

Os dados sobre os médicos como um todo aqui usados são mais detalhados do que os do censo americano e incluem especialidades. Eles revelam que grande parte da penalização salarial imposta às médicas decorre de sua escolha da especialidade, a qual está relacionada com a jornada de trabalho semanal usual e o tempo de treinamento. O ajuste por horas, especialidade e anos desde a obtenção do título aumenta a razão das remunerações entre os gêneros de 67 para 82 centavos sobre o dólar médico masculino.[31]

Não há como incluir alguns fatores. Outros estudos mostram que as médicas passam mais tempo com cada paciente e, portanto, conseguem atender (e cobrar) um número menor de pacientes. Segundo um amplo estudo, as médicas gastam 10% mais tempo com cada paciente, resul-

255

CARREIRA E FAMÍLIA

tando num menor número de pacientes e um faturamento mais baixo.[32] Mas é provável que, mesmo com esses outros fatores, as médicas ainda recebam menos.

As semanas mais curtas de trabalho das médicas, quando são jovens, entram como fator em sua remuneração inferior em idade mais avançada. Podem não receber tantas subvenções e podem ficar para trás nas promoções posteriores do departamento. E podem não conseguir trocar de emprego para ter um salário mais alto e posições melhores. As mulheres, para barganhar aumentos de salário, usam propostas externas de trabalho com menos frequência do que seus colegas masculinos. Em comparação aos homens, é mais usual que elas estejam restritas a determinada área geográfica por causa do emprego do marido.

Bom, então onde está a tal esperança? Um aspecto dela é que os médicos do Grupo Cinco numa série de especialidades têm uma flexibilidade de trabalho maior do que tinham antes. Em comparação a muitas outras ocupações de alta remuneração, os médicos têm mais condições de trabalhar em tempo parcial. E, mais importante, vêm ocorrendo mudanças na medicina que diminuem o custo de implementar agendas flexíveis. Segundo os dados mais recentes disponíveis, as mulheres eram 47% de todos os médicos jovens, 71% dos pediatras, 64% dos dermatologistas e 56% dos médicos de família.[33] Suas demandas estão se fazendo sentir — bem como as de seus colegas homens que querem passar mais tempo com a família.

Vejamos a pediatria. Meu cunhado é pediatra e tem três filhos. Quando trabalhava num hospital em Albuquerque e os filhos eram novos, ele pediu uma mudança na agenda para passar mais tempo com a família. Não foi atendido. Ele acabou saindo e foi para a Kaiser Permanente, que lhe deu o tempo livre que queria. Mostrou sua discordância com aquela política deixando o emprego para ter uma agenda menos exaustiva e mais previsível. Tais atitudes, tomadas coletivamente, podem desencadear uma mudança considerável.

Hoje a pediatria tem uma das frações mais altas de médicos jovens com jornadas semanais curtas, independente do gênero. A Academia Americana de Pediatria informa que 33% de todas as pediatras mulheres, bem como uma fração significativa de pediatras homens, trabalham

256

DE PRONTIDÃO

em tempo parcial.[34] O que possibilitou essa capacidade dos pediatras e de várias outras especialidades de terem jornadas semanais curtas foi a formação de clínicas de grupo que permitem a mútua substituição dos médicos. Essas clínicas, dependendo da maneira como são geridas, podem permitir que os médicos tenham maior flexibilidade de tempo e dividam as horas à noite e à disposição.

Anestesiologistas e obstetras são integrantes de clínicas que quase sempre funcionam como equipes para possibilitar a substituição. Mesmo que seu obstetra favorito seja Brett, é melhor que você vá se familiarizando com Jeanette e Safa, pois existe uma chance razoável de que, em vez de Brett, seja uma delas a fazer seu parto. Fico admirada quando um advogado, um contabilista, um consultor ou um analista financeiro alega que os profissionais de sua área são insubstituíveis, mas não sabe dizer por que é diferente no caso de fazer o parto de um bebê. Os registros financeiros das empresas se diferenciam mais entre si do que os trabalhos de parto das mulheres?

É o anestesiologista que nos mantém em vida durante uma cirurgia. No entanto, a gente conhece esse médico salva-vidas poucos minutos antes de perder a consciência. Seria um verdadeiro pesadelo de planejamento marcar cada cirurgia com determinado cirurgião e um anestesiologista específico. Em épocas de crise, seria impossível. Em suma, a cirurgia pode exigir momentos em que se esteja de prontidão, mas a anestesiologia não envolve necessariamente longas horas de trabalho, como a dermatologia, a psiquiatria e a psiquiatria infantil, que oferecem horas mais previsíveis porque têm menos casos de emergência.[35]

Outro exemplo das medidas de redução dos custos na gestão hospitalar se refere à subespecialidade relativamente recente de hospitalista. O hospitalista é o médico que coordena o atendimento dos pacientes e preserva o tempo dos médicos de atenção primária substituindo-os. Os pacientes querem seu médico de atenção primária ao lado de seu leito no hospital. Mas isso sai caro. Um hospitalista coordena o atendimento ao paciente com especialistas e com o médico de atenção primária. É provável que os pacientes estejam em melhores mãos com o hospitalista, e os médicos de atenção primária não precisem ficar correndo de um lado para outro para atender aos pacientes em vários hospitais.

CARREIRA E FAMÍLIA

Assim como no caso dos farmacêuticos, algumas mudanças nas demandas de tempo dos médicos são medidas para a redução de custos que pouco têm a ver com as demandas dos empregados. Os hospitalistas reduzem os custos, ao mesmo tempo que reduzem as demandas de pronto comparecimento dos médicos regulares.

A conclusão é que os médicos de muitas especialidades agora podem trabalhar um menor número de horas por semana. A maior flexibilidade no trabalho permite que as médicas mulheres tenham família. Há um maior número de filhos do que mulheres com treinamentos comparáveis e mesmo do que mulheres com uma quantidade muito menor de anos de treinamento. Mas ainda pagam um preço por isso. As médicas recebem menos do que os médicos em hospitais e clínicas particulares em termos de renda anual, e recebem menos mesmo computando as horas de trabalho.

Os veterinários são médicos incríveis. Os médicos humanos podem dominar o funcionamento interno do *Homo sapiens*, mas os veterinários dominam o de outras espécies — inclusive das que voam e vivem embaixo d'água. Nenhum campo profissional passou por uma mudança tão grande em seu perfil de gênero quanto a medicina veterinária. Cinquenta anos atrás, quase nem existiam veterinárias mulheres. Hoje, quase 80% das pessoas formadas em veterinária são mulheres.[36] Não foi uma paixão súbita das mulheres pelos animais. Uma parte da mudança se refere à maior capacidade de controlar as horas de trabalho e uma redução nas horas de pronto atendimento.

A medicina veterinária recebe muitos dos benefícios de carreira de sua correlata humana em termos de prestígio, horas, satisfação e as alegrias de ajudar os pacientes e seus tutores. (Mas, como meus amigos veterinários me fariam acrescentar, em termos de pagamento recebe muito menos.) No entanto, para quem quer uma família, o treinamento veterinário tem vantagens em relação ao treinamento médico. Por exemplo, os veterinários não precisam fazer uma residência que os treinaria na especialização de determinada área.

Lembremos que antigamente os veterinários tinham consultórios

DE PRONTIDÃO

com ocasionais horários de funcionamento à noite, em fins de semana e feriados. Atendiam a emergências. Agora as emergências e as ocorrências fora de hora são atendidas como nos casos humanos. As unidades de atendimento de urgência e os departamentos de emergência atendem aos membros caninos e felinos de nossa família como atenderiam a nós e a nossos filhos. Essas mudanças se deram de uma maneira que é meio longa e complicada de contar.

Mas, resumindo, as mudanças começaram quando alguns grupos de veterinários locais começaram a trabalhar em turnos para cobrir a ausência uns dos outros nos fins de semana e durante a noite. Criaram clínicas informais de encaminhamento e faziam turnos para que sempre houvesse alguém à disposição. Esses grupos informais se tornaram hospitais mais formais de encaminhamento, com equipes permanentes. O modelo se difundiu, e agora existem em todo o país hospitais para animais e clínicas de atendimento veterinário de urgência, que ficam abertas 24 horas por dia durante toda a semana. Em decorrência disso, a maioria das clínicas veterinárias locais só atende nos dias úteis em horário diurno.

Embora os veterinários empregados por hospitais de emergência às vezes tenham de trabalhar fora do horário, geralmente não é esse o caso com os veterinários de bairro e de pequenos consultórios. Esses consultórios locais são, muitas vezes, clínicas de grupo. Se seu veterinário preferido está ocupado ou de férias, você é encaminhada para um excelente substituto. Animais e crianças não têm hora para se machucar ou ficar doentes.

Uma veterinária num consultório particular trabalha no atendimento regular cerca de quarenta horas semanais, com quatro horas adicionais de emergência.[37] É uma carga horária bastante pequena para um profissional da medicina. Seu colega homem trabalha em bases regulares mais oito horas por semana, tendo de entremeio mais seis horas de emergência.[38] Nas clínicas particulares, cerca de 20% a 25% das veterinárias mulheres trabalham em tempo parcial. Apenas 5% dos veterinários homens trabalham o mesmo tanto.[39]

As horas moderadas, regulares e controláveis, um curto período de sobreaviso e menos anos de treinamento prévio do que o aplicável

259

CARREIRA E FAMÍLIA

para médicos são apenas algumas das razões pelas quais aumentou o número de mulheres na medicina veterinária. Ainda assim, elas têm um índice de clínicas próprias e de participações acionárias muito mais baixo do que o de seus colegas masculinos. Entre 30% e 50% das veterinárias em clínicas particulares são suas proprietárias, contra 60% a 80% de seus colegas masculinos.[40]

Como ser proprietário acarreta mais horas de trabalho e maior responsabilidade do que ser empregado, muitas mulheres com família relutam em aumentar suas demandas de tempo. Mas agora a maioria dos veterinários na segunda metade da casa dos quarenta anos é de mulheres, e os donos homens, sobretudo os que estão na casa dos cinquenta e dos sessenta anos, têm dificuldades em vender suas clínicas para as colegas mais jovens. Esse descompasso vem resultando na aquisição das clínicas pelo setor corporativo e numa retração no número de clínicas veterinárias independentes.

Em decorrência disso, houve na medicina veterinária uma mudança similar à registrada na farmacêutica. Nos dois casos, há motivos para lamentar a tendência de diminuição de clínicas particulares independentes. Mas, como no caso dos farmacêuticos, a propriedade nas mãos das corporações reduz a carga de horas sobre os profissionais. A propriedade corporativa também reduz a diferença de pagamento por gênero, visto que é menor o número de veterinários que receberão um retorno maior decorrente da propriedade da clínica. A passagem da clínica particular para a propriedade corporativa, porém, ainda está dando seus primeiros passos.

As veterinárias em período recente recebem apenas 72 centavos sobre o dólar veterinário masculino.[41] Mas elas trabalham menos horas por semana e menos semanas por ano. Considerando apenas o grupo em tempo integral durante o ano todo — e acrescentando aspectos de seu treinamento veterinário —, tem-se o aumento de sua remuneração para 82 centavos sobre o dólar masculino.[42] Contabilizando a propriedade e as diferenças na participação societária, a razão aumenta para 85 centavos.[43]

As mudanças no exercício da veterinária transformaram a área na profissão que hoje tem provavelmente um predomínio de mulheres,

260

conforme a medição da fração feminina entre os novos ingressantes.[44] As exigências da área não mudaram muito. Se tanto, aumentaram. O que mudou foi que a organização do trabalho permite um maior controle individual sobre a carga horária.

Hoje em dia, a medicina veterinária é a profissão quase perfeita para a igualdade de gêneros e a paridade conjugal — com horas controláveis e uma boa substituibilidade entre seus profissionais. Mas o campo ainda não está plenamente nivelado.

Transformando o trabalho

Como vimos entre as gerações e as ocupações, o tempo é o inimigo das mulheres na busca por carreira e família. Tanto o lar quanto o escritório exigem simultaneamente horas de prontidão, de correria, de emergência, à noite e nos fins de semana. A estreita janela etária quando se fazem as promoções com base no "sobe ou sai" intensifica o conflito entre família e trabalho. Os resultados de ambos muitas vezes aumentam a desigualdade de gêneros e ampliam a disparidade conjugal.

Têm ocorrido alguns avanços no primeiro tipo de amarra temporal. A diminuição do trabalho por conta própria nas ocupações de atendimento à saúde e o aumento de equipes médicas e veterinárias resultam num menor número de períodos de sobreaviso. As médicas têm gravitado para especialidades com menos horas, regulares e mais controláveis. Mas essa flexibilidade, embora bem-vinda, tem seus custos, e o menor número de horas para médicos mais jovens prejudica as remunerações correntes e futuras, bem como a progressão na carreira.

A transformação está longe de terminar. Ainda há clínicas veterinárias independentes. Sempre haverá algumas especialidades médicas, como a cirurgia, que exigem longas horas e períodos à disposição. A demanda por trabalhadores gerou algumas das transformações — como o caso de meu cunhado pediatra, que queria passar mais tempo com seus filhos. Mas outras mudanças vieram porque as empresas com vistas na maximização dos lucros queriam reduzir os custos de seus profissionais de remuneração elevada.

CARREIRA E FAMÍLIA

Tem-se avançado menos na transformação das carreiras "sobe ou sai". Aumentou muito o número de mulheres como sócias em firmas de advocacia, consultoria e contabilidade e como efetivas no corpo docente das faculdades. Mas, mesmo em campos nos quais as mulheres correspondem, há décadas, à metade do total de ingressantes, nem de longe elas compõem metade dos vencedores da corrida "sobe ou sai" aos cargos mais altos.

Segundo alguns que trabalham em firmas com promoções na base do "sobe ou sai", as coisas estão melhorando. Douglas McCracken, que em 2003 deixou o cargo de diretor executivo da Deloitte Consulting, observou vinte anos atrás que "os homens jovens na firma não queriam o que os mais velhos queriam". Os jovens "não estavam tentando adquirir... estilos de vida em que as esposas não precisassem trabalhar". Em lugar disso, estavam tentando ter tempo para estar com a família e não queriam trabalhar as oitenta horas semanais do sócio médio. Mas McCracken parece não ter entendido os custos de oportunidade que muitos casais, mesmo de alta renda, estão dispostos a enfrentar. Disse ele: "Eles não estavam dispostos a desistir da família e da vida social por outros 100 mil dólares a mais".[45] Infelizmente, estão dispostos, sim. O preço da paridade conjugal é alto (e 100 mil dólares são de fato um valor alto).

É necessária uma mudança mais profunda. Uma das mais importantes é contar com o apoio dos homens. Matthew Krentz, sócio sênior do BCG (Boston Consulting Group), comentou a respeito do benefício da licença-paternidade de sua empresa nos Estados Unidos, que "é cada vez maior o número de homens que o estão aproveitando... Com mais casais de dupla carreira... a participação masculina [no programa de licenças] tem de ser uma prioridade máxima".[46] Mas, antes disso, as empresas têm de conseguir a aceitação e o apoio de todos, para que os homens que tiram licença não sejam penalizados mais adiante.

Não existe uma solução simples, uma política tamanho único que sirva a todos. Mas o fato de conhecermos as questões nos permite avançar na direção certa. Quando menos, não perderemos tempo com soluções rápidas.

262

DE PRONTIDÃO

Uma questão de tempo

Muitas vezes reflito sobre as palavras de minha estudante que dizia: "Quero um homem que queira o que eu quero". O que atrapalha essa sua visão de uma feliz e venturosa harmonia é que a carreira e a família estão em conflito. Ambas disputam as mesmas brechas de tempo.

Quando há duas pessoas envolvidas, as opções são mais numerosas. Um integrante do casal pode se especializar mais numa atividade, e o outro pode se especializar mais na outra. Como o mercado de trabalho recompensa muito algum grau de especialização, o integrante do casal que se especializa mais colherá frutos na carreira. Mas há custos de oportunidade no fronte doméstico. Os dois genitores podem querer passar determinado tempo com os filhos. No entanto, o genitor que se especializa mais no mercado provavelmente não conseguirá assistir às competições de nado às terças de manhã ou às partidas de futebol nas quintas à tarde. O conflito vem dos dois lados da equação. As soluções também.

Uma delas é reduzir o custo da flexibilidade. Baratear o custo de oportunidade. Fazer com que os casais não precisem enfrentar uma solução de compromisso tão difícil. Se o emprego ganancioso não pagar muito pelas horas longas, de prontidão e nos fins de semana, Lucas se sentirá menos propenso a aceitá-lo. Melhor ainda, tornar o emprego flexível mais produtivo e fazer com que pague melhor. Aí Lucas se transferiria de bom grado do emprego ganancioso para o emprego flexível. E Isabel receberia mais na posição flexível e seria menos provável que ela largasse por completo o emprego.

A família ficará um pouco mais pobre em termos de renda, mas ficará monumentalmente mais rica em termos de paridade conjugal. Os dois genitores poderiam passar a quantidade certa de tempo com os filhos sem empobrecer a família. As duas linhas no gráfico 1.1 se aproximariam mais, como o casal metafórico aqui representado.

Uma solução complementar é diminuir o custo do atendimento infantil para os genitores. Com assistência mais acessível, os custos de oportunidade ficam menos onerosos. A maioria dos outros países ricos subsidia de maneira maciça o atendimento infantil, gastando o triplo

263

ou o quádruplo do que gastam os Estados Unidos proporcionalmente a suas rendas nacionais.[47] Países tão diferentes como a França, a Suécia e o Reino Unido subsidiam de maneira consistente um atendimento infantil de alta qualidade. Essa é uma das razões pelas quais a taxa de participação de mulheres no auge da idade na força de trabalho desses países agora ultrapassa a dos Estados Unidos, muito embora a taxa americana tenha ultrapassado a deles durante grande parte dos anos pós-Segunda Guerra.[48] E as questões de atendimento infantil não se encerram com as horas regulares na escola. Também abrangem atividades pós-escolares e programas de verão para o grupo K-12, isto é, do jardim de infância até a conclusão do secundário. Há um conjunto separado de políticas para o atendimento de genitores, avós e outros.

Uma outra solução é alterar as normas societais, de forma que os custos de oportunidade não dependam do gênero. Conforme observei no contexto dos casais homossexuais, ela poderia servir para equalizar melhor os resultados econômicos por gênero, mas não corrigiria o problema da paridade conjugal. Não capacitaria os dois integrantes do casal a alcançarem seus respectivos pontos de realização.

Quando eu estava dando os retoques finais neste livro, um abalo de proporções gigantescas atingiu a economia global, expondo falhas e desigualdades em nossa vida cotidiana e a carga desproporcional sobre as mulheres em particular. Esse enorme bloco imprevisto caiu de uma forma que — em vez de obscurecer a estrada recém-percorrida — deixou mais clara a conexão entre o setor de cuidados e o setor econômico. Hoje nenhum país, tampouco os Estados Unidos, consegue retomar sua economia antes que as crianças possam voltar às escolas e ao atendimento infantil. As mulheres compõem metade do total de trabalhadores, enquanto na Grande Depressão elas respondiam apenas por uma pequena fração. A economia não consegue correr com apenas metade de sua cilindrada.

Hoje, quase todos os empregadores estão às voltas com a forma de tornar o trabalho remoto mais produtivo e de fatorar a flexibilidade, ao mesmo tempo mantendo a eficiência. Estão tentando garantir que Isabel não deixe a força de trabalho e que Lucas consiga ser tão produtivo em casa quanto era no escritório. Estão tentando que ambos

DE PRONTIDÃO

voltem a escritórios seguros e a salvo, enquanto se mantêm cientes das necessidades de suas famílias.

A busca de carreira e família prossegue nesse momento de acerto de contas global. A pandemia não mudou o rumo da jornada. Ela a intensificou, conferindo urgência a questões em torno dos custos de oportunidade na decisão entre trabalho e lar, obrigando a pessoa a escolher onde gasta melhor seu tempo. Como vimos, várias mulheres pioneiras vêm se fazendo essas mesmas perguntas há muito mais de cem anos. Ao procurar as respostas, elas derrubaram barreiras, ampliaram as oportunidades, estreitaram os hiatos e transmitiriam as lições aprendidas para as gerações subsequentes. E continuarão a fazer isso. Mas, a fim de alcançar um equilíbrio ideal em nosso futuro incerto, não são apenas as mulheres ou as famílias que precisam mudar. Os sistemas de trabalho e de prestação de cuidados de nosso país precisam ser reavaliados a fim de repavimentar o chão que percorremos. É tudo uma questão de tempo.

EPÍLOGO
O fim da jornada — ampliado

TODAS AS ERAS TÊM INCERTEZAS. A era da covid-19 mostra isso em um grau extremo. O desemprego, que explodiu no início da pandemia, diminuiu consideravelmente. Mas muitos empregos e pequenos negócios continuam em risco. As escolas públicas do país ainda não retomaram o pleno funcionamento, e os centros de atendimento infantil continuam a oscilar, reabrindo e fechando de novo. Finalmente há vacinas seguras e eficientes disponíveis em larga escala, mas nem todos já se vacinaram. A vida normal parece apontar no horizonte, mas o horizonte é um destino movediço.

A covid-19 tem sido um flagelo. Tirou vidas; tirou empregos. Trará consequências para as gerações futuras. Expôs desigualdades por raça, classe e gênero em relação a quem estava infectado, a quem morria, a quem tinha de trabalhar na linha de frente, a quem ficava sabendo e a quem era responsável por cuidar de crianças e doentes. Dividiu o país entre quem tem e quem não tem, entre ricos e pobres. É uma alarmante lente de aumento, ampliando o fardo sobre os genitores e revelando os custos de oportunidade na escolha entre o trabalho e a prestação de cuidados. Ampliou a maioria das questões que tinham sido escavadas durante a jornada pelos cinco grupos apresentados neste livro.

O FIM DA JORNADA — AMPLIADO

A força da economia na pandemia teve um impacto desmedido sobre as mulheres. As mulheres são, com frequência, trabalhadoras essenciais em seus empregos e trabalhadoras essenciais em seus lares. São mães novas com bebês mal começando a andar, mães mais velhas com adolescentes cada vez mais entediados com as aulas on-line, mães solo pobres que agora dependem da distribuição de alimentos gratuitos, mulheres de alto nível de instrução que estavam subindo os degraus da empresa e mulheres não brancas — com risco mais alto de contrair o vírus — que se sentiam marginalizadas desde muito antes que o país despencasse de um penhasco.

Estamos vivendo um momento sem precedentes. Comparamos as atividades dos trabalhadores na linha de frente às de nossos soldados em época de guerra. Mas nunca se pedira que nossos trabalhadores na linha de frente, voltando para casa, trouxessem o perigo para suas famílias. Nunca precisamos interromper a economia para que ela voltasse a funcionar. Nunca uma recessão afetou mais as mulheres do que os homens. E nunca o setor de cuidados esteve tão patentemente interligado com o setor econômico. As mulheres são quase 50% da força de trabalho. Precisamos garantir que não sacrifiquem seu emprego por causa da prestação de cuidados e que não sacrifiquem sua prestação de cuidados por causa do emprego.

Este livro acompanhou a busca de mulheres graduadas por carreira e família, usando-as como guias porque, no curso de 120 anos, elas dispõem de maiores oportunidades de alcançar ambas. Antes eram uma pequena fatia da população, não mais de 3% das mulheres jovens um século atrás. Hoje, as mulheres formadas na graduação representam quase 45% de todas as americanas na segunda metade da casa dos vinte anos.

As preocupações e insatisfações do grupo de graduadas são palpáveis. Jornais e veículos de imprensa estão repletos de profecias inquietantes sobre o futuro das integrantes mais jovens do Grupo Cinco:[1] "Pandemia fará 'nossas mulheres retrocederem dez anos' no local de trabalho",[2] "Pandemia pode deixar cicatrizes numa geração de mães que trabalham"[3] e "Como a covid-19 fez a força de trabalho feminina retroceder"[4]. Na era da covid-19, as mulheres que têm filhos e outras pessoas para cuidar estão lutando para cumprir os horários, publicar os artigos acadêmicos, redigir os argumentos jurídicos e atender a clientes exigentes no Zoom.

Segundo tais previsões, estão puxando o tapete daquelas que finalmente eram capazes de alcançar índices históricos de carreira e família. Como disse Deb Perelman, uma blogueira de culinária: "Vou dizer em voz alta o que ninguém diz: na economia da covid-19, você pode ter ou filho, ou emprego, não os dois".[5] Estará o Grupo Cinco sendo obrigado a reviver as concessões feitas outrora pelas mulheres do Grupo Um?

Não há dúvida de que as mulheres têm sentido, mais do que os homens, o impacto da pandemia e da recessão econômica (e é por isso que a *recession* tem sido chamada de *she-cession*). Mas mulheres com graduação têm tido mais capacidade de manter o emprego, ou algo que pareça com isso, do que as mulheres com menor nível educacional. A educação lhes deu a capacidade de trabalhar em casa. Protege sua saúde e seus empregos.

Comparando o outono/inverno de 2020 com o mesmo período de 2019, a taxa de participação na força de trabalho entre as mulheres graduadas e idade entre 25 e 34 anos com filhos em idade pré-escolar (menos de cinco anos) caiu apenas 1,2 ponto percentual (numa base de 75%). Mas a taxa para mães com 35 a 44 anos com filhos em idade escolar de nível fundamental (de cinco a treze anos) caiu 4,9 pontos percentuais (numa base de 86%) — ou seja, muito mais.[6] O grupo sem faculdade, com ou sem filhos, teve maiores decréscimos na participação na força de trabalho, visto que elas estavam empregadas nos setores mais vulneráveis.

Embora esse quadro possa não corresponder inteiramente ao cenário de fim de mundo das manchetes, os dados de fato mostram rachaduras que podem aumentar com o tempo. O reingresso na força de trabalho pode ser difícil, e a perda de experiência de emprego influirá nas remunerações posteriores. Mesmo entre as que continuaram empregadas, muitas perguntam se as mães estarão em desvantagem para conseguir participação societária, efetivação e a primeira promoção. Entre os acadêmicos, as mães publicaram no ano passado uma quantidade menor de artigos do que os homens e mulheres sem filhos em idade escolar.[7] Além disso, os dados não revelam a frustração de muitas para as quais WFH (*Working From Home*) significa "*Working From Hell*".[8]

Insatisfação

Examinamos as aspirações das mulheres graduadas de um século atrás, que estavam diante da perspectiva de uma família ou uma carreira e enfrentaram uma profusão de restrições, mesmo em épocas de prosperidade. Os obstáculos se reduziram ao longo das décadas. Vimos as graduadas dos anos 1970, que estavam cada vez mais ansiosas em ter uma carreira e uma família, mas sabiam que, para ter ambas, teriam de alcançá-las naquela ordem. E examinamos as mulheres dos anos 1990, que — com mais avanços em sua educação e maiores oportunidades de carreira — passaram a ser mais francas sobre suas aspirações. Falavam com abertura que queriam sucesso no trabalho e no lar e que alcançariam ambos, sem seguir nenhuma ordem em especial. Nas últimas décadas, deram passos ainda maiores nas duas esferas.

Mas, quase uma década antes que o vírus tomasse conta dos Estados Unidos e vários anos antes do divisor de águas que foi o movimento #MeToo, a insatisfação entre as mulheres começou a se expressar amplamente. Expressões como "discriminação sexual" e "discriminação de gênero", encontradas ao pesquisar a mídia noticiosa, assinalam o aumento da frustração com a desigualdade salarial e do enfrentamento do assédio sexual.

No começo dos anos 2010, vários episódios de destaque, como a ação de Ellen Pao por discriminação de gênero contra seu empregador, Kleiner Perkins, e as disparidades salariais entre jogadores e jogadoras profissionais de futebol, tomaram conta das manchetes. Vieram à luz exemplos flagrantes de discrepâncias salariais entre os gêneros em Hollywood, em Wall Street e no Vale do Silício. A indignação das mulheres aumentou com as várias questões que surgiram durante a disputa presidencial Clinton-Trump de 2016, especialmente os comentários lascivos ouvidos na gravação *Access Hollywood* e a ausência de qualquer influência desses comentários sobre o resultado da eleição. A divulgação desses episódios gerou o segundo momento de pico na insatisfação de gênero no século xx (conforme ela se expressou nos noticiários). O primeiro pico foi do começo até meados dos anos 1970.

Sessenta anos atrás, na década de 1960, não havia quase nenhuma menção a "discriminação sexual" no *New York Times*, e a expressão "discriminação de gênero" só veio a ser conhecida várias décadas depois. Por volta de 1971, começaram a aumentar as matérias sobre "discriminação sexual",[9] e as matérias com essa expressão atingiram um ponto alto em 1975. Então, entre algumas oscilações, diminuiu o uso da expressão, que atingiu seu ponto mais baixo em cerca de um quinto do nível de 1975 cerca de 35 anos depois, por volta de 2010.

Mas, tal como subiu abruptamente no começo dos anos 1970, o grau de insatisfação voltou a subir outra vez no começo dos anos 2010 e, desde então, disparou para seu nível mais alto de todos os tempos. Mesmo antes que #MeToo se tornasse um símbolo do enfrentamento e resistência das mulheres a um status quo degradante,[10] o grau visível de insatisfação já começara a aumentar.

É fácil entender por que o grau de insatisfação aumentou no começo dos anos 1970. O hiato salarial entre os gêneros era enorme. As mulheres recebiam 59 centavos sobre o dólar masculino, e fazia muito, muito tempo que a razão estava estagnada naquele nível abismal. As mulheres ainda eram excluídas de vários clubes, bares e restaurantes, e tinham passado a ser admitidas nas faculdades e universidades de elite do país fazia pouquíssimo tempo. O Título ix da Lei de Emendas do Ensino de 1972 assegurava às mulheres igualdade na educação e nos esportes — seguindo-se a uma era de movimentos de protesto que iam desde os direitos civis ao pacifismo. Os grupos de conscientização e de liberação das mulheres se multiplicavam por todas as partes naqueles dias impetuosos. Finalmente dera-se voz às mulheres, e elas a usaram para expressar sua insatisfação em alto e bom som.

Mas por que nos anos 2010 havia níveis similares de insatisfação e frustração expressos em matérias da imprensa, quando as mulheres já haviam obtido ganhos tão significativos no emprego, na remuneração e na educação?

O FIM DA JORNADA — AMPLIADO

As expectativas tinham aumentado e as aspirações tinham mudado. As mulheres, em especial as graduadas, imaginavam que poderiam ter carreira *e* família. As com menor nível educacional acreditavam que deviam ser tratadas de modo justo no mercado de trabalho. O grupo de graduadas aspirava ao mesmo nível de realização de seus maridos. Começaram a imaginar não só a igualdade de gênero no local de trabalho, mas também a paridade conjugal em casa.

O hiato salarial entre os gêneros, como vimos, se estreitara consideravelmente nos anos 1980 e 1990 para todas as trabalhadoras, mas então, a partir dos anos 1990, estagnou para as graduadas. O aumento na desigualdade de renda significava que os que ocupavam o topo estavam ganhando às custas dos outros, e havia um grande número de homens graduados naquele grupo rarefeito. O trabalho ganancioso ficou mais ganancioso, e as mulheres com responsabilidades de prestar cuidados tinham dificuldade de acompanhar.

A prestação de cuidados

Tudo isso se dava AEC, "Antes da Era do Corona". Em março de 2020, de forma muito súbita e premente, os genitores foram avisados para manter em casa os filhos em idade escolar. Berçários e jardins de infância foram fechados. Minhas estudantes de graduação em Harvard saíram para as férias de primavera, e desde então apenas uma parte delas voltou ao Yard. Solicitou-se aos empregados que trabalhassem de casa, a menos que fossem considerados "essenciais" pelo Departamento de Segurança Interna dos Estados Unidos. A nação ingressara no período DC, "Durante o Corona".

A catástrofe econômica que acompanhou a pandemia teve um impacto maior sobre as mulheres do que sobre os homens, de uma maneira que não costuma ocorrer nas épocas de desaceleração econômica. Os empregos das mulheres se concentram sobretudo no setor de serviços e ficam protegidos do *offshoring*, o choque comercial chinês, e da automação. Mas os empregos no setor de serviços, em hotelaria, viagens, serviços pessoais, restaurantes e lojas do varejo, foram duramente atingidos. Os serviços de atendimento presencial não cabem num mundo de distanciamento social, e o trabalho em espaço fechado é menos saudável do que o trabalho em espaço aberto. O setor de construções teve enorme recuo. E também a maioria do setor manufatureiro. Os grupos de mulheres atingidos de forma mais dura foram os das mães solo e das mulheres sem nível superior. As mulheres com graduação também viram o grande aumento nas taxas de desemprego, enquanto suas taxas de participação na força de trabalho caíam, como acabei de comentar.

Como no mundo AEC, foi mais fácil para os genitores com graduação do que para outros, visto que têm maior probabilidade de poder trabalhar de casa. Antes da covid-19, segundo estimativas baseadas nas características das ocupações, cerca de 62% das graduadas que trabalhavam (entre 25 e 64 anos) poderiam trabalhar a partir de casa.[11] Segundo os dados do Current Population Survey (CPS) de maio de 2020, cerca de 60% de fato trabalharam remotamente, bem como uma fração parecida de seus correlatos masculinos.[12] Entre as mulheres que cursaram a graduação só por algum tempo, sem se formar, 42% podiam trabalhar a partir de casa, e, entre as que nunca estiveram na faculdade, apenas 34% tinham condições disso. A fração efetiva das mulheres sem graduação que disseram trabalhar de maneira remota em maio de 2020 foi de apenas 23%.

Em vista de suas ocupações, o grupo de graduadas estava preparado para um lockdown. As que não tinham formação na faculdade estavam destinadas a ser a maioria nos serviços essenciais na linha de frente, a ser afastadas em licença ou demitidas. As taxas de desemprego das graduadas sempre estiveram entre as mais baixas na força de trabalho. Durante o mês mais sombrio da pandemia em termos econômicos, abril de 2020, quando o desemprego em nível nacional atingiu um pico de dois dígitos, a taxa de desemprego entre as graduadas com 35 a 44 anos era de 7%, e 5% adicionais estavam "empregadas, mas não trabalhando".[13] O desemprego entre o grupo sem graduação era mais do que o dobro disso: 17%, com 10% adicionais que estavam empregadas, mas não trabalhando.

No período DC, a capacidade de trabalhar de qualquer lugar é de grande importância. No entanto, no trabalho remoto, ainda se pode

O FIM DA JORNADA — AMPLIADO

presumir que o empregado esteja disponível a qualquer hora e sempre que o cliente ou o gerente queira que ele faça alguma tarefa. O trabalho remoto pode envolver interrupções constantes.

Para a maioria dos genitores com filhos em idade pré-escolar e escolar, as demandas de tempo da família na era covid-19 têm sido assoberbantes. Todos estão trabalhando mais puxado em casa. Para os que têm filhos, a casa agora é uma creche e uma escola. Para os que têm um cônjuge doente ou filhos doentes, a casa é uma clínica e um hospital. O número de horas ininterruptas dedicadas ao emprego remunerado despencou.

Os Estados Unidos estão agora naquela modalidade mista que chamo de AC/DC, visto que, em muitos aspectos, é o "Após o Corona", mas ainda "Durante o Corona". Algumas empresas, escritórios e instituições voltaram a abrir, e algumas escolas e instituições de atendimento infantil também. Mas muitas escolas reabriram apenas de modo parcial, enquanto algumas continuaram totalmente remotas. Para os casais com filhos, escola híbrida ou escola remota significa que os filhos ficarão em casa, com alguma sorte estarão estudando, sob as vistas atentas do genitor que esteja com eles em casa. E, se a história ou a jornada que estamos fazendo aqui servir de guia, esse genitor, muito provavelmente, será uma mulher.

Ainda não se sabe com exatidão a que ponto aumentou o tempo com o atendimento aos filhos e a que ponto diminuiu o tempo de trabalho remunerado durante a era DC para amostragens grandes e nacionalmente representativas. As fontes usuais para estudar o uso do tempo, como o American Time Use Survey (ATUS), tiveram uma pausa em março de 2020 e até maio não tinham sido retomadas. Levará algum tempo até que esses dados sejam divulgados.

Criei estimativas para a EAC (os anos pré-pandemia) com base no ATUS para famílias "de amostra" de graduados com emprego e pelo menos um filho com menos de dezoito anos.[14] Antes do lockdown, as mães nas famílias de amostra desempenhavam uma média de 61% das tarefas do atendimento infantil.[15] (Também realizavam quase 70% do preparo da comida, da limpeza e da lavagem.) Para mães similares que não estão empregadas, a fração é de 74%.[16]

CARREIRA E FAMÍLIA

Durante o lockdown, em que os filhos não vão mais à escola, aqueles em idade pré-escolar têm atendimento limitado e muitos cuidadores estão em licença de afastamento, o total de tempo parental dedicado teve um grande aumento. Os genitores monitoravam o dia escolar dos filhos, ajudavam-nos com as tarefas de casa e substituíam a presença dos professores, que de repente eram apenas imagens distantes numa tela.

O efeito imediato do lockdown sobre as mães nas famílias de amostra foi dobrar o total de tempo que elas passavam com os filhos.[17] Mas, na verdade, a fração de todo o atendimento infantil dado pelas mães em lares com os dois genitores diminuiu. Os pais também estavam em casa e aumentaram muito suas horas de atendimento aos filhos em comparação ao que faziam antes do lockdown. As evidências do levantamento para abril de 2020 mostram que as mães aumentaram suas horas de atendimento aos filhos em 1,54 vez, e os pais, em 1,9 vez. Além disso, cada genitor com pelo menos um filho em idade de ensino de primeiro ou segundo grau alocou cerca de quatro horas adicionais de ensino remoto por semana. As famílias cujos filhos caçulas estavam no segundo grau acrescentaram cerca de duas horas a mais por genitor.

Os filhos com até um ano ocupavam o maior tempo parental antes do lockdown, o que não admira. Os casais com filhos nessa faixa etária dedicavam ao todo 42 horas ao atendimento deles antes do lockdown. As mães cumpriam 66% desse total de horas. Durante o lockdown, o total semanal disparou para setenta horas. Mas a parcela desse novo total mais alto cumprida pelas mães diminuiu para 61%, ainda que suas horas aumentassem de 28 para 43.[18]

Para as famílias com o filho caçula no ensino fundamental ou secundário, as horas semanais dedicadas pela mãe a seu atendimento e ao ensino remoto passaram de cerca de nove para dezessete.[19] Mas, como no caso acima mencionado, as horas dos dois genitores aumentaram muito, e a fração do total de horas no atendimento ao filho e no ensino remoto dedicadas pela mãe diminuiu durante o lockdown de quase 60% para pouco mais da metade.

Pode parecer que o lockdown foi ótimo para a paridade conjugal, visto que a parcela das mulheres no tempo total de atendimento aos filhos e ensino remoto diminuiu e a dos homens aumentou. Também

274

O FIM DA JORNADA — AMPLIADO

pode parecer que, quando tudo isso acabar, os homens vão querer dedicar mais tempo aos filhos e contribuirão com uma parcela maior de tempo com a família. Quanto a isso, ainda não sabemos.

O que sabemos é que, embora as mães em famílias com dois genitores tivessem diminuído sua parcela do total, o peso agregado do atendimento aos filhos e do trabalho doméstico foi esmagador. Foi quase igualmente esmagador para os pais. Mas, como as mulheres realizavam uma fração maior do trabalho doméstico usual, do preparo da comida e da lavagem de roupa, o tempo restante para seus empregos remunerados sofreu uma grande retração. Segundo estimativa de um levantamento na Inglaterra, as mães trabalhadoras em abril de 2020 sofriam interrupções durante metade de suas horas de trabalho remunerado.[20]

O que tem acontecido nesse período AC/DC, quando algumas escolas, boa parte das instituições de atendimento infantil e certas empresas reabriram?[21] Como algumas formas de atendimento infantil e de ensino vieram a se tornar disponíveis, as demandas totais de atendimento às crianças provavelmente estão a meio caminho entre as vividas no auge do período DC e as vividas no nível interior da EAC.

Não dispomos de evidências sólidas, mas há razões para crer que a carga total das mulheres no atendimento aos filhos permaneceu mais ou menos a mesma, mas que a fração do total dedicado aumentou. Isso porque as escolas, creches e jardins de infância em todo o país reabriram com mais cautela do que os locais de trabalho. O resultado é que alguns trabalhadores puderam voltar, integral ou parcialmente. Mas alguém tinha de ficar em casa com os filhos. O que as mulheres ganharam com mais escolas e instituições de atendimento infantil abertas elas perderam pelo retorno do cônjuge ao trabalho durante uma parte do tempo.

O ganho é variável e irregular. Em larga medida, as instituições de atendimento infantil para as crianças em idade pré-escolar reabriram, e muitas famílias recontrataram as cuidadoras que haviam liberado. Mas, mesmo no ano letivo no mês já tão adiantado de março de 2021, enquanto escrevo estas linhas, muitos dos maiores distritos americanos ainda não reabriram totalmente, embora tenham planos de assim reabrir "em breve". Alguns reabriram e depois, de repente, voltaram a fechar, mandando de volta para casa dezenas de milhares de crianças. Famílias desesperadas formaram grupos de ensino virtuais ou reais, tendo à frente um genitor ou um tutor pago.

Com a reabertura de firmas, escritórios e uma série de instituições, os trabalhadores puderam deixar o lar e ir trabalhar como faziam antes (só que com mais cuidado). Nas famílias com filhos, um dos genitores ainda precisaria ficar em casa uma parte do tempo caso a escola ainda continuasse parcialmente remota. E pelo menos um deles ainda precisaria ficar à disposição do lar.

Os genitores podem querer voltar ao escritório por várias razões. É provável que o trabalhador que vai ao escritório aprenderá mais, poderá ficar com os clientes mais lucrativos e ser designado para os projetos mais interessantes. Essa pessoa poderá interagir ao vivo com os colegas e trabalhar com mais eficiência, sem interrupções, longe dos filhos tentando aprender a tabuada.

Os dois genitores ainda poderiam trabalhar em casa, tal como Isabel e Lucas podiam ambos trabalhar no emprego altamente flexível. Mas, tal como Isabel e Lucas, se fizessem isso, deixariam passar uma oportunidade financeira. Poderia não haver uma diferença imediata nas remunerações se um dos genitores ficasse no trabalho remoto em casa e o outro retornasse ao escritório. Mas o genitor de volta ao escritório, mesmo que apenas uma parte do tempo, sairia ganhando. Apesar da enorme quantidade de hipóteses aventadas, ainda não sabemos quais serão os resultados desse experimento forçado devastador.

Aqui também, como aprendemos com a história, o provável é que o genitor voltando à nova versão do antigo normal — trabalhando no escritório, mesmo que apenas uma parte do tempo — seja o homem. Mas ainda não temos certeza. Sabemos por perguntas específicas feitas pelo CPS que, em setembro de 2020, cerca de 60% de todos os formados na graduação tinham voltado ao local de trabalho pelo menos uma parte do tempo.[22] Também sabemos que o número de homens que voltaram é maior do que o de mulheres. Mas as evidências ainda são poucas. Sempre há a centelha de esperança de que nossas normas de gênero venham a ser alteradas pelo teste compulsório do trabalho remoto e que a penalidade por não ir ao escritório será reduzida.

O FIM DA JORNADA — AMPLIADO

Existem inúmeras pressões em alguns quadrantes para que os trabalhadores retornem ao escritório. David Solomon, do Goldman Sachs Group Inc., incentivou os corretores a voltarem a seus locais de trabalho. Sergio Ermotti, quando era o CEO do UBS Group AG, disse: "É especialmente difícil para os bancos criar e manter uma coesão e uma cultura quando os empregados ficam em casa".[23] O CEO de uma grande empresa imobiliária observou, talvez por interesse próprio: "Os que não entram num local de trabalho podem ficar de fora".[24]

Ainda que o número total de horas de atendimento aos filhos dedicadas pelas famílias de amostra tenha diminuído conforme a economia foi se reabrindo aos poucos, de modo hesitante e muito incompleto, a carga das mulheres provavelmente se manteve a mesma. Assim, o total de horas de atendimento aos filhos e de ensino remoto gasto pelas mulheres nas famílias de amostra nos mundos DC e AC/DC tem sido 1,7 vez maior do que os níveis AEC. Visto que o número total de horas aumentou, mas o esperado é que o parceiro ajudante esteja de volta ao escritório durante uma parte do tempo, a fração do total do que está sendo feito pelas mulheres graduadas com emprego subiu de cerca de 60% AEC para cerca de 73% AC/DC.[25]

As discrepâncias na divisão do atendimento aos filhos não nasceram ontem. O mercado de trabalho não passou a ter de repente uma competição do tipo "sobe ou sai". Foi o mundo da covid-19 que ampliou tais impactos. As mães têm enfrentado, ou podem esperar, recuos muito maiores no emprego e na carreira do que seus maridos (ou parceiros) e os pais de seus filhos.

Soluções

Grande parte do golpe econômico sobre as mulheres graduadas decorre do fechamento do setor de atendimento infantil. Sem um setor de cuidados em bom funcionamento, o setor econômico sofrerá muitos engasgos. Se as escolas continuarem fechadas, uma grande fração de genitores, sobretudo mulheres, não conseguirá trabalhar de modo eficiente, isso se conseguir trabalhar. Esta é a primeira grande desaceleração econômica em que será o setor de cuidados a determinar o destino do setor econômico. Nem sempre foi assim em períodos de grande desaceleração. Mas agora é, porque as mulheres constituem quase metade do total da força de trabalho americana.[26]

A Grande Depressão dos anos 1930 teve um desemprego muito pior e um prejuízo muito maior na produção econômica do que a pandemia recente. A partir de 1935, a Works Progress Administration (WPA) do New Deal implantou creches e pré-escolas para os filhos de dois a quatro anos de famílias de baixa renda. O programa era multifacetado. Garantia que os americanos mais pobres e mais vulneráveis recebessem refeições nutritivas e atendimento à saúde, bem como adquirissem qualificações básicas. Deu emprego a enfermeiras e professoras que tinham sido afastadas. Embora os berçários e jardins de infância da WPA permitissem que os genitores trabalhassem, não foi com esse objetivo que se montou o programa.

Pouco se percebia nos anos 1930 que o setor de cuidados e o setor econômico estavam inextrincavelmente ligados. De fato, a Lei de Assistência Social Abrangente de 1935 incluiu de maneira deliberada o Auxílio a Filhos Dependentes (ADC), que em 1962 foi renomeado como Auxílio a Famílias com Filhos Dependentes (AFDC), um serviço de assistência social como outrora o conhecíamos. O ADC pagava as mulheres não para subsidiar o atendimento infantil a fim de que elas pudessem trabalhar, mas sim para que não trabalhassem. Como as mulheres negras tinham trabalhado mais do que as correlatas brancas, o programa se destinava principalmente às mulheres brancas. Não se presumia de forma alguma que as mulheres brancas devessem ter um emprego remunerado. A ideia era que os filhos brancos pobres deviam ser atendidos pelas mães, e as mães deviam ser pagas para fazerem isso. É algo de que hoje em dia não se ouve falar.

Nos anos 1930, a taxa de participação das mães na força de trabalho (em especial as mães brancas) era tão baixa que o emprego feminino não era considerado uma alavanca econômica importante. Como vimos, não se esperava que as mulheres com maridos fisicamente aptos trabalhassem em algum emprego e as barreiras ao casamento e várias normas sociais serviam para desencorajá-las disso. Foi preciso ocorrer a

O FIM DA JORNADA — AMPLIADO

Segunda Guerra Mundial para que os americanos estabelecessem uma ligação entre o setor econômico e o setor de cuidados. Mas isso apenas como uma medida de emergência, um paliativo.

A Lei Lanham, aprovada em 1943, montou centros de atendimento infantil diurno para os filhos de dois a quatro anos de mães trabalhadoras, muitas das quais estavam empregadas em empresas relacionadas com a guerra (inclusive os famosos estaleiros Kaiser).[27] Sem esses centros de atendimento infantil diurno, a maioria das mulheres com filhos em idade pré-escolar não conseguiria trabalhar, e o esforço de guerra sairia prejudicado. A Lei Lanham é, até hoje, o único caso de legislação federal financiando instalações de atendimento infantil em nível nacional para os filhos de mães trabalhadoras, independente da renda delas.

Hoje, o setor de cuidados e o setor econômico mantêm uma clara interdependência. Tornou-se corriqueiro comentar que, enquanto as escolas não funcionarem em tempo integral, muitas mulheres não conseguirão trabalhar com eficiência e muitas não conseguirão de forma nenhuma.

Os Estados Unidos nunca adotaram o conceito de que o atendimento de crianças novas é uma responsabilidade da comunidade, ao contrário do que ocorre em países como a Dinamarca, a França e a Suécia, onde o atendimento infantil é maciçamente subsidiado e a participação das mulheres na força de trabalho é maior do que nos Estados Unidos. Antes da covid-19, havia alguns sinais de mudança em políticas relacionadas à questão. A licença médica e a licença-família foram ampliadas em seis estados, e o Distrito de Colúmbia e mais de doze legislaturas estaduais propuseram leis a esse respeito. As empresas, mesmo algumas de baixos salários como o Walmart, adotaram políticas de licença-família. Expandiram-se programas para a idade pré-escolar em estados e municípios, bem como programas de atividades extraescolares.

A participação dos homens no atendimento aos filhos é hoje uma parte fundamental da solução, mas nem sempre foi assim. No passado, nem mesmo os maridos mais solidários conseguiriam contornar fácil as imposições e barreiras mantidas por empresas, instituições e governos.

CARREIRA E FAMÍLIA

Eleanora Frances Bliss Knopf, que se doutorou em geologia em 1912, casou-se com o colega geólogo Adolph, docente de Yale. Mas ela não conseguiu uma posição na docência, pois Yale não contratava mulheres. Ela continuou seu trabalho no US Geological Survey, muitas vezes usando o escritório do marido. "Os dois eram autoridades em campos separados",[28] segundo o memorial dele. Mas ele tem uma montanha que recebeu seu nome; ela, não.

Algumas mulheres de carreira foram empregadas pela empresa do marido ou criaram empresa própria. Jennie Loitman Barron abriu um escritório de advocacia em 1914, o ano em que foi aprovada na ordem.[29] Depois de se casar com o namorado da infância, providencialmente também advogado, os dois somaram forças, tiveram três filhos e abriram o escritório Barron and Barron em 1918, que mantiveram até 1934, quando ela foi nomeada procuradora-geral assistente de Massachusetts. Sadie Mossell Alexander, como vimos antes, trabalhava na firma de advocacia do marido.

Poucas mulheres tiveram a força de caráter e a capacidade financeira de deixar casamentos que eram restritivos. Nora Blatch, a neta de Elizabeth Cady Stanton, foi uma delas. Foi também a primeira mulher nos Estados Unidos a se formar em engenharia civil e a primeira a se formar em engenharia na Universidade Cornell.[30] Divorciou-se de Lee de Forest, inventor do rádio de válvula, quando ele quis que a esposa deixasse o emprego, e em 1919 ela se casou com Morgan Barney, um arquiteto naval. Mas a grande maioria das mulheres casadas que talvez quisessem seguir carreira, ou mesmo ter um emprego, se manteve em casamentos restritivos e não deixou nenhum traço em registros disponíveis.

Abriram-se portas, e nos anos 1950 surgiram mais posições para mulheres casadas. A possibilidade de ter família e então um emprego ou carreira aumentou com o Grupo Três. Para alguns maridos, era difícil resistir à tentação de ter uma segunda renda para pagar o financiamento da casa e enviar os filhos para a faculdade. Com o aumento do nível de instrução das mulheres, o custo de se oporem à carreira de suas esposas era demasiado. Cediam. Em alguns casos muito especiais, era mais do que uma concessão.

O FIM DA JORNADA — AMPLIADO

Marty Ginsburg adorava que a esposa Ruth fosse brilhante. "Creio que a coisa mais importante que faço é possibilitar que Ruth faça o que ela tem feito",[31] disse ele certa vez. No entanto, os dois ainda eram um casal clássico do Grupo Três sob muitos aspectos. Conheceram-se na faculdade, casaram-se logo após a formatura em 1954 e tiveram o primeiro filho um ano depois. Ruth chegou a se transferir de Harvard para a Escola de Direito de Columbia, para ir com Marty para Nova York, e, "quando Marty estava decidido a se tornar sócio numa firma de advocacia de Nova York no prazo de cinco anos",[32] Ruth assumiu o lar. Mas a comparação com seus contemporâneos cessa por aí. Para a maioria do Grupo Três, a carreira da mulher ficava em segundo plano em relação à do marido.

Em 1964, três quartos das mulheres e homens graduados na turma de 1961 concordavam que a carreira masculina tivesse precedência sobre a feminina.[33] Mas a mudança estava em andamento. Em 1980, cerca de 60% dos graduados de ambos os gêneros (partindo de 25% em 1964) acreditavam que maridos e esposas deviam ter a mesma chance de seguir uma carreira (ou conseguir um "bom emprego").[34] Em 1998, a fração dos graduados declarando que devia haver oportunidades iguais ultrapassava 85%. Foi a última vez que se fez essa pergunta no levantamento.

Os homens passaram a apoiar as metas de carreira da esposa com a mesma rapidez com que as esposas começaram a afirmar que queriam tê-las. Ocorrera uma profunda mudança nas aspirações e objetivos. Mas a realidade teria de ultrapassar outras barreiras, não mais tão visíveis quanto eram as enfrentadas por nosso primeiro grupo, mas igualmente impeditivas.

Para que as mulheres alcancem uma carreira, uma família e a paridade, os pais terão de fazer no trabalho as mesmas reivindicações que as mulheres fazem e terão de assumir encargos no lar para que as mulheres possam assumir encargos no trabalho. É exatamente o que estão fazendo alguns casais de alta competência, alternando quem fica com a carreira primária. Karen Quintos, diretora de atendimento ao cliente na Dell, e seu marido "tive[ram] ambos de fazer concessões". Da mesma forma com Jules Pieri, fundadora e CEO de The Grommet, que descreveu sua vida doméstica como um "balé", em que ela e o marido "altern[avam] quem estaria à frente".[35]

Marissa Mayer, que teve gêmeos quando era CEO do Yahoo!, comentou que uma mulher muitas vezes retrocede quando os filhos são novos, mas depois "sua carreira deslancha".[36] Os fatos, porém, mostram que muitas das mulheres que retomam a carreira mais tarde nunca alcançam grande altura. Como vimos no gráfico 7.1, as mulheres com filhos têm, em comparação aos homens, um aumento em emprego e remuneração na casa dos quarenta e dos cinquenta anos, mas nem de longe alcançam os colegas masculinos.[37] Os empregos podem ser retomados, mas raramente as carreiras têm um grande avanço.

Douglas Emhoff é o modelo perfeito. O primeiro "segundo-cavalheiro" está fazendo o que as mulheres sempre fizeram: fornece o apoio pessoal aos que lideram nosso país, oferece um ombro, um lenço, um ouvido, solidariedade e ajuda. Ele poderia liderar o caminho como homem muito viril que por acaso está casado com uma supermulher que é a vice-presidente dos Estados Unidos, mostrando aos homens como sentir orgulho em vez de inveja, como apoiar em vez de obstruir. Precisamos mais disso.

Precisamos que os homens se desprendam um pouco do trabalho, apoiem os colegas homens que tiram licença-paternidade, votem em políticas públicas que subsidiem o atendimento infantil e façam com que suas empresas mudem seus métodos gananciosos, dando-lhes a saber que suas famílias valem ainda mais do que seus empregos. Os sonhos não se transformarão em realidade, as aspirações não serão alcançadas enquanto os homens não vierem se juntar à jornada restante.

Sairemos dessa pandemia. Mas ainda se passará muito tempo até que os locais de trabalhos, os restaurantes, os cinemas, os aviões, os hotéis, as festas, os estádios esportivos, os casamentos e a própria vida voltem a se parecer com o que eram AEC. A jornada das mulheres graduadas também continuará. Não sabemos o dano que terá sido causado a carreiras nascentes. Tampouco sabemos se nosso teste compulsório com o trabalho remoto para os dois genitores vai abalar as normas de gênero e reestruturar o modo como se trabalha. Sabemos muito sobre os ganhos passados, sobre os impedimentos que refrearam as mulheres e sobre os que ainda refreiam.

Partimos numa jornada desde as mulheres do Grupo Um, que escolheram entre as duas metas, a carreira e a família, até as do Grupo Cinco, que agora aspiram e muitas vezes chegam a ambas. Sadie Mossell Alexander conquistou uma pós-graduação, mas não conseguiu chegar a um emprego na área escolhida. Hazel Kyrk e Margaret Reid escolheram implicitamente a carreira em lugar da família, visto que não podiam ter as duas. A maioria aceitou as consequências dos impedimentos de sua época, e algumas, como Dorothy Wolff Douglas, floresceram a despeito deles. Jeanette Rankin e Amelia Earhart tiveram uma ascensão triunfal em alguns momentos, mas perderam terreno em outros.

Algumas viveram o suficiente para ter vidas seriadas que mudavam com os tempos, como Ada Comstock, que se casou aos sessenta e tantos anos. Muitas no Grupo Três que eram mães emblemáticas do baby boom, como Erma Bombeck, Jeane Kirkpatrick, Phyllis Schlafly e Betty Friedan, evoluíram ao longo dos anos, mudaram junto com a época e até alteraram a história.

Muitas se viram tolhidas por leis governamentais, regulações e políticas institucionais que restringiam seu emprego. Algumas lutaram pela mudança e venceram, como vimos com Anita Landy e Mildred Basden, que com seus esforços após a Segunda Guerra Mundial conseguiram vencer as barreiras ao casamento dos distritos escolares.

Margaret Sanger e Katharine Dexter McCormick, as mães da pílula, ajudaram a despertar a Revolução Silenciosa com que o Grupo Quatro se apartou do Grupo Três. Mary Tyler Moore, como Mary Richards, foi a face famosa de um novo grupo de mulheres jovens independentes que conseguiram adiar o casamento e a maternidade. No entanto, como muitas mulheres, ela recebia um tratamento desigual no local de trabalho. Lilly Ledbetter enfrentou muito mais — assédio sexual, danos físicos e emocionais, discriminação no emprego e disparidades salariais. Ela sobreviveu para anunciar a vitória décadas mais tarde.

Mas aprendemos que o tratamento no local de trabalho não é o único problema. O outro é a paridade conjugal no lar. Inumeráveis

CARREIRA E FAMÍLIA

mulheres com carreira "se esqueceram de ter os filhos", como *quase* faz Tina Fey em seus papéis na TV e no cinema.

As integrantes do Grupo Quatro adiam o casamento e a família e se concentram primeiro em alcançar uma carreira. Hillary Rodham se casou com Bill Clinton aos 28 anos. O Grupo Cinco aumentou ainda mais a idade ao casamento. A sucessora de Clinton na cadeira do Senado por Nova York, Kirsten Rutnik, casou-se com Jonathan Gillibrand aos 35 anos. Amy Klobuchar se casou aos 33, e Kamala Harris, que foi a primeira em tantas coisas e acaba de assumir como vice-presidente dos Estados Unidos, casou-se aos cinquenta anos.

A jornada desde Jeanette Rankin clareou a atmosfera e revelou por que as mulheres com alto grau de instrução e treinamento continuam com dificuldade em avançar tanto quanto seus correlatos masculinos. O atendimento aos filhos, o atendimento aos idosos e o atendimento à família são feitos por mulheres em um nível desproporcional. O trabalho é ganancioso, e a pessoa que faz mais ganha mais. Os casais com filhos otimizam num mundo de normas de gênero.

Nosso experimento compulsório com o trabalho remoto terá sido o empurrãozinho que reduzirá o preço da flexibilidade no trabalho? A mudança para o trabalho remoto foi mais tranquila do que se imaginava, e a maioria dos trabalhadores dizem que gostariam de continuar trabalhando remotamente. Metade dos trabalhadores com filhos em idade escolar teve dificuldade em evitar interrupções enquanto trabalhava, mas isso deve mudar quando as escolas retomarem o pleno funcionamento. Entre os graduados trabalhando de casa, 46% tiveram maior flexibilidade para escolher suas horas.[38] O custo da flexibilidade para os trabalhadores parece ter realmente diminuído, pelo menos no curto prazo.

A maioria das pessoas que podem trabalhar de casa diz que, depois da pandemia, gostaria de trabalhar dessa forma pelo menos dois dias por semana. Mas ainda não está claro como isso afetará a produtividade e os custos gerais. Embora os trabalhadores remotos julguem que estão sendo mais produtivos, ainda está por se ver o impacto em prazo mais longo. A inovação exige equipes e geração colaborativa de ideias. Algumas firmas já indicaram que os que voltam ao escritório mais dias por

O FIM DA JORNADA — AMPLIADO

semana colherão benefícios maiores, embora haja empresas que estão reduzindo o espaço dos escritórios e assim cortando custos.[39]

Tal como hoje acontece com muitas outras coisas, essas questões estão cercadas de incertezas. Mas também há esperanças de que nossa provação pelo fogo, expondo disparidades e revelando novas formas de trabalho e de prestação de cuidados, desencadeie a mudança de maneira definitiva. Conforme saímos lentamente da pandemia, com as escolas ainda operando no modo remoto em muitos lugares e os escritórios parcialmente abertos, estamos vendo — em tempo real — como essas realidades operam em detrimento da carreira das mulheres. Margaret Gilpin Reid, a "antiga" a quem, muito tempo atrás, não dei atenção, sabia do valor do setor de cuidados para o setor econômico. É hora de prestarmos mais atenção ao bastão que ela e muitas outras passaram adiante. Mas também precisamos rever nosso sistema de trabalho e repavimentar a estrada em que nossa jornada vem avançando, para que minha ex-aluna e outras possam ter carreira e cônjuge que queira o que elas querem.

Março de 2021
Cambridge, Massachusetts

AGRADECIMENTOS

DURANTE MEU PRIMEIRO ANO NA Universidade de Harvard, cerca de trinta anos atrás, minha turma de estudantes queria discutir suas aspirações a uma carreira e a uma família. O que o passado revelava sobre o futuro delas? Eu não tinha uma resposta. Meu livro *Understanding the Gender Gap* [Entendendo o hiato entre os gêneros] acabara de ser publicado. Ele cobria o crescimento da força de trabalho feminina ao longo da história americana, mas não a busca de sucesso pessoal e profissional das mulheres formadas na faculdade. Tive de pesquisar mais.

Instigada pelas perguntas delas, em 1992 escrevi "The Meaning of College in the Lives of American Women: The Past Hundred Years" [O significado da faculdade na vida das mulheres americanas: os últimos cem anos], que trata de três grupos de mulheres formadas na graduação, cada qual definido por uma era distinta, correspondendo aos Grupos Um, Três e Cinco do presente livro. Alguns anos depois, Francine Blau, economista do trabalho e colega minha durante a graduação na Universidade Cornell, pediu-me para ampliar o artigo e acrescentar o Grupo Quatro (o nosso) para uma conferência que ela estava planejando. O resultado foi "Career and Family: College Women Look to the Past" [Carreira e família: universitárias olham o passado]

AGRADECIMENTOS

(1997). Esses dois artigos são a base deste livro, como a luz de alguma galáxia distante que chega à Terra um zilhão de anos depois.

Deixei aquele trabalho por algumas décadas para pesquisar a história da educação e os papéis da educação e da mudança tecnológica no aumento da desigualdade econômica. Mas nunca abandonei meu interesse pelo gênero — especificamente, o poder da pílula, a mudança de nome como indicador social, uma teoria da poluição na discriminação, a história do ensino misto e a Revolução Silenciosa, que foi o tema de minha Ely Lecture na Associação Americana de Economia (AEA) em 2006. Também ajudei a conceber o Projeto Harvard and Beyond, além de um estudo sobre MBAS, e reuni evidências sobre as razões pelas quais as mulheres estavam atrás dos homens numa série de profissões.

Minha palestra presidencial de 2014 na AEA, "A Grand Gender Convergence: Its Last Chapter" [Uma grandiosa convergência de gêneros: seu último capítulo], apresentou o enorme progresso que as mulheres realizaram no século passado e os passos restantes que ainda precisam ser dados no caminho para a igualdade de gênero. A Arrow Lecture na Universidade Columbia em 2015 foi um ponto de inflexão para este trabalho. Ao preparar aquela palestra, percebi que meu trabalho de então sobre as razões das diferenças de gênero nas carreiras estava indissociavelmente ligado à minha história anterior sobre a progressão da carreira e da família entre os cinco grupos de mulheres com graduação. Depois da palestra, Bridget Flannery-McCoy, que então estava na Columbia University Press, perguntou se eu estava pensando em converter a palestra em livro. Não estava. Mas suas palavras encorajadoras continuavam comigo quando resolvi escrever algo mais extenso do que a palestra. Na época em que comecei a escrever este livro, ela tinha entrado na Princeton University Press.

Em março de 2020, quando o livro estava quase concluído, veio a pandemia, e ele adquiriu uma nova premência. Se as mulheres já ficavam para trás em tempos normais, com as escolas e creches abertas, o que aconteceria quando instituições de ensino e cuidado infantil fechassem? Mas, se o trabalho se tornasse remoto para a maioria dos genitores e se desenvolvesse uma maior flexibilidade nos esquemas de trabalho, isso seria de ajuda para as carreiras das mulheres? Sairíamos

CARREIRA E FAMÍLIA

do lockdown com uma nova consciência da importância da flexibilidade no trabalho e da prestação de cuidados? Ao tentar responder às perguntas prementes sobre nossas circunstâncias atuais, percebi que mesmo o passado recente pode nos ajudar a entender o caminho à frente num mundo pós-covid.

Em todas as etapas deste projeto, desde a semente plantada na galáxia distante até a era da pandemia, tive o auxílio de coautores, colegas, assistentes de pesquisa, de minha agente e sua associada editorial, bem como de minha ajudante editorial.

Há muitas pessoas a agradecer. No alto da lista está Larry Katz — meu coautor, colega economista, Sr. Memória, fã de cães, observador de pássaros, marido — meu tudo. O que eu faria sem ele? O que faríamos nós dois sem a afetuosidade de Pika, o talentoso e maravilhoso golden retriever que é campeão premiado de faro, cão de terapia e o amor de nossa vida? A jornada entre a ideia e o livro começou com minha agente, Jill Kneerim, e sua talentosa associada editorial, Lucy Cleland, agora agente literária de direito próprio. Jill e Lucy me ensinaram a acrescentar o elemento humano, as histórias, as pessoas, a cor. Elas instigavam, questionavam, sondavam e encorajavam. Também insistiram que eu pegasse uma ajudante editorial e recomendaram vivamente que fosse Domenica Alioto. Como elas sabiam que os opostos iam se atrair e se ligar? Domenica melhorou cada uma das páginas e a cada e-mail me enviou um poema. É longa a lista de assistentes de pesquisa a quem agradeço. A redação do livro começou quando Dev Patel voltou a Cambridge para ser meu assistente de pesquisa e mergulhou no projeto. Ele descobriu dados preciosos e exumou os que nunca tinham sido usados antes em toda a sua extensão, como o projeto Great Aspirations. Mesmo depois de ingressar no doutorado de economia em Harvard, ele continuou a acompanhar o trabalho e leu cada página antes que eu a enviasse para Domenica. Em ordem cronológica inversa, agradeço à minha mais recente assistente de pesquisa, Jennifer Walsh, por assumir um papel de limpeza dos dados em meio a suas obrigações num outro projeto, e a Summer Cai por ser uma grande faz-tudo de última hora. Os outros assistentes de pesquisa a quem sou profundamente grata são, citados com suas principais tarefas: Ross Mattheis

AGRADECIMENTOS

(professoras negras), Ayushi Narayan (dados de fertilidade), Namrata Narain (Who's Who), Jonathan Roth (HRS), Amira Abulafi (artigo presidencial da AEA), Natalia Emanuel (artigo presidencial da AEA), Chenzi Xu (dados farmacêuticos), Tatyana Avilova (dados farmacêuticos), Jane Lee (Estudo de Rastreamento Comunitário), Rebecca Diamond (dados de MBA), Naomi Hausman (dados de MBA e Harvard and Beyond), Lisa Blau Kahn (artigo Ely), Crystal Yang (artigo Ely), Boris Simkovich (artigo "Career and Family") e Kathy Snead (Arquivos Nacionais, Women's Bureau Bulletins). Agradeço a meus numerosos coautores em projetos correlatos por me ensinarem quando trabalhamos juntos. Em ordem cronológica inversa, são: Claudia Olivetti, Sari Pekkala Kerr, Josh Mitchell, Marianne Bertrand, Ilyana Kuziemko, Maria Shim e Cecilia Rouse. Agradeço a Daniel Horowitz, historiador na Faculdade Smith, por fornecer percepções valiosas sobre Betty Friedan. Stanley Engerman leu e comentou tudo o que eu lhe passava. Kathleen Gerson deu uma ajuda de última hora sobre o papel dos homens na mudança dos papéis de gênero.

Refinei minhas ideias apresentando-as em muitas palestras. Entre as mais importantes para este trabalho, apresentadas depois de meu discurso presidencial de 2014, estão a Arrow Lecture na Universidade Columbia, a Bies Lecture na Universidade do Noroeste, as Lindahl Lectures na Universidade de Uppsala, na Suécia, as Gorman Lectures na Universidade de Londres e a Feldstein Lecture na Agência Nacional de Pesquisa Econômica. Meu editor na Princeton University Press, Joe Jackson, ofereceu sugestões que melhoraram a exposição; Kelley Blewster, da Westchester Publishing, foi uma preparadora excepcionalmente cuidadosa e conscienciosa, e Angela Piliouras foi uma extraordinária editora de produção. Agradeço a todos eles. Os dados foram fornecidos pelas várias instituições e associações mencionadas no Apêndice de fontes. Agradeço às diversas pessoas por trás desses acervos de dados. São elas: Marianne Bertrand, coautora e a iniciadora do projeto MBA que utilizou dados administrativos da Escola Booth da Universidade de Chicago; John Schommer na Universidade de Minnesota pelos dados sobre as farmacêuticas; Terry K. Adams e J. J. Prescott pelo University of Michigan Law School Alumni Research Survey Dataset [Conjunto de

Dados do Levantamento de Pesquisa de Ex-Alunos da Escola de Direito da Universidade de Michigan], e Stephanie Hurder por me ajudar a entender os dados; Bryce Ward por ajudar a criar e produzir o instrumental do Projeto Harvard and Beyond, e Naomi Hausman por tornar os dados utilizáveis. A jornada das mulheres ao longo do século passado e mais além também foi minha e, no fim de minha jornada, conheci Domenica Alioto, que tornou meu trabalho muito mais pertinente e me ensinou a apreciar poesia. Nós duas passamos por momentos difíceis nos últimos nove meses — o nervosismo com uma pandemia global, a morte de minha mãe, a doença mental de um bom amigo, o ar tóxico fuliginoso que acolheu Domenica na Califórnia quando ela fugiu do vírus no Brooklyn, e a eleição de 2020. Naquela primavera, verão e outono, segui em frente, dei aulas, jardinei e li as correções e e-mails de Domenica: *"Between my finger and my thumb/ The squat pen rests./ I'll dig with it"* [Entre meu indicador e polegar/ Repousa a caneta-tinteiro./ Cavarei com ela] (Seamus Heaney, "Digging" [Cavando]). *"Meanwhile the wild geese, high in the clean blue air,/ are heading home again"* [Enquanto isso os gansos selvagens, voando alto no ar azul límpido,/ rumam de volta para casa] (Mary Oliver, "Wild Geese" [Gansos selvagens]). A jornada continua.

APÊNDICE DE GRÁFICOS E TABELA:
FONTES E NOTAS

1. O NOVO PROBLEMA SEM NOME [pp. 15-33]

Gráfico 1.1. Disparidade de gênero e desigualdade conjugal
Sem fontes. As notas constam no texto do gráfico.

2. PASSANDO O BASTÃO [pp. 34-64]

Gráfico 2.1. Um século de cinco grupos de mulheres com graduação
Notas: Os caminhos de família e carreira/emprego desejados ou
realizados constam sob os anos de nascimento. Os grupos que ainda
estão vivos têm caminhos de família e carreira/emprego "desejados", e
os grupos que encerraram sua vida têm caminhos "realizados". Essas
caracterizações se aplicam ao agregado. A heterogeneidade dentro dos
grupos é examinada nos vários capítulos.

Gráfico 2.2. Fração de mulheres graduadas que nunca se casaram,
por grupo etário e ano de nascimento
Fontes: Microdados dos censos demográficos americanos de 1940,

CARREIRA E FAMÍLIA

1950, 1960, 1970, 1980, 1990 e 2000; microdados de 2000 a 2015 dos American Community Surveys (ACS).

Notas: Os dados de casamento apresentados se referem a mulheres brancas porque as mulheres negras nos anos iniciais correspondiam a uma pequena fração de graduados na faculdade, mas muito maior no período mais recente. Para garantir que essas distinções não sejam afetadas por mudanças composicionais, os grupos consistem apenas em mulheres nascidas no país. Como os dados vêm de uma população fechada (nascida no país), a fração que se manteve solteira deve diminuir a cada grupo de nascimento conforme a idade avança, mas a mortalidade diferencial por casamento pode alterar essa relação. O ponto dos dados para mulheres de cinquenta a 54 anos, nascidas em 1908, foi reduzido em 0,8 para se manter consistente com os demais dados. O ponto dos dados para 1883 é de 55 a 59 anos. A construção dos grupos etários de cinco em cinco anos de idade é ligeiramente diferente com o uso do US Census of Population em vez do ACS. Para o censo, os dados são uma média para cada grupo etário de cinco anos por ano de nascimento. Por exemplo, os dados para as mulheres de 35 a 39 anos nascidas em 1953 são do censo de 1990. O ano de nascimento é o ponto médio do intervalo etário. Para os dados do ACS, todos os cinco anos dos dados são conhecidos e correspondem ao ano exato de nascimento. O ponto de divisão para os dois conjuntos de dados é o ano 2000. Para as idades de 25 a 29 anos, o ponto de divisão é o ano de nascimento de 1973. Cabe notar que as frações de casamento são relativamente planas entre 1973 e 1978; portanto, a diferença no cálculo não afeta muito os dados.

Gráfico 2.3. Fração de mulheres graduadas sem filhos, por grupo etário e ano de nascimento

Fontes: Microdados dos censos demográficos americanos; Suplemento de Fertilidade de Junho do Current Population Survey (CPS), de 1973 a 2018.

Notas: Os dados dos censos demográficos americanos são usados para todos os anos anteriores ao ano de nascimento de 1949 para o grupo etário de 25 a 29 anos, e de 1934 para o grupo de quarenta a 44 anos. Os dados para os grupos de mais idade são usados para os

APÊNDICE DE GRÁFICOS E TABELA: FONTES E NOTAS

dois primeiros anos para o grupo de quarenta a 44 anos. Os dados do Suplemento de Fertilidade de Junho do CPS, expressos como médias móveis centradas em cinco anos, foram usados sempre que possível. Para outros anos, usam-se os dados dos censos demográficos americanos. As interpolações lineares conectam os anos dos censos e ligam as duas fontes. Os dados são para todas as raças.

Gráfico 2.4. Taxas de participação na força de trabalho, por grupo etário e ano de nascimento: mulheres graduadas que se casaram
Fontes: Foram usadas três fontes: os censos demográficos decenais americanos; CPS; ACS. Os microdados da Integrated Public Use Microdata Series (IPUMS), os censos demográficos decenais americanos, para 1940 a 2000. O ACS inclui todos os anos de 2000 a 2016. Dos censos demográficos decenais americanos usam-se as seguintes amostragens: 1940, 1%; 1950, 1%; 1960, 5%; 1970, 1% "metro 1" e "metro 2"; 1980, 5%, "estado"; 1990, 5%; 2000, 5%. O Suplemento Social e Econômico Anual [Annual Social and Economic Supplement (ASEC)] do CPS inclui todos os anos de 1962 a 2017. Graduação na faculdade é definida em todas as amostragens como quatro anos ou mais de faculdade.
Notas: A participação na força de trabalho é definida pelo censo americano como estar empregado ou procurando emprego durante a semana do censo. Todos os elementos em cada matriz de cinco anos (por exemplo, indivíduos de 35 a 39 anos nascidos entre 1930 e 1934) estão completos. Os dados para os de 25 a 29 anos para nascidos entre 1900 e 1904 foram extrapolados com base na mudança dos indivíduos com de 25 a 29 anos para indivíduos com de 35 a 39 anos usando os dados para os nascidos entre 1910 e 1914.

Gráfico 2.5. Índices de graduação na faculdade para homens e mulheres (aos trinta anos)
Fontes e notas: Foram usados censos IPUMS de 1940 a 2000 e Merged Outgoing Rotation Groups (MORG) do CPS para 2006 a 2016. O procedimento é o mesmo usado em Goldin e Katz (2008), gráfico 7.1.

Tabela 2.1. Casamento, filhos e emprego remunerado em cinco grupos de mulheres com graduação

CARREIRA E FAMÍLIA

Fontes e notas: As colunas (A) e (B) usam os anos de nascimento 1890, 1910, 1930, 1950 e 1960 para os cinco grupos (colunas). Ver também o gráfico 2.2. Os dados da coluna (C) são os que subjazem ao gráfico 2.3. Para os três primeiros grupos, usa-se o grupo etário de 45 a 49 anos. Para as colunas (D) e (E), ver também gráfico 2.4. Os anos dos censos usados para a coluna (D) são 1940, 1960, 1980 e 1990 para os Grupos Dois a Cinco. Os anos dos censos usados para a coluna (E) são 1940, 1960, 1980, 2000 e 2010 para os Grupos Um a Cinco. Os anos de nascimento usados para os Grupos Um a Cinco são 1890-4, 1910-4, 1930-4, 1950-4 e 1960-4. A estimativa para a coluna (D) do Grupo Um é uma hipótese com base plausível. O Grupo Um estava na segunda metade da casa dos quarenta anos durante a Grande Depressão e também durante a Segunda Guerra Mundial, e suas taxas de participação na força de trabalho tiveram grandes variações durante aqueles anos.

3. UMA BIFURCAÇÃO NA ESTRADA [pp. 65-83]

Sem gráficos nem tabelas.

4. O GRUPO-PONTE [pp. 84-107]

Gráfico 4.1. Casamento e filhos entre todas as graduadas e as graduadas notáveis

Fontes: A amostragem de "Notáveis" foi reunida a partir de todos os volumes de *Notable American Women*, principalmente dos dois mais recentes. Ver James, James e Boyer (1971), Sicherman e Green (1980) e Ware e Braukman (2004). Para "Todas as graduadas", ver fontes no capítulo 2 para os gráficos 2.2 e 2.3.

Notas: A informação demográfica é medida na casa dos cinquenta anos da mulher ou, no caso das *Notable American Women*, perto do fim da vida. Na construção da probabilidade condicional de filhos baseada no casamento, o pressuposto para a amostragem "Todas" é que nenhuma mulher que nunca se casou teve filhos biológicos. Os filhos podem incluir filhos adotivos, mas em geral excluem enteados.

294

APÊNDICE DE GRÁFICOS E TABELA: FONTES E NOTAS

Gráfico 4.2. Barreiras ao casamento e à permanência no emprego para professoras de escolas públicas: de 1928 a 1951

Fontes: National Education Association (1928, 1932, 1942, 1952).

Notas: A porcentagem se refere à população nas várias cidades que tinham barreiras ao casamento ou à contratação. Os dados originais por tamanho da cidade foram ponderados para obter esses números. Os dados não ponderados não são muito diferentes das estimativas ponderadas.

5. NA ENCRUZILHADA COM BETTY FRIEDAN [pp. 108-36]

Gráfico 5.1. Fração de homens ou mulheres (de todos os níveis de instrução) que concordam com a afirmativa: "Uma criança em idade pré-escolar, se a mãe trabalha, provavelmente sofre com isso"

Fonte: Microdados do General Social Survey (GSS) de 1977 a 2016.

Notas: São dadas médias móveis quinquenais. Os dados do GSS começam em 1977 e então saltam para 1985. Portanto, na média, os grupos de nascimento anterior têm, na época da entrevista, mais idade do que os grupos de nascimento posterior. Foram feitas ponderações.

6. A REVOLUÇÃO SILENCIOSA [pp. 137-64]

Gráfico 6.1. Média de idade ao primeiro casamento para as mulheres graduadas na faculdade, por ano de nascimento: de 1925 a 1988

Fontes e notas: Suplementos de Fertilidade de Junho do CPS e Suplemento Social e Econômico Anual [Annual Social and Economic Supplement (ASEC)] do CPS. São mostradas médias móveis centradas trienais. A linha pontilhada é um resumo à mão livre das duas séries.

Gráfico 6.2. Expectativas de emprego e posicionamento de mulheres jovens, por idade e ano

Fontes: National Longitudinal Survey of Young Women de 1968 (NLS68) e National Longitudinal Survey of Youth de 1979 (NLSY). Ver

CARREIRA E FAMÍLIA

Goldin (2005) para mais detalhes. Higher Education Research Institute CIRP (Astin) Freshman Survey. Ver <https://heri.ucla.edu/cirp-freshman-survey/>.

As notas constam no texto do gráfico.

Gráfico 6.3. Fração feminina entre os formados em especializações profissionais: medicina, direito, odontologia e MBA

Fontes e notas: Os dados dos primeiranistas dos cursos de direito vêm do site da American Bar Association (ABA), <http://www.abanet.org/legaled/statistics/femstats.html>, quando os dados da ABA estão disponíveis, e, quando não estão disponíveis, vêm do US Department of Education, National Center for Education Statistics (NCES) *Digest of Higher Education* (on-line). Os dados dos primeiranistas do curso de medicina vêm do website da American Association of Medical Colleges (AAMC), <http://www.aamc.org/data/facts/enrollmentgraduate/table31-women-count.htm>, quando estão disponíveis, e, quando não estão disponíveis, vêm do US Department of Education, NCES, *Digest of Higher Education* (on-line). Primeiranistas de odontologia são extrapolados dos diplomas de odontologia com quatro anos de intervalo, a partir do US Department of Education, NCES, *Digest of Higher Education* (on-line). Os primeiranistas de MBA vêm extrapolados dos certificados de MBA com dois anos de intervalo, a partir do US Department of Education, NCES, *Digest of Higher Education* (on-line).

Gráfico 6.4. Ocupações de mulheres graduadas na faculdade, trinta a 34 anos: de 1940 a 2017

Fontes: Integrated Public Use Microdata Sample (IPUMS) do US Federal Population Census, de 1940 a 2000; ACS 2012, 2017.

Notas: A linha contínua inclui bibliotecárias, enfermeiras, trabalhadoras sociais e religiosas, secretárias (e outras trabalhadoras de escritório) e professoras. A linha tracejada inclui advogadas, gestoras, médicas (incluindo dentistas, veterinárias e assim por diante), docentes e cientistas.

APÊNDICE DE GRÁFICOS E TABELA: FONTES E NOTAS

7. A REVOLUÇÃO ASSISTIDA [pp. 165-84]

Gráfico 7.1. Sucesso na carreira e família para quatro grupos etários: de 1931 a 1965

Fontes e notas: 1931-57 Health and Retirement Study; 1958-65 NLSY79. Ver Apêndice de fontes (cap. 7): "Sucesso na carreira e família". Usa dados de fertilidade para os grupos de nascimento dos Suplementos de Fertilidade de Junho do CPS e não do HRS, para corrigir os excessos de taxas de natalidade do HRS. Usa também os dados de fertilidade Suplementos de Fertilidade de Junho para o grupo 1958-65 NLSY79, para consistência.

Gráfico 7.2. Carreira e família por grau avançado, Harvard and Beyond, quinze anos depois da graduação

Fontes e notas: Ver Apêndice de fontes (cap. 7): "Projeto Harvard and Beyond". O emprego é quinze anos depois da conclusão da graduação. O tempo integral inclui o ano inteiro. MA = mestrado, não inclui as com graus mais avançados, como doutorado. Alguns indivíduos têm mais de um grau avançado acima de um mestrado. Nenhum = sem grau acima da graduação. "Filhos" inclui filhos adotados com menos de três anos.

8. CUIDADO COM O HIATO [pp. 185-213]

Gráfico 8.1. Razão entre remunerações anuais medianas femininas e masculinas, trabalhadores em tempo integral durante todo o ano: de 1960 a 2018

Fontes: Todos os trabalhadores, de 1960 a 2019: <https://www.census.gov/library/publications/2020/demo/p60-270.html>.

Trabalhadores com graduação, de 1961 a 2019: computados a partir do Annual Social and Economic Supplement (ASEC), Current Population Survey, US Census Bureau.

Notas: A série computada volta um ano para ficar consistente com a série publicada, porque a renda anual se refere ao ano anterior. As médias móveis centradas em três anos são apresentadas para as duas séries.

Gráfico 8.2. Remunerações anuais relativas de homens e mulheres com graduação: Grupo Cinco, nascidas de 1958 a 1983

Fontes: Microdados dos censos americanos de 1970, 1980, 1990, 2000, e American Community Survey de 2004 a 2006 (para 2005), de 2009 a 2011 (para 2010) e de 2014 a 2016 (para 2015). Ver Goldin (2014), gráfico 1, parte b, atualizado para 2015.

Notas: A amostragem consiste em homens e mulheres com graduação (dezesseis anos ou mais de escola), brancos, nascidos nos Estados Unidos, não militares, com 25 a 69 anos, usando dados de remunerações anuais arredondadas (acima de 1400 horas × 0,5 × salário mínimo federal correspondente) corrigidos por renda truncada (valores máximos × 1,5). A variável dependente é log (remunerações anuais) com controles para nível de ensino acima de dezesseis anos, log (horas), log (semanas) e idade, com entrada em intervalos de cinco anos interagindo com a variável dummy feminina. Linhas conectam os coeficientes nos intervalos de cinco anos para cada coorte de nascimentos. São apresentadas somente as coortes de nascimento de 1958 a 1983 e apenas grupos etários até 55 anos. O eixo vertical foi convertido de logs em razões. Dá-se o ponto médio dos anos de nascimento, e assim *c.* 1963 se refere aos nascidos de 1961 a 1965.

Gráfico 8.3. Razão entre remunerações anuais de mulheres e homens com MBA por anos desde a obtenção do título

Fonte: Ver Bertrand, Goldin e Katz (2010).

Notas: O ano treze significa de dez a dezesseis anos pós-MBA. "Remunerações anuais" são definidas como o total bruto recebido, antes dos impostos e de outras deduções; incluem salário e bônus, e estão codificadas como ausente quando o indivíduo não está trabalhando. As razões são dadas para as remunerações anuais corrigidas para os cursos de MBA e certificados de MBA num contexto de regressão com os efeitos fixados da coorte MBA. As barras "todos os MBA" se referem a todos os homens e a todas as mulheres. As barras "mulheres MBA sem

APÊNDICE DE GRÁFICOS E TABELA: FONTES E NOTAS

filhos" incluem apenas mulheres que não tiveram filhos até o ano em que foram entrevistadas depois de receber o certificado de MBA e não ficaram afastadas por mais de seis meses.

Gráfico 8.4. Razão das remunerações entre os gêneros para graduados universitários por setor ocupacional

Fontes: American Community Survey, de 2009 a 2016.

Notas: A amostragem consiste em graduados na faculdade, de 25 a 64 anos, que trabalhavam em tempo integral e o ano inteiro (FT-FY) no ano do censo e estavam numa ocupação cuja remuneração anual de trabalhadores homens ultrapassava 65 mil dólares. As covariadas incluem a idade numa fração quártica, horas usuais trabalhadas por semana, as semanas usuais trabalhadas por ano e o nível de instrução (acima do grau de bacharelado). Ver Apêndice On-line, tabela 1A (cap. 8), "Agrupamentos de ocupações e indústrias pelo ACS" para uma listagem das ocupações em cada um dos dez grupos. Os pesos são o número de trabalhadores em cada uma das ocupações separadas.

9. O CASO DA ADVOGADA E DA FARMACÊUTICA [pp. 214-36]

Gráfico 9.1. Distribuição percentual das horas de trabalho para advogadas e advogados: cinco e quinze anos depois da obtenção do título

Fonte: Ver Apêndice de fontes (cap. 9): "Conjunto de dados de pesquisa do levantamento de ex-alunos da Escola de Direito da Universidade de Michigan".

Notas: Inclui doutores em direito que se formaram pela Escola de Direito da Universidade de Michigan entre 1982 e 1992 e estiveram no levantamento no ano cinco e no ano quinze. "Aos cinco anos" e "aos quinze anos" significam os anos desde que receberam o título de doutores em direito. O grupo é uma amostragem longitudinal, de forma que todos os que estão nas colunas "aos cinco anos" também estão nas colunas "aos quinze anos".

Gráfico 9.2. Distribuição percentual do local de trabalho para advogadas e advogados: cinco e quinze anos após a obtenção do título

CARREIRA E FAMÍLIA

Fonte: Ver Apêndice de fontes (cap. 9): "Conjunto de dados de pesquisa do levantamento de ex-alunos da Escola de Direito da Universidade de Michigan".

Notas: Inclui doutores em direito que se formaram pela Escola de Direito da Universidade de Michigan entre 1982 e 1992, estiveram no levantamento no ano cinco e no ano quinze e não foram listados como "sem" ocupação em nenhum desses anos. "Anos fora" significa os anos desde que saíram formados em direito. O grupo é uma amostragem longitudinal, de forma que todos os que estão nas colunas "aos cinco anos" também estão nas colunas "aos quinze anos".

Gráfico 9.3. Porcentagem feminina entre pessoas profissionais e formadas em farmácia e porcentagem trabalhando como autônomos entre os profissionais de farmácia

Fontes: Goldin e Katz (2016) usam os microdados de levantamentos do Midwest Pharmacy Research Consortium (ver Apêndice de fontes [cap. 9]: "Levantamentos nacionais da força de trabalho farmacêutica: 2000, 2004, 2009") e fontes mais convencionais.

Notas: A fração de mulheres entre formados em farmácia é uma média móvel de três anos. As outras duas séries são a intervalos, e não séries contínuas.

10. DE PRONTIDÃO [pp. 237-65]

Sem gráficos nem tabelas.

EPÍLOGO: O FIM DA JORNADA — AMPLIADO [pp. 266-85]

Sem gráficos nem tabelas.

APÊNDICE DE FONTES

Ver também o Apêndice On-line para descrições mais extensas, que se encontra no site do livro ou neste link: <https://assets.press.princeton. edu/releases/m30613.pdf>, ambos em inglês.

Cap. 3: Questionário de Ex-Alunas de Radcliffe de 1928

O questionário foi distribuído por correio em 1928, em homenagem ao cinquentenário de Radcliffe. Destinava-se a fornecer um perfil geral de suas ex-alunas. A amostragem é composta de mulheres que haviam frequentado Radcliffe desde sua fundação, em 1879, até o momento do levantamento. Responderam cerca de 1900 bacharéis, que se formaram desde os anos 1880 até os anos 1920. Ver Solomon (1985, 1989).

Cap. 5: Levantamento do Women's Bureau de 1957 e relevantamento de 1964

O Women's Bureau Bulletin n⁰ 268, *First Jobs of College Women: Report of Women Graduates, Class of 1957*, é um relatório sobre um levantamento de cerca de 6 mil graduadas da turma de 1957 em 131 instituições, e o n⁰ 292, *College Women Seven Years after Graduation: Resurvey of Women Graduates, Class of 1957*, é a atualização de 1964,

CARREIRA E FAMÍLIA

ao qual responderam cerca de 5 mil das mulheres da pesquisa original (US Department of Labor, Women's Bureau 1959, 1966). O material das tabelas nos boletins provém basicamente de cada levantamento em separado; somente uma tabela na publicação de 1966 faz a tabulação cruzada dos resultados. Para obter dados longitudinais, foi montada uma amostragem dos levantamentos nos Arquivos Nacionais que emparelhava os dois anos. A amostragem foi reunida em 1987. Como os Arquivos Nacionais mantinham os levantamentos em caixas separadas, foi possível emparelhar a maioria das mulheres, embora não todas, que responderam às duas pesquisas. Entre as 993 pesquisas tomadas na amostragem de 1964, 749 se emparelharam com as pesquisas de 1957. Esses dados dão o teor das afirmações no texto sobre as mudanças ao longo dos sete anos, pelas características das mulheres em 1957. Além disso, todas as pesquisas desse grupo com comentários escritos pelas pesquisadas foram copiadas. Os levantamentos são do Record Group #86, Boxes 739-767. Ver também Goldin (1990), Apêndice de dados.

Cap. 5: Dados Great Aspirations

"Career Plans and Experiences of June 1961 College Graduates" [Experiências e planos de carreira dos formandos de graduação em junho de 1961], como são formalmente chamados os dados Great Aspirations no Interuniversity Consortium for Political and Social Research (ICPSR, Consórcio Interuniversitário de Pesquisa Política e Social), é um estudo em painel que pesquisou estudantes de graduação que se formaram na primavera de 1961 (Onda A), 1962 (Onda B), 1963 (Onda C), 1964 (Onda D) e 1968 (Onda E). Cada onda contém perguntas sobre planos e metas de carreira, muitas vezes comparados aos planos originais do graduando, além de sua posição quanto às áreas de carreira. Adicionalmente, a Onda D contém um suplemento para as mulheres pesquisadas, que avalia as atitudes referentes a decisões sobre família e carreira. A Onda E, conduzida sete anos depois da formatura, inclui muitas perguntas às pesquisadas sobre suas experiências retrospectivas e satisfação com suas instituições de graduação. A amostragem inicial foi selecionada entre ultimanistas que pretendiam se formar em junho de 1961, de 135 faculdades e universidades dos Estados Unidos A amos-

APÊNDICE DE FONTES

tragem foi selecionada usando uma técnica de amostragem probabilística em duas fases, em que se escolheram em princípio as faculdades entre um grupo de instituições pertinentes e, depois, entre essas faculdades escolheram-se os estudantes. Ao todo, 41 116 pessoas receberam perguntas. A amostragem final de universidades, faculdades de ciências humanas e faculdades de licenciatura em pedagogia contém 35 257 consultados, que formam um painel irregular ao longo dos anos. As cinco ondas dos dados originais usados pelo pesquisador-chefe James Davis foram arquivadas junto ao consórcio como ICPSR 07344: "Experiências e planos de carreira dos formandos de graduação em junho de 1961". Os dados originais estavam em formato ASCII sem dicionário. Para remediar isso, acrescentei o ICPSR 121481, uma atualização ao original. As análises com os dados Great Aspirations referidos no capítulo 5 foram feitas usando os dados originais para as cinco ondas. Ver Davis (1964) e a descrição mais extensa desses dados no Apêndice On-line neste livro, que se encontra no website da Princeton University Press.

Dimensões da amostragem para as Cinco Ondas dos dados Great Aspirations para pesquisados de universidades, faculdades de ciências humanas e faculdades de pedagogia.

	Todas as ondas	Onda A	Onda B	Onda C	Onda D	Onda E
Todos os pesquisados	35 527	32 092	29 438	28 188	23 146	4 615
Pesquisadas mulheres	13 086	11 952	11 136	10 479	8 254	1 778

Cap. 5: Levantamento centenário da Faculdade Radcliffe, 1977

O levantamento centenário da Faculdade de Radcliffe, parte da comemoração de seu centésimo ano de existência, foi enviado às mulheres que frequentaram a faculdade na graduação e na pós-graduação nas turmas de 1900 a 1977. Mais de 6 mil mulheres preencheram e devolveram o questionário, num índice de resposta de 48%. O levantamento trazia perguntas sobre a continuidade dos estudos, o trabalho voluntário e remunerado, a história de carreira, a história conjugal e filhos, a educação e trabalho do marido, e atitudes sobre as mulheres e a educação. Os dados estão conservados no Centro de Pesquisa Henry A. Murray. Ver também Solomon (1985).

CARREIRA E FAMÍLIA

Cap. 7: Sucesso na carreira e família

Para medir o grau em que as mulheres alcançaram carreira e família, é preciso definir ambas. Define-se "família" como ter um filho (quando possível, incluindo a adoção de um bebê ou de uma criança pequena). Criei uma definição de "carreira" usando informações sobre a história de emprego e remuneração da pessoa. A definição está relacionada com a ideia de que se alcança uma carreira ao longo de um período extenso e traz remunerações pelo trabalho que ultrapassam determinado nível. Uso dos extensos conjuntos de dados longitudinais que me permitem estimar o sucesso de carreira e família ao longo da vida tanto para os homens quanto para as mulheres graduadas, que nasceram entre 1931 e 1964. Em trabalhos anteriores (Goldin, 1997, 2004), estimei o sucesso de carreira e família das mulheres graduadas com idade entre a segunda metade da casa dos trinta e começo da casa dos quarenta anos. As pesquisadas no National Longitudinal Survey of Youth, 1979 (NLSY79) agora têm idade para ser acompanhadas na casa dos cinquenta anos. Uso o Health and Retirement Study (HRS) ligado aos registros da Social Security Administration para rastrear o sucesso das mulheres dos Grupos Três e Quatro até o começo da casa dos cinquenta anos, e ofereço dados para um grupo comparável de homens com graduação. Em todas as estimativas, utilizo um critério de carreira que envolve remunerações acima do 25º percentil da distribuição por tempo integral durante o ano inteiro para homens na mesma faixa etária e mesmo nível educacional. Os dados de remuneração dos homens foram obtidos no Current Population Survey (CPS) para o ano correspondente. As remunerações de um homem no 25º percentil são praticamente iguais às da mediana feminina na maioria dos anos. Para considerar que se teve sucesso numa carreira, era preciso ter ultrapassado o nível de renda durante determinado número de anos seguidos (ou anos próximos no caso dos levantamentos bienais). Assim, considerar-se-ia que uma mulher graduada na faculdade com quarenta a 44 anos tinha uma carreira se recebesse pelo menos o mesmo que um homem graduado na faculdade com quarenta a 44 anos que estava no 25º percentil na distribuição masculina. Como as consultadas no NLSY79 foram pesquisadas a cada dois anos, uma pesquisada seria entrevistada três vezes no

APÊNDICE DE FONTES

intervalo de cinco anos. Em vista disso, considerar-se-ia que ela tinha uma carreira se ela ultrapassasse o nível em duas das três entrevistas possíveis. Emprego aproximadamente a mesma definição usando o HRS ligado aos dados de remuneração da Social Security Administration (e w-2) (Goldin e Katz, 2018). Os dados de rendimentos anuais que foram ligados ao HRS são anuais, ao passo que os dados do NLSY79 são bienais. Portanto, uma diferença é que defino "carreira" no HRS quando se atende à condição das remunerações em pelo menos três anos em cada período quinquenal. Não há sobreposição nos grupos de nascimento para o NLSY79 e a versão do HRS disponível na época da redação deste texto. Ao usar o HRS, divido a amostragem, por uma questão de praticidade, em quatro grupos de nascimento, de 1931 a 1957. Os dois primeiros grupos de nascimento entram num Grupo Três "inicial" (nascidas em 1931-7) e um Grupo Três "posterior" (nascidas em 1938-44). Coortes de nascimento mais recentes entram num Grupo quatro "inicial" (nascidas em 1945-50) e um Grupo Quatro "posterior" (nascidas em 1951-7). Para o Grupo Quatro de 1951-7 no HRS, 79,9% das mulheres graduadas aos cinquenta anos dizem ter tido pelo menos um filho biológico, ao passo que para a coorte de 1957-64 do NLSY79 71,8% dizem ter tido um filho entre os 39 e os 46 anos. Para corrigir o possível exagero nos nascimentos no HRS, substituí os grupos de nascimento do HRS pelas taxas totais de fertilidade da coorte dos Suplementos de Fertilidade de Junho do CPS nos cálculos finais do sucesso na carreira e família.

Cap. 7: Projeto Harvard and Beyond

O Projeto Harvard and Beyond fornece informações detalhadas sobre as transições na educação, na carreira e na família de treze turmas de estudantes de Harvard/ Radcliffe. O levantamento foi feito com a cooperação e o financiamento de Lawrence H. Summers, professor-residente da Universidade de Harvard. Ver Goldin e Katz (2008a). O projeto pesquisou as turmas ingressantes de 1965 a 1968 (que na maioria se formaram entre 1969 e 1972), de 1975 a 1978 (formando-se entre 1979 e 1982) e 1985 a 1988 (formando-se entre 1989 e 1992). Também estão incluídas as pessoas dessas turmas que se transferiram para Harvard ou que não se formaram em tempo. Foram também incluídas as

CARREIRA E FAMÍLIA

mulheres da turma de 1973. Acrescentaram-se dados administrativos das transcrições. Como estes não estavam em formato eletrônico antes de meados dos anos 1980, foram codificados a partir dos originais no Setor de Registros da Universidade de Harvard. Foram recebidas mais de 6500 respostas à pesquisa.

Cap. 9: Conjunto de dados de pesquisa do levantamento de ex-alunos da Escola de Direito da Universidade de Michigan

O conjunto de dados de pesquisa do levantamento de ex-alunos da Escola de Direito da Universidade de Michigan inclui levantamentos de ex-alunos de 1967 a 2006 para as pessoas que se formaram entre 1952 e 2001, junto com dados administrativos sobre cada ex-aluno. As pesquisas foram enviadas às turmas cinco, quinze, 25, 35 e 45 anos depois de terem obtido o título de doutores em direito. O levantamento pretendia ser um conjunto de seções transversais repetidas, mas, como foi grande o número de ex-alunos que responderam à pesquisa em cada um desses marcos, montou-se um conjunto de dados longitudinal. Recomenda-se aos pesquisadores interessados em usar esses dados que entrem em contato com o Projeto de Levantamento de Ex-Alunos da Escola de Direito da Universidade de Michigan.

Cap. 9: Levantamentos nacionais da força de trabalho farmacêutica: 2000, 2004, 2009

Os levantamentos nacionais da força de trabalho farmacêutica foram reunidos em três anos — 2000, 2004 e 2009 — pelo Midwest Pharmacy Workforce Research Consortium. As tabulações estão contidas no Midwest Pharmacy Workforce Research Consortium (2000, 2005, 2010). O objetivo primário dos levantamentos era reunir informações confiáveis sobre as características demográficas e ocupacionais da força de trabalho farmacêutica americana. O projeto obteve informações de uma amostragem nacionalmente representativa de farmacêuticos. O questionário da pesquisa cobre a condição e a situação de emprego (trabalhando ou não, ambiente, posição, anos de emprego e anos na posição atual), remuneração e horas de trabalho, planos de trabalho para o futuro e informações sobre o perfil demográfico individual. Estão

APÊNDICE DE FONTES

disponíveis informações para cerca de 5150 indivíduos nas três ondas. Ver Goldin e Katz (2016). Recomenda-se aos pesquisadores interessados em usar esses dados que entrem em contato com Jon Schommer do consórcio.

Cap. 10: Estudo de Rastreamento Comunitário

O Estudo de Rastreamento Comunitário (Community Tracking Study, CTS), projeto do Center for Studying Health System Change (HSC), é uma investigação de grande escala do sistema de saúde americano patrocinada pela Fundação Robert Wood Johnson (RWJF). A parte do CTS referente aos médicos entrevistou profissionais de medicina nos sessenta locais do CTS e uma amostragem nacional suplementar destes. O levantamento de médicos do CTS tem quatro ondas: 1996, 1998, 2000 e 2004. Em 2008, ele foi substituído pelo Health Tracking Physician Survey do HSC. Somente as quatro primeiras ondas trazem dados detalhados sobre a renda. Os dados contêm ao todo quase 50 mil observações. As características disponíveis dos médicos se referem a sexo, idade, raça, origem hispânica, ano de obtenção do grau de doutor, especialidade detalhada, horas, semanas, propriedade da clínica, tipo de exercício da profissão, satisfação na carreira e local geográfico. Há informações altamente detalhadas sobre o exercício profissional do médico e as características agregadas dos pacientes. Não há nenhuma informação demográfica pessoal referente à situação conjugal e a filhos. Os dados são em seção cruzada, mas têm um componente longitudinal, visto que alguns médicos foram entrevistados em várias ondas. Não estão incluídas as especialidades sem base de pacientes, como as da radiologia e anestesiologia, visto que o objetivo do estudo era rastrear os médicos e suas comunidades de pacientes. Os dados podem ser obtidos na ICPSR. Uma versão de uso restrito traz informações detalhadas sobre a renda e as especialidades médicas.

Cap. 10: Conjunto de dados da American Veterinary Medical Association (AVMA) para 2007 e 2009

A base de dados da AVMA contém informações em seções transversais e retrospectivas sobre o treinamento, as horas de prática, a renda, a po-

307

CARREIRA E FAMÍLIA

sição, a especialidade, os anos de serviço e a propriedade da clínica por sexo e por outras características demográficas e geográficas para 8340 veterinários em 2007 e 2009. Os dados foram obtidos com a American Veterinary Medical Association (2007, 2009). Como o número total de profissionais de veterinária ativos no país é relativamente pequeno (provavelmente cerca de 60 mil), as fontes mais usuais, como o Current Population Survey (CPS) e mesmo o censo decenal, não rendem informações suficientes. Além disso, os conjuntos de dados usuais não trazem informações sobre o treinamento, a especialidade e a propriedade do consultório, entre outras variáveis contidas no levantamento da AVMA. Os dados da AVMA são colhidos duas vezes ao ano; recomenda-se aos pesquisadores que entrem em contato com a AVMA para essas e outras versões mais recentes do levantamento.

NOTAS

Os microdados de muitos extensos levantamentos nacionais dos Estados Unidos foram usados nesses capítulos para fornecer estatísticas e tendências demográficas e econômicas, por meio de análises de milhões de observações. As fontes de dados incluem: o Censo Demográfico dos Estados Unidos de 1900 a 2000, trazendo também os microdados dos censos decenais de "contagem completa" (1900 a 1940), os American Community Surveys (ACS) de 2000 até o presente e o Current Population Survey (CPS).

As fontes do CPS incluem os dados mensais básicos, os Merged Outgoing Rotation Groups (conhecidos como MORG), o Suplemento Social e Econômico Anual do CPS (conhecido como ASEC ou Suplemento de Março) e o Suplemento de Fecundidade de Junho. As amostragens dos microdados do CPS geralmente começam em 1962, mas o MORG começa em 1979 e os microdados do Suplemento de Junho, em 1973. Os arquivos de microdados foram acessados principalmente por meio da IPUMS (Integrated Public Use Microdata Series, <https://ipums.org/>), mas também pelos websites do Censo dos Estados Unidos e da Agência Nacional de Pesquisa Econômica. Também foi usada uma grande quantidade de outras fontes de dados e documentos de arquivo; estão descritos no Apêndice de fontes.

1. O NOVO PROBLEMA SEM NOME [pp. 15-33]

1. A expressão "trabalho ganancioso" (*"greedy work"*) foi popularizada por Claire Cain Miller. Ver "Work in America Is Greedy. But It Doesn't Have To Be", *New York Times*, 15 de maio de 2019.

CARREIRA E FAMÍLIA

2. No dia 5 de maio de 2023, a OMS decretou fim da emergência global decorrente da pandemia de covid-19.
3. Essas citações provêm dos manuscritos originais de uma pesquisa do Departamento de Mulheres feita em 1939. Ver Goldin (1990), Apêndice de dados, Levantamento dos Empregados de Escritório de 1940. "O trabalho de corretagem não é adequado" foi do Auto Bank de Los Angeles; "mulheres não seriam aceitáveis" foi dito por Don Lee, negociante de automóveis de Los Angeles; "Não poria uma mulher" foi resposta da Jewel Marache and Co., firma de corretagem.
4. Essas citações provêm dos manuscritos originais do Relatório Hussey de 1957, que pesquisou empresas na Filadélfia. Ver Goldin (1990), Apêndice de dados, Relatório Hussey de 1957. "Mães de crianças pequenas" é da Equitable Life Assurance Society; "Mulheres casadas com" foi dito pela Penn Mutual Life Insurance Company; "Gravidez é causa" foi resposta da Provident Mutual Life Insurance Company.
5. Ver capítulo 8 e Goldin (2014) para o cálculo.
6. Ver a discussão do expediente médico e pagamento por gênero no capítulo 10.
7. Ver capítulo 8 para uma maior discussão dos dados para mulheres com graduação e com mestrado.
8. Cálculos da autora usando as fontes dos dados citados nas notas ao gráfico 2.5; também para os do gráfico 4A (cap. 2) do Apêndice On-line, "Índices de graduação para homens e mulheres por raça (aos 30 anos)", extrapolados para o ano de nascimento 1998. (Salvo indicação em contrário, todas as estatísticas neste capítulo relacionadas com os índices de graduação universitária provêm dessas fontes.)
9. Ver Goldin, Katz e Kuziemko (2006).
10. Os dados sobre os nascimentos vêm dos Suplementos de Fertilidade de Junho para o CPS [Current Population Survey]. Serão tratados em detalhe num capítulo posterior. Ainda é cedo para saber os efeitos exatos da pandemia de covid-19 e da recessão econômica sobre as concepções e, assim, os futuros nascimentos, mas existem algumas indicações de que logo aparecerá uma enxurrada de bebês.
11. Yohalem (1979), p. 52.
12. Ver gráfico 6.1, no qual a média de idade de casamento é representada pelo ano de nascimento. Até por volta do ano de nascimento em 1948, essa média era de por volta dos 23 anos; assim, o ponto de inflexão é por volta de 1971.
13. Ver gráfico 6.1.
14. Ver gráfico 2.3, que é dada como a fração sem nascimento por idade. Sobre o impacto dos métodos de reprodução assistida, ver capítulo 7.

2. PASSANDO O BASTÃO [pp. 34-64]

1. 1880 US Census Manuscripts. A área era chamada Grant Creek e Hell Gate Valley nos manuscritos do censo de 1880 e Hellgate Township em 1910.
2. Office of History and Preservation, Office of the Clerk, U.S. House of Representatives (2006), p. 40.

310

NOTAS

3. A cifra abrange as que foram eleitas, não as nomeadas, que foi como algumas mulheres na época ingressaram no Congresso, após a morte do marido que ocupara assento naquela Câmara

4. Duckworth se graduou na Universidade do Havaí em 1989, formou-se no mestrado na Universidade George Washington e no doutorado na Universidade Capella em 2015.

5. Gillibrand se formou na Faculdade Dartmouth em 1988 e se tornou doutora em direito na Escola de Direito da UCLA em 1991.

6. As informações sobre gestações e mulheres na Câmara dos Representantes são de <https://en.wikipedia.org/wiki/Women_in_the_United_States_House_of_Representatives#Pregnancies>

7. O censo americano de 1940 é o primeiro a trazer informações sobre o grau de instrução. Antes daquela data, informações sobre ex-estudantes de faculdade podem ser e são usadas por vários pesquisadores (Cookingham, 1984; Solomon, 1985). Esses dados são úteis, e alguns serão utilizados aqui. Mas não são amostragens grandes, não são de abrangência nacional e estão limitados à(s) instituição(ões) em questão.

8. Yohalem (1979), p. 54. A entrevistada tinha sido, como todos os indivíduos tratados no estudo de Yohalem em 1974, uma graduada ou uma pós-graduanda na divisão de pós-graduação da Universidade Columbia nos anos 1940, e agora estava na casa dos cinquenta anos. Essa entrevistada, como muitas de seu grupo, nunca teve filhos.

9. Sicherman e Green (1980), no verbete para Virginia Apgar.

10. Ver Hsieh, Jones, Hurst e Klenow (2019).

11. Ver gráfico 2.3. Muitas das estatísticas sobre filhos e casamento nesta seção vêm dos gráficos 2.2 e 2.3.

12. Ver gráfico 4.1.

13. Esses dados são de Isen e Stevenson (2010), tabela 3.1, que usam o Survey of Income and Program Participation, SIPP (Levantamento de Renda e Participação de Programas de transferência de rendas do governo). Referem-se a mulheres brancas. Os índices de divórcio de mulheres negras eram consideravelmente mais altos do que os de mulheres brancas no grupo que se casou nos anos 1950. Assim, seus índices de divórcio já eram substanciais antes do aumento. Não existem dados disponíveis para grupos que se casaram antes dos anos 1950. Também foram usados os dados do SIPP para constatar que, entre as nascidas nos anos 1930, 17% se divorciaram com dez anos de casamento e, para as nascidas nos anos 1940, 32% se divorciaram com dez anos de casamento.

14. Yohalem (1979), p. 52. As pesquisadas haviam se graduado na Universidade Columbia no fim dos anos 1940 e nascido por volta de 1919 a 1926.

15. Yohalem (1979), p. 53.

16. Isen e Stevenson (2010), tabela 3.1, para mulheres brancas com graduação. Entre as mulheres negras, 32% se divorciaram antes do vigésimo aniversário de casamento entre as casadas nos anos 1960, e 44% entre as casadas nos anos 1970.

17. As Pesquisas CIRP de Calouros, anuais, do Instituto de Pesquisas do Ensino Superior

CARREIRA E FAMÍLIA

(Higher Education Research Institute, HERI), também conhecidas como Pesquisas Astin, mostram que a aspiração de ter família e carreira entre primeiranistas dos dois sexos aumentou de 1969 a meados dos anos 1980, quando se atingiu um patamar em que a carreira e a família passaram a ser representadas por respostas a perguntas sobre vários objetivos. Agradeço a Dev Pavel por gerar as tendências a partir dos microdados.

18. O censo americano registrou pela primeira vez parcerias homossexuais com o ACS (American Community Survey) de 2000. Antes daquele ano, o censo geralmente recodificava o sexo de um dos membros de um casal homossexual não casado.

19. Ver gráfico 6.1, "Média de idade ao primeiro casamento para as mulheres graduadas na faculdade, por ano de nascimento: de 1925 a 1988". Tais dados só podem ser gerados de modo sistemático e confiável a partir do Grupo Três.

20. Ver Apêndice On-line, gráfico 1A (cap. 2), "Fração de mulheres brancas sem faculdade que nunca se casaram, por idade e ano de nascimento" e Apêndice On-line, gráfico 2A (cap. 2), "Diferença na fração de não casadas entre mulheres brancas com graduação e mulheres brancas sem graduação". A comparação é feita com mulheres que fizeram o segundo grau ou menos, e não com mulheres que não chegaram a concluir a faculdade. A razão para excluir o grupo "algum tempo de faculdade" é porque é um grupo cuja composição muda ao longo do século. Perto do fim do período, parece-se mais com o grupo que possui segundo grau completo. Mas, na parte anterior do período, inclui aquelas que fizeram o curso de magistério. Até data recente, inclui muitas que obtiveram certificado de enfermagem.

21. Há muitas razões possíveis para que a fração de mulheres negras com graduação que se casaram seja consideravelmente menor do que a de mulheres brancas com graduação, em particular para o Grupo Cinco, em que é cerca de dez pontos percentuais menor à idade de cinquenta a 54 anos. Uma das possíveis razões é que os homens negros não aumentaram sua fração de graduados na faculdade tanto quanto as mulheres negras. Ver Apêndice On-line, gráfico 4A (cap. 2), "Índices de graduação para homens e mulheres por raça (aos trinta anos de idade)".

22. Lundberg, Pollak e Stearns (2016), gráfico 3, p. 85. De 1980-1984 a 2009-2013, a fração de nascimentos entre mulheres graduadas com menos de quarenta anos, no momento sem marido e sem parceiro (sem co-habitação), caiu de 4% para 2,5%. A fração de nascimentos entre o grupo de mulheres com a mesma idade e grau de instrução que estavam co-habitando subiu de menos de 1% para 7%. Os dados subjacentes vêm do National Survey of Family Growth (NSFG, Levantamento Nacional de Crescimento Familiar). A versão mais recente do NSFG, usando uma rotina que inclui nascimentos entre casais homossexuais, também mostra que apenas cerca de 2,8% de todos os nascimentos entre mulheres com graduação em 2014-2017 são daquelas sem parceiro ou parceira.

23. Os dados de frequência mais elevada vêm dos Suplementos de Fertilidade de Junho para o CPS [Current Population Survey], começando no início dos anos 1970. Os dados sobre as adoções são derivados do ACS para mulheres com graduação aos 45

NOTAS

anos de idade, nascidas entre meados dos anos 1950 e meados dos anos 1960, que não tinham filhos biológicos nem enteados.

24. Ao computar esses números, utilizei dados para dois grupos cinco anos mais velhos para estender a informação de nascimento para o Grupo Um até 1880. Não se observa muito do grupo no intervalo dos quarenta aos 44 anos de idade. Isso porque a primeira informação nacional sobre o nível educacional e o nascimento de filhos está no Censo Demográfico de 1940.

25. O cálculo se baseia no fato de que 92% dessas mulheres alguma vez se casaram e adota a suposição de que não houve nenhum ou apenas poucos nascimentos entre mulheres que nunca se casaram.

26. Os dados sobre o número de nascimentos estão no Apêndice On-line, gráfico 3A (cap. 2), "Número médio de nascimentos entre mulheres com graduação", e são fornecidos para a média sem e com as mulheres com zero de nascimentos.

27. Compare-se com o Grupo Quatro, para o qual o número médio de nascimentos foi de apenas 1,6 e de 2,2 para as que deram à luz pelo menos uma vez.

28. Os dados foram colhidos nos censos decenais de 1940 a 2000 e no ACS para os anos subsequentes. Como o censo é um levantamento decenal, os dados de emprego do censo de 1940 serão influenciados pela Grande Depressão, e os do censo de 1950 podem ter sofrido os efeitos das experiências das mulheres durante a Segunda Guerra Mundial. A discussão dos dados sobre a força de trabalho usa basicamente informações posteriores a essas datas. As conclusões, portanto, não são tão afetadas por aqueles dois grandes eventos. O Grupo Um não pode ser incluído na análise de dados porque os dados do censo de 1940 cobrirão apenas uma pequena fração dessas mulheres antes de atingirem idade mais avançada.

29. Usarei os termos "emprego" e "participação na força de trabalho" de maneira intercambiável. A força de trabalho consiste nos indivíduos que estão atualmente empregados, mais os que estão desempregados e ativamente procurando trabalho. Se a taxa de desemprego é baixa, esses números são quase idênticos.

30. Os dados partem dos 25 anos de idade, permitindo que a maioria tenha completado seus estudos.

31. O número atual é de 45%, mas continua a aumentar. Note-se que os dados no gráfico 2.5 param no grupo de nascimento de 1983, mas os dados podem ser extrapolados para os anos posteriores de nascimento.

32. Ver Apêndice On-line, gráfico 4A (cap. 2), "Índices de graduação para homens e mulheres por raça (aos trinta anos)".

33. A série feminina contém anomalias similares, mas muito menos extremas — embora as mulheres não fossem recrutadas. As decisões quanto à vida universitária das mulheres eram influenciadas pelas dos homens. Uma parte dessa influência se referia ao namoro e ao casamento, e outra era a questão se as famílias que enviavam um filho para a faculdade teriam mais probabilidade de enviar uma filha.

34. Goldin, Katz e Kuziemko (2006) examinam as razões para o relativo aumento nos níveis de instrução das mulheres nos Estados Unidos e em outros lugares do mundo.

313

CARREIRA E FAMÍLIA

35. A série de dados dos nascidos mais ou menos no mesmo ano foi montada usando levantamentos censitários nas residências.

36. As duas séries estão no Apêndice On-line, gráfico 5A (cap. 2), "Razão de homens para mulheres na faculdade por ano de curso na faculdade e por ano de nascimento". A comparação nas duas séries opera com a suposição de que a graduação foi concluída aos 22 anos de idade, embora muitas pessoas não se graduassem tão jovens, especialmente quando os homens estavam sendo recrutados ou as mulheres estavam voltando aos estudos depois de criar os filhos.

37. Os veteranos da Guerra da Coreia respondem por uma parte da diferença, mas outra parte se deve ao alistamento feito em tempo de paz, e alguns estudantes de faculdade tinham prestado serviço militar.

38. Apêndice On-line, tabela 1A (cap. 2), "Fração de estudantes homens e mulheres em instituições de ensino misto: de 1897 a 1980". Ver também Goldin e Katz (2011), e os dados subjacentes desse projeto para informações sobre o ensino misto na história das faculdades americanas.

39. Uso a expressão "mulheres de 'Radcliffe'", embora em algum momento elas tenham se tornado mulheres de "Harvard", dependendo da definição que se dá. Para alguns, o ponto de inflexão para o ensino misto é o ano de 1943, quando os homens de Harvard e as mulheres de Radcliffe fizeram cursos juntos. Para outros, a transição se dá em 1963, quando os diplomas para ambos foram conferidos pelo "Presidente e Membros do Harvard College". Mas outros pontos de inflexão incluem o começo dos anos 1970, quando os processos de admissão foram unificados e as repúblicas estudantis passaram a ser mistas, e a "fusão não fusão" de 1977, quando a admissão em Radcliffe significava que uma mulher estava matriculada em Harvard.

40. Lemann (2000).

41. Ver Apêndice de fontes (cap. 3), "Questionário de 1928 de ex-alunas de Radcliffe"; (cap. 5), "Levantamento do centenário da Faculdade Radcliffe, 1977"; e (cap. 7), "Projeto Harvard and Beyond". Os índices de casamento estão dados para o fim dos anos 1970, de modo que se incluam apenas mulheres com mais de 45 anos.

42. Ver Apêndice On-line, gráfico 6A (cap. 2), "Comparando casamentos e nascimento de filhos para graduadas de Radcliffe/Harvard com todas as graduadas". O primeiro grupo de nascimentos representa uma exceção. O índice de não casamentos para o Grupo Um foi mais alto para as graduadas de Radcliffe do que para todas as graduadas dos Estados Unidos. Para as nascidas antes de 1900, o grupo de Radcliffe apresenta o índice espantoso de 50% de mulheres que até os cinquenta anos ainda não haviam se casado, ao passo que 30% de todas as mulheres com graduação estavam nessa categoria.

43. A fração sem filhos foi excepcionalmente baixa para o grupo de Radcliffe no Grupo Três. É possível que houvesse uma desproporção de mulheres com filhos entre as pesquisadas. Reuniões costumam atrair pessoas que têm filhos ou que são famosas (ou ambas as coisas). Mas as pesquisas pelo centenário de Radcliffe foram enviadas por correio e não distribuídas ou coletadas numa reunião.

NOTAS

44. No Apêndice On-line, a tabela 1A (cap. 2) traz dados sobre a fração de homens e mulheres em instituições educacionais singular x instituições de ensino misto desde 1897 até o presente.
45. A expressão "sucessão de gerações" se deve ao economista do trabalho John Dana Durand (1948).
46. No Apêndice On-line, o gráfico 2A (cap. 2) apresenta a diferença nos índices de casamento entre as mulheres com graduação e as mulheres que não fizeram faculdade.

3. UMA BIFURCAÇÃO NA ESTRADA [pp. 65-83]

1. Dia 14 de agosto de 2019, e-mail de Hugh Rockoff (doutorado pela Universidade de Chicago, 1972). "Minha lembrança [de Margaret Reid] é quase igual à sua. O pessoal dizia: 'Lá vai uma das antigas. Ela era importante e, que incrível, ainda continua a pesquisar!' A única coisa que lembro sobre o trabalho dela era que estava envolvida na polêmica sobre o índice do custo de vida na Segunda Guerra."
2. Dia 11 de agosto de 2019, e-mail de James Smith (doutorado pela Universidade de Chicago, 1972) que diz: "Tive mesmo alguma interação com [Margaret Reid]; ela de fato frequentava a oficina [de economia aplicada] de Becker". Ou seja, os estudantes seriamente interessados na área de Reid realmente tinham contato com ela. Meu interesse pela área surgiu algum tempo depois de ter saído da pós-graduação.
3. No fim dos anos 1970, a NBER se transferiu para Cambridge, Massachusetts, com uma nova missão. Sou uma de suas pesquisadoras associadas desde 1978 e dirigi um de seus primeiros programas por 28 anos, de 1989 a 2017.
4. Kuznets US Congress (1934). O relatório final observa (p. XI): "Dr. Kuznets, que ficou inteiramente encarregado do trabalho, foi responsável pela preparação das estimativas finais, bem como pela organização e pelo texto do relatório".
5. US Congress (1934), p. 4.
6. Para uma visão moderna, ver Folbre (2001).
7. De 1943 a 1944, Reid foi consultora econômica da Divisão de Critérios Estatísticos no Setor do Orçamento, e de 1945 a 1948 dirigiu a Divisão de Economia Familiar no Departamento Federal de Agricultura.
8. Em várias épocas, Kyrk morou com os filhos de sua prima Don Kyrk Strine (filha de seu tio Luther), a qual teve cinco filhas e dois filhos. Quando Kyrk estava residindo em Ames, no Iowa, os manuscritos do censo do estado de Iowa de 1925 registram que ela morava com a primogênita da prole Strine, Ruth, de catorze anos. O verbete de Kyrk em *Notable American Women* se refere a Ruth como sua "filha adotiva". Em 1940, quando Kyrk estava com dupla residência, em Washington, DC, e em Chicago, ela é arrolada morando com Margarite, de 27 anos, e Mary Strine, de 23 anos. O site Ancestry.com fornece as entradas do censo. O sobrenome Strine aparece em *Notable* como Struie. Mas membros da família constam claramente listados com o sobrenome Strine nos censos e nos registros de óbito. Vale notar, porém, que Eliza-

CARREIRA E FAMÍLIA

beth Nelson, que redigiu o verbete, comunicou-se com Ruth, de modo que não está claro se se trata de uma gralha tipográfica ou de um erro fatual.

9. Os documentos de viagem internacional não revelam nenhum caso de companhia feminina para Reid ou Kyrk. Os documentos censitários não registram nenhuma companheira ou colega feminina de quarto para Reid. No caso de Kyrk, os documentos censitários mostram que ela morou com as sobrinhas durante uma época, e que ficou hospedada com a matemática Mary Emily Sinclair e seus filhos pequenos durante um breve período na Faculdade Oberlin.

10. Kyrk está arrolada nos manuscritos do censo de 1900 junto com o pai, Elmer, caminhoneiro. Sua mãe falecera pouco tempo antes. Kyrk dava aulas na escola antes de ir para a Wesleyan de Ohio. Sua mãe faleceu recentemente. Kyrk lecionou na escola antes de ir para Ohio Wesleyan, onde foi *au pair* na casa do docente de economia Leon Carroll Marshall, que se tornou diretor da Faculdade de Administração da Universidade de Chicago (a atual Faculdade Booth). Ela foi com a família dele para Chicago, onde tirou seu bacharelado em 1910. Então lecionou na Faculdade de Wellesley e voltou a Chicago para fazer o doutorado, ao mesmo tempo em que lecionava na Faculdade de Oberlin. A Primeira Guerra Mundial eclodiu, e ela foi para Londres com seu orientador para trabalhar como estatística. Obteve seu doutorado na Universidade de Chicago em 1920.

11. Ver gráfico 2.2.

12. Vale lembrar, como foi dito antes, que o índice tem sido especialmente alto para mulheres negras com graduação nascidas a partir dos anos 1960.

13. Ver a discussão anterior comparando os índices de casamento e de filhos para as graduadas de Radcliffe/ Harvard e os índices para toda a população com graduação nos Estados Unidos. A comparação demonstra que a seleção para o ingresso na faculdade não teve grande peso nas mudanças nos índices de casamento e filhos ao longo do tempo, visto que o grupo de Radcliffe/Harvard teve seleção muito similar ao longo do tempo e, mesmo assim, suas mudanças demográficas são quase idênticas às de todas as mulheres com graduação.

14. Segundo os manuscritos do censo americano, em 1930 Dorothy e Paul estavam em Chicago com seus quatro filhos. Dorothy é arrolada como "professora, faculdade" e Paul como "docente". Logo depois, Dorothy foi para a Faculdade Smith. Nos manuscritos do censo de 1940, ela está em Northampton, arrolada como "professora, faculdade", com os quatro filhos, todos adolescentes, e Katharine Lumpkin, que é uma "pesquisadora de economia". Ela e Lumpkin escreveram *Child Workers in America* [Trabalhadores infantis nos Estados Unidos] e ficaram juntas como um casal por trinta anos.

15. À semelhança dos dados históricos americanos, em muitas partes da Ásia, atualmente, mulheres jovens com ensino superior têm índices muito baixos de casamento. As normas sociais muitas vezes ditam que elas devem ser donas de casa e não seguir carreiras que consomem tempo. Hwang (2016) discute o fenômeno "Gold Miss" na Coreia e no Japão.

316

NOTAS

16. Ver Alsan e Goldin (2019).

17. A cifra de 9% provém dos verbetes nos vários volumes de *Notable American Women* (Sicherman e Green, 1980; Ware e Braukman, 2004) para as mulheres com graduação no Grupo Um.

18. Sobre as razões para o declínio em longo prazo na mortalidade de bebês e crianças, ver Alsan e Goldin (2019). Preston e Haines (1991) examinam a posição socioeconômica e a mortalidade infantil em 1900.

19. Sicherman e Green (1980) trazem as biografias das que morreram entre 1951 e 1975; Ware e Braukman (2004), as que morreram entre 1976 e 1999. Os três primeiros volumes abrangem biografias de todas as mulheres que morreram até 1951. As integrantes do Grupo Um que morreram antes de 1951 estão nos três primeiros volumes. Não fazem parte do conjunto de dados e teriam morrido entre a casa dos cinquenta até o começo dos setenta anos de idade.

20. As mulheres incluídas em grupos de nascimento mais recente teriam morrido em idade relativamente jovem. Felizmente são poucas.

21. Entre as notáveis que se casaram, uma fração menor, de 45%, não teve filhos; entre todas as mulheres com graduação que se casaram, a cifra é de 29%. A fração para o grupo das notáveis é um pouco mais alta (36%) para as que se casaram antes dos 35 anos. Ver gráfico 4.1.

22. No censo de 1920, Mary Emily Sinclair consta residindo em Oberlin, Ohio, com duas crianças pequenas (incorretamente identificadas como sobrinha e sobrinho dela) e Hazel Kyrk, identificada como pensionista. Ver também: <https://www.agnesscott.edu/LRiddle/women/sinclair.htm>.

23. O cálculo está descrito no Apêndice On-line, (cap. 3), "Calculando a matriz 'Sucesso' para o Grupo Um".

24. Não estou levando em conta a possibilidade de que o marido faleça antes delas e elas não se casem outra vez.

25. O levantamento de Radcliffe de 1928 e o de 1977 indicam uma fração mais alta das que se nunca se casaram para as nascidas antes de 1920 do que para o país como um todo, mas uma fração mais baixa para as nascidas depois de 1920. Essa disparidade sugere que as reuniões de Radcliffe nos anos 1950 tinham uma presença desproporcionalmente maior das com filhos, mas que antes havia menos escolha por ter filhos.

26. Sabemos disso por tabular a fração das que estavam na força de trabalho em 1940, quando estavam na casa dos quarenta anos. Entre todas as mulheres com quatro ou mais anos de faculdade, 0,923 estavam na força de trabalho entre as de quarenta a 44 anos, e 0,893 entre as de 45 a 49 anos. São frações muito altas.

27. Com base no SIPP (Survey of Income Programs and Participation), o índice de divórcios em casamentos realizados nos anos 1920 é de cerca de 20% para os que duraram cerca de quinze anos e nos quais a mulher tinha graduação. Os casamentos das notáveis no Grupo Um eram um pouco mais cedo. Ver Stevenson e Wolfers (2007) para uma descrição do procedimento utilizado.

CARREIRA E FAMÍLIA

28. Edith e Grace Abbott, como Hazel Kyrk, tiveram de trabalhar para frequentar a faculdade. Depois de se formar na Universidade do Nebraska, Edith Abbott recebeu uma bolsa para a Universidade de Chicago, onde foi aluna de outra cientista social, Sophonisba Breckinridge (1866-1948). Grace Abbott se formou na Faculdade de Grand Island e depois também foi para a Universidade de Chicago. As duas irmãs Abbott e Breckinridge trabalhavam juntas para auxiliar mulheres imigrantes, dando-lhes treinamento para emprego.

29. Sobre a história do Departamento de Economia Doméstica e Administração do Lar da Universidade de Chicago, ver <https://www.lib.uchicago.edu/collex/exhibits/exoet/home-economics/>.

30. Perkins foi inicialmente nomeada membro da Comissão Industrial do Estado por Al Smith, governador do estado de Nova York.

31. Cookingham (1984) traz uma discussão sobre as alegações e seus proponentes.

32. Shinn (1895). Foi a primeira mulher a obter um doutorado da Universidade da Califórnia. A citação é: "Pode-se afirmar com grande segurança... que não é porque anseiam por uma vida mais estimulante e pública; na maioria... são professoras escolares" (p. 947).

33. Shinn (1895), p. 948.

34. Shinn (1895), p. 948.

35. Grunwald e Adler (2005), p. 516.

36. Davis (1928). Ela observa que 46% tinham entre trinta e 39 anos, e que quase 80% tinham mais de trinta anos. Ela não cita quem e quando fez a pesquisa, mas, como era um questionário sobre a "vida sexual da graduada solteira normal saída da faculdade pelo menos cinco anos atrás", provavelmente foi feita por Davis, que era pesquisadora na Agência de Higiene Social e foi diretora da agência de 1918 a 1928. Vale notar que Davis era uma eugenista cujo trabalho da Agência de Higiene Social se desenvolvia principalmente na área da criminologia e da possível base genética do comportamento criminoso.

37. O questionário, ao que parece, permitia que as consultadas dessem respostas em aberto. Interessante notar que 1,6% disse que não se casavam porque tinham "relações homossexuais". Davis não comentou que seus dados vinham de seu trabalho sobre a sexualidade e que quase 30% da amostragem de graduadas solteiras tinha mantido em algum momento relações lésbicas (ver 1929, p. 272). Uma fração maior das mulheres que não tinham relações lésbicas disse que não se casaram porque "nunca encontraram o homem certo".

38. Ver "Katharine B. Davis Converted to Wets: Social Worker, Long Friendly to Prohibition, Now Favors Control by States", *New York Times*, 26 de maio de 1930.

39. Não se escreveu muito sobre Katharine Bement Davis. A melhor descrição de sua vida está in Gilette (2018).

40. Ver Davis (1929, p. 272) para a tabela incluída em Davis (1928). Uma diferença importante é que, em seu livro sobre a sexualidade, ela faz uma separação entre as mulheres que tinham e as que não tinha relacionamentos lésbicos. Em seu grupo,

318

NOTAS

1200 graduadas não casadas, cerca de 30% tinham relações professadamente homossexuais. Seu livro dedica quase cem páginas ao tema da homossexualidade.

41. A pesquisa de Radcliffe de 1928 foi distribuída por correio durante a comemoração do cinquentenário da fundação de Radcliffe. Quase 1900 bacharéis de Radcliffe, formadas entre os anos 1880 aos anos 1920, responderam à pesquisa. A amostragem completa é de cerca de 3 mil mulheres, mas inclui estudantes especiais, estudantes de pós-graduação e as que se transferiram ou não se formaram. As frações que responderam "sim" à pergunta se era possível ter "carreira e casamento" e "maternidade e casamento" são interpretadas como "concordando incondicionalmente", enquanto o grupo "esperançoso" é listado como um "sim condicional". Essas perguntas foram feitas apenas a mulheres "alguma vez casadas". O cálculo trata a resposta "não" como uma negativa. Ver Solomon (1985, 1989) e Apêndice de fontes (cap. 3), "Questionário de ex-alunas de Radcliffe de 1928".

42. "Tão logo um empregador [acadêmico] descobria que eu era negra, era fim de história", comentou ela numa entrevista dada em 1918 a um grupo de cuidados geriátricos. Ver <https://www.sciencedirect.com/science/article/pii/S0197457281800936>.

4. O GRUPO-PONTE [pp. 84-107]

1. Ver Elizabeth Day, "The Group by Mary McCarthy", *The Guardian*, 28 de novembro de 2009, <https://www.theguardian.com/books/2009/nov/29/the-group-mary-mccarthy>.

2. Todas as citações d'*O grupo* neste capítulo vêm de McCarthy (1963).

3. As mulheres só seriam incluídas nos volumes das *Notable* se atendessem a determinados critérios e não estivessem mais vivas à data da seleção. Como as mulheres do último volume, o quinto, foram escolhidas no fim dos anos 1990, as do Grupo Dois no segundo volume teriam morrido mais jovens do que as do primeiro. A média de idade à morte do primeiro grupo é de oitenta anos, mas de apenas 68 anos para o segundo grupo. Há também muito mais mulheres no primeiro grupo do que no segundo, pois tiveram tempo de se tornar "notáveis". A idade mediana à morte é quase igual à média, e assim os valores atípicos não puxam desproporcionalmente a média para cima nem para baixo.

4. Os dados para mulheres sem faculdade estão no Apêndice On-line, gráfico 1A (cap. 2), "Fração de mulheres brancas sem faculdade que nunca se casaram, por idade e ano de nascimento". Ver também Apêndice On-line, gráfico 2A (cap. 2), "Diferença na fração de não casadas entre mulheres brancas com e sem graduação".

5. Para uma interpretação excelente, porém complexa, do impacto de uma série de eletrodomésticos e inovações de utilidade pública, ver Greenwood (2019). Greenwood, Seshadri e Yorukoglu (2005), Apêndice On-line, fornece os dados sobre a difusão da eletricidade doméstica e a adoção de eletrodomésticos.

6. O Census of Occupations de 1900 (US Bureau of the Census 1904) arrola 328 049

CARREIRA E FAMÍLIA

professoras (excluindo os de música e arte) e um total de 431 179 em toda a área profissional. A categoria de escritórios e vendas era um tanto menor, com 85 269 escriturários e copistas, 86 158 estenógrafos e datilógrafos e 74 186 guarda-livros e contadores.

7. Em 1900, havia 431 179 mulheres em serviços profissionais (a maioria professoras). Em 1930 eram 1 526 234. Em 1900 havia 260 963 trabalhadoras de escritório (escreventes, datilógrafas, estenógrafas, telefonistas e guarda-livros), mas em 1930 havia 1 986 830 (US Bureau of the Census 1904, 1933).

8. US Bureau of the Census (1904, 1933). Havia 327 586 professoras em 1900 e 853 987 em 1930.

9. Rotella (1981) apresenta um dos melhores exames, mais iniciais e abrangentes do surgimento do setor de escritório para o emprego das mulheres.

10. Sobre o "movimento do colegial", ver Goldin e Katz (2008), capítulos 5 e 6. As "fundações escolares" que precederam muitas das escolas de segundo grau não eram escolas preparatórias de elite, muitas das quais tinham sido criadas antes, algumas no século XVIII.

11. A norma era muito menos visível para as mulheres negras e suas famílias, visto que desde cedo elas tinham altas taxas de emprego na agricultura e no serviço doméstico. Não está claro se a ausência da norma significava que a sociedade não se importava com o fardo das mulheres negras ou se não havia necessidade de incentivar os homens negros.

12. Ver Goldin (1990, 2006) sobre as razões para o aumento na força de trabalho feminina no longo prazo.

13. O surgimento do trabalho de escritório não mudou o jogo nos anos 1920 para as mulheres negras, que muitas vezes não conseguiam acesso a esses empregos, mesmo que tivessem o nível de instrução exigido. Num extenso leque de levantamentos de firmas contratando trabalhadores de escritório em 1939, os gerentes e o pessoal de recursos humanos reconheceram um amplo viés por parte de outros trabalhadores de escritório quanto ao fato de trabalhar junto com mulheres negras. Ver Goldin (2014a) para uma discussão dos levantamentos e de seus conteúdos.

14. Sem construir um modelo elaborado e testar efeitos de tempo × efeitos de grupo (que os economistas chamam de "efeitos de coorte"), podemos fazer algo simples e examinar mudanças por idade × mudanças por tempo. Cerca de 25% das nascidas em 1902 estavam na força de trabalho aos 32 anos, mas 37% das nascidas por volta de 1917 estavam. Encontram-se aumentos similares para todos os grupos etários. Ao mesmo tempo, as mudanças dentro do ciclo de vida de uma mulher também são grandes. Em suma, para os grupos de nascimento entre 1900 e 1930, provavelmente cerca de metade do aumento decorreu de mudanças no ciclo de vida e metade de mudanças na série temporal. Houve uma mudança de cerca de vinte pontos percentuais entre a idade de 27 anos e a idade de 42 anos, e houve uma mudança de dez pontos percentuais tanto para as de 27 quanto para as de 42 anos. (Os dados se referem a mulheres graduadas brancas casadas dos vários microdados do censo americano.)

NOTAS

15. As políticas de barreira ao casamento não eram exclusivas dos Estados Unidos e existiam para professoras e outras profissionais na Grã-Bretanha, Irlanda e Austrália, entre outros países.

16. Goldin (1991) utiliza levantamentos dos anos 1930 e compilações dos distritos escolares para o começo do século xx, a fim de analisar a instituição das barreiras ao casamento e sua expansão durante a Grande Depressão.

17. Goldin (1991). Os dados vêm dos manuscritos originais de um Boletim do Woman's Bureau. As quase duzentas empresas eram localizadas na Filadélfia e em Kansas City. Os dados para uma terceira cidade — Los Angeles — são mais baixos (25% e 10%).

18. Os dados anteriores são para 1931, e é difícil saber se as políticas existiam antes da queda econômica. Como eram políticas efetivas, é provável que as empresas não tivessem tempo suficiente para estabelecer novas regras de recursos humanos. O estudo de 1931 incluía 178 firmas em Chicago, Hartford, Nova York e Filadélfia. As médias ponderadas por emprego feminino são cerca de cinco pontos percentuais abaixo das de 1940 para a política de barreira ao casamento, mas são similares para a política de permanência no emprego.

19. Essas diferenças provavelmente persistiam já nos anos 1920, se não antes, mas as informações sobre o nível de instrução e o emprego começam com o censo demográfico de 1940.

20. Ver Goldin (1977).

21. Ver Apêndice On-line, tabela 1A (cap. 4), "Fração de casadas entre professoras por idade, raça e região".

22. Pedersen (1987) apresenta uma exposição detalhada do caso com entrevistas das duas mulheres. As citações nessa seção referentes ao caso vêm dessa fonte.

23. Carta da IBM #3930 de A.L. Williams, vice-presidente e tesoureiro, aos executivos e gerentes de departamento, e outros. 10 de janeiro de 1951, <https://thesociety-pages.org/socimages/2010/06/23/ibm-decides-to-let-women-work-after-marriage-1951/>.

24. Ver Sprogis v. United Air Lines, Inc., 308 F. Supp. 959 (N.D. Ill. 1970), e Romasanta v. United Airlines, Inc., 537 F. 2d 915 (7th Cir. 1976). A United era apenas uma de muitas companhias aéreas nos anos 1960 que proibiam atendentes de voo femininas. A ação Sprogis deu entrada em 1966; a ação Romasanta, uma ação de classe por pagamentos atrasados, foi apresentada em 1970. O slogan da United (iniciado em 1965) é "voe nos céus amigáveis".

25. Essas citações provêm dos manuscritos de um Office Firm Survey de 1931 que coletei. Ver Goldin (1990), Apêndice de dados. "Menos eficientes após o casamento" foi escrito pela Indemnity Insurance Company of North America; "os homens são egoístas demais" é da F. A. Davis and Company Publishing.

26. Philadelphia Saving Fund Society (6 de dezembro de 1956), Relatório Hussey de 1957. Ver Goldin (1990), Apêndice de dados.

27. Ver Seim (2008) sobre os detalhes.

CARREIRA E FAMÍLIA

28. Por "verdadeiro ensino misto", refiro-me à possibilidade de que as mulheres façam os mesmos cursos dos homens, junto com eles (e vice-versa). Harvard/Radcliffe não tinha ensino misto pleno em 1943, e muitas instituições de ensino misto sofriam de defeitos semelhantes. As mulheres de Radcliffe, por exemplo, não podiam usar a Biblioteca Lamont. Mas a possibilidade de estarem na maioria das mesmas aulas foi uma mudança enorme.

5. NA ENCRUZILHADA COM BETTY FRIEDAN [pp. 108-36]

1. Do episódio "Brother Ralph" (8:44), <https://www.youtube.com/watch?v=Omad-qPZvjoM>.
2. Há muitos episódios de *I Love Lucy* em que Ricky tenta, muitas vezes sem sucesso, impedir que Lucy tenha emprego. Ver, por exemplo, temporada 1, episódio 30, "Lucy Does a TV Commercial", ou temporada 3, episódio 2, "The Girls Go into Business".
3. Friedan (2013, ed. orig. 1963), p. 14.
4. Friedan (2013, ed. orig. 1963). As citações neste parágrafo são das pp. 14, 112, 15 e 15.
5. Em sua fascinante biografia de Friedan, Daniel Horowitz (1998) explorou a vera-cidade de sua afirmação de que, antes de escrever o livro, ela tinha sido uma dona de casa suburbana, e não uma feminista. Ele também observou que as respostas da pesquisa de sua turma na Faculdade Smith eram mais positivas do que ela apre-sentou em seu extenso resumo (p. 209). Segundo Horowitz, Friedan se reinventou e deu a suas pesquisadas uma visão mais distorcida de sua vida.
6. Graduar-se na faculdade se define por concluir quatro anos de faculdade ou obter o título de bacharel. Ver gráfico 2.5, "Índices de graduação na faculdade para homens e mulheres (aos trinta anos)".
7. Esses fatos foram colhidos no National Survey of College Graduates (NSCG), de 1993 a 2015, para indivíduos que se graduaram desde os anos 1940 até os anos 1990. Computo a fração de uma turma de graduação por sexo que depois recebeu um grau acadêmico avançado (mestrado, doutorado) ou uma especialização (como advocacia, medicina, MBA). Houve um considerável aumento nessa fração dos anos 1940 aos anos 1970 para as mulheres. A fração para os homens aumentou um tanto, mas depois diminuiu com as turmas graduadas por volta dos anos 1970, provavelmente porque o trabalho de pós-graduação não servia mais para adiar o alistamento.
8. A fração de todas as mulheres se formando na faculdade aumentou de 0,058 para 0,12, e a fração das graduadas que receberam um grau avançado aumentou de 0,3 para 0,43. Portanto, a fração de todas as mulheres nascidas por volta de 1940 em relação às nascidas por volta de 1920 que receberam um grau avançado triplicou = $(0,43 \times 0,12) / (0,3 \times 0,058)$.
9. Ver Apêndice On-line, tabela 1 (cap. 5), "Fração de ex-alunas de Radcliffe com graus avançados por ano de graduação: de 1900 a 1969". O acréscimo dos títulos de mes-

NOTAS

trado leva o total das turmas de graduação dos anos 1920 e 1930 para 38%. Mas, para as que se formaram na faculdade no fim dos anos 1950, a cifra alcança espantosos 57%.

10. A comparação é feita entre as nascidas de 1934 a 1945 e as nascidas por volta de 1910 ao começo dos anos 1930. O índice de desistência é computado como um menos a razão das graduadas (em quatro anos ou mais) para as que fizeram pelo menos um ano de faculdade, usando dados do censo americano e do APS. A razão aumenta de 40% para 50% para grupos nascidos entre 1934 e 1945. Embora esses números pareçam apoiar a cifra de desistência de 60% de Friedan, a razão para os homens, calculada da mesma maneira, era por volta de 50%. A razão desses índices tão altos é que alguns desses estudantes de faculdade faziam cursos com duração de dois anos e, na verdade, não desistiam.

11. Os dados vêm dos Radcliffe College Student Directories, <http://listview.lib.harvard.edu/lists/drs-43586165>. Muitas mulheres deixaram a faculdade durante a Segunda Guerra Mundial para fazer trabalho voluntário e voltaram um ano depois ou mais tarde, criando problemas para a métrica da desistência para os anos 1940.

12. Do US Department of Labor, Women's Bureau (1966). Ver Apêndice On-line, tabela 3A (cap. 5). Apenas 83% dos maridos não se opunham.

13. As duas citações neste parágrafo são do levantamento do Women's Bureau de 1957, comentários no relevantamento em 1964. Ver Apêndice de fontes (cap. 5), "Levantamento do Women's Bureau de 1957 e relevantamento de 1964".

14. Os dados para a turma formada em 1957 dão um número de 26% sete anos depois da graduação para mulheres com filhos com menos de seis anos de idade, e de 37% para as com filhos com menos de seis anos, mas mais do que um ano de idade. Para a turma formada em 1951 três anos após a graduação, 37% das com filhos estavam empregadas. Fontes: US Department of Labor, Women's Bureau (1966); amostragem de microdados dos Arquivos Nacionais; microdados Great Aspirations. Ver Apêndice de fontes (cap. 5), "Levantamento do Women's Bureau de 1957 e relevantamento de 1964"; (cap. 5): "Dados Great Aspirations".

15. Levantamento do Women's Bureau de 1957, comentários no relevantamento em 1964.

16. Para os dados e fatos citados sobre as barreiras ao casamento, ver Goldin (1991). Ver também gráfico 4.2.

17. Dorothy e Paul receberam o doutorado em economia pela Universidade Columbia, ele em 1920 e ela por volta de 1923. Divorciaram-se em 1930, e os quatro filhos do casal ficaram com Dorothy em Northampton. Ver <https://www.bowdoin.edu/economics/curriculum-requirements/douglas-biography.shtml>.

18. Horowitz (1998), p. 52. O curso era Economics 319, que apresentava um tratamento relativamente radical dos movimentos trabalhistas na história americana. Friedan aprendeu sobre a luta de classes, o caráter opressivo do capitalismo e outras noções bastante esquerdistas. Mais importante para o argumento de Horowitz é que ela teve contato com o pensamento feminista sofisticado. Segundo o autor, Friedan afirmou

CARREIRA E FAMÍLIA

que sabia pouco sobre o feminismo até escrever *A mística feminina* para ocultar sua formação esquerdista e comunista.

19. Ver capítulo 4 deste livro e Goldin (1991).

20. Manuscritos do Relatório Hussey de 1957. Ver Goldin (1990), Apêndice de dados.

21. Ver gráfico 2.5, "Índices de graduação na faculdade para homens e mulheres (aos trinta anos)".

22. Levantamento do Women's Bureau de 1957, comentários no relevantamento em 1964.

23. Ver Apêndice On-line, gráfico 1A (cap. 5), parte B, que mostra a porcentagem de mulheres por grau de instrução que se casou com um homem graduado. Para uma mulher nascida em 1932, por exemplo, a fração é 70% para uma mulher graduada, mas 50% para uma que desistiu do curso após três anos de faculdade. A diferença de vinte pontos percentuais se mantém para todos os anos de nascimento de 1912 a 1950.

24. Existe uma extensa bibliografia sobre os retornos causais da faculdade em termos de saúde e de remuneração. Sobre esta, ver Zimmerman (2019). Sobre a relação causal entre a educação de uma mulher e a educação de seus filhos, ver Currie e Moretti (2003).

25. Esses dados vêm do Apêndice On-line, gráfico 5A (cap. 2), "Razão de homens para mulheres na faculdade por ano de curso na faculdade e por ano de nascimento". O pico de 2,3 para a razão de homens para mulheres na faculdade foi atingido logo após a Segunda Guerra Mundial. Em meados dos anos 1950, a razão era 1,7.

26. Ver Apêndice Online, gráfico 1A (Cap. 5), "Porcentagem de casadas com um homem formado na graduação, por educação da mulher para casadas nascidas entre 1912 e 1980". Para computar o ano da formatura, considero que as mulheres se formam na graduação aos 22 anos.

27. Ver Easterlin (1980) sobre o papel das quedas econômicas e a idade ao primeiro casamento.

28. Analogamente, os de outros países tiveram um grande aumento na fertilidade depois da Segunda Guerra Mundial, mas apenas nos Estados Unidos o baby boom se estendeu por décadas.

29. Ver gráfico 2.3.

30. Para informações sobre o tempo a mais que o grupo casado sem graduação levou para se casar e a fração que nunca se casou, ver Apêndice On-line, gráfico 2A (cap. 2), "Diferença na fração de não casadas entre mulheres brancas com graduação e mulheres brancas sem graduação".

31. O US Department of Education coletou dados sobre as áreas de concentração a partir da turma que se formou em 1968. As informações sobre as áreas de concentração na graduação em períodos passados provêm de uma variedade de fontes. Embora os níveis e as tendências gerais sejam similares, há leves diferenças. Usei todos os levantamentos disponíveis do National Survey of College Graduates (NSCG) para obter a fração dos de graduação com diversas áreas de concentração.

NOTAS

32. A diferença entre os dados do levantamento da turma de 1957 (Apêndice On-line, tabela 3A [cap. 5], "Características demográficas e econômicas selecionadas de mulheres formadas na graduação: turma de junho de 1957, levantamento em janeiro de 1958 e 1964"), e os do NSCG (Apêndice On-line, tabela 2A [cap. 5], "Fração de graduadas em áreas de concentração de faculdades selecionadas por ano de conclusão"), na estimativa da fração de graduadas na área de pedagogia, provavelmente se deve ao fato de que as consultadas pelo NSCG mencionaram a pedagogia mesmo que a área de concentração tivesse sido outra, haviam obtido a licenciatura para dar aulas. As consultadas pelo NSCG estavam citando uma área de concentração que fora concluída trinta anos ou mais antes da realização do levantamento, enquanto as pesquisadas da turma de 1957 tinham se formado em data recente.

33. Yohalem (1979), "é uma carreira ideal para uma mulher que quer também ter uma família", p. 53.

34. A noção de que as integrantes das turmas graduadas no começo dos anos 1900 tinham índices de sucesso na carreira menores do que os das integrantes dos anos 1950 deriva de evidências sobre suas taxas de participação na força de trabalho quando estavam na casa dos quarenta anos. Adiante apresento estimativas do sucesso de carreira e família por grupo.

35. Steinmann et al. (2005) traz uma compilação reveladora das histórias de vida das graduadas da turma de 1950 da Universidade Cornell, escritas para desfazer o "grande mito, um estereótipo dominante — e totalmente errado".

36. Para as fontes dos dados nesta seção, ver Apêndice On-line, tabela 3A (cap. 5), "Características demográficas e econômicas selecionadas de mulheres formadas na graduação: turma de junho de 1957, levantamento em janeiro de 1958 e 1964".

37. US Department of Labor, Women's Bureau (1959, 1966). O número exato de observações é de 5846 no levantamento original de 1957 (mais de 70% das abordadas iniciais), das quais 4930 responderam sete anos depois, no relevantamento (quase 85% do grupo original do levantamento). O levantamento e o relevantamento foram feitos por via postal. Ver Apêndice de fontes (cap. 5), "Levantamento do Women's Bureau de 1957 e relevantamento de 1964".

38. Outros 8% estavam frequentando a escola, e não trabalhando.

39. Apenas 2% do grupo total respondeu que não fazia planos de "trabalhar num futuro próximo". Outros 6% disseram que trabalhariam no futuro "apenas se necessário — por razões econômicas". Portanto, apenas 8% tinham dúvidas se estariam empregadas em algum momento futuro.

40. Dos documentos originais do levantamento de 1964 nos Arquivos Nacionais. Ver Apêndice de fontes (cap. 5), "Levantamento do Women's Bureau de 1957 e relevantamento de 1964".

41. As tendências são quase idênticas para homens e mulheres com graduação e todos os indivíduos no gráfico 5.1, exceto que as respostas das mulheres com graduação são dez pontos percentuais mais baixas para todos os grupos de nascimento. A tendência para os homens graduados é quase a mesma de todos os homens, e os níveis

325

CARREIRA E FAMÍLIA

são algumas vezes apenas ligeiramente mais baixos. A amostragem de graduados é pequena.

42. Do US Department of Labor, Women's Bureau (1966). Ver Apêndice On-line, tabela 3A (cap. 5).

43. Dos documentos originais do levantamento de 1964 nos Arquivos Nacionais. Ver Apêndice de fontes (cap. 5), "Levantamento do Women's Bureau de 1957 e relevantamento de 1964".

44. As citações são dos documentos originais do levantamento de 1957 nos Arquivos Nacionais. Ver Apêndice de fontes (cap. 5), "Levantamento do Women's Bureau de 1957 e relevantamento de 1964". O levantamento pediu às pesquisadas que anotassem comentários em especial "sobre as formas em que seu trabalho de faculdade poderia ter se tornado mais valioso". É por isso que a maioria dos comentários em 1957 se refere a seus cursos e áreas de concentração na faculdade.

45. Para as fontes sobre os dados nesta seção, ver Apêndice On-line, tabela 4A (cap. 5), "Características demográficas e econômicas selecionadas de mulheres formadas na graduação: turma de 1961, levantamento na primavera de 1961, 1962, 1963, 1964 e 1968".

46. O projeto Great Aspirations é uma amostragem com base na população de quase 26 mil ultimanistas de graduação (inclusive 13 mil mulheres) da turma de 1961 de 135 faculdades e universidades em todo o país. Seguiram-se levantamentos de atualização anual até 1964 e, depois, em 1968. Em 1964, acrescentou-se um suplemento especial sobre as mulheres. Houve alguma perda de unidades nos levantamentos subsequentes, mas todas as amostragens são razoavelmente amplas. Um suplemento especial às mulheres foi incluído em 1964.

47. Ver Davis (1964).

48. Como o de 2018, todos os materiais do levantamento, de 1961 a 1968, foram descobertos e remontados por mim e meus assistentes de pesquisa. As razões pelas quais o projeto Great Aspirations ficou sem uso por cinquenta anos se encontram no Apêndice de fontes (cap. 5): "Dados Great Aspirations".

49. Na primavera de 1961, apenas 9% disseram que seriam uma "dona de casa" após a formatura; 46% disseram que teriam "trabalho de carreira em tempo integral" e 25% pretendiam continuar com os estudos com ou sem emprego.

50. Ver Apêndice On-line, tabela 4A (cap. 5), "Características demográficas e econômicas selecionadas de mulheres formadas na graduação: turma de 1961, levantamento na primavera de 1961, 1962, 1963, 1964 e 1968".

51. Em 1962, apenas 20% afirmaram esperar, de maneira realista, ser apenas donas de casa, e 28% afirmaram esperar, da mesma forma, ser donas de casa com emprego ocasional. As demais, 52%, pensavam que viriam a ter emprego.

52. Na marca de três anos, 67% da turma de 1961 estava casada e 63% do grupo casado tinha filhos.

53. Os dados sobre a conclusão de um grau avançado para a turma de 1961 foram computados a partir das várias ondas do National Survey of College Graduates, de 1993

NOTAS

a 2015. Esses dados mostram que cerca de 50% dos homens e 40% das mulheres que se formaram na graduação por volta de 1961 vieram a fazer especialização ou pós-graduação. Os dados Great Aspirations da primavera de 1962 dão 15% para as mulheres e 27% para os homens, mas isso seria menos do que o número dos que frequentaram o curso em algum momento ao longo do ano.

54. Esses dados são mais altos do que os do gráfico 5.1, que é do General Social Survey (GSS) para todos os indivíduos e, assim, seriam ainda mais altos do que para os graduados no GSS. Uma razão disso é que os dados do GSS foram coletados mais de vinte anos depois da coleta dos dados Great Aspirations. Outra razão é que as respostas do GSS são binárias, ao passo que eu agrupei quem concordava "vivamente" e "brandamente" nas respostas da pesquisa Great Aspirations.

55. As citações neste e no próximo parágrafo são dos documentos originais do levantamento de 1964 nos Arquivos Nacionais. Ver Apêndice de fontes (cap. 5), "Levantamento do Women's Bureau de 1957 e relevantamento de 1964".

6. A REVOLUÇÃO SILENCIOSA [pp. 137-64]

1. Essas leis eram legados de uma lei federal contra o vício aprovada em 1873, coloquialmente conhecida como Lei Comstock (cujo nome verdadeiro era Lei pela Supressão do Comércio e Circulação de Literatura Obscena e Artigos de Uso Imoral). Essa lei era de importância relativamente pequena, mas serviu para fomentar a aprovação de leis "Comstock" estaduais. A última delas, proibindo a venda de contraceptivos a pessoas não casadas, foi revogada em 1974 (Baird vs. Lynch na Vara Federal de Wisconsin).

2. Goldin e Katz (2002) trazem os anos das mudanças das leis estaduais. Essas mulheres podiam obter a pílula de jure, mas algumas dependiam totalmente dos serviços de saúde da faculdade e da universidade para fornecê-la e talvez não fosse fácil obtê-la.

3. Em 21 de julho de 2020, o *New York Times* informou que "o centro de saúde Planned Parenthood of Greater New York removerá o nome de Margaret Sanger, uma fundadora da organização nacional, de sua clínica de saúde em Manhattan devido a suas danosas ligações com o movimento eugenista".

4. Katharine Dexter foi a primeira mulher a se formar no MIT com um curso de graduação em biologia.

5. A National Organization for Women (NOW) foi fundada em 1966. Logo depois, formaram-se vários grupos dissidentes, incluindo o NY Radical Women, a Chicago Women's Liberation Union, a Women's Equity Action League e as Redstockings. As divergências se deram em grande medida porque a NOW não abraçara em grau suficiente as questões mais radicais da sexualidade, a ERA e os direitos de reprodução.

6. Com base no CPS, cerca de 90% das graduadas nascidas entre 1933 e 1942 que chegaram a se casar já tinham filhos quando estavam na segunda metade da casa dos trinta anos.

327

CARREIRA E FAMÍLIA

7. Ver Smith e Hindus (1975). Para os séculos XVIII e XIX, os autores vinculam as certidões de casamento e de nascimento do primeiro filho. Esses dados estão computados em intervalos amplos e têm ruídos. Alguns anos (década de 1770, década de 1890, segunda metade dos anos 1950) têm níveis mais altos de gravidez pré-conjugal e alguns têm níveis mais baixos. Embora haja grandes aumentos e quedas nas estimativas dos historiadores para o período entre 1700 e 1950, a cifra de 20% é uma média razoável de longo prazo. Para a segunda metade do século XX, os autores usam dados do CPS, que traz as datas de casamento e de nascimento da criança. O corte usado para a diferença é de cerca de oito meses. Qualquer nascimento ocorrido no prazo de oito meses desde o casamento é considerado gravidez pré-conjugal. Em data mais recente, com o declínio do estigma contra o sexo antes do casamento, as gravidezes pré-conjugais dispararam, especialmente entre mulheres com grau mais baixo de instrução.

8. Goldin e Katz (2002, gráfico 6). Ver também Finer (2007) para estimativas similares usando a mesma fonte. Note-se que esses números fornecem a idade mediana para uma população e não requerem que toda a população tenha mantido algum intercurso sexual.

9. Rotz (2016) avalia o impacto das idades mais adiantadas ao casamento sobre a probabilidade de divórcio.

10. Para mulheres com graduação nascidas por volta de 1940, segundo os dados num capítulo anterior, 19,7% ainda não tinham tido filho por volta dos 37 anos de idade, e 17,9% não tinham em meados da casa dos quarenta anos. Isso dá a Mary uma chance de apenas 9,4% de vir a ter um filho. Para o casamento, cerca de 10,5% das nascidas por volta de 1940 não haviam se casado na segunda metade da casa dos trinta anos, mas na segunda metade casa dos cinquenta anos 7,4% não tinham se casado. Isso dá a Mary uma chance de 30% de vir a se casar. As duas probabilidades dependem separadamente de chegar aos 37 anos sem ainda ter se casado e sem ainda ter um filho.

11. Um aumento similar na idade ao primeiro casamento também se deu entre mulheres que cursaram mas não concluíram uma graduação de quatro anos de duração.

12. Ver o cálculo em Goldin (2006, gráfico 9). Esses dados são para todas as mulheres, não só para as graduadas na faculdade.

13. A razão do aumento dos divórcios é uma questão mais controvertida. De início, alguns pensaram que o aumento se devia inteiramente às mudanças jurídicas dos anos 1960, que afrouxaram os estatutos de divórcio em vários estados e permitiram o divórcio unilateral. Outros postularam, seguindo as linhas do Teorema de Coase, que as mudanças jurídicas não teriam importância. A bibliografia empírica mostra que o efeito imediato das leis foi aumentar o divórcio, mas que, passada uma década, os índices de divórcio retornaram a seus níveis iniciais. Para um resumo do debate e uma análise empírica dos efeitos de curto e longo prazo das mudanças jurídicas referentes ao divórcio, ver Wolfers (2006).

14. Stevenson (2007) identifica o efeito da mudança nas leis do divórcio observando

328

NOTAS

o comportamento de casais em seus primeiros anos de casamento em comparação ao comportamento de casais nos mesmos estados antes que mudassem as leis, e em comparação a casais em estados que não mudaram suas leis.

15. O uso do tratamento "*Ms.*" se difundiu rapidamente, mas de início houve resistência, mesmo no *New York Times*. Em 1984, o *Times* informava que "as rendas do jantar [de aniversário de cinquenta anos de Gloria Steinem] irão para a Ms. Foundation... que publica a *Ms. Magazine* em que *Miss* Steinem trabalha como editora" (*New York Times*, 24 de maio de 1984, p. C10). Dois anos depois, o *Times* mudou sua política: "A partir de hoje, *The New York Times* usará o tratamento 'Ms.'" (*New York Times*, 20 de junho de 1986, p. B1).

16. O tema é tratado em Goldin e Shim (2004), que usam dados da seção Style do *New York Times*, livros de reencontros com colegas da faculdade e as certidões de nascimento de Massachusetts. A fração de mulheres com graduação que mantiveram seus sobrenomes diminuiu um tanto nos anos 1990 por razões que não estão claras.

17. Goldin, Katz e Kuziemko (2006).

18. A 26ª Emenda à Constituição, ratificada em 1971, The Twenty-sixth, estendeu o direito de voto a pessoas com dezoito anos e assim reduziu a idade de maioridade para dezoito anos. Ela foi impulsionada pelo slogan da Guerra do Vietnã, "Com idade para lutar, com idade para votar". O lema surgiu na Segunda Guerra Mundial, e vários estados reduziram para dezoito anos a idade para votar nas eleições estaduais e municipais antes de 1971.

19. Bailey (2006, 2010) examina as consequências da pílula para a fertilidade. Embora permitisse que as mulheres controlassem sua fertilidade, ela pouco ou nada reduziu o número de nascimentos. O que ela fez foi possibilitar aos casais um controle sobre o momento dos nascimentos.

20. Goldin e Katz (2002) descrevem o modelo que gera uma idade mais alta ao primeiro casamento com a difusão da pílula e apresentam evidências referentes à conjuntura da difusão da pílula entre as jovens.

21. E-mail de Betty Clark, geóloga petrolífera, escrito a Brad DeLong (setembro de 2010), quando ela "topou por acaso com [sua] aula de introdução à economia tendo encontrado os webcasts de Berkeley". Correspondência pessoal de Brad DeLong. Itálico no original.

22. Collins (2009), em sua envolvente e abrangente obra, chega à mesma conclusão.

23. Ver Goldin e Mitchell (2017) para as mudanças na participação das mulheres na força de trabalho desde os anos 1960.

24. March Current Population Survey, para mulheres brancas não hispânicas. A taxa de participação das mulheres com um bebê aumentou de 0,20 em 1973 para 0,62 em 2000, e desde então tem permanecido por volta desse nível.

25. A taxa efetiva de emprego para uma mulher de 35 anos em 1978 era de 56%. A taxa de emprego feminino aumentou, as expectativas do grupo mais jovem tinham aumentado muito mais, e suas novas expectativas eram coerentes com seu emprego posterior. Note-se que a mudança nas expectativas de emprego se mantém em todas

CARREIRA E FAMÍLIA

as idades para as pesquisadas do levantamento. A resposta de uma jovem de catorze anos à pergunta foi quase idêntica à de uma de dezoito anos.

26. Das entrevistas da etnógrafa Mirra Komarovsky (1985) com calouras em 1979 e suas entrevistas de atualização com elas quando eram ultimanistas em 1983. "Eu não queria...", p. 172; "Minha mãe nunca trabalhou...", p. 173; "Minha mãe ficava em casa o tempo todo...", p. 139; "Muitas vezes eu queria...", pp. 148-9.

27. As taxas efetivas de participação na força de trabalho são do CPS, para mulheres brancas casadas com idades entre 34 e 36 anos. A cifra de 30% para suas mães é para 1962. Os dados dos dois levantamentos NLS são para mulheres brancas porque a amostragem negra é muito pequena.

28. Para mulheres com graduação, ver Goldin e Mitchell (2017).

29. Goldin, Katz e Kuziemko (2006) mostram que, entre as adolescentes se preparando para a faculdade (com catorze a dezoito anos em 1968), as que afirmaram que aos 35 anos estariam na força de trabalho tiveram índices de conclusão da graduação 14,3 pontos percentuais acima das que disseram que, aos 35 anos, estariam "no lar, com a família". As do primeiro grupo tiveram uma média de conclusão de curso de 32,8%, ao passo que o índice médio de conclusão para o segundo grupo foi de 18,5%.

30. Os aumentos relativos nos cursos de matemática e ciências e as notas nos testes de leitura vêm de uma comparação entre o NLS-72 e o NELS-88 (NLS = National Longitudinal Study; NELS = National Education Longitudinal Study). As mudanças são consistentes com as da National Assessment of Educational Progress (NAEP), embora um pouco maiores, e as transcrições dos levantamentos do US Department of Education. Ver Goldin, Katz e Kuziemko (2006).

31. A diferença foi muito menor porque os níveis eram muito mais baixos.

32. O cálculo envolve a construção de um índice simples de desigualdade para as áreas de concentração de homens e mulheres na graduação. Ver Goldin (2005).

33. Esse cálculo usa os dados do levantamento do Higher Education Research Institute (HERI), também conhecidos como dados de Astin, sobre as intenções de carreira entre primeiranistas da faculdade para montar um índice de dissimilaridade. De 1985 a 2015, o índice se manteve por volta de 25%, mas declinou de 50% no fim dos anos 1960.

34. Ver Apêndice On-line, tabela 2A (cap. 5), "Fração de graduadas em áreas de concentração de faculdades selecionadas por ano de conclusão".

35. Em 1982, 17% dos homens se formaram nos dois campos, para 34% das mulheres.

36. O aumento para os homens foi de 24% em 1967 para 28% em 1982. Nos cursos de administração, as áreas de concentração das mulheres eram, com mais frequência, contabilidade, recursos humanos e marketing; as dos homens eram, com mais frequência, as de finanças.

37. Outra evidência de que estavam em jogo fatores legais e societais se refere aos retornos sobre a experiência, principalmente para as mulheres do Grupo Três. Entre os anos 1970 e os anos 1980, os retornos financeiros sobre a experiência tiveram grande aumento para as mulheres, mais do que para os homens, em vista de seu

NOTAS

nível educacional. Sobre o aumento nos retornos sobre a experiência, ver Blau e Kahn (1997), Olivetti (2006) e O'Neill e Polachek (1993). Olivetti mostra, para um período um pouco maior (comparando os anos 1970 aos anos 1990), que os retornos das mulheres aumentaram por volta de 25% e os dos homens, de 6% a 9%.

38. Observou-se também que, mesmo dentro das coortes, as remunerações das mulheres aumentaram em relação às dos homens, sugerindo que a mudança pode ter se difundido para as que estavam na meia-idade e foi causada, ao menos em parte, por mudanças dentro do mercado de trabalho ou impostas pela legislação antidiscriminação.

39. Ver Goldin e Katz (2018).

40. Ver Rubin (1994), pp. 81, 83. Ela realizara um estudo similar duas décadas antes. Seu trabalho posterior traça comparações com o anterior.

41. O'Neill e Polachek (1993) decompõem o aumento nas remunerações relativas para as mulheres e mostram que os retornos sobre a experiência respondem por uma fração maior da diferença do que o aumento nos anos de experiência de trabalho. Mas não explicam o aumento nos retornos sobre a experiência em termos de melhor preparo para o mercado de trabalho ou de melhor tratamento pelo mercado de trabalho.

42. Esses dados são altamente confiáveis e vêm dos Suplementos de Fertilidade de Junho do Current Population Survey.

7. A REVOLUÇÃO ASSISTIDA [pp. 165-84]

1. A infertilidade e o desejo de ter filhos eram temas em *Friends* e *Sex and the City*, dois seriados de grande popularidade no fim dos anos 1990 e começo dos anos 2000. Monica e Chandler se casam em *Friends*, têm problemas na concepção e logo encontram uma barriga de aluguel que dá à luz antes do fim do seriado. Charlotte em *Sex and the City* tem problemas em engravidar. *Private Life* [*Mais uma chance*] (2018), filme da Netflix, trata de um casal cuja vida é consumida por seus problemas e tratamentos de infertilidade. Jennifer Lopez, em *The Back-Up Plan* [*Plano B*] (2010), tem um filho por inseminação artificial e então encontra o cara perfeito. Jennifer Aniston, em *The Switch* [*Coincidências do amor*] (2010), tem um bebê por inseminação artificial cujo pai não é o dono do esperma que ela pensava ser. A lista poderia continuar. Fica claro que as inquietações coletivas do Grupo Cinco se refletem nos entretenimentos de sua época.

2. Ver gráfico 2.3. Além disso, cerca de 1,7 ponto percentual mais podia adotar na época em que estavam com 45 anos, computados para mulheres nascidas *c.* 1955 usando o American Community Survey (ACS). (Quase o mesmo número está computado para o grupo nascido entre 1965 e 1969.) Isso significa que 26,3% (28 — 1,7) das nascidas *c.* 1955 não tiveram filho nem adotaram.

3. Sobre as políticas de licença parental concedida pelas empresas, ver Goldin, Kerr e Olivetti (2020).

CARREIRA E FAMÍLIA

4. Komarovsky (1985) nota que as respostas obtidas em seu estudo de uma turma de graduação formada em 1983 eram muito diferentes das que registrara antes. Nada menos que 85% das ultimanistas afirmaram que queriam ter alcançado carreira e família quinze anos após a graduação, ao passo que os números anteriores na mesma faculdade, de quarenta anos antes, eram muito menores.

5. John Bongaarts, pesquisador-assistente sênior no Population Council, questionou alguns aspectos do estudo francês, mas especialmente a conclusão de que as mulheres deveriam ser aconselhadas a começar a ter filhos mais cedo. Ver *New York Times*, 21 de março de 1982. A matéria original do estudo francês sobre a fertilidade de 2193 mulheres está no *New York Times*, 18 de fevereiro de 1982.

6. Manning, Brown e Stykes (2015), usando os dados do National Survey of Family Growth para os nascimentos entre 2009 e 2013, informam que 3% de todas as mulheres com graduação que tiveram um filho não eram casadas e não tinham parceiro na época.

7. A publicação *New Physician* da American Medical Student Association informou um número de cerca de 1100 nascimentos por inseminação artificial nos Estados Unidos em 1962, segundo o *New York Times*, 8 de dezembro de 1962.

8. Noticiado num artigo de Georgia Dullea, *New York Times*, 9 de março de 1979.

9. Usou-se o sistema de busca para o National Center for Biotechnology Information, us National Library of Medicine. Todos os artigos contendo as palavras "*human*", "*female*" e "*infertility*" foram contados, e o denominador foi dado pelo número de artigos com a palavra neutra "*January*"; portanto, os números relativos ao longo do tempo são mais precisos do que os números absolutos. O primeiro pequeno aumento nos artigos sobre infertilidade se refere à questão da idade. O segundo, bem maior, refere-se a tratamentos da infertilidade.

10. O número "quintuplicado" vem de um Google Ngram de (*infertility* + *IVF*) [infertilidade + FIV] usando o corpus "American English 2009". A série aumenta a partir de 1970, aproximadamente, mas depois de 1980 é muito maior.

11. Esses dados vêm de uma busca de todos os artigos contendo as palavras "*female*" ou "*woman*" e "*infertility*" divididos por todos os artigos contendo a palavra "*January*". *January* é usada como palavra neutra para a escala do número total e extensão dos artigos.

12. O pico frenético se deu por volta de 1986 a 1987, quando saiu um artigo acadêmico do economista e demógrafo David Bloom demonstrando que as mulheres que tinham filhos antes dos 22 anos recebiam mais tarde remunerações menores do que as mulheres que adiavam a concepção de filhos até os 27 anos. Bloom e o coautor James Trussell ainda tinham escrito extensamente sobre a ausência de filhos e o adiamento da concepção, e também com a coautora Anne Pebley. Bloom e o coautor Neil Bennett tinham escrito um artigo polêmico sobre as consequências do adiamento do casamento. Todos esses artigos eram amplamente citados quanto às várias consequências do adiamento da concepção.

13. Menken, Trussell e Larsen (1986) discutem os vários vieses nos dados correntes so-

332

NOTAS

bre a infertilidade e concluem que a efetiva esterilidade é mais baixa do que consta na maioria das estimativas (prováveis 6% no começo da casa dos vinte anos e 16% no começo da casa dos trinta). A fração de casais com problemas de concepção é mais alta.

14. Ver Boston Women's Health Book Collective (1970).

15. Boston Women's Health Book Collective (1984), p. 420.

16. Dados dos Suplementos de Fertilidade de Junho do CPS. O Grupo Quatro é composto de mulheres com graduação nascidas entre 1948 e 1957; o Grupo Cinco, de mulheres com graduação nascidas entre 1960 e 1985.

17. Os dados neste parágrafo vêm de uma análise dos microdados do Suplemento de Fertilidade de Junho do CPS (de 1973 a 2018). As especializações profissionais e os doutorados são os acima do mestrado.

18. Entre as mulheres nascidas entre 1949 e 1953 que receberam especialização (médicas, advogadas e assim por diante) ou doutorado, 39% não tinham filho (morando em casa) na faixa dos quarenta a 44 anos de idade, segundo os microdados no National Survey of College Graduates (1993 a 2017). Mas a cifra cai para 22% entre as mulheres nascidas depois de 1969.

19. Bitler e Schmidt (2012) analisam o impacto das normativas estaduais determinando que os planos privados de saúde cubram vários tratamentos de infertilidade. Eles mostram que, nos quinze estados com cobertura obrigatória, aumentou muito o uso dos tratamentos de infertilidade entre mulheres de mais idade e nível educacional mais alto. Ver sua tabela 1 para os anos de promulgação das leis estaduais, que se concentraram basicamente no fim da década de 1980.

20. Na comparação entre os Grupos Quatro e Cinco, tem-se como suposto que nenhuma mulher do primeiro grupo teve um primeiro filho por meio de uma tecnologia reprodutiva. Portanto, a cifra de 50% é um limite superior. O cálculo usa dados efetivos de nascimento do CDC, mas esses dados se iniciam em 2011. Estimo que o número total de primeiros nascimentos para mulheres com graduação nascidas *c.* 1976 foi de 550 mil, dos quais 20 mil foram "assistidos", ou seja, 3,6%. Se 80% de todas as mulheres com graduação nascidas *c.* 1976 tiveram um primeiro filho, mas 74% das nascidas *c.* 1956 tiveram um filho, então os 20 mil "explicam" os 50% da diferença. Se a primeira coorte de nascimentos usou uma tecnologia de reprodução assistida a um quarto do índice da geração posterior (digamos, 5 mil nascimentos), então a tecnologia de reprodução assistida explicaria os 37%.

21. Ver Apêndice de fontes (cap. 7), "Sucesso na carreira e família".

22. Os cálculos usam o NLSY97.

23. Office of History and Preservation, Office of the Clerk, US House of Representatives (2008), p. 596. Esses comentários foram extraídos de uma entrevista que a congressista Clayton fez com Marian Burros, a colunista de culinária do *New York Times*, que saiu no artigo "Rep. Mom", *Chicago Tribune*, 20 de junho de 1993.

24. Na verdade, as mulheres do Grupo Três eram um pouco mais jovens, caso eu considere as diferenças na quantidade de tempo de que cada uma precisou para ser eleita.

CARREIRA E FAMÍLIA

Para isso, crio um Grupo Três com a mesma extensão do Grupo Quatro (supondo que nasceram entre 1930 e 1943), mas com chance de ser eleitas para o Congresso apenas até 2005, atribuindo-lhes o mesmo número de anos do Grupo Quatro para ser eleitas. Desse modo, os Grupos Três e Quatro são comparáveis. O resultado é que agora o Grupo Três tem à eleição uma média de idade de 51,9 anos e o Grupo Quatro se mantém em 52,7.

25. Para tornar comparáveis os Grupos Quatro e Cinco, mantenho o Grupo Quatro como nascido entre 1944 e 1957, mas crio um Grupo Cinco da mesma extensão, nascido entre 1958 e 1971. Meço a idade delas à primeira eleição para o Congresso como se o Grupo Quatro tivesse apenas até 2005 para ser eleito, o que dá a ele e ao Grupo Cinco o mesmo número de anos. A média de idade para Grupo Cinco é de 48 anos e para o Grupo Quatro é de 47,1 anos.

26. Em 2018, 33 mulheres foram eleitas para a Câmara e três para o Senado. Além disso, uma foi eleita para o Senado em 2019 numa eleição especial. O ano com o segundo maior número de eleitas foi 1992, quando 24 mulheres foram eleitas para a Câmara e quatro para o Senado. Quase chegando a esses números, 26 foram eleitas para a Câmara e uma para o Senado em 2020. Tanto 2018 quanto 1992 são chamados de "ano da mulher". O 117º Congresso tem um número recorde de mulheres, mais de 140.

27. Ver Apêndice de fontes (cap. 7), "Projeto Harvard and Beyond". Ver também Goldin e Katz (2008a) e o link para mais informações sobre o projeto: <https://scholar. harvard.edu/goldin/pages/harvard-and-beyond-project>.

28. Ver Bertrand, Goldin e Katz (2010).

8. CUIDADO COM O HIATO [pp. 185-213]

1. Ledbetter e Isom (2012), p. 115. Muitos dos detalhes nesta seção vêm da leitura dessa autobiografia.

2. "No outono de 2005, o 11º Tribunal de Recursos... reverteu o veredito do júri, declarando que minha ação dera entrada tarde demais" (Ledbetter e Isom, 2012, p. 202).

3. 550 U.S. _____ (2007) Ginsburg, J., discordância, Supremo Tribunal dos Estados Unidos, n. 05-1074, Lilly M. Ledbetter, pleiteante vs. The Goodyear Tire & Rubber Company, Inc., 29 de maio de 2007, p. 19.

4. O hiato salarial entre os gêneros se estabiliza e então se estreita um pouco. A idade em que o hiato começa a se estreitar é mais jovem para as coortes anteriores de mulheres com graduação, provavelmente porque tinham filhos mais cedo. Começa a se estreitar em idade mais adiantada para mulheres com graduação das coortes posteriores, muito provavelmente porque têm tido filhos em idade bem mais avançada.

5. A diferença nas remunerações entre os gêneros muitas vezes é expressa pela matemática em logaritmos, e a razão em termos de logaritmos é uma diferença. Isso porque o logaritmo das razões é a diferença entre os logaritmos: $\log(x/y) = \log(x) - \log(y)$.

NOTAS

6. Ver Pew Research (2017).
7. Sobre a eliminação do viés nas organizações, ver Bohnet (2016).
8. A causa imediata foi um incidente racial na Filadélfia. Sobre o caso na Starbucks, ver: <https://www.vox.com/identities/2018/5/29/17405338/starbucks-racial-bias-training-why-closed>.
9. Goldin e Rouse (2000).
10. Para informações sobre a iniciativa de negociação do prefeito de Boston, ver: <https://www.boston.gov/departments/womens-advancement/aauw-work-smart-boston#about-the-workshops>.
11. Os detalhes da lei podem ser vistos em: <https://www.mass.gov/service-details/learn-more-about-the-massachusetts-equal-pay-act>. A lei também determina pagamento igual para trabalho comparável, um conceito complicado.
12. As diferenças ocupacionais por gênero são medidas por um construto conhecido como "índice de dissimilaridade". O índice de dissimilaridade é dado por y I = 1/2 ¼i mi – fi , em que mi (fi) é a fração dos trabalhadores masculinos (femininos) em cada ocupação i na economia. Se os homens e as mulheres estão distribuídos igualmente entre as ocupações, o índice é zero. O índice dá a fração de trabalhadores femininos (ou masculinos) que teriam de mudar de ocupação para obter uma distribuição igual por gênero. Se não há sobreposição ocupacional, o índice é um e todas as mulheres (ou homens) teriam de mudar. Note-se que a computação da fração de cada ocupação que é feminina (ou masculina) requer informações sobre o número total de homens e mulheres na força de trabalho. Se há números iguais de homens e mulheres, a fração de mulheres na ocupação i seria de [fi /(mi + fi)].
13. Goldin (2014a) apresenta evidências a partir de um grande número de pesquisas de empresas feito em 1939 sobre as ocupações que estavam restritas apenas a mulheres e as restritas apenas a homens, e sobre as razões para essas restrições muitas vezes complicadas. Frequentemente os homens podiam entrar em posições baixas como "mensageiro", vetadas a mulheres. As mulheres muitas vezes podiam entrar em posições mais altas, como "estenógrafa", vetadas aos homens.
14. Há muitos cálculos do índice de dissimilaridade. Por exemplo, ver Hegewisch e Hartmann (2014) para uma tendência temporal do índice de 1972 a 2011.
15. Ver Goldin (2014). Num contexto de regressão, de 22% a 30% do hiato de remunerações desapareceria. O número menor se refere a todos os trabalhadores, e o maior para os graduados na faculdade numa regressão que contém variáveis como idade em quártico, categorias educacionais, horas e semanas trabalhadas e uma variável dummy feminina. Acrescentam-se dummies ocupacionais e a estimativa resultante é a mudança no coeficiente relativo às mulheres. Se se fizesse, em vez disso, o experimento mais simples de dar às mulheres aquela distribuição ocupacional masculina ou de dar aos homens a distribuição feminina, o hiato para o grupo com graduação diminuiria em 30% a 40%.
16. Há cerca de quinhentas ocupações no censo americano. Algumas são estreitamente definidas, outras são amplas. "Médico" é uma categoria ampla e inclui especialidades

CARREIRA E FAMÍLIA

que variam da cirurgia à psiquiatria. Um "advogado" pode trabalhar numa firma grande, numa firma pequena, no governo ou como consultor de empresa, para citar apenas alguns locais. Ou seja, uma ocupação não é necessariamente o mesmo que um emprego. É mais parecida com um métier.

17. As remunerações médias, no entanto, seriam mais afetadas pelo fato de que as remunerações dos homens, em comparação às das mulheres, contêm maior número de valores extraordinariamente altos. Como as remunerações nos cps são truncadas, as remunerações muito altas são de menor importância para o cálculo.

18. Ver Goldin e Katz (2008).

19. Blau e Kahn (2017), tabela 4, dão estimativas do hiato salarial para 1980 e 2010 e da parte do hiato que pode ser explicada por diferenças no grau de instrução e de experiência de trabalho. Em 1980, o hiato salarial entre os gêneros era 0,62, e 29% podiam ser explicados por diferenças no grau de instrução e de experiência de trabalho, o que os economistas chamavam de fatores do "capital humano". Nada menos que 52% podiam ser explicados por diferenças nos fatores do "capital humano". Segundo suas estimativas, uma fração em 2010 maior do que em 1980 pode ser explicada pela ocupação e pelo setor. A questão principal aqui é que a fração do hiato salarial em 1980 que pode ser explicada por diferenças do "capital humano" é muito menor do que em 2010. Note-se que essas estimativas são para todos os trabalhadores, e não só para o grupo com graduação.

20. Blau e Kahn (2017), tabela 2, dão a média de anos com emprego em tempo integral e pelo menos 26 semanas de trabalho para homens e mulheres com idade entre 25 e 64 anos no Panel Study of Income Dynamics (PSID). Os homens estavam empregados por quase sete anos a mais do que as mulheres em 1981, mas apenas 1,4 ano a mais em 2011.

21. Ver o extenso trabalho de Muriel Niederle, por exemplo. Niederle e Vesterlund (2007).

22. Vale notar que as razões salariais entre os gêneros (no gráfico 8.2) são, em essência, as razões das médias e serão um tanto mais baixas do que as razões das medianas. A razão das medianas foi traçada antes porque é uma medida-padrão e menos sensível a remunerações muito elevadas.

23. Como em Goldin (2014), o alargamento do hiato salarial entre os gêneros cessa e então se inicia certa reversão depois que as mulheres alcançam a casa dos quarenta ou cinquenta anos, dependendo do grupo de nascimento considerado.

24. O estudo foi conduzido por Marianne Bertrand, docente na Booth School, por Lawrence F. Katz e por mim. Ver Bertrand, Goldin e Katz (2010).

25. A amostragem de MBAS inclui os que se formaram entre 1990 e 2006. Agregamos o grupo que se formou entre dez e dezesseis anos antes. Ao discutir esse grupo, vou considerar que seus integrantes se formaram treze anos atrás, e não entre dez e dezesseis anos. Pesquisamos os formados em 2006, e a Escola de Administração da Universidade de Chicago forneceu os dados administrativos sobre os indivíduos no momento do ingresso e durante os anos de curso.

NOTAS

26. O requisito é também que as mulheres nunca tenham tirado qualquer licença acima de seis meses. As barras escuras são todas as mulheres da amostragem em relação a todos os homens. As claras são apenas das mulheres que, até aquele momento, não tinham filhos. Portanto, a amostragem das barras claras muda com o tempo.

27. Mostra-se que as mulheres com MBA que têm filhos logo depois de receber o certificado, e continuam a trabalhar, são selecionadas de modo positivo. Isso significa que, por razões inobserváveis e, assim, inquantificáveis, elas tinham mais probabilidade de ter remuneração mais alta. Depois que têm filhos, suas remunerações são de fato mais altas do que as das mulheres sem filhos. Conforme aumenta o número de mulheres com filhos, as diferenças de remuneração decorrentes das demandas da maternidade se tornam mais dominantes.

28. Ver Apêndice On-line, gráfico 2A (cap. 8), "Razão das remunerações anuais de mulheres com MBA para homens com MBA cerca de treze anos (dez a dezesseis anos) desde o recebimento do MBA".

29. A saída do emprego devia ultrapassar seis meses cada e não inclui licença-família e licença-maternidade remunerada.

30. A asserção de que as mulheres com MBA se afastam por mais tempo após obter seu grau mais alto durante a primeira década de trabalho provém do Projeto Harvard and Beyond. Ver Goldin e Katz (2008a) para informações gerais sobre o estudo. Nos dados Harvard and Beyond, para os que se graduaram em Harvard por volta de 1980, 97% dos médicos, 94% dos de doutorado acadêmico, 91% dos advogados e 87% dos MBAs estavam empregados quinze anos após o bacharelado. Os resultados apresentam leves diferenças para os que se graduaram por volta de 1990 (96% dos médicos, 94% dos de doutorado acadêmico, 87% dos advogados e 85% dos MBAS).

31. O termo "*opt-out*" (opção por sair) foi popularizado por Lisa Belkin em sua matéria de 2003 na *New York Times Magazine*, "The Opt-Out Revolution" (26 de outubro). À matéria seguiu-se um grande número de artigos acadêmicos refutando a ideia de que a opção por sair havia aumentado, e outros artigos no período após a grande recessão, sustentando que ela podia ter aumentado.

32. Todos os hiatos salariais entre os gêneros mencionados neste parágrafo corrigem as capacitações na época de obtenção do MBA. Essas capacitações incluem os cursos e títulos na faculdade de administração.

33. Ver Cortés e Pan (2020), que concluem que dois terços de todo o hiato nas remunerações entre os gêneros se devem à diferença nas penalizações parentais no mercado de trabalho.

34. Para os homens com MBA de nossa amostragem, o salário anual mediano sete anos após a obtenção do MBA era de 200 mil dólares. Os homens com MBA da amostragem recebiam um tanto mais do que os maridos das mulheres com MBA. O nível de renda de 200 mil dólares dos maridos com MBA inclui cerca de 40% das mulheres com MBA (anos correspondentes) que eram casadas e tinham filhos.

35. Bertrand, Goldin e Katz (2010), tabela 9. A estimativa inclui efeitos fixos individuais.

36. Bertrand, Goldin e Katz (2010), tabela 6.

337

CARREIRA E FAMÍLIA

37. Goldin, Kerr, Olivetti e Barth (2017).
38. Ver Angelov, Johansson e Lindahl (2016) sobre a Suécia; Kleven, Landais e Søgaard (2019) sobre a Dinamarca.
39. O último ano de nascimento que os autores puderam usar foi o de 2002, porque eles precisavam de quinze anos para rastrear o efeito do nascimento.
40. Kleven, Landais e Søgaard (2019) também analisam o impacto dos avós para estimar a transmissão intergeracional de normas de gênero que levariam um casal a ter maior especialização do que outros no atendimento infantil.
41. Usando os resultados de regressão de Angelov, Johansson e Lindahl (2016), tabela 3, com um conjunto completo de controles, o hiato das remunerações anuais se alarga dentro dos casais em 0,279 ponto log (ou 32%) no 15º ano após o nascimento do primeiro filho. Se o marido e a esposa tinham as mesmas remunerações antes do nascimento do filho, o marido receberia 1,32 vez a remuneração da esposa no ano quinze. Isto é, a razão das remunerações femininas para as masculinas diminui de 1 para 0,76. Se ele recebesse 1,18 vez o que ela recebia antes do nascimento do filho, agora ele receberia 1,56 vez. Nesse caso, a razão das remunerações femininas para as masculinas se reduziria de 0,85 para 0,64.
42. Ver Kleven et al. (2019), que compara as penalizações por filho em muitos países.
43. Pew Research (2012), N = 2.511.
44. Goldin e Katz (2008a) estimam penalidades por afastamento e padronizam em dezoito meses aos quinze anos desde a graduação na faculdade. Um homem com MBA perderia 60%, um advogado ou acadêmico perderia 71% e um médico perderia pelo menos 84% das remunerações anuais.
45. Ver Apêndice On-line, (cap. 8), "Ocupações do American Community Survey (ACS) e amostragem da O*NET". Foram usados oito ACS, de 2009 a 2016. Escolhi usar trabalhadores de tempo integral durante o ano inteiro para criar comparabilidade entre as amostragens de trabalhadores homens e mulheres.
46. São poucas as ocupações em produção, serviços de proteção e transportes que estão aqui incluídas, o que não surpreende, visto que constam apenas os que fizeram graduação na faculdade.
47. Uso engenharia para "tecnologia", embora tecnologia também inclua o grupo de matemática e ciência da computação.
48. Apêndice On-line, tabela 2A (cap. 8), "Razões de valores e remunerações por gênero da O*NET", fornece as médias (ponderadas e não ponderadas) para as características da O*NET e o log (razão das remunerações entre os gêneros), a partir da regressão, por grupo ocupacional.
49. As características da O*NET são medidas por um índice criado pelo BLS usando informações coletadas em várias fontes, inclusive trabalhadores na ocupação. Para obter uma média simples dos valores para cada uma dessas características, primeiro preciso padronizá-los (com média = 0 e desvio-padrão = 1) porque cada característica é medida de modo diferente das demais, e algumas têm variâncias grandes, outras, variâncias pequenas.

NOTAS

50. Apêndice On-line, gráfico 1A (cap. 8), "Desigualdade de remunerações e o hiato salarial de gênero", apresenta a relação entre a medida 90-10 para a desigualdade das remunerações masculinas e o hiato salarial entre os gêneros para cada uma das 143 ocupações. A medida 90-10 é a renda anual de um trabalhador masculino no 90º percentil dividida pela de um trabalhador masculino no 10º percentil. Em geral, a estatística é calculada, como no gráfico, como o logaritmo da renda no 90º percentil menos o logaritmo da renda no 10º percentil. As remunerações usadas são as residuais da regressão das remunerações descrita mais extensamente no Apêndice On-line. A medida do hiato salarial entre os gêneros é a mesma usada nas outras partes deste capítulo.

9. O CASO DA ADVOGADA E DA FARMACÊUTICA [pp. 214-36]

1. As medianas são para trabalhadores em tempo integral durante o ano inteiro e vêm do censo americano de 1970 e do American Community Survey (ACS) para 2014-6. Note-se que tempo integral significa 35 ou mais horas, e os homens trabalham mais horas do que as mulheres.
2. Lepore (2018) nota que a decisão de Frankfurter se deu embora ele tivesse sido informado de que Ginsburg não usava "calças".
3. Esses e outros resultados neste capítulo usam dados de acesso restrito sobre ex-alunos de direito rastreados em vários intervalos após a obtenção do grau. Ver Apêndice de fontes (cap. 9), "Conjunto de dados de pesquisa do levantamento de ex-alunos da Escola de Direito da Universidade de Michigan". Os números brutos revelam que as advogadas recebem 90% do que recebem os advogados cinco anos depois da obtenção do grau. Mas, quando o tempo trabalhado e a experiência de emprego são contabilizados, não se detecta nenhuma diferença entre as remunerações. Além disso, embora as mulheres trabalhem algumas horas a menos após cinco anos da formatura, as diferenças nas horas são pequenas.
4. Sobre as horas, ver gráfico 9.1. Tempo parcial é definido da maneira usual, como abaixo de 35 horas semanais. Sobre a participação na força de trabalho, ver gráfico 9.2.
5. Vale lembrar que, após cinco anos, 80% das mulheres e 90% dos homens trabalhavam mais de 45 horas semanais.
6. Para a cifra de 56%, ver Apêndice On-line, tabela 1A (cap. 9), "Equações de remunerações para advogados: levantamento de ex-alunos da Escola de Direito da Universidade de Michigan, amostragem longitudinal".
7. Ver também Azmat e Ferrer (2017) para uma explicação similar sobre o hiato salarial de gênero na advocacia, usando a amostragem da American Bar Association no levantamento "After the JD" de 2006, seis anos depois de aprovados na ordem. Essas descobertas dão base a uma explicação de que os homens se saem melhor porque trabalham maior número de horas e trazem para as empresas clientes de

CARREIRA E FAMÍLIA

rendimentos maiores. Mas os autores só podem estudar esses advogados até seis anos após a aprovação.

8. Os resultados da regressão que mostram a estimativa de 81%, bem como a de 56%, estão no Apêndice On-line, tabela 1A (cap. 9), "Equações de remunerações para advogados: levantamento de ex-alunos da Escola de Direito da Universidade de Michigan, amostragem longitudinal", e vêm de Goldin (2014), tabela 1.

9. Os resultados sobre o pagamento por hora estão no Apêndice On-line, tabela 1A (cap. 9), "Equações de remunerações para profissionais de advocacia: levantamento de ex-alunos da Escola de Direito da Universidade de Michigan, amostragem longitudinal".

10. A probabilidade de obter sociedade é estimada para todos os que trabalhavam em firmas de advocacia no ano cinco e inclui horas trabalhadas no ano cinco, variáveis de histórico acadêmico, existência de filhos no ano quinze, interação de filhos com as advogadas mulheres e uma variável dummy feminina.

11. Ver Apêndice On-line, tabela 1A (cap. 9), "Equações de remunerações para advogados: levantamento de ex-alunos da Escola de Direito da Universidade de Michigan, amostragem longitudinal". O coeficiente sobre as mulheres na regressão de pagamento por hora é insignificante a partir do zero, quando ao mesmo tempo se acrescentam as horas trabalhadas.

12. Interessante notar que a mediana para os advogados homens no ano quinze — cerca de 200 mil dólares (no valor do dólar em 2007) — é aproximadamente a média para os maridos das advogadas mulheres. Como a distribuição de renda masculina tem uma longa cauda superior, os maridos têm uma média mais baixa do que a de todos os advogados. Note-se que nem todos os maridos são advogados. Note-se que a mediana na amostragem com MBA (no valor do dólar em 2006) também era de 200 mil dólares.

13. As razões das remunerações por gênero são para a mediana feminina e masculina em tempo integral e durante o ano inteiro. Usando os coeficientes de minha análise anterior, que mantêm constantes as horas, semanas, idade e outros fatores e produz razões médias, os advogados estão em 29º de baixo para cima entre as 143 ocupações.

14. Note-se que a disparidade conjugal pode existir e de fato existe para casais homossexuais. Para qualquer casal com responsabilidades de família, é oneroso que ambos fiquem com o emprego de horas mais flexíveis.

15. A cifra de "67 centavos do dólar farmacêutico masculino" se refere à farmacêutica mediana trabalhando em tempo integral durante o ano inteiro em relação a farmacêuticos homens em 1970.

16. A cifra de 94 centavos é uma média de duas estimativas. A cifra de 96 centavos vem de uma análise das medianas usando os dados dos ACS de 2014-6. A análise de regressão num capítulo anterior apresenta uma cifra de 92 centavos.

17. A evidência que sustenta esses pontos está em Goldin e Katz (2016), tabela 4.

18. Remunerações medianas são os pagamentos e salários + renda do negócio para os

340

NOTAS

farmacêuticos de 25 a 64 anos trabalhando em tempo integral durante o ano todo. Os dados vêm dos censos demográficos americanos de 1970, 1980, 1990 e 2000 e dos ACS de 2009-10.

10. DE PRONTIDÃO [pp. 237-65]

1. Para os dados sobre a fração feminina entre os formados recentes em especializações após a graduação, ver gráfico 6.3. A fração feminina entre os veterinários por idade se encontra no Apêndice On-line, gráfico 2A (cap. 10), "Fração veterinária feminina, em tempo parcial e clínica própria por grupo etário". Esses dados subestimam a fração feminina em turmas recentes, pois são de uma década atrás.
2. Relatórios Anuais do CSWEP (vários anos). Foram pesquisadas apenas instituições acadêmicas com programa de doutorado. A fração de doutorados em economia concedidos a mulheres variou de 30% a 35% nos últimos vinte anos, pelo menos.
3. Dados de Ginther e Kahn (2004) e dos Relatórios Anuais do CSWEP (vários anos), para departamentos com programas de doutorado.
4. Ginther e Kahn (2004) usam dados coletados da National Science Foundation (NSF), conhecidos como Survey of Doctoral Recipients (SDR), para mostrar que o índice de mulheres com graus avançados é menor do que o dos homens em várias áreas acadêmicas, e a economia é uma delas.
5. A maior categoria abrange firmas com cem ou mais CPAS, e a menor tem de dois a dez CPAS. As firmas com registro público variam muito por emprego. Em 2016, havia cerca de 42 mil firmas de contabilidade registradas nos Estados Unidos. Entre elas, 41,6 mil tinham menos de vinte empregados. Mas as firmas maiores, conhecidas como as Big Four (Deloitte, PWC, EY e KPMG), tinham, cada uma delas, mais de 3 mil CPAS e um número muito maior de empregados. A maior delas (Deloitte) tinha mais de 50 mil empregados, e a KPMG, a menor das Big Four, tinha mais de 30 mil. Os números referentes ao emprego também incluem empregados de outras divisões da companhia, como a consultoria. As Big Four não divulgam a divisão de gêneros entre seus acionistas.
6. A cifra de 21% e as outras cifras da fração de acionistas femininas em firmas contábeis grandes e pequenas provêm do levantamento de gênero nas firmas contábeis da CPA (AICPA 2017). Burke, Hoitash e Hoitash (2019) usam dados de auditorias para mostrar que as mulheres são 17,7% dos acionistas de auditoria nas quatro maiores empresas de contabilidade.
7. Os estudos da AICPA não informam a fração de firmas em cada classe de tamanho que são levantadas. Quase todos os CPAS em seu estudo trabalham em firmas com cem ou mais CPAS.
8. Azmat e Ferrer (2017).
9. A declaração é atribuída a David Solomon, <https://dealbreaker.com/2013/11/goldman-sachs-spells-out-new-saturday-rule-for-junior-employees/.>

CARREIRA E FAMÍLIA

10. O Bank of America adquiriu o Merrill Lynch em 2009, mas deixou de lado o nome em 2019 e agora é conhecido apenas como Bank of America.

11. Sobre o anúncio inicial, ver: <https://www.washingtonpost.com/news/the-switch/wp/2016/08/26/amazon-is-piloting-teams-with-a-30-hour-work-week/?noredirect=on&utm_term=.217f3557a09d.> Para uma atualização, ver: <https://www.forbes.com/sites/kaytiezimmerman/2016/09/11/what-amazons-new-30-hour-work-week-means-for-millennials/#5da95c896ae4>.

12. Ver McCracken (2000) e Molina (2005). Em 1989, foi criada a Deloitte & Touche LLP com a fusão de duas empresas de contabilidade, a Deloitte Haskins & Sells e a Touche Ross & Co.

13. Ver Hewlett (2008).

14. Burke, Hoitash e Hoitash (2019) usam dados publicamente disponíveis sobre os acionistas de auditoria CPA, devido a uma determinação recente exigindo que as empresas com CPA revelem a identidade do acionista encarregado de cada auditoria. Para 2017, a Deloitte (a primeira em tamanho) tinha 17,4% de acionistas mulheres, a PWC (a número dois) tinha 18,7%, a EY (número três) tinha 19,9% e a KPMG (número quatro) tinha 13,7%.

15. As principais firmas CPA contratam uma pequena fração de todos os CPAS, e assim a fração de todos os CPAS que são mulheres pode ser de 50%, mas a fração das maiores firmas CPA pode ser bem menor.

16. Ver Antecol, Bedard e Stearns (2018).

17. Ramey e Ramey (2010). Os números aqui dados foram extraídos de seus gráficos e vêm de uma análise de regressão de adultos de 25 a 64 anos por idade, ano, educação e dummy de sexo. O tempo transcorrido com filhos incluiu "manutenção" e educação, recreação, viagens e outras atividades.

18. Guryan, Hurst e Kearney (2008) também fornecem evidência do tempo passado com os filhos para 2002-3 e mostram um gradiente forte em relação à educação nos Estados Unidos e em outros lugares. Os pais mais instruídos passam tempo consideravelmente maior com seus filhos.

19. Pew Research (2012), N = 2,511. Microdados usados: <http://www.pewsocialtrends.org/datasets/>. Os resultados são para a pergunta 26a: "Você acha que passa com seus filhos tempo demais, tempo de menos ou a quantidade certa de tempo?". A pergunta foi feita apenas para genitores com filhos menores de dezoito. Aplicaram-se ponderações.

20. Pew Research (2012). A informação dada provém da pergunta 26b.

21. Pew Research (2012). A informação dada provém das perguntas 40a a 40d. O único outro atributo que foi mais importante do que a flexibilidade no emprego para as mulheres com graduação foi a segurança no emprego.

22. Pew Research (2010), N = 2.691. Foram usados microdados e aplicadas ponderações. A informação dada vem da pergunta 17. No relatório da Pew Research, essas descobertas são comparadas a uma pesquisa de opinião da CBS/NYTimes em 1977, na qual a fração declarando que o melhor casamento era o que partilhava mais as tarefas foi de 48%, contra 62% para 2010 (p. 26).

NOTAS

23. O levantamento do Projeto Harvard and Beyond foi feito em 2006. As turmas que se formaram *c.* 1990 ainda eram jovens demais para se ter o número médio de filhos antes do fim de sua vida fértil. No entanto, as médicas nessas turmas tinham na época mais filhos do que as tituladas em outros graus avançados e pós-graduações. Estão incluídas as adoções de crianças com menos de três anos. Interessante notar que os médicos homens da amostragem não tinham mais filhos do que os de outras áreas. Embora tivessem mais filhos do que as médicas, tinham menos do que os homens com MBA e os advogados.

24. Uso o Estudo de Rastreamento Comunitário (CTS), na versão de uso restrito. O CTS não traz muitas informações demográficas sobre os médicos, como estado civil, número e idade de filhos. Todas as análises sobre o CTS neste capítulo têm como condicionantes a listagem das horas de trabalho entre vinte e cem horas semanais, e estar no emprego pelo menos quarenta semanas por ano. Ver Apêndice de fontes (cap. 10), "Estudo de Rastreamento Comunitário". Como não é dada nenhuma informação detalhada sobre as remunerações em 2008, a análise está de modo geral restrita ao período de 1996 a 2004.

25. Essas médias são para médicos trabalhando de vinte a cem horas semanais (a distribuição das horas foi arredondada) e pelo menos quarenta semanas por ano. A diferença na carga horária médica por gênero seria ainda maior se estivessem disponíveis informações sobre os filhos. A divisão entre médicos "mais jovens" e "mais velhos" é a idade de 45 anos. Note-se que o CTS exclui médicos que não têm pacientes próprios e não é uma amostragem aleatória de todos os médicos.

26. Os dados atuais da American Medical Association sobre as especialidades de graduados recentes têm uma fração de mulheres em várias especialidades mais alta do que os dados do CTS, em parte porque os dados da AMA são mais recentes.

27. Uso as horas dos médicos homens como referência, de forma que a afirmativa é mais causal.

28. A relação entre fração feminina e horas médias trabalhadas para homens com menos de 45 anos é forte entre as dezenove especialidades que têm número suficiente de mulheres para ser analisadas. Há dois valores discrepantes: obstetrícia-ginecologia e pediatria. Essas especialidades têm uma fração feminina mais alta do que se preveria com base na relação entre horas e fração feminina. Sem as duas especialidades de valores discrepantes, o coeficiente da correlação entre fração feminina e horas semanais para os homens está por volta de 0,8. Para a amostragem completa, é de 0,66.

29. A fração feminina em cada especialidade vem da American Medical Association (2013), mas informações das horas vêm dos dados do CTS. Os dados da AMA de 2013 são usados para ter maior consistência com os dados mais antigos do CTS.

30. Ver Apêndice On-line, gráfico 1A (cap. 10), "Horas médicas por especialidade, sexo e idade", que dá a relação entre as horas dos médicos homens e mulheres por especialidade e grupo etário.

31. O CTS não contém a efetiva experiência de emprego, e essas estimativas usam infor-

343

mações sobre os anos desde a obtenção do título. O CTS também não traz informações sobre filhos e outras variáveis de família. Para o cálculo do hiato salarial entre os gêneros, ver Apêndice On-line, tabela 1A (cap. 10), "Médicos e o hiato salarial entre os gêneros", em que a variável dependente é log (remuneração anual). Note-se que a cifra de 0,67 vem da col. (1), visto que exp (0,408) = 0,665, e a cifra de 0,82 vem da col. (4), visto que exp (0,203) = 0,816.

32. Medscape (2018), a que responderam mais de 20 mil médicos em 29 especialidades. A distribuição dos minutos é dada por binômios. Para computar os tempos médios, em geral usei a mediana do binômio. Para o bin superior (> 25 minutos), usei 32 minutos e, para o bin inferior, oito minutos.

33. As especialidades médicas vêm da American Association of Medical Colleges (2018) e se referem a dados de 2017. "Jovens" se refere a menos de 45 anos.

34. O emprego em tempo parcial entre pediatras aumentou de 24% para 28% entre 1993 e 2000 (American Academy of Pediatrics, 2002). Dados do CTS dão 30% em tempo parcial para jovens pediatras mulheres em 2008, usando como limite 35 horas. Segundo Cull et al. no *Journal of Pediatrics* (2016), 35% de todas as pediatras mulheres e 9% de todos os pediatras homens trabalhavam em tempo parcial.

35. A anestesiologia não é uma das especialidades no conjunto de dados do CTS porque os anestesiologistas em geral não têm pacientes próprios. O CTS é um levantamento de médicos sobre si mesmos e sua "comunidade" de pacientes.

36. A fração feminina por idade dos veterinários é fornecida no Apêndice On-line, gráfico 2A (cap. 10), "Fração veterinária feminina, em tempo parcial e clínica própria por grupo etário", parte A, para o ano de 2008. A fração feminina entre 25 e 31 anos era de 0,72, mas de 0,16 para a faixa de 57 a 61 anos.

37. Esses dados vêm de um levantamento com dados confidenciais sobre treinamento, horas, remunerações e clínica própria que me foi fornecido pela American Veterinary Medical Association (AVMA) para 2007 e 2009. Embora algumas informações possam ter mudado na última década, esses são os dados disponíveis mais recentes. A profissão é pequena demais para usar os dados do censo americano. Ver Apêndice de fontes (cap. 10), "Conjunto de Dados da American Veterinary Medical Association (AVMA) para 2007 e 2009".

38. Essas são medianas da distribuição de horas por sexo.

39. Os dados da AVMA mostram que apenas 5% das veterinárias entre 27 e 31 anos trabalham em tempo parcial, contra 22% das veterinárias com 32 a 46 anos, aumentando para 30% aos sessenta anos. Meros 5% dos veterinários homens trabalham em tempo parcial aos cinquenta anos, quando a fração começa a aumentar. Ver Apêndice On-line, gráfico 2A (cap. 10), "Fração veterinária feminina, em tempo parcial e clínica própria por grupo etário", parte B.

40. Ver Apêndice On-line, gráfico 2A (cap. 10), "Fração veterinária feminina, em tempo parcial e clínica própria por grupo etário", parte C.

41. A cifra de 0,72 tem como constante o ano da formatura.

42. As outras variáveis incluídas em todas as estimativas são o ano do levantamento,

NOTAS

variáveis dummies de tamanho da comunidade e número de anos desde a obtenção do título. Tempo integral é definido como quarenta ou mais horas, e ano inteiro são 45 semanas ou mais. Mantendo as horas e semanas como constantes, têm-se os mesmos resultados. Variáveis adicionais referentes ao treinamento veterinário e ao emprego são a certificação pelo conselho da categoria, programas de residência e setor de emprego (por exemplo, governo, indústria, academia, clínica particular).

43. Os veterinários casados recebem mais do que os veterinários não casados, mas tem--se o contrário entre as veterinárias, descoberta que se assemelha às de muitos outros estudos entre todas as ocupações. A diferença revela como as tarefas do lar têm influência diferente dependendo do sexo. Tais diferenças são difíceis de medir usando apenas o número de horas trabalhadas. A inclusão do estado civil e uma interação feminina aumentam a razão para 0,90. O restante do hiato, similar ao encontrado em muitos outros estudos, é difícil de explicar com os elementos observáveis. É possível que a mensuração do número de horas seja um fraco substituto para a possibilidade de alterar as horas. Para os que não estão em clínicas particulares, os hiatos salariais entre os gêneros são menores.

44. Estou excluindo o ensino desde a pré-escola ao segundo grau, em que pode ser ainda maior.

45. McCracken (2000), p. 5.

46. Krentz (2017). Durante a redação deste livro, as principais empresas de consultoria, incluindo a Deloitte Consulting e o BCG, têm uma política de licença-maternidade e paternidade de dezesseis semanas, integralmente remunerada.

47. Ver Olivetti e Petrongolo (2017), tabela 1, para a razão: (gasto do governo com educação pré-escolar e atendimento infantil)/PIB. A cifra nos Estados Unidos é 0,4, mas a cifra na França é 1,2, na Suécia é 1,6 e no Reino Unido, 1,1. Os países com razões mais altas de gastos do governo com atendimento infantil para o PIB em geral também têm taxas mais altas de participação das mulheres na força de trabalho.

48. Jerome Powell, diretor do Federal Reserve, disse a mesma coisa para fortalecer o apoio às políticas de atendimento infantil, que aumentarão as taxas de emprego. Ver Jeanna Smialek, "Powell Says Better Child Care Policies Might Lift Women in Work Force", *New York Times*, 24 de fevereiro de 2021.

EPÍLOGO: O FIM DA JORNADA — AMPLIADO [pp. 266-85]

1. Eu havia antes definido o Grupo Cinco como as nascidas entre 1958 e 1978, para poder acompanhá-las na casa dos quarenta anos. Mas, como então observei, o Grupo Cinco inclui mulheres ainda mais jovens, e a data final do grupo ainda não está clara.

2. Amanda Taub, "Pandemic Will 'Take Our Women 10 Years Back' in the Workplace", *New York Times*, 26 de setembro de 2020.

3. Patricia Cohen e Tiffany Hsu, "Pandemic Could Scar a Generation of Working Mothers", *New York Times*, 3 de junho de 2020.

CARREIRA E FAMÍLIA

4. Julie Kashen, Sarah Jane Glynn e Amanda Novello, "How Covid-19 Sent Women's Workforce Progress Backward", Center for American Progress, 30 de outubro de 2020, <https://www.americanprogress.org/issues/women/reports/2020/10/30/492582/covid-19-sent-womens-workforce-progress-backward/>.

5. Deb Perelman, "In the Covid-19 Economy You Can Have a Kid or a Job. You Can't Have Both", *New York Times*, 2 de julho de 2020. Ver também Allyson Waller, "Woman Says She Was Fired Because Her Children Disrupted Her Work Calls", *New York Times*, 8 de julho de 2020.

6. Usaram-se dados mensais do CPS sobre a participação na força de trabalho comparando as taxas de setembro de 2020 a janeiro de 2021 e as taxas de setembro de 2019 a janeiro de 2020. "Filhos" são os ficam sob a custódia das mães. As mulheres negras sem formação na faculdade, de 35 a 44 anos e pelo menos um filho entre cinco e treze anos, tiveram uma redução na taxa de participação muito superior à das não negras com os mesmos aspectos demográficos.

7. Deryugina et al. (2021) pesquisaram acadêmicos de maio a julho de 2020 e mostraram que o tempo de pesquisa diminuiu para todos os genitores, mas mais para as mulheres. Flaherty (2020) analisou dados dos periódicos da Elsevier e mostrou que as publicações femininas ficaram atrás das masculinas, exceto nas ciências biológicas, nos meses iniciais da pandemia.

8. Para uma questão similiar, ver Garbes (2021). Ver também Jessica Bennett, "Three Women on the Brink", *New York Times*, 4 de fevereiro de 2021, sobre o "Grito Primal".

9. Fiz a busca por *"sex discrimination"* e *"gender discrimination"*. Até por volta de 2010, a palavra *"sex"* é muito mais usada do que *"gender"*. Deflaciono as ocorrências da expressão com uma palavra neutra (neste caso, *"January"*) como controle do tamanho do jornal. Dessa forma, crio um índice. Ver Apêndice On-line, gráfico 1A (Epílogo), "Insatisfação de gênero: busca da expressão no *New York Times*, 1960 a 2019". O Google Ngram (usando o corpus US English 2019) mostra uma tendência similar desde 1960, mas o aumento nos anos mais recentes é menos acentuado.

10. O movimento #MeToo começou em 2006, mas ganhou reconhecimento nacional (e mesmo global) em 2016, com as alegações de assédio sexual de Gretchen Carlson contra Roger Ailes, CEO e presidente do conselho diretor da Fox News, e as inúmeras mulheres que se manifestaram com alegações similares. As alegações referentes a Bill Cosby surgiram em 2015. Mas o *New York Times* não deu muita cobertura ao movimento #MeToo até 2016.

11. Essas estimativas batem com a ocupação do indivíduo no IPUMS do CPS (classificações do censo de 2017) para um dos 22 grupos de dois dígitos de ocupações agregadas da categorização da Standard Occupational Classification (SOC) da Bureau of Labor Statistics (BLS) de 2018. As ocupações separadas do BLS foram categorizadas por Dingel e Neiman (2020) em termos da fração de empregos que podiam ser feitos em casa usando vários itens na O*NET. Agregaram no nível de dois dígitos usando a Occupational Employment Statistics da BLS de 2018 Occupational Employment

346

NOTAS

Statistics. Eu poderia usar a capacidade de trabalhar a partir de cada uma das mais de quinhentas ocupações listadas e então montar o agregado. Mas os números não seriam muito diferentes.

12. O CPS de maio a dezembro de 2020 perguntou ao pesquisado se "trabalhava remunerado remotamente devido à pandemia". A porcentagem que respondeu pela afirmativa diminuiu para 43% em dezembro de 2020.

13. Os números de desempregados e "empregados, mas não trabalhando" foram computados a partir do CPS, abril de 2020.

14. As famílias estão categorizadas segundo a idade do filho mais novo. Pode haver mais de um filho na família.

15. Pode parecer uma fração baixa, mas todas as famílias da amostragem têm mães empregadas.

16. Nem todas as mães estão trabalhando e têm cônjuge que está trabalhando e pelo menos um filho com menos de dezoito anos. Todos os pais estão trabalhando e têm cônjuge que não está trabalhando e pelo menos um filho com menos de dezoito anos.

17. O aumento no tempo de atendimento infantil foi estimando usando levantamentos em grande escala (por exemplo, Andrew et al., 2020) conduzidos durante o período de lockdown, para se ter uma noção razoável dos maiores encargos sobre genitores com filhos em idade pré-escolar e escolar. Ver Apêndice On-line, gráfico 2A (Epílogo), "Horas de atendimento aos filhos de mães graduadas empregadas e com maridos graduados empregados pela idade do filho mais novo do casal".

18. Esses cálculos aceitam o número de horas de atendimento infantil prestado por homens. Há evidências consideráveis de muitos estudos de que os homens declaram um número aumentado de suas horas de trabalho no lar, especialmente no atendimento infantil. Mas o ATUS assegura que o total de horas corresponda ao total do dia, de modo que qualquer exagero nas horas de atendimento infantil teria de vir de outro uso do tempo.

19. Genitores com o filho caçula no ensino fundamental ou secundário tinham dedicado quinze horas por semana, e as mães dedicaram 58% do total antes do lockdown. Com o lockdown, o total mais do que dobrou, para 33 horas semanais, mas agora as mães dedicaram 52% do total para aquele grupo.

20. Ver Andrew et al. (2020). Pew Research (2020) informa que em outubro de 2020 metade das mães e dos pais trabalhando em casa teve interrupções.

21. Ver Apêndice On-line, gráfico 2A (Epílogo), "Horas de atendimento aos filhos das mães graduadas empregadas e com maridos graduados empregados pela idade do filho mais novo do casal", para estimativas nos dois sentidos. Um método supõe que o total de horas parentais no período AC/DC está a meio caminho entre o total em AEC e DC, mas os pais revertem as suas horas AEC. O outro método tem horas dos genitores com os filhos mais novos mais próximas das horas AEC e as horas dos com filhos em idade escolar mais próxima das horas DC, refletindo o fato de que as creches e jardins de infância estavam abertos enquanto as escolas públicas não.

22. Uma das perguntas especiais feitas pelo CPS às pessoas empregadas, começando

347

CARREIRA E FAMÍLIA

em maio de 2020, é: "Você fez teletrabalho ou trabalhou remunerado em casa em algum momento nas últimas quatro semanas por causa do coronavírus?". Em maio de 2020, 60% de todos os formados na graduação responderam que trabalharam de casa. Em setembro de 2020, foram apenas cerca de 40%. Os dados publicados não estão decompostos por gênero, mas nos dois meses uma maior fração de mulheres do que de homens em geral trabalhou de casa de forma remunerada.

23. Elisa Martinuzzi e Marcus Ashworth, "Banker Culture Slips in the Pandemic", *Bloomberg Opinion*, 25 de setembro de 2020, <https://www.bloomberg.com/opinion/articles/2020-09-25/why-wall-street-wants-bankers-back-in-the-office>.

24. Handley (2020).

25. Ver a discussão anterior sobre o cálculo AC/DC. Os números agregados são invariantes para os dois tipos de suposições usadas no Apêndice On-line, gráfico 2A (Epílogo) citado anteriormente.

26. As mulheres são 48% da força de trabalho civil, computada do CPS, janeiro a março de 2020. São também 48% entre os de dezoito a 64 anos.

27. O subsídio para os centros de atendimento infantil veio da Lei de Obras Públicas de Defesa de 1941 (Título II da Lei de Moradia da Defesa Nacional), com vistas a ajudar as comunidades com várias necessidades básicas. Era chamada de Lei Lanham, e o nome pegou.

28. Coleman (1968).

29. Detalhes extraídos da Jewish Women's Archive Encyclopedia em <www.jwa.org>

30 "Mrs. Nora S. Barney, Architect, 87, Dies", *New York Times*, 20 de janeiro de 1971.

31. Disponível em: <https://www.npr.org/templates/story/story.php?storyId=12824 9680>.

32. Disponível em: <https://www.mic.com/articles/110848/9-quotes-prove-ruth-bader-ginsburg-has-all-the-relationship-advice-you-ll-ever-need>.

33. Dados Great Aspirations da turma de graduação de 1961. (Ver Apêndice de fontes [cap. 5], "Dados Great Aspirations".)

34. O General Social Survey (GSS) perguntou aos pesquisados se concordavam que "é mais importante para uma esposa ajudar a carreira do marido do que ter carreira própria". Entre os graduados de todas as idades em 1977, 33% concordaram (mesma porcentagem para homens e mulheres), e de 1985 a 1990 cerca de 20% concordaram, com porcentagem um pouco mais baixa para as mulheres do que para os homens. O número de observações é pequeno (cerca de 250) para os graduados de cada levantamento. O último GSS a fazer essa pergunta foi o de 1998, quando cerca de 14% concordaram.

35. Disponível em: <https://knowledge.wharton.upenn.edu/article/high-powered-women-and-supportive-spouses-whos-in-charge-and-of-what-2/>.

36. Disponível em: <https://knowledge.wharton.upenn.edu/article/high-powered-women-and-supportive-spouses-whos-in-charge-and-of-what-2/>.

37. Mulheres do Grupo Cinco no gráfico 7.1 com quarenta a 44 anos têm um índice de carreira e família de 22%, que aumenta para 31% quando têm cinquenta a 54 anos.

NOTAS

Mas os homens comparáveis (com graduação na faculdade) tinham um índice de carreira e família por volta de 63% nos dois grupos etários.

38. Pew Research (2020), pp. 4, 14, 23. Note-se que os dados para esse estudo foram coletados em outubro de 2020.

39. Ver, por exemplo, "Return-to-Office Plans Are Set in Motion, but Virus Uncertainty Remains", *New York Times*, 4 de março de 2021.

BIBLIOGRAFIA

AICPA (Association of Independent Certified Public Accountants). "2017 CPA Firm Gender Survey." Discutido em AICPA, "Women's Initiative Executive Committee", 2017. Disponível em: <https://www.aicpa.org/content/dam/aicpa/career/womeninthe-profession/downloadabledocuments/wiec-2017-cpa-firm-gender-survey-brochure.pdf>. Acesso em: 18 mar. 2024.

ALSAN, Marcella; GOLDIN, Claudia. "Watersheds in Child Mortality: The Role of Effective Water and Sewerage Infrastructure", *Journal of Political Economy,* v. 127, n. 2, pp. 586-638, 2019.

AMERICAN ACADEMY OF PEDIATRICS. Division of Health Policy Research. "Pediatricians Working Part Time: Past, Present, and Future." 2002. Disponível em: <https://www.aap.org/en-us/professional-resources/Research/Pages/Pediatricians-Working-Part-Time--Past-Present-and-Future.aspx>. Acesso em: 18 mar. 2024.

AMERICAN ASSOCIATION OF MEDICAL COLLEGES. Physician Specialty Data Report. Dados são da AMA Masterfile. 2018. Disponível em: <https://www.aamc.org/data— reports/workforce/interactive-data/active-physicians-sex-and-specialty-2017>. Acesso em: 18 mar. 2024.

AMERICAN MEDICAL ASSOCIATION. "Physician Characteristics and Distribution in the United States." *American Medical Association Press,* 2013.

AMERICAN VETERINARY MEDICAL ASSOCIATION (AVMA). "AVMA Report on Veterinary Compensation. Schaumburg", IL: AVMA, 2007.

_____. "AVMA Report on Veterinary Compensation". Schaumburg, IL: AVMA, 2009.

ANDREW, Alison et al. "How Are Mothers and Fathers Balancing Work and Family under Lockdown?" *Institute for Fiscal Studies (IFS),* Londres, Inglaterra. Maio 2020.

BIBLIOGRAFIA

ANGELOV, Nikolay; JOHANSSON, Per; LINDAHL, Erica. "Parenthood and the Gender Gap in Pay", *Journal of Labor Economics*, v. 34, n. 3, pp. 545-79, 2016.

ANTECOL, Heather; BEDARD, Kelly; STEARNS, Jenna. "Equal but Inequitable: Who Benefits from Gender-Neutral Tenure Clock Stopping Policies?", *American Economic Review*, v. 108, n. 9, pp. 2420-41, 2018.

AZMAT, Ghazala; FERRER, Rosa. "Gender Gaps in Performance: Evidence from Young Lawyers", *Journal of Political Economy*, v. 125, n. 5, pp. 1306-55, 2017.

BAILEY, Martha. "More Power to the Pill: The Impact of Contraceptive Freedom on Women's Lifecycle Labor Supply", *Quarterly Journal of Economics*, v. 121, n. 1, pp. 289-320, 2006.

_____. "Momma's Got the Pill: How Anthony Comstock and Griswold v. Connecticut Shaped US Childbearing", *American Economic Review*, v. 100, n. 1, pp. 98-129, 2010.

BERTRAND, Marianne; GOLDIN, Claudia; KATZ, Lawrence Francis. "Dynamics of the Gender Gap for Young Professionals in the Financial and Corporate Sectors", *American Economic Journal: Applied Economics*, v. 2, n. 3, pp. 228-55, 2010.

BITLER, Marianne P.; SCHMIDT, Lucie. "Utilization of Infertility Treatments: The Effects of Insurance Mandates", *Demography*, v. 49, n. 1, pp. 125-49, 2012.

BLAU, Francine Dee; KAHN, Lawrence M. "Swimming Upstream: Trends in the Gender Wage Differential in the 1980s", *Journal of Labor Economics*, v. 15, n. 1, parte 1, pp. 1-42, 1997.

_____. "The Gender Wage Gap: Extent, Trends, and Explanations", *Journal of Economic Literature*, v. 55, n. 3, pp. 789-865, 2017.

BOHNET, Iris. *What Works: Gender Equality by Design*. Cambridge, MA: Harvard University Press, 2016.

BOSTON WOMEN'S HEALTH BOOK COLLECTIVE. *Women and Their Bodies: A Course*. 1970. Disponível em: <https://www.ourbodiesourselves.org/cms/assets/uploads/2014/04/Women-and-Their-Bodies-1970.pdf>. Acesso em: 18 mar. 2024.

_____. *The New Our Bodies, Ourselves: A Book by and for Women*. Nova York: A Touchstone Book, Simon & Schuster, 1984.

BURKE, Jenna; HOITASH, Rani; HOITASH, Udi. "Audit Partner Identification and Characteristics: Evidence from U.S. Form AP Filings", *Auditing: A Journal of Practice & Theory*, v. 38, n. 3, pp. 71-94, 2019.

COLEMAN, Robert G. "Memorial of Adolph Knopf", *American Mineralogist*, v. 53, n. 3-4, pp. 567-76, 1968.

COLLINS, Gail. *When Everything Changed: The Amazing Journey of American Women from 1960 to the Present*. Nova York: Little, Brown and Company, 2009.

COOKINGHAM, Mary E. "Bluestockings, Spinsters and Pedagogues: Women College Graduates: 1865-1910", *Population Studies*, v. 38, n. 3, pp. 649-64, 1984.

CORTÉS, Patricia; PAN, Jessica. "Children and the Remaining Gender Gaps in the Labor Market." *NBER Working Paper*, n. 27980, out. 2020.

CSWEP (Committee on the Status of Women in the Economics Profession). Relatórios anuais. Vários anos. Disponível em: <https://www.aeaweb.org/about-aea/committees/cswep/survey/annual-reports>. Acesso em: 18 mar. 2024.

CARREIRA E FAMÍLIA

CULL, William L. et al. "Pediatricians Working Part-Time Has Plateaued", *Journal of Pediatrics*, v. 171, pp. 294-99, 2016. Disponível em: <https://www.jpeds.com/article/S0022-3476(15)01652-2/fulltext>. Acesso em: 18 mar. 2024.

CURRIE, Janet; MORETTI, Enrico. "Mother's Education and the Intergenerational Transmission of Human Capital: Evidence from College Openings", *Quarterly Journal of Economics*, v. 118, n. 4, pp. 1495-532, 2003.

DAVIS, James A. *Great Aspirations: The Graduate School Plans of America's College Seniors*. Chicago, IL: Aldine Publishing Company, 1964.

DAVIS, Katharine Bement. "Why They Failed to Marry", *Harper's Magazine*, v. 156, pp. 460-69, mar. 1928.

_____. *Factors in the Sex Life of Twenty-Two Hundred Women*. Nova York: Harper and Brothers. 1929. Disponível em: <https://archive.org/details/factorsinsexlife00davi/page/n25>. Acesso em: 18 mar. 2024.

DERYUGINA, Tatyana; SHURCHKOV, Olga; STEANS, Jenna E. "Covid 19 Disruptions Disproportionately Affect Female Academics." *NBER Working Paper*, n. 28360, jan. 2021.

DINGEL, Jonathan I.; NEIMAN, Brent. "How Many Jobs Can be Done at Home?". *NBER Working Paper*, n. 26948, abr.; revisto em jun. 2020.

DURAND, John Dana. *The Labor Force in the United States, 1890-1960*. Nova York: Social Science Research Council, 1948.

EASTERLIN, Richard A. *Birth and Fortune: The Impact of Numbers on Personal Welfare*. Nova York: Basic Books, 1980.

FINER, Lawrence B. "Trends in Premarital Sex in the United States, 1954-2003", *Public Health Reports*, pp. 73-8, jan./fev. 2007.

FLAHERTY, Colleen. "Women are Falling Behind", *Inside Higher Ed*. 20 de out. 2020.

FOLBRE, Nancy. *The Invisible Heart: Economics and Family Values*. Nova York: New Press, 2001.

FRIEDAN, Betty. *The Feminine Mystique*. Edição de 50º aniversário. Nova York: W.W. Norton and Company, (1963) 2013. [*A mística feminina*. Trad. Rose Maria Muraro. Petrópolis: Vozes, 1971.]

GARBES, Angela. "The Numbers Don't Tell the Whole Story", *New Yorker*. 1º de fev. 2021.

GILETTE, Moriah. "Profile of Katharine Bement Davis." In RUTHERFORD, A. (Org.), *Psychology's Feminist Voices Multimedia Internet Archive*, 2018. Disponível em: <http://www.feministvoices.com/katharine-bement-davis/>. Acesso em: 18 mar. 2024.

GINTHER, Donna K.; KAHN, Shulamit. "Women in Economics: Moving Up or Falling Off the Academic Career Ladder?", *Journal of Economic Perspectives*, v. 18, n. 3, pp. 193-214, 2004.

GOLDIN, Claudia. "Female Labor Force Participation: The Origin of Black and White Differences, 1870 to 1880", *Journal of Economic History*, v. 37, n. 1, pp. 87-108, 1977.

_____. *Understanding the Gender Gap: An Economic History of American Women*. Nova York: Oxford University Press, 1990.

_____. "Marriage Bars: Discrimination against Married Women Workers from the 1920s to the 1950s." In ROSOVSKY, Henry; LANDES, David; HIGONNET, Patrice (Orgs.),

BIBLIOGRAFIA

Favorites of Fortune: Technology, Growth, and Economic Development since the Industrial Revolution. Cambridge, MA: Harvard University Press, pp. 511-36, 1991.

GOLDIN, Claudia. "Career and Family: College Women Look to the Past." In EHRENBERG, R; BLAU, F. (Orgs.), *Gender and Family Issues in the Workplace*. Nova York: Russell Sage Foundation Press, 1997.

_____. "The Long Road to the Fast Track: Career and Family", *Annals of the American Academy of Political and Social Science*, n. 596, pp. 20-35, nov. 2004.

_____. "From the Valley to the Summit: A Brief History of the Quiet Revolution that Transformed Women's Work", *Regional Review*, v. 14, n. Q1, pp. 5-12, 2005.

_____. "The 'Quiet Revolution' That Transformed Women's Employment, Education, and Family", *American Economic Review (Ely Lecture)*, v. 96, n. 2, pp. 1-21, 2006.

_____. "A Grand Gender Convergence: Its Last Chapter", *American Economic Review*, v. 104, n. 4, pp. 1091-119, 2014.

_____. "A Pollution Theory of Discrimination: Male and Female Differences in Occupations and Earnings." In BOUSTAN, Leah; FRYDMAN, Carola; MARGO, Robert A. (Orgs.), *Human Capital and History: The American Record*. Chicago: University of Chicago Press, pp. 313-48, 2014a.

GOLDIN, Claudia; KATZ, Lawrence F. "The Power of the Pill: Oral Contraceptives and Women's Career and Marriage Decisions", *Journal of Political Economy*, v. 110, n. 4, pp. 730-70, 2002.

_____. *The Race between Education and Technology*. Cambridge, MA: Belknap Press, 2008.

_____. "Transitions: Career and Family Life Cycles of the Educational Elite", *American Economic Review: Papers & Proceedings*, v. 98, n. 2, pp. 363-69, 2008a.

_____. "Putting the 'Co' in Education: Timing, Reasons, and Consequences of College Coeducation from 1835 to the Present", *Journal of Human Capital*, v. 5, n. 4, pp. 377-417, 2011.

_____. "A Most Egalitarian Profession: Pharmacy and the Evolution of a Family Friendly Occupation", *Journal of Labor Economics*, v. 34, n. 3, pp. 705-46, 2016.

_____. "Women Working Longer: Facts and Some Explanations." In: _____ (Orgs.), *Women Working Longer: Increased Employment at Older Ages*. Chicago: University of Chicago Press, 2018.

GOLDIN, Claudia; KATZ, Lawrence F.; KUZIEMKO, Ilyana. "The Homecoming of American College Women: The Reversal of the College Gender Gap", *Journal of Economic Perspectives*, v. 20, n. 4, pp. 133-56, 2006.

GOLDIN, Claudia; KERR, Sari Pekkala; OLIVETTI, Claudia. "Why Firms Offer Paid Parental Leave: An Exploratory Study." *NBER Working Paper*, n. 26617, jan. In: SAWHILL, Isabel; STEVENSON, Betsey (Orgs.). *Paid Leave for Caregiving: Issues and Answers*. Washington, DC: AEI/Brookings Institution, 2020.

GOLDIN, Claudia et al. "The Expanding Gender Earnings Gap: Evidence from the LEHD-2000 Census", *American Economic Review, Papers & Proceedings*, v. 107, n. 5, pp. 110-14, 2017.

GOLDIN, Claudia; MITCHELL, Joshua. "The New Lifecycle of Women's Employment: Disappearing Humps, Sagging Middles, Expanding Tops", *Journal of Economic Perspectives*, v. 31, n. 1, pp. 161-82, 2017.

GOLDIN, Claudia; ROUSE, Cecilia. "Orchestrating Impartiality: The mpacto f 'Blind' Auditions on Female Musicians", *American Economic Review*, v. 90, n. 4, pp. 715-41, 2000.

GOLDIN, Claudia; SHIM, Maria. "Making a Name: Women's Surnames at Marriage and Beyond", *Journal of Economic Perspectives*, v. 18, n. 2, pp. 143-60, 2004.

GREENWOOD, Jeremy. *Evolving Households: The Imprint of Technology on Life*. Cambridge, MA: MIT Press, 2019.

GREENWOOD, Jeremy; SESHADRI, Ananth; YORUKOGLU, Mehmet. "Engines of Liberation", *Review of Economic Studies*, v. 72, n. 1, pp. 109-33, 2005.

GRUNWALD, Lisa; ADLER, Stephen J. (Orgs.). *Women's Letters: America from the Revolutionary War to the Present*. Nova York: Dial Press, 2005.

GURYAN, Jonathan; HURST, Erik; KEARNEY, Melissa. "Parental Education and Parental Time with Children", *Journal of Economic Perspectives*, v. 22, n. 3, pp. 23-46, 2008.

HANDLEY, Lucy. "Companies Will Have to 'Seduce' Staff to Go Back to the Office, Real Estate CEO Says." *In Our New Future*, relatório McKinsey and Company, 29 set. 2020.

HEGEWISCH, Ariane; HARTMANN, Heidi. *Occupational Segregation and the Gender Wage Gap: A Job Half Done*. Relatório do Institute for Women's Policy Research, jan. 2014.

HERI CIRP (Astin) *Freshman Survey*. Disponível em: <https://heri.ucla.edu/cirp-freshman-survey>. Acesso em: 13 mar. 2024.

HEWLETT, Sylvia Ann. *Off-Ramps and On-Ramps: Keeping Talented Women on the Road to Success*. Cambridge, MA: Harvard Business Press, 2008.

HOROWITZ, Daniel. *Betty Friedan and the Making of "The Feminine Mystique": The American Left, the Cold War, and Modern Feminism*. Amherst: University of Massachusetts Press, 1998.

HSIEH, Chang-Tai et al. "The Allocation of Talent and U.S. Economic Growth", *Econometrica*, v. 87, n. 5, pp. 1439-74, 2019.

HWANG, Jisoo. "Housewife, 'Gold Miss,' and Educated: The Evolution of Educated Women's Role in Asia and the U.S.", *Journal of Population Economics*, v. 29, n. 2, pp. 529-70, 2016.

ISEN, Adam; STEVENSON, Betsey. "Women's Education and Family Behavior Trends in Marriage, Divorce, and Fertility." In SHOVEN, J. (Org.), *Demography and the Economy*. Chicago: University of Chicago Press, pp. 107-40, 2010.

JAMES, Edward T., JAMES, Janet Wilson; BOYER, Paul S. (Orgs.). *Notable American Women, 1607-1950: A Biographical Dictionary*. V. 1-3. Cambridge, MA: Harvard University Press, 1971.

KLEVEN, Henrik et al. "Child Penalties across Countries: Evidence and Explanations", *AEA Papers and Proceedings*, n. 109, pp. 122-26, maio 2019.

KLEVEN, Henrik; LANDAIS, Camille; SØGAARD, Jakob Egholt. "Children and Gender Inequality: Evidence from Denmark", *American Economic Journal: Applied Economics*, v. 11, n. 4, pp. 181-209, 2019.

BIBLIOGRAFIA

KOMAROVSKY, Mirra. *Women in College: Shaping New Feminine Identities*. Nova York: Basic Books, 1985.

KRENTZ, Matthew. "Men Wanted: How Men Can Increase Gender Parity." LinkedIn, out. 2017. Disponível em: <https://www.linkedin.com/pulse/men-wanted-how-can-increase-gender-parity-matt-krentz/>. Acesso em: 13 mar. 2024.

LEDBETTER, Lilly; ISOM, Lanier Scott. *Grace and Grit: My Fight for Equal Pay and Fairness at Goodyear and Beyond*. Nova York: Three Rivers Press, Crown Publishers, 2012.

LEMANN, Nicholas. *The Big Test: The Secret History of the American Meritocracy*. Nova York: Farrar, Straus, and Giroux, 2000.

LEPORE, Jill. "Ruth Bader Ginsburg's Unlikely Path to the Supreme Court." *New Yorker*, 1º out. 2018.

LUNDBERG, Shelly; POLLAK, Robert A.; STEARNS, Jenna. "Family Inequality: Diverging Patterns in Marriage, Cohabitation, and Childbearing", *Journal of Economic Perspectives*, v. 30, n. 2, pp. 79-102, 2016.

MANNING, Wendy D.; BROWN, Susan L.; STYKES, Bart. "Trends in Births to Single and Cohabiting Mothers, 1980-2013." Family Profiles FP-15-03, *National Center for Family and Marriage Research*, p 2015.

MCCARTHY, Mary. *The Group*. Nova York: Harcourt, Brace & World, 1963. [*O grupo*. Trad. Fernando de Castro Ferro. Rio de Janeiro: Civilização Brasileira, 1965.]

MCCRACKEN, Douglas M. "Winning the Talent War for Women: Sometimes It Takes a Revolution", *Harvard Business Review*, Reed. R00611, nov.-dez. 2000.

MEDSCAPE. "Female Physician Compensation Report", 2018. Disponível em: <https://www.medscape.com/slideshow/2018-compensation-female-physician-6010006#23>. Acesso em: 18 mar. 2024.

MENKEN, Jane; TRUSSELL, James; LARSEN, Ulla. "Age and Infertility", *Science*, v. 233, n. 4771, pp. 1389-94, 1986.

MIDWEST PHARMACY WORKFORCE RESEARCH CONSORTIUM. "Final Report of the National Pharmacist Workforce Survey: 2000." Alexandria, VA: Pharmacy Manpower Project, 2000.

_____. "Final Report of the 2004 National Sample Survey of the Pharmacist Workforce to Determine Contemporary Demographic and Practice Characteristics". Alexandria, VA: Pharmacy Manpower Project, 2005.

_____. "Final Report of the 2009 National Pharmacist Workforce Survey to Determine Contemporary Demographic and Practice Characteristics." Alexandria, VA: Pharmacy Manpower Project, 2010.

MOLINA, V. Sue. "Changing the Face of Consulting: The Women's Initiative at Deloitte", *Regional Review of the Federal Reserve Bank of Boston*, v. 14, trim. 1, pp. 42-3, 2005.

NATIONAL EDUCATION ASSOCIATION (NEA). "Practices Affecting Teacher Personnel." *Research Bulletin of the NEA*, v. 1, n. 4. Washington, DC: NEA, set. 1928.

_____. "Administrative Practices Affecting Classroom Teachers. Part I: The Selection and Appointment of Teachers and Retention, Promotion, and Improvement of Teachers." *Research Bulletin of the NEA*, v. x, n. 1. Washington, DC: NEA, jan. 1932.

NATIONAL EDUCATION ASSOCIATION (NEA). "Teacher Personnel Procedures: Selection and Appointment." *Research Bulletin of the NEA*, v. xx, n. 2, Washington, DC: NEA, mar. 1942.

_____. "Teacher Personnel Practices. 1950-51: Appointment and Termination of Service." *Research Bulletin of the NEA*, v. xxx, n. 1, Washington, DC: NEA, fev. 1952.

NIEDERLE, Muriel; VESTERLUND, Lise. "Do Women Shy Away from Competition? Do Men Compete too Much?", *Quarterly Journal of Economics*, v. 122, n. 3, pp. 1067-101, 2007.

OFFICE OF HISTORY AND PRESERVATION, OFFICE OF THE CLERK, US HOUSE OF REPRESENTATIVES. *Women in Congress: 1917-2006*. Washington, DC: US GPO, 2006.

_____. *Black Americans in Congress: 1870-2007*. Washington, DC: US GPO, 2008.

OLIVETTI, Claudia. "Changes in Women's Hours of Market Work: The Role of Returns to Experience", *Review of Economic Dynamics*, v. 9, n. 4, pp. 557-87, 2006.

OLIVETTI, Claudia; PETRONGOLO, Barbara. "The Economic Consequences of Family Policies: Lessons from a Century of Legislation in High-Income Countries", *Journal of Economic Perspectives*, v. 31, n. 1, pp. 205-30, 2017.

O'NEILL, June; POLACHEK, Solomon. "Why the Gender Gap in Wages Narrowed in the 1980s", *Journal of Labor Economics*, v. 11, n. 1, pp. 205-28, 1993.

PEDERSEN, Sharon. "Married Women and the Right to Teach in St. Louis, 1941-1948", *Missouri Historical Review*, v. 81, n. 2, pp. 141-58, 1987.

PEW RESEARCH. "The Decline of Marriage and Rise of New Families." 18 nov. 2010.

_____. "Social and Demographic Trends Project, 2012 Gender and Generations Survey." Nov./dez. 2012.

_____. "Gender Discrimination Comes in Many Forms for Today's Working Women." Kim Parker e Cary Funk. Jul./ago. 2017.

_____. "How the Coronavirus Outbreak Has — and Hasn't — Changed the Way Americans Work." Kim Parker, Juliana Horowitz e Rachel Minkin. Dez. 2020. Disponível em: <https://www.pewresearch.org/social-trends/2020/12/09/how-the-coronavirus-outbreak-has-and-hasnt-changed-the-way-americans-work/>. Acesso em: 18 mar. 2024.

PRESTON, Samuel H.; HAINES, Michael R. *Fatal Years: Child Mortality in Late Nineteenth--Century America*. Princeton, NJ: Princeton University Press, 1991.

RAMEY, Garey; RAMEY, Valerie. "The Rug Rat Race", *Brookings Papers on Economic Activity*, pp: 129-99, primavera 2010.

REID, Margaret G. *Economics of Household Production*. Nova York: John Wiley & Sons, 1934.

ROTELLA, Elyce J. *From Home to Office: U.S. Women at Work, 1870-1930*. Ann Arbor, MI: UMI Research Press, 1981.

ROTZ, Dana. "Why Have Divorce Rates Fallen?: The Role of Women's Age at Marriage", *Journal of Human Resources*, v. 51, n, 4, pp. 961-1002, 2016.

RUBIN, Lillian B. *Families on the Fault Line: America's Working Class Speaks about the Family, the Economy, Race, and Ethnicity*. Nova York: Harper Collins, 1994.

BIBLIOGRAFIA

SEIM, David L. "The Butter-Margarine Controversy and 'Two Cultures' at Iowa State College", *The Annals of Iowa*, v. 67, n. 1, pp. 1-50, 2008.

SHINN, Milicent Washburn. "The Marriage Rate of College Women", *Century Magazine*, v. 50, n. 1895, pp. 946-8, 1895.

SICHERMAN, Barbara; GREEN, Carol Hurd (Orgs.). *Notable American Women: A Biographical Dictionary*. V. 4. *The Modern Period*. Cambridge, MA: Belknap Press, 1980.

SMITH, Daniel Scott; HINDUS, Michael S. "Premarital Pregnancy in America 1640-1971: An Overview and Interpretation", *Journal of Interdisciplinary History*, v. 5, n. 4, pp. 537-70, 1975.

SOLOMON, Barbara Miller. *In the Company of Educated Women: A History of Women and Higher Education in America*. New Haven, CT: Yale University Press, 1985.

_____. "Radcliffe Alumnae Questionnaires of 1928 and 1944." Listagem do arquivo de dados. Henry A. Murray Research Center em Radcliffe, 1989.

STEINMANN, Marion, e "the Women of the Cornell Class of 1950". *Women at Work: Demolishing a Myth of the 1950s*. Bloomington, IN: Xlibris Corporation, 2005.

STEVENSON, Betsey. "The Impact of Divorce Laws on Marriage-Specific Capital", *Journal of Labor Economics*, v. 25, n. 1, pp. 75-94, 2007.

STEVENSON, Betsey; WOLFERS, Justin. "Marriage and Divorce: Changes and Their Driving Forces", *Journal of Economic Perspectives*, v. 21, n. 2, pp. 27-52, 2007.

US BUREAU OF THE CENSUS. *1900 Census Special Reports: Occupations at the Twelfth Census*. Washington, DC: US GPO, 1904.

_____. *1930 Census: Volume 4. Occupations, by States. Reports by States, Giving Statistics for Cities of 25,000 or More*. Washington, DC: US GPO, 1933.

US CONGRESS. *National Income, 1929-32*. 73º Congresso, 2ª. Sessão. Documento n. 124. Washington, DC: US GPO, 1934.

US DEPARTMENT OF EDUCATION, NCES. Vários anos. Digest of Education Statistics. U.S. GPO. Ver também <https://nces.ed.gov/programs/digest/>. Acesso em: 18 mar. 2024.

US DEPARTMENT OF LABOR, Women's Bureau. "First Jobs of College Women: Report of Women Graduates, Class of 1957", *Women's Bureau Bulletin*, n. 268. Washington, DC: US GPO, 1959.

_____. "College Women Seven Years after Graduation: Resurvey of Women Graduates — Class of 1957", *Women's Bureau Bulletin*, n. 292. Washington, DC: US GPO, 1966.

WARE, Susan; BRAUKMAN, Stacy Lorraine (Orgs.). *Notable American Women: A Biographical Dictionary*. V. 5. *Completing the Twentieth Century*. Cambridge, MA: Belknap Press, 2004.

WOLFERS, Justin. "Did Unilateral Divorce Laws Raise Divorce Rates? A Reconciliation and New Results", *American Economic Review*, v. 96, n. 5, pp. 1802-20, 2006.

YOHALEM, Alice M. *The Careers of Professional Women: Commitment and Conflict*. Montclair, NJ: Allanheld Osmun, 1979.

ZIMMERMAN, Seth. "Elite Colleges and Upward Mobility to Top Jobs and Top Incomes", *American Economic Review*, v. 109, n. 1, pp. 1-47, 2019.

ÍNDICE REMISSIVO

Os números de página em *itálico* se referem a gráficos e tabelas.

19ª emenda (sufrágio feminino), 34
26ª emenda (maioridade), 138, 150, 329n
30 Rock [*Um maluco na TV*] (programa de tv), 165-6

Abbott, Edith, 42, 77, 318n
Abbott, Grace, 77, 318n
abortos, 143
Abzug, Bella Savitzky, 45
academia/acadêmicos: barreiras ao casamento, 71, 104-5, 114-5; discriminação na contratação, 269; efeitos da era covid-19 no trabalho, 268-9, 346n; graus avançados, 239-40; hiato salarial entre os gêneros na, 205-6, 338n; mulheres do Grupo Um e, 66-72, 76-7, 82-3; mulheres do Grupo Dois e, 85, 105-7; mulheres do Grupo Quatro e, 140-1, 160-1, 179-80; mulheres do Grupo Cinco e, 181, 183-4, *183*; por-

centagem de mulheres na, 241, 341n; progressão de carreira para, 238-40, 243, 247; relógio da efetivação na, 240, 243, 247; trabalho ganancioso e, 25; *ver também* professoras
Addams, Jane, 77-8
Admission [*A seleção*] (filme), 165
adoção, 37, 74, 166, 253, 294, 297, 331n
advogados(as): fenômeno de "cano com vazamento" e, 242-3; hiato salarial entre os gêneros e, 205-6, 211-2, 215-24, 338-40n; horas de trabalho e, 25, 216-24, *217*, 242-3; imagens de, em programas de tv, 214-6, 222-3, 236; locais de trabalho para, 220-1, *220*; mulheres do Grupo Um como, 76, 82; mulheres do Grupo Quatro como, 140, *159*, 160-1, 180; mulheres do Grupo Cinco como, 181, 183, *183*; progressão de carreira e, 238-40, 242-3; trabalho ganancioso e, 25

358

ÍNDICE REMISSIVO

Ailes, Roger, 346n

Alexander, Sadie Mossell, 43, 82, 280, 283

All the Money in the World [*Todo o dinheiro do mundo*] (filme), 188

Amazon, 245

American Community Survey (ACS), 196, 206

American Time Use Survey (ATUS), 249, 273

American Veterinary Medical Association (AVMA), Conjunto de dados da, 307-8, 344n

Americans' Use of Time Survey [Levantamento do Uso do Tempo dos Americanos], 249

Ames, Jesse Daniel, 43

Anderson, C. Arnold, 104-5

anticoncepcional *ver* contracepção; pílula

Apgar, Virginia, 38

aposentadoria, 106, 162

área de concentração, 120-2, 128, 140, 159-60, 324-6n, 330n

Arnaz, Desi, 108

assédio e agressão sexual, 18-9, 36, 185-6, 188, 269, 346n

assistentes sociais, 34, 85, 121, 128, 278

Associação Nacional de Educação, levantamentos da, 98

Astin Freshman Survey, *155*, 311-2n, 330n

atendentes de voo, 103, 321n

atendimento/cuidado infantil: acesso das mulheres do Grupo Três ao, 112, 125, 129, 132-3, 135; acesso de médicas ao, 253; custo de subsidiar o, 263-4, 278-9, 282, 348n; efeitos da pandemia da covid-19 no, 245, 264, 266, 273-5; programa de, na era da Grande Depressão, 278; subsídio da Lei Lanham ao, 279, 348n; *ver também* prestação de cuidados

Austrália, barreiras ao casamento na, 321n

Auxílio a Famílias com Filhos Dependentes (AFDC), 278

Auxílio a Filhos Dependentes (ADC), 278

baby boom, 21, 89, 117-9, 174-5, 283, 324n

Baby Mama [*Uma mãe para o meu bebê*] (filme), 165

Bachmann, Michele, 180

Back-Up Plan, The [*Plano B*] (filme), 331n

Ball, Lucille, 108; ver também *I Love Lucy* (programa de TV)

Bank of America Merrill Lynch, 244-5, 342n

Barney, Morgan, 280

barreira invisível, 16

barreiras da gravidez, 18, 104

barreiras à permanência no emprego, 97-9, *99*, 103, 113-4, 321n

barreiras ao casamento: definição de, 18; diferenças nas, por grupo racial, 101, 114-5; discriminação na contratação e, 36, 71, 96-8, 103-4, 113-4; expansão das, na era da Grande Depressão, 18, 45, 86, 89, 97-100, *99*, 114, 278-9, 321n; fim das, 47, 101-4, 115, 283; professoras e, 36, 45, 71, 97-9, *99*, 101-2, 104, 113-4, 283, 319-20n; razões, 104; trabalhadoras de escritório e, 36, 45, 98-100, 102-3, 114

barriga de aluguel, 165, 331n

Barron, Jennie Loitman, 280

Basden, Mildred, 45, 102, 283

BCG (Boston Consulting Group), 262, 345n

Beard, Mary Ritter, 43

Becker, Gary, 66

Beutler, Jaime Herrera, 35

Blatch, Nora, 280

Bloom, David, 332n

BLS *ver* Bureau of Labor Statistics [Agência Federal de Estatística do Trabalho]

Bombeck, Erma, 47, *56*, 133-5, 283

Bongaarts, John, 332n

359

Bottoms, Keisha Lance, 21
Bowman, Mary Jean, 104-5
Braun, Carol Mosley, 50
Breckinridge, Sophonisba, 318n
Buck, Pearl Sydenstricker, 43, 76
Bureau of Labor Statistics [Agência Federal de Estatística do Trabalho], 193, 223-4, 249, 338n, 346-7n
Burke, Yvonne Brathwaite, 35, 341-2n
Bushnell, Candace, 85

Câmara dos Representantes, mulheres na, 34-5, 133, 180, 311n, 333-4n
Carlson, Gretchen, 346n
carreiras: ambições e aspirações para, 36-7, 39-40, 48-50, 269 (ver também entradas por grupo); barreiras nas, 37-40; conflitos de tempo entre família e, 21-4, 184, 222-3, 247, 263-5; definição de, 37, 175; disparidades de gênero nas, 15-33; efeitos da prestação de cuidados nas, 15, 24-30, 104, 201-2; empregos versus, 37, 76; hiato de, 20; idade e realizações, 69-70, 75, 104, 176-81, 238-40; identidade e, 21, 31, 37, 89, 161-2; mulheres com graduação e, 21-42 (ver também entradas por grupo); promoções (ver promoções); segregação ocupacional e, 19, 36, 191-2, 212, 335n; trabalho ganancioso e (ver trabalho ganancioso); ver também emprego; trabalho; ocupações específicas
carreiras administrativas ver carreiras financeiras e administrativas
carreiras financeiras e administrativas: barreiras ao casamento e, 104; fenômeno do "cano com vazamento", 241, 244-7; graus avançados e, 239; hiato salarial entre os gêneros e, 197-204, 199, 206-7, 207, 211-2, 337-8n; mulheres do Grupo Cinco e, 183, 184; mulheres do Grupo Dois e, 91, 104;

mulheres do Grupo Quatro e, 140-1, 159-60, 159; porcentagem de mulheres em, 242, 246, 341-2n; problema entre o principal e o agente em, 244; progressão na carreira e, 238-40, 243-4; substituição perfeita em, 235; trabalho ganancioso e, 25-6
carreiras jurídicas ver advogados(as)
carreiras médicas ver dentistas; médicos(as); enfermeiro(as); farmacêuticos(as); veterinários(as)
Carson, Rachel, 44
casais: equilíbrio entre carreira e família, 15-7; homossexuais (ver casais homossexuais); paridade/disparidade e (ver paridade conjugal; disparidade conjugal); ver também maridos; casamento
casais homossexuais: carreiras de alto nível e, 63; casamento e, 44, 318n; dados do censo de, 51-2, 312n; disparidade conjugal e, 28, 264, 340n; igualdade de gênero e, 26; restrição das normas sociais e, 44
casamento: contracepção e, 22-3, 138, 141-4, 329n; discriminação no emprego e, 18, 36 (ver também barreiras ao casamento); educação e, 52-3, 111-2; equidade no, 27, 29-30 (ver também paridade conjugal); hiato salarial entre os gêneros e, 20, 196; homossexual (ver casais homossexuais); idade à época (ver idade matrimonial); mulheres do Grupo Um e, 42-3, 51-3, 52, 57, 69-71, 73-81, 87-8, 88, 100, 280, 317-8n; mulheres do Grupo Dois e, 45, 51-4, 52, 57, 87-9, 88, 94-6, 100-1; mulheres do Grupo Três e, 46-7, 51-4, 52, 57, 62, 110-3, 115-20, 124-5, 130-1, 145-6, 147, 148, 280-1, 324n, 326n; mulheres do Grupo Quatro e, 47-54, 52, 57, 62, 141-2, 144-8, 147, 151-2, 284, 328n; mulheres do Grupo Cinco e, 50-4, 52, 57,

147, *147*, 181, 284, 312*n*; mulheres graduadas e, 22-3 (*ver também entradas por grupo*); subsequente mudança de nome no, 78, 148, 329*n*; terminando em divórcio (*ver* divórcio); *ver também* casais; maridos

Cheney, Liz, 21

Chisolm, Shirley, 38

Clark, Betty, 152, 329*n*

classe social: nível educacional e, 60-2, 70; programas da era da Grande Depressão e, 278-9; taxas de emprego de mulheres negras vinculadas à, 100-1

Clayton, Eva McPherson, 179

Clinton, Hillary Rodham, 50, 284

colegas, substituição entre, 208-9, 231-6, 252, 257-61

Colton, Frank, 139

Comstock, Ada, 45, 106-7, 119, 283

concepção e criação de filhos: entre médicas, 253, 343*n*; entre mulheres formadas na graduação, 21, 23-4, 35 (*ver também entradas por grupo*); Grupo Um e, 42-3, 53-6, *55*, *57*, 66, 69-71, 73-6, 80, 87-8, *88*, 317*n*; Grupo Dois e, 44-5, 54-6, *55*, *57*, 87-9, *88*; Grupo Três e, 46, 49, 54-6, *55*, *57*, 62, 112, 117-20, 125, 130-1, 145-6, 174-5, *177*, 323*n*; Grupo Quatro e, 49-50, 54-6, *55*, *57*, 62, 142, 144-6, 148-9, 151, 163-4, 171-2, 175, *177*, 328*n*, 333*n*; Grupo Cinco e, 50, 54-6, *55*, *57*, 165-76, *177*, 181-4, *183*, 284, 331*n*, 333*n*; *ver também* índices de natalidade

condições de trabalho: discriminação sexual e, 185-8; sujo e sem segurança, 94; trabalho de colarinho-branco e, 94; trabalho ganancioso e, 24-9; *ver também* horas de trabalho

conflitos de tempo: equilíbrio carreira-família e, 21-4, 184, 222-3, 245-6, 263-5; persistência do problema de, 184; transformação do trabalho para corrigir o problema dos, 261-2; *ver também* flexibilidade de tempo; horas de trabalho; flexibilidade temporal

Congresso: mulheres congressistas, 34-5, 38, 45, 50, 133, 178-81, 311*n*, 333-4*n*; relatório de Kuznets, 67-8

contabilidade *ver* carreiras financeiras e administrativas

contracepção: acesso do Grupo Quatro à, 49-50, 137-44, 150-3, 283-4, 327*n*; casamento e acesso à, 22-3, 138, 141-4, 329*n*; equilíbrio carreira-família e, 39; fertilidade e, 151, 170, 329*n*; idade e acesso à, 137-8, 150-1; leis sobre, 138-9, 150-2, 327*n*; pesquisa e desenvolvimento, 42, 138-9; referências sobre, em programas de TV, 137, 139-40, 150; rudimentar, 72

"controvérsia da margarina", 105

Cook, Tim, 246

corporações: carreiras financeiras (*ver* carreiras financeiras e administrativas); emprego de advogados(as), 220; emprego de farmacêuticos(as), 229-32, 234-5; emprego de veterinários(as), 260-1

Cosby, Bill, 346*n*

Coyle, Grace, 42

Credit Suisse, 244-5

crescimento econômico, 39

crianças e adolescentes: adoção de, 37, 74, 166, 253, 294, 297, 331*n*; idade de maioridade, 138, 150, 329*n*; índices de mortalidade de, 72; mulheres graduadas e, 21-33, 35, 39-40 (*ver também entradas por grupo*); *ver também* atendimento/cuidado infantil; concepção e criação de filhos; prestação de cuidados

Current Population Survey (CPS), 272, 276, 292, 304

CARREIRA E FAMÍLIA

Davis, Katharine Bement, 79-81, 318n
daycare *ver* atendimento/cuidado infantil
de Forest, Lee, 280
Dean, Madeleine, 180
Deloitte, 246-7, 262, 341-2n, 345n
DeLong, Brad, 152, 329n
desemprego: covid-19 e, 96, 266, 272;
    perda da identidade e, 161-2; Grande
    Depressão e, 86, 97-8, 118, 278; dimi-
    nuição do, na era da Segunda Guerra
    Mundial, 98-9, 115
desigualdade de renda, 25, 211-2, 271,
    339n; *ver também* discriminação nas
    remunerações; hiato salarial entre os
    gêneros
Dexter, Katharine *ver* McCormick, Katha-
    rine Dexter
Dinamarca: atendimento infantil na, 279;
    estudo sobre remunerações na, 204
direito de voto, 34, 77, 138
discriminação: crescimento econômico e
    declínio da, 39; emprego (*ver* discri-
    minação no trabalho; discriminação
    na contratação); leis antidiscrimina-
    ção, 160, 270; racial e étnica, 36, 80,
    82, 189, 320n; remunerações e, 18-9,
    185-90; sexual, 15, 36, 103, 185-9, 269-
    70, 346n; *ver também* hiato salarial
    entre os gêneros
discriminação na contratação: barreiras
    ao casamento (ou à contratação) e,
    36, 71, 96-8, 103-4, 113-4; evidências
    históricas de, 18, 36, 280; *ver também*
    discriminação no trabalho
discriminação nas remunerações, 18-9,
    185-90; *ver também* desigualdade de
    renda, hiato salarial entre os gêneros
discriminação no pagamento *ver* discrimi-
    nação nas remunerações; hiato sala-
    rial entre os gêneros
discriminação no trabalho: ações judiciais,
    18-9, 185-6; barreiras à gravidez, 18,

104; barreiras ao casamento e, (*ver*
barreiras ao casamento); barreiras
contra o nepotismo, 18, 71, 86, 105,
114-5; evidências históricas, 18-9, 36,
280; experiências do Grupo Três, 114-
5, 135; hiato salarial entre os gêneros
(*ver* hiato salarial entre os gêneros);
motivação racial e étnica, 36, 80, 82,
189, 320n; normas sociais e, 36, 71,
89, 278; problema persistente, 18-9;
segregação ocupacional e, 335n; *ver
também* discriminação na contratação
discriminação racial e étnica: barreiras de
emprego e, 36, 80, 82, 189, 320n; eugenia e, 80; treinamentos antiviés ou
em diversidade, 189
discriminação sexual: como termo, 15-6;
hiato salarial entre os gêneros e, 185-
9, 269-70 (*ver também* hiato salarial
entre os gêneros); insatisfação causada por, 269-70, 346n; persistência do
problema, 36; proibição pela Lei de
Direitos Civis, 103, 186
disparidade conjugal: desigualdade entre
os gêneros e, 248-9; disparidades entre os gêneros e, 25-30; hiato salarial
entre os gêneros, 20, 27-8, *28*, 196-8,
201-13, 217-8, 221-6, 229, 337-8n; homossexual, 28-9, 264, 340n; mudanças geracionais e avanços, 31; prestação de cuidados e, 24, 26-9; raiz no
hiato entre carreiras, 20; responsabilidades de cuidados e, 24-9, 209, 248;
trabalho ganancioso, 24-9, *28*
disparidades de gênero: ampliação com
a pandemia da covid-19, 266-9, 277;
carreiras e famílias e, 15-33; disparidade conjugal e, 25-30; hiato nas remunerações (*ver* hiato salarial entre
os gêneros); mudanças geracionais
e avanços, 30-3, 283-5 (*ver também
entradas por grupo*); persistência do
problema, 15-7

ÍNDICE REMISSIVO

divisão do trabalho: desigualdade em casais (*ver* disparidade conjugal); em casa, 208; em fábricas, 92; trabalhadores colarinho-branco e, 91-2

divórcio: casamentos forçados e, 144; Grupo Um, 77, 280, 317*n*; Grupo Três, 46-8, 311*n*; Grupo Quatro, 48-9, 144, 147-8, 311*n*, 328-9*n*; leis sobre, 46-7, 49, 144, 147-8; necessidade de emprego e, 46-7, 116

Djerassi, Carl, 139

Douglas, Dorothy Wolff, 44, 71-2, 114, 283, 316*n*, 323*n*

Douglas, Paul, 44, 71-2, 114, 316*n*, 323*n*

doutorados *ver* academia/acadêmicos; pós-graduações e especializações

doutrina da "pata do gato" [*cat's paw*], 187

Duckworth, Tammy, 21, 35-6, *41*, 311*n*

Earhart, Amelia, 79, 283

economia do trabalho doméstico não remunerado, 66-8

Economics of Household Production [Economia da produção doméstica] (Reid), 66-8

educação: antiviés ou diversidade, 189; área de concentração, 120-2, 128, 140, 159-60, 324-6*n*, 330*n*; classe social e, 60-2, 70; custo, 115; demandas no setor de colarinho-branco, 92-3; efeitos da gravidez, 54; efeitos da pandemia da covid-19, 32, 245, 264, 266, 271, 273-6, 277-8; efeitos do casamento, 52-3, 110-2; ensino misto, 60, 106, 287, 314-5*n*, 322*n*; específica por ocupação, 120-2, 140; estatísticas de gênero, 20-1, *59*, 60, 116-7, 324*n*; farmacêuticos e, 230; graus avançados e profissionais (*ver* pós-graduações e especializações); hiato salarial entre os gêneros, 194-5, 336*n*; idade na época escolar, 59-60, 70, 314*n*; índices de desistência, 109-11,

323*n*; índices de graduação na faculdade, *59*; instituições separadas por sexo, 60, 62; leis antidiscriminação na, 160-1, 270; "movimento do colegial", *93*; mulheres do Grupo Um, 42-4, 57-64, *59*, 69, 317*n*; mulheres do Grupo Dois, 44-5, 57-64, *59*, 92-3, 110; mulheres do Grupo Três, 46-7, 57-64, *59*, 110-1, 116-7, 120-2, 127-8, 130-3, 140, 154, 323*n*, 325-7*n*,; mulheres do Grupo Quatro, 47-50, 57-64, *59*, 140-2, 144, 146, 152, 157-61, *159*, 171-2, 179-80, 240-1, 333*n*; mulheres do Grupo Cinco, 50-1, 57-64, *59*, 172, 183-4, *183*, 333*n*; proibições, 36; razão por sexo, *59*, 60, 115-7, 324*n*; redução das barreiras, 39; *ver também* mulheres com diploma universitário

EEOC *ver* Equal Employment Opportunity Commission

eletricidade/eletrificação, 72, 89-90

Emendas Constitucionais: 19ª emenda (sobre voto das mulheres), 34; 26ª emenda (idade de maioridade), 138, 150, 329*n*

Emhoff, Douglas, 282

emprego: carreira *versus*, 37, 76; crescimento econômico reduzindo barreiras, 39; discriminação (*ver* discriminação no trabalho; discriminação na contratação); experiências por grupo (*ver* experiências de emprego); necessário em casos de divórcio, 46-7, 166; taxas (*ver* taxas de emprego); tempo parcial (*ver* emprego em tempo parcial); *ver também* carreiras, força de trabalho

emprego em tempo parcial: farmacêuticos e, 231-2; Grupo Cinco e, 181-4; hiato salarial entre os gêneros e, 201, 217, 223; horas de trabalho e, 184, 201, 231-2, 339*n*; médicos e, 256-7, 344*n*; veterinários e, 259

CARREIRA E FAMÍLIA

empregos *versus* carreiras, 37, 76
enfermeiro(as), 19, 120-1, 153, 161, *162*
engenheiros(as), 191-2, *207*, 210, 280
ensino misto, 60, 106, 287, 314-5*n*, 322*n*
Equal Employment Opportunity Commission [Comissão de Oportunidades Iguais de Emprego], ações judiciais, 18, 185-6
Ermotti, Sergio, 277
Ernst and Young (agora EY), 246-7, 342*n*
escolas de administração, mulheres nas, 36, *159*
escolas de direito, mulheres nas, 36, *159*, 160, 214-5
escolas de medicina, mulheres na, 36, *159*, 160
especialização: com base no lar, 47, 148, 338*n*; custos de oportunidade e, 263; hiato salarial entre os gêneros e custos de, 205, 248; incentivada pelas normas sociais, 226; médicos(as), 253-8, 261, 344*n*; trabalho ganancioso e, 24-5; *ver também* pós-graduações e especializações
estigma social, sobre o emprego das mulheres, 94-5, 100-1, 108, 112-3
estrutura de trabalho: flexibilidade e (*ver* flexibilidade de tempo); hiato salarial entre os gêneros e, 219, 226-7; horas trabalhadas (*ver* horas de trabalho); mudanças, 31-3, 94-5, 233-8, 251-65, 282-5
Estudo de Rastreamento Comunitário, 289, 307, 343*n*
eugenia, 80, 318*n*, 327*n*
experiências de emprego: Grupo Um e, 42-4, 56, *57*, 91, 100, 123, 280, 320*n*, 325*n*; Grupo Dois e, 44-5, 56, *57-8*, 86, 89-96, 99-101, 278-9, 320*n*; Grupo Três e, 46-7, 56, *57-8*, 112-6, 120-2, 124-9, 133-6, 140, 153-4, 174-5, *177*, 178-9, 280-1, 323*n*, 326*n*; Grupo Qua-

tro e, 47-50, 56, *57-8*, 134, 140-2, 148-9, 153-8, *155*, 160-4, *162*, 175, *177*, 179-80, 329-31*n*; Grupo Cinco e, 50-1, 55, *57-8*, 157, 166-7, 175-84, *177*, *183*

Faculdade de Wellesley, 61, 78, 119, 316*n*
Faculdade Estadual de Iowa, 66, 69, 78, 104-5
Faculdade Radcliffe/Harvard: casamento, concepção e criação de filhos entre graduadas, 61-2, 314*n*, 316*n*; ensino misto, 106, 314*n*, 322*n*; filiação de mulheres do Grupo Um e, 78; filiação de mulheres do Grupo Dois e, 45, 105-6, 111; índice de desistência, 111, 323*n*; levantamentos de ex-alunas, 81, 301, 303, 317*n*, 319*n*; projeto Harvard and Beyond, 181-4, *183*, 206, 253, 305-6, 337*n*, 343*n*
Faculdade Smith, 72, 106-7, 114-5, 289, 316*n*, 322*n*
famílias: conflitos de tempo entre carreira e, 21-4, 184, 222-3, 245, 263-5; definição, 37, 175; disparidades de gênero nas, 16, 26-33; idealizadas em programas de TV, 109; mulheres graduadas e, 21-33, 35, 39-40 (*ver também entradas por grupo*); prestação de cuidados (*ver* prestação de cuidados, atendimento/cuidado infantil); *ver também* concepção e criação de filhos; crianças e adolescentes; pais; mães; genitores
farmacêuticos(as): formação, 230; hiato salarial entre os gêneros e, 227-35, 340-1*n*; horas de trabalho e, 227-35; imagens em programas de TV, 227-8; locais de trabalho, 227-31, *228*, 234-5; mulheres do Grupo Quatro como, 160; porcentagem de mulheres, 228, *228*, 231-2; substituição perfeita, 231-5
Father Knows Best [*Papai sabe tudo*] (programa de TV), 109, 112, 237

364

ÍNDICE REMISSIVO

FDA *ver* Food and Drug Administration

feminismo, segunda onda do, 109

fenômeno de cano com vazamento, 240-9

fertilidade: contracepção e, 151, 170, 329n; diferenças nos grupos, 54-5; idade e, 167-8, 170-1; infertilidade vs., 169-74, 331-3n; pós-Segunda Guerra Mundial, 324n; tecnologias auxiliares (*ver* tecnologias de reprodução assistida); *ver também* baby boom; concepção e criação de filhos; índices de natalidade; gravidez

fertilização in vitro (FIV), 51, 55, 169, 172

Fey, Tina, 165, 284

Finkenauer, Abby, 180

flexibilidade de tempo: ausente do trabalho ganancioso, 26-9; carreiras financeiras e administrativas, 184, 203, 246; custo decrescente, 236, 252, 263, 284; declínio da renda e, 26-9, 28; hiato salarial entre os gêneros, 26-9, 213, 223, 225-6; mudança da estrutura de trabalho para sua inclusão, 31-2; para farmacêuticos, 232; para médicos, 255-8; período da covid-19, 249, 284 (*ver também* trabalho a partir de casa); valor da, 251, 342n

flexibilidade temporal, 213, 236, 252; *ver também* flexibilidade de tempo

Fogel, Robert W., 67

Food and Drug Administration (FDA), 22, 138, 150

força de trabalho: definição, 313n; fenômeno de cano com vazamento, 240-9; Grupo Um e, 42-4, 56, 57, 91, 100, 123, 280, 320n, 325n; Grupo Dois e, 44-5, 56, 57-8, 86, 89-96, 99-101, 278-9, 320n; Grupo Três e, 46-7, 56, 57-8, 112-6, 120-2, 124-9, 133-6, 140, 153-4, 174-5, 177, 178-9, 280-1, 323n, 326n; Grupo Quatro e, 47-50, 56, 57- 8, 134, 140-2, 148-9, 153-8, 155, 160-4, 162, 175, 177, 179-80, 329-31n; Grupo Cinco e, 50-1, 55, 57-8, 157, 166-7, 175- 84, 177, 183; mulheres graduadas, 30, 268 (*ver também entradas por grupo*); participação (taxas), 56-8, 100, 113, 153-7; saída e reingresso, 46-7, 95-6, 112-4, 122, 125, 127-9, 133-4, 140-1, 153-4, 179, 268 (*ver também* fenômeno de cano com vazamento); *ver também* carreiras, emprego

França, atendimento infantil, 264, 279, 345n

Friedan, Betty: biografia, 322-4n; crítica ao Grupo Três, 109-12, 117, 120, 122-3, 127, 135-6; educação, 114-5, 323-4n; estopim para a segunda onda feminista, 109-10; Grupo Dois, 41, 45, 283; *mística feminina, A*, 45, 47-8, 109-12, 117, 122, 323-4n; problema que "não tem nome", 15

Friends (programa de TV), 331n

Fundação Rockefeller, 80

Gardner, Erle Stanley, 214

General Social Survey (GSS), 126, 126, 131, 327n, 348n

genitores: licença parental, 167, 243, 262, 279, 282, 331n, 345n; responsabilidades de pronto atendimento, 24-9, 209-11, 222, 225, 248; solo, 15, 74, 168, 267, 272; *ver também* concepção e criação de filhos; pais; mães

genitores solo, 15, 74, 168, 267, 272

Gillibrand, Kirsten Rutnik, 35, 284, 311n

Ginsburg, Marty, 281

Ginsburg, Ruth Bader, 187, 214-5, 281, 339n

Goldman Sachs, 244, 277

Goldstein, Bettye *ver* Friedan, Betty

Goodyear, 18, 185-7

Grã-Bretanha *ver* Reino Unido

CARREIRA E FAMÍLIA

Grande Depressão: ampliação da barreira ao casamento e, 18, 45, 86, 89, 97-100, *99*, 114, 278-9, 321*n*; apoio ao setor de cuidados, 278-9; desemprego e, 86, 97-8, 118, 278; efeitos sobre o casamento, 118; mulheres do Grupo Dois e, 86-7, 97-100; necessidade de estatísticas econômicas, 67

graus avançados de estudo *ver* pós-graduações e especializações

gravidez: abortos e, 143; discriminação no trabalho, 18, 104; efeito sobre os estudos, 54; pré-conjugal, 22, 142-4, 328*n*; prevenção anticoncepcional (*ver* contracepção; pílula); tecnologias de reprodução assistida (*ver* tecnologias de reprodução assistida); *ver também* fertilidade

Great Aspirations, projeto, 130-4, 302-3, 326-7*n*

Greenhouse, Linda, 62

grupo, O (McCarthy), 84-7, 89, 95-6, 106

Grupo Um (graduação nos anos 1900 e 1910), 65-83; ambições e aspirações, 78-9; anos de graduação, *41*, 42; anos de nascimento, 40, *41*; ativismo e, 77-8, 81-2; barreiras e restrições, 70-2; bastão entregue, 82; casamento, 42-3, 51-3, *52*, *57*, 69-71, 73-81, 87-8, *88*, 100, 280, 317-8*n*; concepção e criação de filhos, 42-3, 53-6, *55*, *57*, 66, 69-71, 73-6, 80, 87-8, *88*, 317*n*; divórcio, 77, 280, 317*n*; educação, 42-4, 57-64, *59*, 69, 317*n*; escolha entre família e carreira, 42-4, 74-5; índices e experiências de emprego, 42-4, 56, *57*, 91, 100, 123, 280, 320*n*, 325*n*; Kyrk e, 42, 69-71, 74-5, 82, 283, 316*n*; lições, 81-3, 85-6; notáveis, 42-3, 71-8, 87-9, 317*n*; Rankin e, 35-6, *41*, 42, 178, 283; Reid e, 42, 65-71, 75, 82-3, 283, 285, 315-6*n*; visão geral, *41*, 42-4

Grupo Dois (graduação nos anos 1920 a meados dos anos 1940), 84-107; ambições e aspirações, 85-7; anos de graduação, *41*, 44; anos de nascimento, *41*, 44; avanços na tecnologia de eletrodomésticos e, 89-90; barreiras ao casamento e, 45, 86, 89, 96-105, 114, 321*n*; barreiras e restrições, 86, 89; casamento, 45, 51-4, *52*, *57*, 87-9, *88*, 94-6, 100-1; como grupo-ponte, 86; concepção e criação de filhos, 44-5, 54-6, *55*, *57*, 87-9, *88*; educação, 44-5, 57-64, *59*, 92-3, 110; efeitos da Grande Depressão, 86-7, 97-100; emprego, depois família, 44-5; Friedan e, *41*, 45, 283; hiato salarial entre os gêneros, 195; índices e experiências de emprego, 44-5, 56, *57*-8, 86, 89-96, 99-101, 278-9, 320*n*; lições do Grupo Um, 85; notáveis e, 87-9, 105; trabalho de colarinho-branco, 87, 90-6, 99-100, 320*n*; vidas seriadas, 105-7; visão geral, *41*, 44-5

Grupo Três (graduação de meados dos anos 1940 a meados dos anos 1960), 108-36; ambições e aspirações, 110-2, 122-36; anos de graduação, *41*, 46; anos de nascimento, *41*, 46, 175; casamento, 46-7, 51-4, *52*, *57*, 62, 110-3, 115-20, 124-5, 130-1, 145-6, *147*, 148, 280-1, 324*n*, 326*n*; concepção e criação de filhos, 46, 49, 54-6, *55*, *57*, 62, 112, 117-20, 125, 130-1, 145-6, 174-5, *177*, 323*n*; crítica de Friedan, 109-12, 117, 120, 122-3, 127, 135-6; divórcio, 46-8, 311*n*; educação, 46-7, 57-64, *59*, 110-1, 116-7, 120-2, 127-8, 130-3, 140, 154, 323*n*, 325-7*n*,; estratégia, 122-34; família, depois emprego, 46-7, 112-3, 121-2, 132-3, 135, 174-5; hiato salarial entre os gêneros, 192-3, 195; imagens em programas de TV, 108-9, 112, 127; índices de desistência, 109-11, 323*n*;

366

ÍNDICE REMISSIVO

índices e experiências de emprego, 46-7, 56, *57-8*, 112-6, 120-2, 124-9, 133-6, 140, 153-4, 174-5, *177*, 178-9, 280-1, 323*n*, 326*n*; influência das normas sociais, 125-7, *126*, 129-32, 135; levantamento da turma de 1957, 124-9, 325-6*n*; levantamento da turma de 1961, 129-36, 326*n*; lições, 40, 48-9, 140, 153-4, 156; mudanças societais e, 117-20; questões de atendimento/cuidado infantil, 112, 125, 129, 132-3, 135; vidas seriadas, 123; visão geral, *41*, 46-7

Grupo Quatro (graduação de meados dos anos 1960 aos anos 1970), 137-64; acesso à contracepção, 49-50, 137-44, 150-3, 283-4, 327*n*; ambições e aspirações, 154-64; ampliação dos horizontes, 154-64; anos de graduação, *41*, 47; anos de nascimento, *41*, 47, 175, 333*n*; carreira, depois família, 47-50, 141-2, 144-5; casamento, 47-54, *52*, *57*, 62, 141-2, 144-8, *147*, 151-2, 284, 328*n*; concepção e criação de filhos, 49-50, 54-6, *55*, *57*, 62, 142, 144-6, 148-9, 151, 163-4, 171-2, 175, *177*, 328*n*, 333*n*; divórcio, 48-9, 144, 147-8, 311*n*, 328-9*n*; educação, 47-50, 57-64, *59*, 140-2, 144, 146, 152, 157-61, *159*, 171-2, 179-80, 240-1, 333*n*; hiato salarial entre os gêneros, 163, 192-3, 195, 270-1; identidades e, 148, 151, 161-3; imagens em programas de TV, 137, 139-40, 145, 284; índices e experiências de emprego, 47-50, 56, *57-8*, 134, 140-2, 148-9, 153-8, *155*, 160-4, *162*, 175, *177*, 179-80, 329-31*n*; lições, 40, 167; lições do Grupo Três, 40, 48-9, 140, 153-4, 156; mudanças nas normas sociais e, 149, 153-64; Revolução Silenciosa e, 137, 140, 149-54, 283; sobrenomes, 148-9; visão geral, *41*, 47-50

Grupo Cinco (graduação nos anos 1980 e 1990, e além), 165-84; ambições e aspirações, 167, 281, 332*n*; anos de graduação, *41*, 50; anos de nascimento, 36, *41*, 50, 333*n*; carreira e família, 50-1, 167, 181-4, *183*, 348-9*n*; casamento, 50-4, *52*, *57*, 147, *147*, 181, 284, 312*n*; concepção e criação de filhos, 50, 54-6, *55*, *57*, 165-76, *177*, 181-4, *183*, 284, 331*n*, 333*n*; definição de sucesso e, 174-81, 304-5; Duckworth e, 35-6, *41*; educação, 50-1, 57-64, *59*, 172, 183-4, *183*, 333*n*; efeitos da pandemia da covid-19, 267-8; hiato salarial entre os gêneros, 193, 195-7, *197*, 271; idade e avanço na carreira, 240; imagens em filmes e na TV, 165-6, 331*n*; índices e experiências de emprego, 50-1, 55, *57-8*, 157, 166-7, 175-84, *177*, *183*; lições do Grupo Quatro, 40, 167; visão geral, *41*, 50-1

grupos raciais: barreiras ao casamento, 101, 114-5; estatísticas de casamento, 52, 54, 100-1, 312*n*; estatísticas de índices de natalidade, 56; nível educacional e, 58, 93; taxa de emprego e, 100-1, 320*n*; *ver também* mulheres negras, mulheres brancas

GSS *ver* General Social Survey

Guerra do Vietnã, 58

habilidades de negociação, 16, 187, 190, 196

Harris, Kamala, 284

Harvard and Beyond, projeto, 181-4, *183*, 206, 253, 305-6, 337*n*, 343*n*

Harvard/Radcliffe *ver* Faculdade Radcliffe/Harvard

Hassan, Maggie Wood, 180

Health and Retirement Study, 297, 304-5

hiato salarial entre os gêneros, 185-213; ações judiciais, 18, 185-6; carreiras

CARREIRA E FAMÍLIA

financeiras e administrativas e, 198-202, *199*, 205-7, *207*, 211-2, 337*n*; desigualdade de renda e, 25-6, 211-2, 271, 339*n*; diminuição com a substituição perfeita, 208-10, 231-6; diminuição com produtos e serviços padronizados, 208-9, 230, 235; discriminação nas remunerações e, 19, 185-90; discriminação sexual e, 185-9, 269-70; disparidade conjugal e, 19-20, 25-9, *28*, 184, 209, 212-3, 222-4, 226-7, 233, 247-9; educação e, 194-6, 335-6*n*; entre advogados, 205-6, 211-2, 215-24, 338-40*n*; entre médicos, 205-6, *207*, 211, 255-8, 338*n*; entre veterinários, 260-1, 345*n*; experiência de emprego vs. perturbações na carreira e, 195-6, 199-202, 205-6, 218-9, 222-4, 233, 336-7*n*, 338*n*; farmacêuticos e, 227-35, 340-1*n*; filhos e prestação de cuidados, 20, 27-9, 196, 198-9, 201-13, 218, 221-6, 229, 232, 337-8*n*; Grupo Dois, 195; Grupo Três, 192-3, 195; Grupo Quatro, 163, 192-3, 195, 270-1; Grupo Cinco, 193, 195-7, *197*, 271; hiato de carreira como raiz, 20; horas de trabalho e, 26-9, *193*, 199-208, 210-3, 216-29, *217*, 231-5, 247-8, 252, 255, 339-40*n*; idade e mudanças, 188, 196-8, *197*, 334*n*, 336*n*; leis para corrigir, 185-7, 190; mudanças geracionais e avanços, 31, 193-4, *195*; natureza dinâmica, 188; persistência do problema, 15-20, 29-33, 184, 215-6, 226; por ocupação, 206-12, *207*, 338*n*; prioridade dada à carreira dos maridos e, 131-2, 222-4; razão como expressão, 188, 192-8, *195*, *197*, 334*n*; responsabilidades de cuidado e, 203-5, 208-12, 222-6, 247-8; segregação ocupacional e, 19, 191-2, 335-6*n*; trabalho ganancioso e, 17, 25-9, *28*; viés

de gênero e, 16, 189-90, 215-6, 221; *ver também* discriminação nas remunerações

homens: apoio à igualdade de gênero, 281-2; aspirações de suas parceiras, 63; carreiras de sucesso, 176-8; casados (*ver* maridos; casamento); como pais (*ver* pais; genitores); formados na graduação, 19-21, 57-60, *59*, 63, 116-7, 131, 158-60, 313*n*, 322*n*, 324-7*n*, 330*n*; normas sociais incentivando o trabalho de, 94, 320*n*; panelinhas masculinas, 17, 36, 218; trabalho de colarinho-branco, 92; trabalho em tempo integral e cuidado dos filhos, 182; vínculo entre identidade e carreira, 161-2; *ver também entradas relacionadas com o gênero*

Honeymooners, The (programa de TV), 108-9, 112-3, 127

Hooley, Darlene Olson, 179

Hopper, Grace, 45

horas de trabalho: à disposição (*ver* pronto atendimento às responsabilidades do trabalho); colarinho-branco, 94; corrigindo problemas ligados a elas, 237-8, 243-5, 252-65; entre advogados, 25, 216-24, *217*, 242-3; entre farmacêuticos, 227-35; entre médicos, 25, 237-8, 253-8, 261, 343-4*n*; entre veterinários, 25, 237-8, 258-61, 344*n*; exigidas pelo trabalho ganancioso, 24-9, *28*; flexibilidade (*ver* flexibilidade de tempo); hiato salarial entre os gêneros e, 26-9, 193, 199-208, 210-3, 216-29, *217*, 231-5, 247-8, 252, 255, 339-40*n*; preservação de tempo e, 251-2, 257-8; previsíveis, 208, 210-2, 224-5, 237-8; problema do principal e do agente e, 244; promoções e avanço na carreira, 238-9, 242-3; renda dos maridos influenciando a das esposas, 203, 221-3,

ÍNDICE REMISSIVO

250-1; sistema em duas partes, 238; substituição entre colegas, 208-9, 231-6, 252, 257-61; trabalho em tempo parcial e, 184, 201, 231-2, *339n*
Hurston, Zora Neale, 45

I Love Lucy (programa de TV), 108-9, 112, 127, 139
IBM, 103
idade: casamento e (*ver* idade matrimonial); direito de voto e, 138; discriminação no emprego e, 186; estudantes na graduação e na pós, 59-60, 70, 314*n*; fertilidade e, 167-8, 170-1; índices de emprego e, *58*, 95, 317*n*, 320*n*; iniciação a relações sexuais, 143, 328*n*; limitando o acesso à contracepção, 138, 150-1; maioridade, 138, 150, 329*n*; mudanças no hiato salarial entre os gêneros e, 187-8, 196-8, *197*, 334*n*, 336*n*; nascimento dos filhos, idade das mães ao 23-4, 54-5, 62, 119-20, 165-73, 332*n*; realização na carreira, 69-70, 74-5, 104, 176-81, *177*, 238-40; relógio biológico, 144, 163-4, 168, 240
idade matrimonial: entre os grupos, 51-4, *57*; Grupo Um e, *57*; Grupo Dois e, 45, *57*, 95, 107; Grupo Três e, 52-3, *57*, 117-20, 145, *147*; Grupo Quatro e, 49, *57*, 144-7, *147*, 151-2, 283-4; Grupo Cinco e, *57*, *147*, 284; mulheres graduadas e, 22-3
identidade: carreiras e, 21, 31, 37, 89, 161-2; divórcio e mudanças na identidade, 48-9, 148; mulheres do Grupo Quatro reivindicando identidade própria, 148, 151, 161-3
igualdade de gênero, 26, 248, 271, 281-2, 287
imigrantes: índices de natalidade e, 74; sentimento anti-imigrantes, 80

índice de dissimilaridade, 330*n*, 335*n*
índice de graduação *ver* mulheres com diploma universitário; educação
Índice de Preços ao Consumidor (IPC), 68
índices de desistência, 109-11, 323*n*
índices de natalidade: efeitos da pandemia da covid-19, 310*n*; entre mulheres formadas na graduação, 21, 23-4; Grupo Um, 74, 80; Grupo Dois, 87; Grupo Três, 49, 119; Grupo Quatro, 313*n*; Grupo Cinco, 50, 55-6; *ver também* concepção; concepção e criação de filhos; contracepção
industrialização, 92; *ver também* setor manufatureiro
infertilidade, 169-74, 331-3*n*; *ver também* tecnologias de reprodução assistida
Inglaterra *ver* Reino Unido
inseminação artificial, 165, 168, 331-2*n*
instituições separadas por sexo, 60, 62
IPC (índice de preços ao consumidor), 68
Irlanda, barreiras ao casamento, 321*n*

Jacobs, Sarah, 181
JDS *ver* pós-graduações e especializações; advogados(as)
Johnson, Virginia, 80

Keller, Helen, 42
Kirchwey, Freda, 76
Kirkpatrick, Jeane, 47, 56, 133-4, 283
Kleeck, Mary van, 42
Knopf, Adolph, 280
Knopf, Eleanora Frances Bliss, 280
Kober, Alice, 45
KPMG, 341-2*n*
Krentz, Matthew, 262
Kuznets, Simon, 67-8
Kyrk, Hazel, 42, 69-71, 74-5, 82, 283, 315-6*n*

CARREIRA E FAMÍLIA

Landy, Anita, 45, 102, 283
Laskawy, Phil, 246
leaning out, 16, 16n
Leave It to Beaver (programa de TV), 25, 109, 112
Ledbetter, Lilly, 18-9, 185-7, 212, 283
Ledbetter vs. Goodyear Tire & Rubber Co. (550 U.S. 618), 186
Lei Comstock, 327n
Lei contra a Discriminação Etária no Emprego, 186
lei contra o vício, 138, 327n
Lei de Assistência Social Abrangente (1935), 278
Lei de Emendas do Ensino, Título IX (1972), 160-1, 270
Lei de Pagamento Igual (1963), 186
Lei de Pagamento Igual (2018, Massachusetts), 190
Lei de Pagamento Justo (2015, Califórnia), 190
Lei de Reposição do Justo Pagamento Lilly Ledbetter, 185, 187
Lei dos Direitos Civis (1964), 103, 186-7
Lei Lanham (1943), 279, 348n
leis contra a discriminação, 160, 270
lésbicas, 44, 318n; *ver também* casais homossexuais
levantamentos nacionais da força de trabalho farmacêutica, 306-7
licença parental, 279, 282, 331n; licença-maternidade, 166-7, 243, 345n; licença-paternidade, 17, 262, 282
Lichtenstein, Roy, 164
Lumpkin, Katharine DuPre, 44, 316n

mães: aumento da prestação de cuidados, 250-1, 274-5, 342n, 347n; discriminação no emprego, 18; efeitos da pandemia da covid-19, 32, 267-9, 271-7, 347n; hiato salarial entre os gêneros e, 20, 27-9, 196, 198-9, 201-13, 218, 221-6, 229, 232, 337-8n; idade ao nascimento dos filhos, 23, 35, 54-5, 62, 119, 165-73, 332n; índices de mortalidade, 72; licença-maternidade, 166-7, 243, 345n; *mommy track* e, 16, 16n; mulheres graduadas como mães, 21-4, 35, (*ver também* concepção e criação de filhos); normas sociais para as mães com filhos em idade pré-escolar, 125-6, *126*, 131-2, 135, 154; que ficam em casa, 15, 109, 132, 218, solo (*ver* genitores solo); *ver também* genitores
mães que ficam em casa, 15, 109, 132, 218
Marcus Welby, M.D. (programa de TV), 237
maridos: amarras geográficas ou de realocamento para sua carreira ou estudos, 22, 28, 53, 104, 145-6, 247, 256, 281-2; barreiras ao casamento e o presumido sustento dado por eles, 98; carreira das mulheres secundária em relação à carreira deles, 132, 222-3, 281, 348n; contribuições das mulheres para seus estudos, 148; esposas trabalhadoras e, 94, 100-1, 108-9, 112-3, 127, 251, 278-82; expectativas das mulheres para eles, 179; graduados na faculdade, 112, 116-7, 251; horas de trabalho das mulheres em relação à renda deles, 203, 221-3, 250-1; *ver também* casais
Marvelous Mrs. Maisel, The (programa de TV), 150
Mary Tyler Moore Show, The (programa de TV), 137-40, 145, 283
Masters, William, 80
Mayer, Marissa, 282
MBAS *ver* pós-graduações e especializações; escolas de administração, presença de mulheres; carreiras financeiras e administrativas
McAfee, Mildred, 119
McCarthy, Mary, 84-5, 87, 95, 106

ÍNDICE REMISSIVO

McClintock, Barbara, 45

McCormick, Katharine Dexter, 42, 139, 283, 327*n*

McCracken, Douglas, 262

McDaniel, Lilly *ver* Ledbetter, Lilly

MDS *ver* pós-graduações e especializações

médicos(as): concepção e criação de filhos, 253-4, 343*n*; especialização, 253-8, 261, 443-4*n*; flexibilidade de tempo, 254-8; hiato salarial entre os gêneros, 205-6, *207*, 211-2, 255-6, 258, 338*n*; horas de trabalho e responsabilidades de cuidado, 25, 237-8, 253-8, 261, 343-4*n*; imagens em programas de TV, 237; mulheres do Grupo Cinco, 181, 183-4, *183*; mulheres do Grupo Quatro, 140, *159*, 160-1; porcentagem feminina, 238; segregação ocupacional, 19; substituição, 252, 257; trabalho ganancioso e, 25; *ver também* dentistas, veterinários(as)

Meek, Carrie, 133-4

Meek, Kendrick, 133

#MeToo, movimento, 18, 269-70, 346*n*

mística feminina, A (Friedan), 45, 47-8, 109-12, 117, 122, 323-4*n*

mommy track, 16, 16*n*

Moore, Mary Tyler, 283; ver também *Mary Tyler Moore Show, The* (programa de TV)

Morella, Connie, 179

Morrison, Toni, 47

mortalidade, índices de, 72

"movimento de fundações escolares", 93, 320*n*

"movimento do colegial", 93

movimento feminino, 48, 140

movimento sufragista, 34, 77

"*Ms.*", forma de tratamento, 48, 148-9, 329*n*

mudanças societais: geradas pelas realizações de mulheres graduadas, 30-1,

40; melhorias na paridade conjugal e, 263-4; vividas por mulheres do Grupo Três, 117-20; vividas por mulheres do Grupo Quatro, 153-64

mulheres: casadas (*ver* casamento); como mães (*ver* mães; genitores); direito de voto, 34, 77, 138; graduadas na faculdade (*ver* mulheres com diploma universitário); solo (*ver* genitores solo); *ver também entradas relacionadas com gênero*

mulheres brancas: barreiras ao casamento, 101; casamento, 52, 100-1; divórcio, 311*n*; setor de cuidados, 278-9; taxas de emprego, 100-1

mulheres com diploma universitário: carreiras, 21-42 (*ver também entradas por grupo*); casamento (*ver* casamento); como mães (*ver* mães); concepção e criação de filhos (*ver* concepção e criação de filhos); conflitos de tempo (*ver* conflitos de tempo); contracepção (*ver* contracepção); custo dos estudos, 115; famílias, 21-33, 35-6, 39-40; *ver também entradas por grupo*; graus avançados e profissionais (*ver* pós-graduações e especializações); grupos (*ver entradas por grupo*); hiato salarial entre os gêneros (*ver* hiato salarial entre os gêneros); mudanças societais, 30-1, 40; mulheres brancas (*ver* mulheres brancas); mulheres negras (*ver* mulheres negras); número de, 20, 57-62, *59*, 157-9, 267; reuniões de reencontro, 75-6, 146, 314*n*, 317*n*; solteiras, 30, 35, 38 (*ver também* mulheres solteiras); *ver também* educação

mulheres graduadas, divisões por grupo de: anos de nascimento e, 40, *41*; bastão entregue ao grupo seguinte, 40, 63-4, 82; pontes entre, 66; visão geral, 40, *41*

CARREIRA E FAMÍLIA

mulheres não casadas *ver* mulheres solteiras

mulheres negras: barreiras ao casamento, 101, 114; casamento, 54, 100-1, 312n; Chisolm rompendo limitações, 38; divórcio, 311n; pós-graduações e especializações, 43, 133; Grupo Um, 43, 82, 100; Grupo Dois, 45, 100-1; Grupo Três, 133, 311n; Grupo Quatro, 50; Grupo Cinco, 312n; número de formadas na graduação, 58-9; prestação de cuidados, 278; taxas de emprego, 100-1, 320n, 346n; taxas de natalidade, 56

mulheres que nunca se casaram *ver* mulheres solteiras

mulheres sem filhos: Grupo Um, 35, 42, 54-5, *55*, *57*, 69-70, 74-6, 317n; Grupo Dois, 54-6, *55*, *57*, 88-9, *88*; Grupo Três, 54-6, *55*, *57*, 119, 314n; Grupo Quatro, 49-50, 54-6, *55*, *57*, 163-4, 331n; Grupo Cinco, 54-6, *55*, *57*, 173, 331n; hiato salarial entre os gêneros, 198-9, *199*, 202, 220-1

mulheres solteiras: adoção e, 74; como mães (*ver* genitores solo); contracepção para, 22-3, 137-8, 150-2; formadas na graduação, 30, 35, 38 (*ver também subentradas por grupo*); índices de natalidade e, 312n, 331n; mulheres do Grupo Um e, 42-4, 51-4, *52*, *57*, 69-71, 73-6, 79-80, 87-8, *88*, 100, 317n; mulheres do Grupo Dois e, 45, 51-4, *52*, *57*, 87-8, *88*, 100; mulheres do Grupo Três e, 51-4, *52*, *57*, 120; mulheres do Grupo Quatro, 50-4, *52*, *57*; mulheres do Grupo Cinco e, 50-4, *52*, *57*

Napolitano, Grace, 47, 133-4

National Bureau of Economic Research, 67

National Longitudinal Survey of Young Women (1968), 154-6, *155*

National Longitudinal Survey of Youth (1979), 154-6, *155*, 304-5

National Organization for Women, 140, 327n

National Survey of College Graduates, 322n, 324n, 326-7n, 333n

nomes de solteira, 78, 148, 329n

normas de gênero: disparidade conjugal e reforço das normas de gênero tradicionais, 26, 226; influência na desaceleração da carreira, 30; mudanças com a pandemia da covid-19, 271-2, 282-3; transmissão intergeracional, 338n

normas sociais: discriminação no trabalho e, 36, 71, 89, 278; horas de trabalho e, 226; incentivando os homens ao trabalho, 94, 320n; independência frente às normas patriarcais, 44; influência sobre as mulheres do Grupo Três e, 125-7, *126*, 129-32, 135; mudanças efetuadas pelo Grupo Quatro, 149, 153-64; mudanças (*ver* mudanças societais); para mães com filhos em idade pré-escolar, 125-6, *126*, 131-2, 135, 154; restrições a casais homossexuais e, 44

Notable American Women [Americanas Notáveis], 42-3, 73-8, 315-7n, 319n

Notestein, Wallace, 107

O*NET (Occupational Information Network), 208, 210, 223, 338n, 346-7n

O'Connor, Sandra Day, 38, 214-5

Ocasio-Cortez, Alexandria, 36, 180

odontologia, *159*, 160, 211

"opção por sair" (*opting-out*), 201, 337n

orquestras, testes com telas, 190

Our Bodies, Ourselves [*Nossos corpos por nós mesmas*], 170

pais: aumento na prestação de cuidados entre, 249-51, 256, 262, 274-5, 279, 281, 342n, 347n; custo da carreira ×

ÍNDICE REMISSIVO

tempo com a família e, 205-6, 249-50; efeitos da pandemia da covid-19, 274, 347n; licença-paternidade e, 262, 345n; solo (ver genitores solo); ver também genitores

pandemia da covid-19: ampliação das disparidades entre os gêneros, 266-9, 277; conflitos de tempo e, 222, 245, 263-5; desemprego, 96, 266, 272; efeitos da, 32, 266-9, 271-7; efeitos sobre a educação e, 32, 245, 264, 266, 271, 273-8; efeitos sobre as taxas de natalidade, 310n; equilíbrio entre carreira e família e, 17, 31, 264-5, 267-8; oportunidades para mudança da estrutura de trabalho e, 31-3, 235-6, 264-5; papel das empresas farmacêuticas e, 230; prestação de cuidados e, 15, 17, 245, 264-9, 271-7, 346-7n; queda econômica e, 96, 264, 266-8, 271-2, 277-8, 282-3; trabalho a partir de casa, 175, 245, 264-5, 268, 271-7, 282-5, 346-7n; trabalho flexível na, 249, 284 (ver também trabalho a partir de casa)

panelinhas masculinas, 17, 36, 218

Pao, Ellen, 269

papéis de gênero, 108-9, 131

paridade conjugal: custo, 184, 209, 213, 225-7, 247-9, 262; definição, 184; efeitos da pandemia da covid-19, 274-5; falta de (ver disparidade conjugal); igualdade de gênero, 248-9, 271; melhoria com a flexibilidade de tempo, 263-4; melhoria com mudanças na estrutura de trabalho, 233, 252, 263-4; melhoria com mudanças societais, 264; mudanças geracionais e, 31, 63-4, 248-9, 251, 342n; valor de lutar por ela, 39

paternalismo, 202-3

Paul, Alice, 42

Perelman, Deb, 268

Perkins, Frances, 78, 318n

Perry Mason (programa de TV), 214-9, 221-3, 226, 229, 236

Pieri, Jules, 281-2

pílula: acesso do Grupo Quatro e, 49-50, 137-44, 150-3, 283-4, 327n; casamento e acesso a ela, 22-3, 138, 141-4, 329n; fertilidade e, 151, 170, 329n; idade e acesso a, 137-9, 150-1; leis a respeito, 138-9, 150-2, 327n; pesquisa e desenvolvimento, 42, 138-9; referências em programas de TV, 137, 139-40, 150; ver também contracepção

Pincus, Gregory, 139

Planned Parenthood, 152, 327n

Plummer, Christopher, 188

pós-graduações e especializações: feitas por graduadas, 20-1, 23-4, 172, 179-80 (ver também entradas por grupo); Grupo Um e, 42-3, 69-70, 317n; Grupo Três e, 110-1, 130, 132-3, 296, 326-7n; Grupo Quatro e, 49, 141, 144, 146, 159, 160, 172, 180, 240-1, 333n; Grupo Cinco e, 172, 183-4, 183, 333n; idade e momento adequado, 240; índices asiáticos de casamento, 316n

posições no setor editorial, 85, 104

Power, Samantha, 21

Presbyterian Board of Christian Education, 104

prestação de cuidados: dedicação de mais tempo e, 249-51, 274-5, 342n, 347n; economia, 68-9, 264, 278-9, 285; efeitos na carreira, 15, 24-30, 104, 201-2; efeitos sobre a renda, 15, 27-30; era da Grande Depressão, 278-9; flexibilidade de tempo, 26-9, 250-1; hiato salarial entre os gêneros, 20, 27-8, 28, 196-8, 201-13, 217-8, 221-6, 229, 337-8n; mudança na estrutura do trabalho, 32-3; pandemia da covid-19 e, 15, 17, 245, 264-8, 271-7, 346-7n; respon-

CARREIRA E FAMÍLIA

sabilidades de pronto atendimento (*ver* pronto atendimento às responsabilidades do lar); valores e custos, 15, 24; *ver também* atendimento/cuidado infantil

Primeira Guerra Mundial, 34

Private Life [*Mais uma chance*] (filme), 331*n*

problema do principal e do agente, 244

produtos e serviços padronizados, 208-9, 230, 235;

professoras: barreiras ao casamento e, 36, 45, 71, 97-9, *99*, 101-2, 104, 113-4, 283, 319-20*n*; ensino em casa com os genitores como professores, 32; mulheres do Grupo Um e, 71, 76, 79, 90-1, 318*n*, 320*n*; mulheres do Grupo Dois e, 85, 91, 97-105, 320*n*; mulheres do Grupo Três e, 120-2, 125, 128, 133, 140, 179; mulheres do Grupo Quatro e, 161; reingresso na força de trabalho e, 47; segregação ocupacional e, 191-2; *ver também* academia/acadêmicos

promoções: discriminação sexual e negação de, 186; fenômeno de cano com vazamento com a falta de promoções, 240-4; ligadas às horas de trabalho, 238-9, 242-3; momento próprio, 23, 239-40, 247; trabalho ganancioso e, 24-5, 28

pronto atendimento às responsabilidades do lar: disparidade conjugal e, 24-9, 209, 248; hiato salarial entre os gêneros e, 209-11, 222, 225, 248

pronto atendimento às responsabilidades do trabalho: disparidade conjugal e, 25-7, 29, 247-8; eliminação com o sistema em duas partes, 238; hiato salarial entre os gêneros e, 193, 210-1, 224-5; *ver também* horas de trabalho

prostituição, estudos, 80

Putnam, George, 79

PWC, 341-2*n*

quedas econômicas: decorrentes da pandemia da covid-19, 96, 264, 266-8, 271-2, 277-8, 282-3; efeitos sobre o casamento e, 118; Grande Depressão e (*ver* Grande Depressão); ligação com prestação de cuidados e, 264, 277-9, 285; *she-cession*, 268

questões de saúde: argumento de que a faculdade provoca, 78-9; condições de trabalho insalubres e, 94; covid-19 e (*ver* pandemia da covid-19); gerando necessidade de emprego, 78, 116; taxas de mortalidade e, 72

Quintos, Karen, 281

Rankin, Jeannette Pickering, 34-6, *41*, 42, 178, 283

razão de estudantes de faculdade, por sexo, 60, 116-7, 324*n*

registros de pessoal, 103

regras contra o nepotismo, 18, 71, 86, 105, 114-5

Reid, Helen Rogers, 76

Reid, Margaret Gilpin, 42, 65-71, 75, 82-3, 283, 285, 315-6*n*

Reino Unido: atendimento infantil, 264, 345*n*; barreiras ao casamento e, 321*n*; perturbações no trabalho durante a era da covid-19, 275, 347*n*

relações sexuais, 22, 139-44, 328*n*

relógio biológico, 144, 163-4, 168, 240

relógio da efetivação, 240, 243, 247

renda: aumento entre as mulheres do Grupo Quatro, 163; definição da carreira e, 175; desigualdade (*ver* discriminação nas remunerações); hiato salarial entre os gêneros; desigualdade de renda; despesas com atendimento/cuidado infantil e, 113; efeitos da prestação de cuidados e, 15, 27-30; efeitos do trabalho a partir de casa e, 276; horas de trabalho dos maridos e das mulhe-

ÍNDICE REMISSIVO

res e, 203, 221-3, 250-1; prioridade à carreira dos maridos e, 131-2, 222-4; retornos decorrentes da experiência, 330-1*n*; trabalho ganancioso e, 17, 24-9, 28; *ver também* classe social

reuniões de faculdade, 75-6, 146, 314*n*, 317*n*

Rice, Condoleezza, 50

Rich, Adrienne, 62

Rock, John, 139

Roosevelt, Franklin Delano, 78, 86*n*

Rubin, Lillian, 163

Sanger, Margaret, 138-9, 283, 327*n*

Schlafly, Phyllis, 47, 133-4, 283

Schultz, Theodore, 104

segregação ocupacional, 19, 36, 191-2, 212, 335*n*

Segunda Guerra Mundial, 34, 98, 115, 117, 278-9

seguros/segurança: cobertura das tecnologias de reprodução assistida, 173-4, 333*n*; educação universitária como, 116; efeitos sobre a estrutura de trabalho dos farmacêuticos, 229; mulheres do Grupo Três e, 115; trabalhadoras de colarinho-branco do Grupo Dois e, 91

Senado, mulheres no, 35, 50, 334*n*

setor de serviços, 271-2

setor manufatureiro, 92, 272

Sex and the City (programa de TV), 331*n*

Sex in the City [*O sexo e a cidade*] (Bushnell), 85

she-cession, 268

Shinn, Milicent, 79, 318*n*

Shore, Dinah, 45

Sinclair, Mary Emily, 74, 316*n*

sindicatos trabalhistas, 104

"sobe ou sai" (*up-or-out*), posições, 239-43, 247, 261-2

sobrenomes de mulheres, 78, 148-9, 329*n*

Solomon, David, 277

Sotomayor, Sonia, 50

Spacey, Kevin, 188

Starbucks, 189

Steinem, Gloria, 48, 149

substituição perfeita entre trabalhadores, 208-10, 231-6; *ver também* colegas, substituição entre

Suécia: atendimento infantil, 264, 279, 345*n*; estudo sobre remunerações, 204-5

Switch, The [*Coincidências do amor*] (filme), 331*n*

Taeuber, Conrad, 105-6

Taeuber, Irene Barnes, 105-6

Taussig, Helen, 62

taxas de emprego: diferenças raciais, 100-1, 320*n*; efeitos da pandemia da covid-19, 268, 271-2, 347*n*; entre os grupos, 56, 57-8; Grupo Um, 325*n*; Grupo Dois, 278-9; Grupo Três, 112-4; Grupo Quatro, 154-5, 162-3, 329-30*n*; Grupo Cinco, 156-7; idade e, 58, 95, 317*n*, 321*n*; subsídios ao cuidado infantil e, 263-4, 348*n*; *ver também* experiências de emprego, força de trabalho

tecnologia: auxílio reprodutivo e (*ver* tecnologias de reprodução assistida); doméstica, 39, 82, 89-90, 122; escritório e, 92; hiato salarial entre os gêneros em ocupações da área de, 207-8; mudanças na estrutura de trabalho de farmacêuticos e, 230, 234; redução das horas de trabalho pelos empregadores da área, 245; trabalho flexível e, 252

tecnologias de reprodução assistida: cobertura pelos planos de saúde, 173-4, 333*n*; fertilização in vitro, 51, 55, 169, 172; idade e fertilidade, 167-9, 171; inseminação artificial, 165, 168, 331-2*n*; necessárias para a infertilidade,

168-74, 333n; uso pelo Grupo Quatro, 333n; uso pelo Grupo Cinco, 165-6, 168-74, 333n; uso por mulheres com graduação, 23-4, 50-1, 55-6, *ver também entradas por Grupo*

tecnologias domésticas, 39, 82, 89-90, 122

tempo de afastamento: compulsório, 244; hiato salarial entre os gêneros e, 200, 206, 218-9, 337-8n

Thompson, Dorothy, 76

Título IX, Emendas Educacionais (1972), 160-1, 270

Título VII, Lei dos Direitos Civis (1964), 103, 186-7

trabalhadoras agrícolas, 96, 100-1, 320n

trabalhadoras de escritório: barreiras ao casamento e, 36, 45, 98-100, 102-3, 114; mulheres do Grupo Dois, 91-2, 99-100, 320n; reingresso na força de trabalho, 47

trabalhadores administrativos *ver* trabalhadores de colarinho-branco

trabalhadores de colarinho-branco: ausência de mulheres negras, 320n; mulheres do Grupo Um e, 67, 90-1, 320n; mulheres do Grupo Dois e, 87, 90-6, 99-100, 320n; *ver também* trabalhadoras de escritório

trabalhadores em serviços domésticos, 72, 94, 320n

trabalhadores no comércio varejista, 85, 91-2, 96

trabalho: colarinho-branco (*ver* trabalhadores de colarinho-branco); estrutura (*ver* estrutura de trabalho); ganancioso, 17, 24-9, 28, 31-2, 263, 271; horas de (*ver* horas de trabalho); remoto (*ver* trabalho remoto; trabalho a partir de casa); transformação do, 261-2; *ver também* carreiras, emprego, força de trabalho

trabalho a partir de casa, 175, 245, 264, 268, 271-7, 282, 284-5, 346-9n

trabalho autônomo: farmacêuticos(as) e, 227-30, 228; hiato salarial entre os gêneros, 201-2, 207, 210; veterinários(as) e, 259-61

trabalho de cuidados não remunerado, economia do, 68, 285; *ver também* prestação de cuidados

trabalho doméstico: auxílio das tecnologias e, 39, 82, 89-90, 122; demandas, 33, 72, 90, 275; divisão do trabalho e, 208; economia do trabalho doméstico não remunerado, 66-8; mulheres do Grupo Quatro afastando-se dele, 147-8; mulheres do Grupo Três concentrando-se nele, 108-9, 125, 128-31; partilha das responsabilidades e, 251; *ver também* prestação de cuidados

trabalho ganancioso, 17, 24-9, 28, 31-2, 263, 271

trabalho remoto, 245, 264-5, 272-3, 276, 282, 284, 347-8n; *ver também* trabalho a partir de casa

Trahan, Lori, 21

treinamento antiviés, 189

treinamento em diversidade, 189

turma de 1957, levantamento da, 124-9, 325-6n

turma de 1961, levantamento da, 129-36, 326n

UBS Group AG, 277

United Airlines, 103, 321n

Universidade Columbia, 67, 78, 281

Universidade Cornell, 84, 146, 280

Universidade de Chicago: afiliação de mulheres do Grupo Um, 42, 65, 69, 71, 74, 77-8, 318n; afiliação de mulheres do Grupo Dois, 105; barreiras contra o nepotismo e, 71, 105, 114; hiato sala-

ÍNDICE REMISSIVO

rial entre os gêneros para graduados, 198, 336n

Universidade de Michigan: Americans' Use of Time Survey, 249; Escola de Direito, conjunto de dados, 242, 306

Universidade de Minnesota, 106

veteranos, 59-60, 116-7, 158

veterinários(as): hiato salarial entre os gêneros, 260-1, 345n; horas de trabalho e responsabilidades de pronto atendimento, 25, 237-8, 258-61, 345n; mulheres do Grupo Dois e, 85; mulheres do Grupo Quatro e, 160, 238; porcentagem feminina, 238, 258, 344n; substituição mútua, 258-61; trabalho ganancioso e, 25

viagem, restrições a, 245

Vials (programa de TV), 227-8

viés de gênero: como termo, 15-6; hiato salarial entre os gêneros, 15-6, 189, 215-6, 221; participação na força de trabalho, 242; treinamento antiviés ou em diversidade e, 189; *ver também* discriminação sexual

Wahlberg, Mark, 188

Walmart, 231, 279

Weis, Anita *ver* Landy, Anita

Weis, Arthur, 102

White, Katharine Sergeant Angell, 43, 76-7

Williams, Michelle, 188

Woman of the Year [*A mulher do dia*] (filme), 76-7

Women and Their Bodies: A Course, 170

Women's Bureau, levantamento do, 301-2, 323n, 325-6n

Works Progress Administration (WPA), 278

Young, Robert, 237

TIPOLOGIA Miller e Akzidenz
DIAGRAMAÇÃO acomte
PAPEL Pólen Natural, Suzano S.A.
IMPRESSÃO Gráfica Bartira, julho de 2024

A marca FSC® é a garantia de que a madeira utilizada na fabricação do papel deste livro provém de florestas que foram gerenciadas de maneira ambientalmente correta, socialmente justa e economicamente viável, além de outras fontes de origem controlada.